中国科协高端科技创新智库丛书

2049年
中国科技与社会愿景
可再生能源与低碳社会

中国可再生能源学会 编著

中国科学技术出版社

·北 京·

图书在版编目（CIP）数据

可再生能源低碳社会/中国可再生能源学会编著. —北京：中国科学技术出版社，2016.1

（2049年中国科技与社会愿景）

ISBN 978-7-5046-6949-0

Ⅰ.①可… Ⅱ.①中… Ⅲ.①再生能源－能源发展－研究－中国 ②节能－经济发展－研究－中国 Ⅳ.①F426.2 ②F124

中国版本图书馆CIP数据核字（2015）第137391号

策划编辑	王晓义
责任编辑	王晓义 孙红霞
责任校对	何士如
责任印制	张建农
封面设计	周新河
版式设计	北京潘通印艺文化传媒·ARTSUN

出　　版	中国科学技术出版社
发　　行	科学普及出版社发行部
地　　址	北京市海淀区中关村南大街16号
邮　　编	100081
发行电话	010-62103130
传　　真	010-62179148
投稿电话	010-62176522
网　　址	http://www.cspbooks.com.cn

开　　本	720mm×1000mm　1/16
字　　数	330千字
印　　张	25.75
印　　数	1—3000册
版　　次	2016年第1版
印　　次	2016年1月第1次印刷
印　　刷	北京盛通印刷股份有限公司

书　　号	ISBN 978-7-5046-6949-0/F·804
定　　价	98.00元

2049年中国科技与社会愿景

———————— 丛书策划组 ————————

策 划 罗　晖　苏小军　陈　光

执 行 周大亚　朱忠军　孙新平　齐志红　马晓琨

　　　　　薛　静　徐　琳　张海波　侯米兰　马骁骁

2049年中国科技与社会愿景

可再生能源与低碳社会

主　编　李宝山

编　委　（按姓氏笔画为序）

　　　　马　驰　王志峰　韦东远　史宏达

　　　　吕　芳　仲继寿　任东明　祁和生

　　　　许洪华　肖明松　吴钟瑚　何建坤

　　　　张正敏　张希良　林　宝　罗振涛

　　　　周宏春　赵　颖　胡秀莲　秦海岩

　　　　袁振宏　徐　伟　徐文珍　蒋利军

　　　　鲁　瑾

秘　书　肖明松（兼）

总 序

　　科技改变生活,科技创造未来,科技进步的根本特征就在于不断打破经济社会发展的既有均衡,给生产开拓无尽的空间,给生活带来无限便捷,并在这个基础上创造新的均衡。当今世界,新一轮科技革命和产业革命正在兴起,从后工业时代到智能时代的转变已经成为浩浩荡荡的世界潮流,以现代科技发展为基础的重大科学发现、技术发明及其广泛应用,推动着世界范围内生产力、生产方式、生活方式和经济社会发生前所未有的变化,科学技术越来越深刻地给这个急剧变革的时代打上自己的烙印。作为世界最大的发展中国家和世界第二大经济体,中国受科技革命的影响似乎更深刻、更广泛一些,科技创新的步伐越来越快,新技术的广泛应用不断创造新的奇迹,智能制造、互联网+、新材料、3D打印、大数据、云计算、物联网等新的科技产业形态令人目不暇接,让生产更有效率,让人们的生活更加便捷。

　　按照邓小平同志确定的我国经济社会发展三步走的战略目标,2049年新中国成立100周年时我国将进入世界中等发达国家行列,建成社会主义现代化强国。这将是我们全面建成小康社会之后在民族复兴之路上攀上的又一个新的高峰,也是习近平总书记提出的实现中华民族伟大复兴中国梦的关键节点。为了实现这一宏伟目标，党中央始终坚持科学技术是第一生产力的科学论断，把科技创新作为国家发展的根本动力，全面实施创新驱动发展战略。特别是在刚刚闭幕的十八届五中全会上，以习近平同志为总书记的党中央提出了创新、协调、绿色、开放、共享五大发展理念，强调创新是引领发展的第一动力，人才是支撑发展的第一资源，要把创新摆在国家发展全局的核心位置，以此引领中国跨越"中等收入陷阱"，进入发展新境界。那么，科学技术将如何支撑和引领未来经济社会发展的方向？又会以何种方式改变中国人的生产生活图景？我们未来的生产生活将会呈现出怎样的面貌？为回答这样一些问题，中国科协调研宣传部于2011年启动"2049年的中国：科技与社会愿景展望"系列研究，旨在充分发挥学会组织优势、人才优势和专业优势，依靠专家智慧，科学、严谨地描绘出科技创造未来的生产生活全景，展望科技给未来生产生活带来的巨大变化，展现科技给未来中国带来的发展前景。

"2049年的中国：科技与社会愿景展望"项目是由中国科协学会服务中心负责组织实施的，得到全国学会的积极响应，中国机械工程学会、中国可再生能源学会、中国人工智能学会、中国药学会、中国城市科学研究会、中国可持续发展研究会率先参与，动员260余名专家，多次集中讨论，对报告反复修改，经过将近3年的艰苦努力，终于完成了《制造技术与未来工厂》《生物技术与未来农业》《可再生能源与低碳社会》《生物医药与人类健康》《城市科学与未来城市》5部报告。这5部报告科学描绘了绿色制造、现代农业、新能源、生物医药、智慧城市以及智慧生活等领域科学技术发展的最新趋势,深刻分析了这些领域最具代表性、可能给人类生产生活带来根本性变化的重大科学技术突破,展望了这样一些科技新突破可能给人类经济社会生活带来的重大影响,并在此基础上提出了推动相关技术发展的政策建议。尽管这样一些预见未必准确,所描绘的图景也未必能够全部实现,我们还是希望通过专家们的理智分析和美好展望鼓励科技界不断奋发前行,为政府提供决策参考,引导培育理性中道的社会心态,让公众了解科技进展、理解科技活动、支持科技发展。

研究与预测未来科学技术的发展及其对人类生活的影响是一项兼具挑战性与争议性的工作,难度很大。在这个过程中,专家们既要从总体上前瞻本领域科技未来发展的基本脉络、主要特点和展示形式,又要对未来社会中科技应用的各种情景做出深入解读与对策分析,并尽可能运用情景分析法把科技发展可能带给人们的美好生活具象地显示出来,其复杂与艰难程度可想而知。尽管如此,站在过去与未来的历史交汇点,我们还是有责任对未来的科技发展及其社会经济影响做出前瞻性思考,并以此为基础科学回答经济建设和科技发展提出的新问题、新挑战。基于这种考虑,"2049年的中国:科技与社会愿景展望"项目还将继续做下去,还将不断拓展预见研究的学科领域,陆续推出新的研究成果,以此进一步凝聚社会各界对科技、对未来生活的美好共识,促进社会对科技活动的理解和支持,把创新驱动发展战略更加深入具体地贯彻落实下去。

最后，衷心感谢各相关全国学会对这项工作的高度重视和热烈响应，感谢参与课题的各位专家认真负责而又倾心的投入，感谢各有关方面工作人员的协同努力。由于这样那样的原因，这项工作不可避免地会存在诸多不足和瑕疵，真诚欢迎读者批评指正。

中国科协书记处书记 王春法

前　言

在中国经济社会发展进入新的历史阶段的关键时刻，党中央明确提出了建设节约型社会的发展方向。建设节约型社会就是要在社会生产、建设、流通、消费的各个领域，在经济和社会发展的各个方面，切实保护和合理利用各种资源，提高资源利用效率，以尽可能少的资源消耗获得最大的经济效益和社会效益。这是关系到我国经济社会发展和中华民族兴衰，具有全局性和战略性的重大决策。

本研究报告从可再生能源和低碳经济的内涵及未来发展愿景入手，阐述了可再生能源与低碳经济、社会相辅相成、相互协调发展的关系，提出可再生能源是低碳经济发展的重要基础和有效保障，低碳经济发展是可再生能源发展的原动力，并提出促进低碳经济建设的对策措施。

本研究报告以大量数据资料、专家研讨、调研和现有政策措施论证为基础，通过情景模拟和对比分析，分析了可再生能源技术引领和改变生产生活的基本路径，准确把握了经济社会发展的基本趋势，重点揭示了可再生能源技术发展在21世纪上半期对经济社会发展的重大影响。本研究报告，展现了科学技术的强大动力，激发了公众对可再生能源技术创新与发展的兴趣。

编　者

2014年11月14日

目　录

第六章　政策建议　　387

第一章 概　述

第一节
什么是可再生能源

一、概念、范围和种类

1 能源的内涵

通常情形下,凡是能被人类加以利用以获得有用能量的各种来源都可以称为能源。能源种类繁多,而且经过人类不断地开发与研究,更多新兴能源已经开始能够满足人类需求。根据不同的划分方式,能源也可分为不同的类型。首先,根据产生的方式以及是否可以再利用,能源可分为一次能源和二次能源、可再生能源和不可再生能源。其中,一次能源包括可再生的水力资源和不可再生的煤炭、石油、天然气资源,其中包括水、石油和天然气在内的三种能源是一次能源的核心,它们成为全球能源的基础。此外,太阳能、风能、地热能、海洋能、生物能以及核能等可再生能源也被包括在一次能源的范围内,而电力、煤气、汽油、柴油、焦炭、洁净煤、激光和沼气等能源都属于二次能源。其次,根据能源消耗后是否造成环境污染可分为污染型能源和清洁型能源。污染型能源包括煤炭、石油等,清洁型能源包括水力、电力、太阳能、风能以及核能等。最后,根据能源使用的类型又可分为常规能源和新型能源。常规能源包括一次能源中的可再生的水力资源和不可再生的煤炭、石油、天然气等资源。新型能源包括太阳能、风能、地热能、海洋能、生物能以及用于核能发电的核燃料等能源。

2 概念

可再生能源是指自然界可以不断再生、直接或通过加工转换可取得有用能的各种能源资源。它是相对于煤炭、石油、天然气等不可再生能源而言的另一类能源资源，主要包括：水能、风能、太阳能、生物质能、地热能和海洋能等能源。它不同于常规化石能源，可以持续发展，对环境无损害，有利于生态的良性循环。因此，建议人们重点开发利用太阳能、风能、生物质能、海洋能（包括波浪能、潮汐能、海洋温差能等）、地热能和氢能等可再生能源。可再生能源属于可循环使用的清洁能源，是未来能源的希望，受到许多国家的重视。

3 种类

基于联合国开发计划署（The United Nations Development Programme, UNDP）对可再生能源的分类，大致可以将可再生能源分为三大类：一是大中型水电；二是可再生能源，主要包括小水电、太阳能、风能、现代生物质能、地热能和海洋能等；三是传统生物等。具体如下。

目前，我国可再生能源是指除常规化石能源和大中型水力发电及核裂变发电之外，如太阳能、风能、小水电、生物质能、地热能和海洋能等一次能源以及氢能、燃料电池等二次能源。可再生能源种类见图1-1。

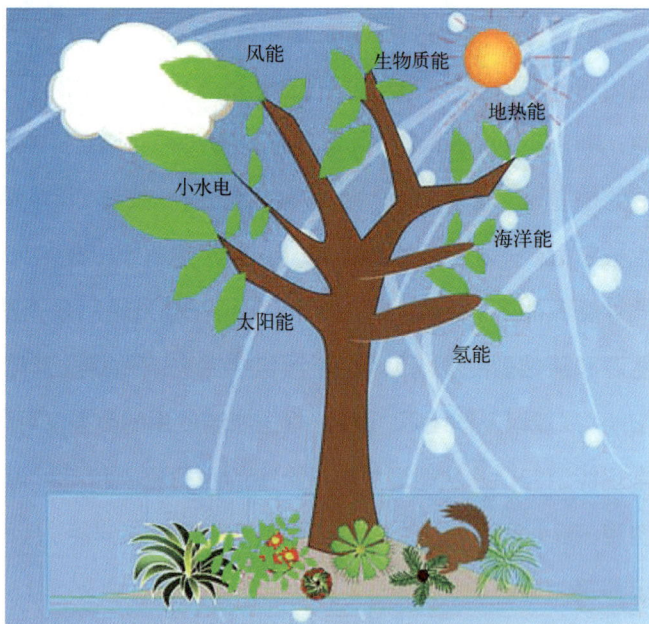

图1-1　可再生能源种类

【1】 太阳能

太阳能的转换和利用方式有光—热转换、光—电转换和光—化学转换接收或聚集太阳能使之转换为热能，然后用于生产和生活。这是太阳能热利用的基本方式。太阳热水系统是目前我国太阳能热利用的主要形式。它是利用太阳能将水加热储于水箱中以便利用的装置。太阳能产生的热能可以广泛地应用于采暖、制冷、干燥、蒸馏、温室，烹饪以及工农业生产等各个领域，并可进行太阳能热发电和热动力。利用光生伏打效应原理制成的太阳能电池，可将太阳的光能直接转换成电能加以利用，称为光—电转换，即太阳能光电利用。光—化学转换尚处于研究试验阶段，这种转换技术包括半导体电极产生电而电解水制成氢、利用氢氧化钙或金属氢化物热分解储能等。

太阳能

【2】 风能

风能主要是指太阳辐射造成地球各部分不均匀，引起各地温差和气压不同，导致空气运动而产生的能量。利用风力机可将风能转换成电力制热以及风帆助航等。

风能

【3】 小水电

所谓小水电，通常是指容量在1.2万千瓦以下的小水电站及与其相配套的电网的统称。1980年联合国召开的第二次国际小水电会议，确定了3种小水电容量范围：1001~1200千瓦为小型水电站（small）；101~1000千瓦为小型水电站（Mini）；100千瓦以下为微型水电站（Micro）。国家发展和改革委员会现行

小水电站

规定，电站总容量在5万千瓦以下的为小型；5万~25万千瓦的为中型，25万千瓦以上的为大型。随着国民经济发展，自1996年起小水电的容量范围提高为按单站5千瓦计算。我国农村村级以下办的小水电，目前多数属于容量为100千瓦左右的微型水电站。水电站的开发方式，按照集中水头的办法，可分为引水式、堤坝式和混合式3类。

【4】生物质能

生物质能是绿色植物通过叶绿素将太阳能转化为化学能储存在生物质内部的能量。有机物中除矿物燃料以外的所有来源于动植物的能源物质均属于生物质能。它通常包括木材、森林废弃物、农业废弃物、水生植物、油料植物、城市和工业有机废弃物、动物粪便等。生物质能的利用主要有直接燃烧、热化学转换和生物化学转换3种途径。生物质的直接燃烧在今后相当长的时间内仍将是我国农村生物质能利用的主要方式。

当前，改造热效率仅为10%左右的传统烧柴灶，推广后可成为效率达20%~30%的节柴灶。这种技术简单、易于推广、效益明显的节能措施，被国家列为农村能源建设的重点任务之一。生物质的热化学转换是指在一定温度和条件下使生物质气化、碳化，热解和催化液化，以生产气态燃料、液态燃料和化学物质的技术。生物质的生物化学转换包括有生物质—沼气转换和生物质—乙醇转换等。沼气转换是有机物质在厌氧环境中，通过微生物发酵产生一种以甲烷为主要成分的可燃性混合气体即沼气。乙醇转换是利用糖质、淀粉和纤维素等原料经发酵制成乙醇。

【5】 地热能

地热资源是指在当前技术经济和地质环境条件下，地壳内部能够科学、合理地开发出来的岩石的热能量和地热流体中的热能量及其伴生的有用组分。地热资源按赋存形式可分为水热型（又分为干蒸气型、湿蒸气型和热水型）、地压型、干热岩型和岩浆型4大类。按温度高低可分为高温型（＞150℃）、中温型

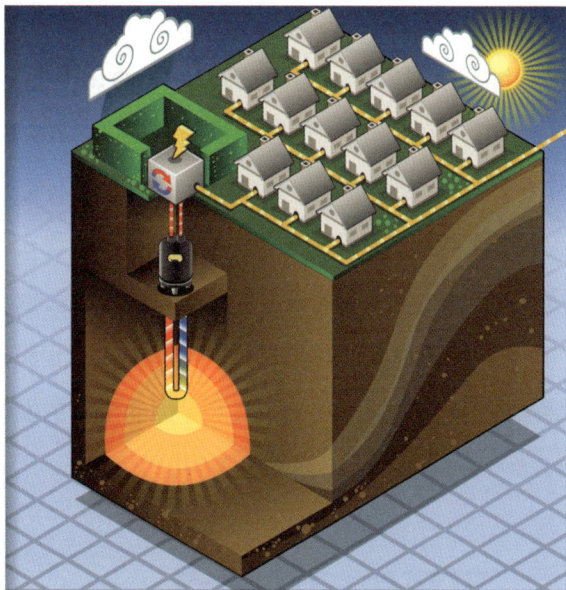

（90~149℃）和低温型（<89℃）3大类。地热能的利用方式主要有地热发电和地热直接利用两大类。不同品质的地热能，作用也是不同的。液体温度为200~400℃的地热能主要用于发电和综合利用；200℃的地热能，主要用于发电、工业热加工、工业干燥和制冷；100~150℃的地热能主要用于采暖，工业干燥、脱水加工、回收盐类和双循环发电；50~100℃的地热能主要用于温室、采暖、家用热水、工业干燥和制冷；20~50℃的地热能主要用于洗浴、养殖、种植和医疗等。

【6】 海洋能

海洋能是指蕴藏在海洋中的可再生能源，它包括潮汐能、波浪能、潮流能、海流能、海水温度差能和海水盐度差能等不同的能源形态。海洋能按储存能量的形式可分为机械能、热能和化学能。潮流能为机械能，海水温差能为热能，海水盐度差能为化学能。海洋能技术是指将海洋能转换为电能或机械能的技术。

【7】 氢能

氢能是世界新能源和可再生能源领域在积极开发的一种二次能源。

除空气以外，氢以化合物的形态储存于水中，特别是广阔海洋的海水中，资源极其丰富。在自然界中，氢和氧结合成水，必须用热分解或电分解的方法使氢从水中分离出来。如用煤炭、石油和天然气等化石能源产生的热或所转换的电去分解水制氢，即不经济又污染环境，显然不可行。现在看来，高效率制氢的基本途径将是利用太阳能，走太阳能—氢能的技术路线。氢能清洁干净，效率高，而且转换形式多样，可以制成以其为燃料的燃料电池。在21世纪，氢能将会成为一种重要的二次能源，燃料电池将成为一种最具竞争力的全新的发电方式。

二、可再生能源特点

可再生能源是指人类有生之年都不会耗尽的能源。可再生能源不包含现时有限的能源，如化石燃料和核能。大部分的可再生能源其实都是太阳能的储存。可再生的意思并非提供10年的能源。

可再生能源资源作为一种独立存在的能量载体，在总体上具有许多不同于煤炭、石油、天然气等化石能源资源的特点：

(1)能量密度较低，并且高度分散，呈现明显的地域性；

(2)资源丰富，具有可再生性；

(3)太阳能、风能、潮汐能等资源具有间歇性和随机性；

(4)可再生能源资源和生态环境密切相关；

(5)清洁干净，使用中几乎没有损害生态环境的污染物排放；

(6)开发利用的技术难度大。

第二节
什么是低碳型社会

一、低碳的一般含义

1 低碳含义

低碳 (low carbon)，意指较低 (或更低) 的温室气体 (二氧化碳为主) 排放。低碳一般内涵涉及低碳社会、低碳经济、低碳生产、低碳消费、低碳生活、低碳城市、低碳社区、低碳家庭、低碳旅游、低碳文化、低碳哲学、低碳艺术、低碳音乐、低碳人生、低碳生存主义、低碳生活方式等。

随着世界工业经济的发展、人口的剧增、人类欲望的无限上升和生产生活方式的无节制，世界气候面临越来越严重的问题。二氧化碳排放量越来越大，地球臭氧层正遭受前所未有的破坏，全球灾难性气候变化屡屡出现，已经严重危害到人类的生存环境和健康安全，即使人类曾经引以为豪的高速增长或膨胀的GDP也因为环境污染和气候变化而大打折扣 (也因此，各国曾呼唤 "绿色GDP" 的发展模式和统计方式)。

2 低碳经济的含义

所谓低碳经济是指在可持续发展理念指导下，通过技术创新、制度创新、产业转型、新能源开发等多种手段，尽可能地减少煤炭石油等高碳能源消耗，减少温室气体排放，达到经济社会发展与生态环境保护双赢的一种经济发展形态。

发展低碳经济，一方面是积极承担环境保护责任，完成国家节能降耗指标的要求；另一方面是调整经济结构，提高能源利用效益，发展新兴工业，建设生态文明。这是摒弃以往先污染后治理、先低端后高端、先粗放后集约的发展模式的现实途径，是实现经济发展与资源环境保护双赢的必然选择。

"低碳经济"的理想形态是充分发展"阳光经济""风能经济""氢能经济""生态经济""生物质能经济"。但现阶段太阳能发电的成本是煤电水电的5~10倍，一些地区风能发电价格高于煤电、水电；作为二次能源的氢能，目前与风能、太阳能等清洁能源提取的商业化目标还很远；以大量消耗粮食和油料作物为代价的生物燃料开发，一定程度上引发了粮食、肉类、食用油价格的上涨。从世界范围看，预计到2030年，太阳能发电也只达到世界电力供应的10%，而全球已探明的石油、天然气和煤炭储量将分别在今后40年、60年和100年左右耗尽。因此，在"碳素燃料文明时代"向"太阳能文明时代"（风能、生物质能都是太阳能的转换形态）过渡的未来几十年里，"低碳经济""低碳生活"的重要含义之一，就是降低化石能源的消耗，为新能源的普及利用提供时间保障。从我国能源结构看，低碳意味着节能，低碳经济就是以低能耗低污染为基础的经济。

低碳经济的核心是能源技术和减排技术的创新、产业结构和制度创新以及人类生存发展观念的根本性转变。这种有别于传统经济的新型发展模式以低能耗、低排放、低污染为特征，是人类社会继农业文明、工业文明之后的又一次重大进步。

在我国，发展低碳经济，一方面是积极承担环境保护责任，完成国家节能降耗指标的要求；另一方面是调整经济结构，提高能源利用效益，发展新兴工业，建设生态文明，是实现经济发展与资源环境保护双赢的必然选择。

3 低碳社会的含义

所谓低碳社会（low-carbon society），主要是指通过创建低碳生活，发展低碳经济，培养可持续发展、绿色环保、文明的低碳文化理念，形成具有低碳消费意识的"橄榄形"公平社会。

(1) 低碳社会发展趋势

每个地球居民都是温室气体的排放者，有责任为碳排放行为买单。要想在低碳经济国际新规则的制定过程中拥有话语权、掌握话语权，就必须早做准备。建设低碳社会是我们的唯一出路。

社会结构向"橄榄形"的公平社会过渡。在一个生存方式两极化的社会里，是不利于解决属于共同性面对的问题，反而会激化"生存排放"与"奢侈排放"的矛盾。丹麦、瑞典等西方福利型国家的经验表明，社会越公平，越容易造就一个环境友好型社会，社会结构越合理，越能把低碳价值观深入推广下去。在哥本哈根，政府大力修建自行车道，限制豪华型轿车的车道，这样的政策能执行下去，就是因为社会结构属于中等阶层为主体的"橄榄形"社会。同样，在日本，电动车及小排量车越来越受欢迎，也是由庞大的中低阶层的力量所决定的。

【2】低碳社会的人际性

低碳社会的人际性决定了个人和组织在适应并推动低碳社会中的关键作用。基于个人的公民精神和社会责任是提高节能意识和环保意识的基础，而各类社会组织则起到了重要促进作用。从发达国家的社会经验看，社区及非政府组织（Non-Govemmental Organizations, NGO）等社会组织，往往在推动低碳社会进程中发挥无法替代的作用。在日本，社区设置能源管理员，追踪和分析居民消费能效，并及时进行针对性辅导，大大提高了市民低碳消费意识。这些能源管理员，均经过正规培训和严格考试，预计到2020年，日本将有数十万人从事这一职业。

【3】低碳交通

低碳交通是人均能耗和排放都较低的交通发展方式，包括公共交通和采用低排放交通工具等。交通是现代社会的重要碳排放来源之一，低碳社会要着力构建低碳的现代交通体系。因此，一是要求大力推进公共交通系统建设；二是努力开发低碳化的交通工具迈向低碳交通。

【4】低碳能源

能源是维持社会健康运转的"血液"，低碳社会将依托低碳能源实现社会的有效运转。低碳能源突出表现为以下两点：①能源利用效率极大提高。②无碳及可再生能源发挥重要作用。

【5】低碳建筑

实施建筑节能的具体办法是在建筑设计上充分利用自然资源设计，朝向、通风性能，在屋面、墙体、门窗等建筑外围护结构上使用具有隔热和保温性能的材料，在空调等建筑暖通设备上尽量使用能耗低的产品，同时充分开发利用太阳能、风能和地热资源。

【6】低碳生活

低碳生活是指减少生活作息时所耗用的能量，从而减少低碳，特别是二氧化碳的排放。

二、低碳型社会基本特征

1 发展理念生态化

低碳经济、低碳社会的经济社会发展模式的提出，是人类对经济发展与环境保护、自身福利与自然生态关系的一种理性权衡；是对人与自然和谐关系的一种理性认知。系统科学、生态学、生态哲学、生态伦理学等所揭示的人类生存发展和自然生态息息相关。人是生态系统的一个部分，良好的自然生态环境是人类生存和发展的根基，必须充分认识自然的价值，尊重自然的权利，恪守生态公正原则，必须遵循生态规律开展生产和生活等原理与原则，这是低碳社会的基本理念。低碳社会的发展不能以伤害生态环境为代价，这就要求人类调整自身活动，适应并维护地球生态系统，这体现了人类在处理经济发展与资源环境矛盾中的进步，体现了可持续发展的生态哲学观，体现了生态化的发展理念。

2 发展方式低碳化

低碳经济是以减少温室气体排放为前提来谋求最大产出的经济发展理念或发展形式。"低碳"强调的是一种区别于传统的高能耗、高污染为代价的新发展思路。"低碳"是一种约束与限制，要求在谋求发展过程中必须以环境保护、节能降耗等为条件。但是这类条件并非一定是约束或限制发展，而是需要通过转变经济发展方式、优化发展模式、创新制度与技术、提高发展质量，达到经济发展和环境改善、社会与生态和谐共生的目标。即在市场机制基础上，通过政策创新及制度设计，提高节约能源技术、可再生能源技术和温室气体减排技术，建立低碳的能源系统和产业结构，它包括生产的低碳化、流通的低碳化、分配的低碳化和消费的低碳化。

3 低碳生活风尚化

低碳社会要求全社会的生产、生活、消费的全面低碳化，这就涉及到每个人的衣、食、住、行等各个方面。社会公民要积极身体力行低碳的生产方式、生活方式、消费习惯。要改变人们长期以来理解的"现代化"生活方式，误以为奢华、高能耗的消费，就是现代文明的生活方式，却不知这种生活方式的直接后果是人们越来越依赖于与自然隔绝的人工环境系统，依赖于大量消耗能源、大量排放温室气体的动力技术系统。要确立低碳的新生活观，培养文明的消费需求方式，引导个人文明消费、适度消费、绿色消费；在消费的结构上更加注重精神消费、文化消费。消费结构的改变需要生产的重点由高能耗、高污染的产业向环保型产业转移；消费者的偏好也将随生产布局的变化而发生变化，更加青睐于低能耗的产品。总之，要把低碳的理念渗透到社会各个领域，形成良好的发展低碳社会的氛围和舆论环境，在全社会形成以"低碳"为荣、"高碳"为耻的新生活风尚。

三、低碳型社会理念的提出

低碳经济、低碳社会是经济发展方式、能源消费方式、人类生活方式的一次新变革，本质上是将全方位地改造建立在化石燃料（能源）基础之上的现代工业文明，转向生态经济和生态文明。对于如何构建生态文明，实现人与自然的和谐相处，人类在生产与生存发展模式上进行了不懈的探索，如清洁生产、节能减排、知识经济、循环经济、生态产业、绿色消费，并具体提出生产和生活的"3R""5R"原则，等等。到近年来提出低碳经济、低碳社会，这一系列的发展与演变是人类从旧的生存发展模式向新的生存发展模式转变的过程，也是生态文明途径的探索过程。低碳经济、低碳社会是生态文明建设的实践新模式，是可持续发展的根本途径和必然选择。因此，探讨低碳社会的生产生活方式、价值趋向等问题，不能脱离生态文明与可持续发展的基本理念。"低碳社会"与以往的发展模式有着紧密的联系，有着承传、交叉与重叠的关系。但也要看到，它与其他发展模式相比较，又有不同的着力点、侧重点和特点。低碳社会重点聚焦于"低碳发展"，从能源效率和清洁能源结构问题入手，达到减缓气候变化和促进可持续发展的目的。

第三节
可再生能源
是实现低碳社会的必然选择

一、发达国家的选择

1 英国

英国作为工业革命的发源地和现有的高碳经济模式的开创者,深刻认识到自己在气候变化过程中应该负有的历史责任,所以率先在世界上高举发展低碳经济的旗帜,成为发展低碳经济最为积极的倡导者和实践者。

2003年,首相布莱尔签发了《我们未来的能源——创建低碳经济》的白皮书(DTI2003),宣布到2050年英国能源发展的总体目标是从根本上把英国变成一个低碳国家。即按照《京都议定书》的承诺,2012年欧盟温室气体要在1990年的基础上减排8%,英国愿意为欧盟成员国在温室气体减排方面承担更多的责任,在欧盟内部的"减排量分担协议"中英国承诺减排12.5%,比平均减排8%的目标高4.5百分点。不仅如此,英国政府进一步表示,力求在2010年减排温室气体——二氧化碳20%,2050年减排60%。

2 欧盟

2012年12月15日,欧盟委员会正式对外公布了《能源路线图2050》,基于一系列情景分析,描绘了未来"零碳能源体系",并提出了所需的政策框架及即将实施的行动方案，从而将使得欧盟成员国在能源发展方面做出必需的抉择，并为私营投资创建稳定的商业环境，特别是需要在2030年之前实施此路线图计划。

21世纪以来，世界各国共同面临气候变化、节能减排的艰巨任务，共同面临新的抉择。从欧盟的发展看，人民的福利、产业和经济均仰赖于安全、稳定、可持续和价格可承受的能源，未来的能源体系构成与发展，将面临前所未有的挑战。为此，从2005年起，欧盟开始设计共同应对能源发展的政策。较为典型的是在《欧盟第7个框架计划》中部署有关能源发展计划；2007年发布《欧盟能源2020：竞争、可持续和安全的能源战略》，提出2020年"20-20-20"目标：在1990年基础上减排20%；能耗减少20%；可再生能源在能源消耗中所占份额达到20%。

2012年3月，在继欧盟正式公布《低碳经济路线图2050》[1]，明确欧盟减排的最终目标：在1990年的基础上，到2050年减排80%~95%，见图1-2，明确了能源、工业、运输、居住和第三产业等的减排路线；同年，又出台了《能源路线图2050》，旨在明确2020年之后欧盟层面能源政策方向，减少宏观政策制定、投资、技术和社会变革的不确定性，在完成脱碳目标的同时，确保能源供应安全和经济竞争力。其中，涉及《能源路线图2050》的内容，主要包括利用提高能源利用效率、发展可再生能源、核能使用及采用碳捕获与封存技术（Carbon Capture and Storage, CCS）4个参数，设计不同参数组合的案例，以验证不同能源在未来所占不同比例情境下都能实现欧盟的减碳目标；同时，提出为实现此路线图的关键政策，并针对能源部门提出具体的行动计划。

[1] A Roadmap for Moving to a Competitive Low Carbon Economy in 2050. http://eur-lex.europa.eu/LexUriServ/LexUriServ.do?uri=COM:2011:0112:FIN:en:PDF.

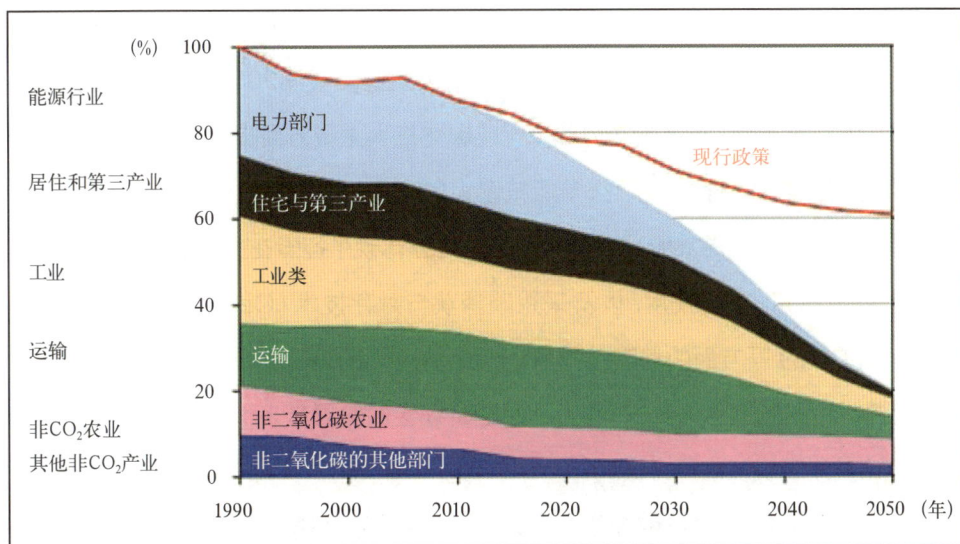

图1-2 2050年欧盟温室气体减排路线图

如前所言，自欧盟委员会正式发布《能源路线图2050》之日起，《能源路线图2050》所确定的总目标就公示与众：即到2050年，在保证欧盟经济社会可持续发展和满足大众生活品质对能源需求、达到安全、竞争力和减碳目标的同时，力求实现2020年后能源系统实现重大革命性转变。

▶▶▶

其中，《能源路线图2050》主要相关指标：电力在能源结构中将会比现在发挥更多重要作用，在终端能源需求中所占份额到2050年达到36%~39%，交通运输领域和供热制冷领域的脱碳化作用显著增强；到2050年一次能源需求需要降低32%~41%；可再生能源在终端能源消耗中所占份额大幅提升，到2050年从目前的约10%增至55%以上，天然气、石油以及固体燃料等其他能源的比例也将发生较大的变化，见图1-2；此外，总体能源系统成本到2050年将略少于欧盟GDP总额的14.6%（基于CPI，2005年这一比例为10.5%）。

可见，能源相关产业将作为欧盟能源供应和节能减排的"源头"，成为实现《能源路线图2050》确立目标的关键。为此，《能源路线图2050》对欧盟能源产业发展，从供应可靠性、技术竞争力和产业减碳化三大主导方面提出了严峻的挑战。

当前，各国在应对气候变化、节能减碳为目标确立的配套措施的发展方向，基本上与欧盟《能源路线图2050》的方向一致，充分体现了各国在提高能源利用效率、发展可再生能源、核能使用，以及采用碳捕获与封存技术（Carbon Capture and Storage, CCS）等方面的前瞻性部署。不过，从欧盟未来发展的视角不难发现，欧盟《能源路线图2050》的实施，将为欧盟经济社会的发展带来积极的、有益的影响，有关结论具体表现在如下方面。

（1）欧盟委员会认为，在传统经济模式中，欧盟的节能减碳尽管将会在短期增加较多的额外成本，但在新的经济模型中，欧盟可以通过较高的减排目标和适当的政策，在未来取得技术和整个经济的竞争优势。同时，低碳经济的投资将会在未来带来18%~22%的GDP增长，所有27个成员国都可以享受到这样的经济成果，并取得失业率的下降和更多的投资机会。

（2）根据《能源路线图2050》的发展路径，节能减碳将会给欧洲的碳市场带来大量密集的投资。此后，碳交易的价格必然会得到一定程度的提高。但更为重要的是，这将使得欧洲在低碳领域的总获益大于总成本，欧盟的低碳经济将促进其经济社会实现可持续发展。

（3）低碳经济的投资将会给欧盟在未来带来更大回报。研发资金和早期项目资金的投入，在某些领域将会在后期带来大规模的成本效益和渗透效益，尤其是在新能源、碳捕获与封存（Carbon Capture and Storage, CCS）、智能电网、混合动力汽车以及电动车等方面的发展，将力推欧盟能源产业发展转型，并显现出巨大的经济、社会和生态环境效益。

3 德国

德国作为发达的工业化国家，在能源开发和环境保护技术上处于世界前列。德国政府实施了气候保护高技术战略，将气候保护、减少温室气体排放等列入其可持续发展战略中，并通过立法和约束性较强的执行机制制定气候保护与节能减排的具体目标和时间表。

目前，德国可再生能源的实际发展速度已超过了技术发展速度，其中风电和光伏发电尤快，其并网装机总功率甚至比德国平均用电负荷还要多。可再生能源电力已经成为该国电力供应的一支主力军，由于德国政府很早就重视可再生能源技术的研究与开发，注意可再生能源发电相关问题，如发电并网等问题的研究解决，所以到目前为止，风电并网弃风率很低，光伏发电的弃光尚未发生。实践证明，依靠现有的商业化的可再生能源技术实现大规模开发和利用技术是完全可行的。同时，他们还找到了克服可再生能源波动性和间歇性的技术途径，包括电网扩容和智能化、电力市场交易、储能（电）技术的进步、分布式发电和多能互补等途径。

德国可再生能源事业发展的核心是其不断修订的可再生能源法，建立完善的政策体系。在可再生能源的发展初期，为了鼓励可再生能源的快速发展，德国采用了可再生能源发电站无论功率大小，发电全额并网的制度（有大量的光伏电站不到10千瓦）。考虑到各种不同的可再生能源的特点和不同的技术发展阶段，为了稳定地鼓励和保障各种类型的可再生能源产业的稳定发展，采取了不同的电价政策，而后根据各个领域技术进展引起的成本下降情况，分别逐步地降低上网电价。

由于可再生能源技术的发展导致成本的持续下降，特别是在其成本下降到低于甚至远低于电力用户用电价格之下后，这种促进政策就自然而然地发生了转变。

其中,光伏生产技术出人意料的高速发展,尽管近年来以每年高于10%的速度调低光伏并网电价,德国的光伏安装量还是在急剧增加。考虑到现在的电网无法承受如此大量可再生能源全额并网,德国政府提议并经议会通过,将52吉瓦设定为光伏发电并网按统一收购价格上网的功率上限。在此之后,新安装的光伏电站,要么自用,要么卖给发电公司,或组合成大的发电集团在电力交易市场上进行交易。这与中国即将采取的分布式光伏发电政策非常相似。在风电方面,一般自用很少,因此除了按上网电价卖给电网外,另外可采取的形式主要是到电力市场交易。而生物质能源由于发电的灵活性,如果能自用加上网交易,则收益会很好。总之,所有的可再生能源补贴都会越来越少,逐步地市场化。

具体措施:

(1)实施气候保护高技术战略。

为实现气候保护的目标,从1977年起,德国联邦政府先后出台了5期能源研究计划。最新一期计划从2005年开始实施,以能源效率和可再生能源为重点,通过德国"高技术战略"提供资金支持。

(2)提高能源使用效率,促进节约。

(3)大力发展可再生能源。

(4)减少二氧化碳排放。

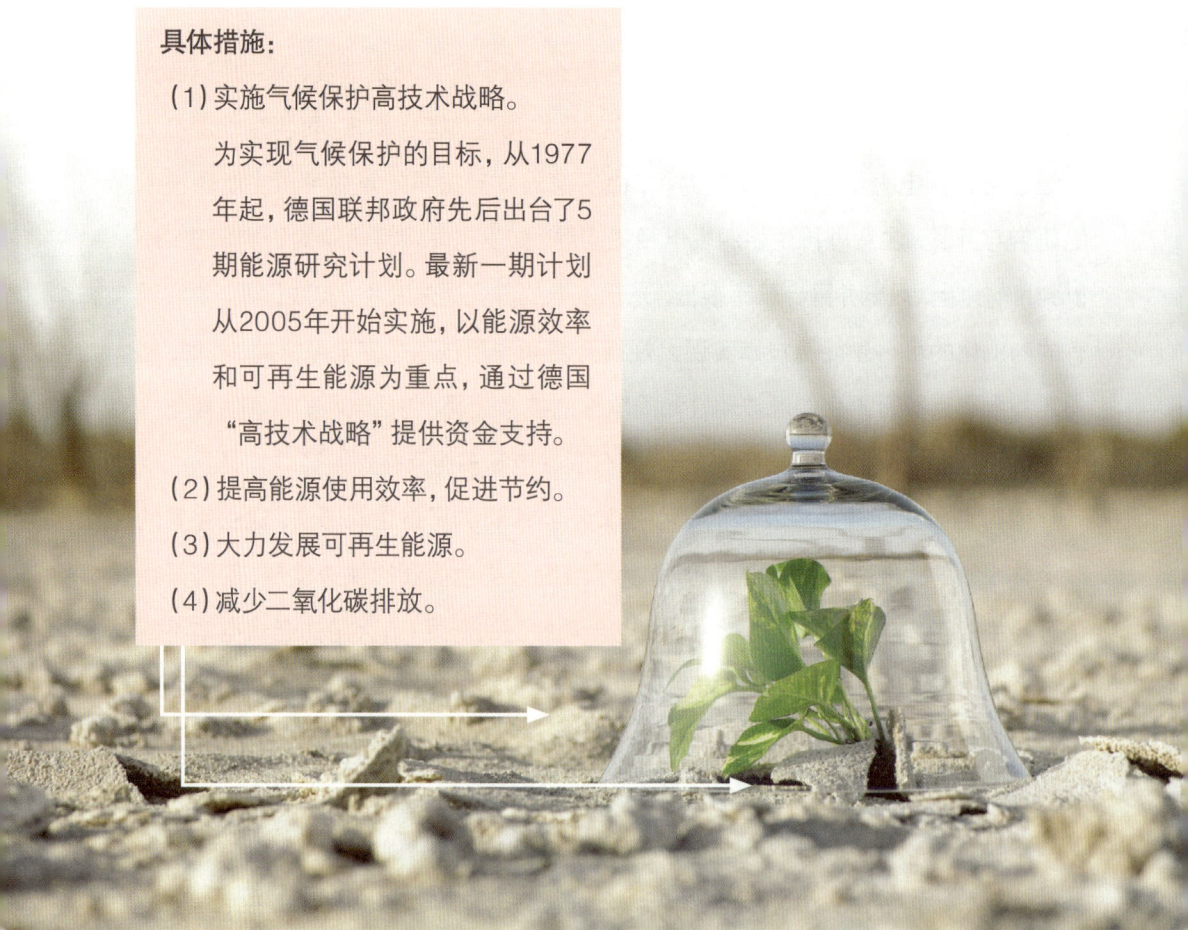

4 丹麦

丹麦属于世界经济高度发达国家，能够提供大量的社会福利，贫富差距相当小，国民享有极高的生活水平，人口仅有551.94万。丹麦的电价是欧洲电价最高的国家（每千瓦时26.8欧分——其中22欧分是由各类税收构成的）。

20世纪70年代石油危机以来，丹麦政府积极开发风能、生物质能等可再生能源，使GDP保持稳步增长，经济增长了78%。而能源消费仅增加不到1%，基本持平，加之发展新能源取代传统能源，丹麦的二氧化碳排放量未升反降。1990年到2007年，丹麦经济活动总量增长了40%，但二氧化碳的排放却下降了14%。丹麦政府同时营造涵盖法规、补贴和税收等多方面政策的监管环境，最终促成一系列具有世界领先水平的节能减排技术的发展。

1980~2000年，丹麦的GDP增长超过了60%，而能源消耗总量却保持在1980年的水平。目前，丹麦的单位GDP能耗全球排名第二，仅次于日本。现在丹麦开始实施节能技术以及不含核能的新能源发展战略，将在2050年完全摆脱化石能源，走上一条不依赖石油、天然气和煤炭的发展之路。

丹麦因风能闻名于世，在使用其他清洁能源方面也领先全球。究其原因，一是在开发可再生能源领域起步较早，二是在贯彻环保政策方面持之以恒。丹麦从1979年开始为风能工业提供补贴和贷款，政府承担风能投资的30%。如今，丹麦风电装机容量为350万千瓦，全国20%的发电量来自风能，丹麦企业占全球风能市场份额的1/3。除了风电，目前，生物质能满足了丹麦10%的电量和25%的热力需求，全部可再生能源满足了丹麦一次能源消费的19%。

丹麦近日公布了最新能源统计数据，2012年丹麦超过43000户家庭业主在自家的屋顶上安装了光伏系统——装机总量达到223兆瓦，

提早8年超越了其制定的2020年光伏装机目标（200兆瓦）。到2020年，丹麦可再生能源发电量占比将达到35%，到2050 年可再生能源发电量占比将进一步提高至100%。2012年丹麦实现了二氧化碳排放量的显著降低，并提高了可再生能源在能源消费中的比重。与2011年相比，丹麦的二氧化碳气体排放降低了10.3%。经气候因素和与跨国电力交易因素调整后，温室气体排放量降低了4.4%，可再生能源消费增长了3.1%，煤炭消费降低了23.4%。

丹麦在风力发电、秸秆发电、超临界锅炉等可再生能源和清洁高效能源技术方面创造了独特的经济，丹麦成为了举世公认的减少二氧化碳并将能源问题解决得好的国家之一，走上了一条能源可持续发展之路。

【1】领先世界的风力发电

丹麦是有400多个小岛的岛国，风力资源非常丰富，在利用风能方面处于世界领先水平。丹麦是世界第一个使用风能的国家。根据丹麦能源署的统计，到2007年为止，在丹麦电网中，风电所占比重已经达到21.22%，欧盟确立的2020年实现20%可再生能源发电的目标，丹麦已提前10年实现。

【2】太阳能技术的研发应用

多年来，丹麦致力于研发提高太阳能效率的相关技术。至今丹麦已有3万多个太阳能加热站，主要用于居民家用热水和空间加热。

【3】秸秆燃烧发电

丹麦是最早利用秸秆发电的国家。为建立清洁发展机制，减少温室气体排放，丹麦政府很早就加大了生物能和其他可再生能源的研发和利用力度。丹麦的BWE公司率先研发了秸秆生物燃烧发电技术，迄今在这一领域仍是世界最高水平的保持者。

5 / 美国

美国虽没有加入《京都议定书》，但近20年来，美国十分重视节能减碳。美国于1990年实施《清洁空气法》，2005年通过《能源政策法》，2007年7月美国参议院提出了《低碳经济法案》。具体措施如下：

① 改造传统高碳产业，加强低碳技术创新。

② 应用市场机制与经济杠杆，促使企业减碳。

③ 美国清洁能源与安全法案。

主要涉及清洁能源、能源效率、减少温室气体排放以及迈向清洁能源型经济等方面。

美国有丰富的各种可再生能源资源。可再生能源能够在接下来的几十年中提供大量的电力服务。自2008年以来，美国用风能、太阳能和地热能的发电翻番，例如风能从2000年的2.6吉瓦增加到了2010年的40吉瓦。2010年，可再生能源在美国的电力供应中占10%（6.4%来自水电，2.4%来自风电，0.7%来自生物质能，0.4%来自地热能，0.05%来自太阳能）。具体数据见图1-3。

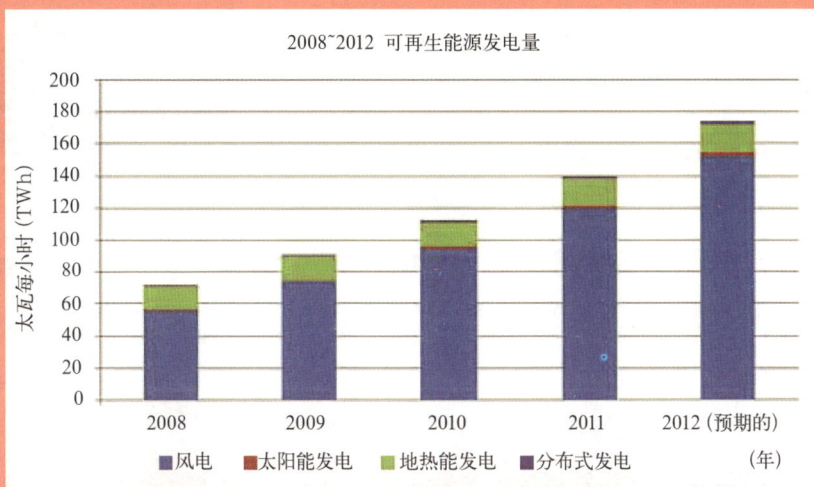

图1-3 可再生能源发电2008—2012

电力需求情况与两方面因素有关，即人口增长与经济发展。在低需求假设中，新型技术、积极的社会态度以及相关的政策等促使能源效率得到提高。在此假设中，电力需求在未来几十年增速较慢，2050年电力需求量约3.92万亿千瓦时；不过在高需求假设中，能源效率仍然保持目前水平，导致2050年电力需求量高达5.1万亿千瓦时。美国国家可再生能源实验室（National Renewable Energy Laboratory, NREL）与麻省理工学院牵头，美国能源部实验室、工业界、高校与政府部门等各界人士共同参与，完成了《美国可再生能源发电前景研究》（Renewable Electricity Futures Study）。在这一报告中，NREL指出，今天的可再生能源，包括已经商业化的可再生能源，如果合理开发和利用，到2050年，可以满足美国80%的能源需求，同时满足每个国家地区的每个小时的电力需求，而无需依赖于可再生能源的新技术。

二、我国的选择

低碳经济是指经济体系只有很少或没有温室效应气体排放到大气层中，或指经济体系的"碳足迹"接近或等于零。有人认为，低碳经济是以低能耗、低污染、低排放为基础的经济模式，是人类社会继农业文明和工业文明之后的又一次重大进步。低碳经济实质是能源高效利用、清洁能源开发、追求绿色国内生产总值（GDP）的问题，核心是能源技术和减排技术的创新、产业结构和制度创新以及人类生存发展观念的根本性转变。

哥本哈根联合国气候变化大会形成了《哥本哈根协议》。虽然发达国家和发展中国家特别是世界主要经济体在减排量以及发达国家帮助其他国家的义务上

还存在着分歧，但该协议已经标志着全球应对气候变化进程取得了新的进展，全球应对气候变化的国际合作行动将更为紧迫。我国作为对全球环境事务负责任的大国，在积极促进哥本哈根大会成功的同时，也公布了我国应对气候变化、减缓碳排放的目标，这也标志我国国内实施应对气候变化行动进入了一个新的阶段。

我国的国情和发展阶段的特征，决定了在应对气候变化领域所面临的挑战。全球减缓气候变化的核心是减少温室气体排放，其中主要是与能源相关的二氧化碳排放。我国当前正处于工业化、城市化快速发展阶段，随着经济快速增长，能源消费和相应二氧化碳排放会有增长。我国人口多，经济总量大，当前二氧化碳排放总量也较大。保持国民经济又好又快发展对能源需求和相应二氧化碳排放增长的趋势与全球应对气候变化、减缓碳排放的目标之间形成尖锐矛盾，根本出路在于加强技术创新，转变经济发展方式，走低碳发展的道路，以实现经济发展与应对气候变化的双赢。

低碳经济是以能源高效利用和清洁开发为基础，以低能耗、低污染、低排放为基本特征的经济发展模式。发展低碳经济与我国坚持节约资源、保护环境的基本国策，建设资源节约型、环境友好型社会，走新型工业化道路是一致的。

当前，我国经济和社会发展也受到国内能源资源保障和区域环境容量的制约，节约能源、优化能源结构，转变经济发展方式，走低碳发展道路，既是应对气候变化、减缓二氧化碳排放的核心对策，也是我国突破资源环境的瓶颈性制约，实现可持续发展的内在需求，两者具有协同效应。全球发展低碳经济的潮流正在改变世界经济、贸易格局，加大对新能源和环保产业的投入，也成为当今世界各主要国家应对经济危机、实现绿色复苏的关键着力点。我们要

顺应世界经济、技术变革的潮流，抓住机遇，促进先进能源技术创新，促进产业结构的调整和升级，从而促进发展方式的根本性转变。因此，大幅度降低国内生产总值的二氧化碳排放强度，是我国发展低碳经济的核心任务和关键对策。

我国在提高碳排放的经济产出效益方面具有较大潜力，在国内生产总值碳强度指标方面达到发达国家水平还需要在相当长的历史时期内不懈努力。这与我国缩小同发达国家发展水平差距是一样的，低碳经济是一项长期而艰巨的任务。

▶▶▶

三、低碳经济任重道远

1 社会认知

自我国首次明确要发展低碳经济以来，我国在发展低碳经济特别是在节能减排方面取得了很大进步。近5年来，中国先后出台了诸多节能减排的相关措施，并坚持在清洁能源技术方面的积极研究，控制工业生产的碳排放，缩减能源浪费和降低环境污染。同时，为引导低碳生活和低碳消费，政府在近几年一直在加强宣教工作，广泛通过各种渠道，大力宣传低碳消费理念和低碳行为的做法，引导城乡居民转变消费观念和消费模式，大力发展节能、低碳产品，为公众提供更多的消费选择，鼓励公众采用节能产品，扩大全社会参与程度。

"十一五"期间，我国实现了单位国内生产总值能耗降低20%左右等节能减排目标，国家先后约投入两千多亿元，这些投入只占全国节能环保总投资的10%～15%。"十一五"节能减排任务完成后，全国就实现节能6亿多吨标准煤，相当于少排放二氧化碳15亿吨以上。

自国家"十二五"规划建议发布之后，关

于"十二五"节能减排目标的种种猜测及讨论也越来越多。中国曾在哥本哈根会议上关于低碳目标有这样的承诺,"到2020年,中国单位GDP二氧化碳排放要在2005年的基础上降低40%~45%,非化石能源占一次能源比重要达到15%左右,同时要增加4000万公顷的森林面积和13亿立方米森林蓄积量。"这必然给我国"十二五"节能减排目标的制定增加了不小的压力,如何统筹接下来的两个五年规划的科学、可持续发展,如何上承"十一五"的低碳之路,下启"十二五"的绿色之途,"十二五"期间的低碳发展之路显得格外重要。

2 低碳与社会的融合

由于全国各地的经济发展水平和产业规模有着不同的情况,在未来的发展过程中,低碳发展路线也需要因地制宜。各地方在节能减排的程度要求上应当有所差别,在低碳发展模式上,更不能跟风模仿,需要根据当地的实际情况来制定低碳发展的规划蓝图。建议充分考虑地区经济、社会和环境特征,使国家可持续发展战略与地区发展统筹兼顾,同时应加大对中西部地区的政策、资金和技术的扶持力度,促进其节能减排；对待企业，应充分考虑企业性质、能耗及污染排放数量等，合理分配企业指标，同时采用积极的资金、技术和信息扶持政策，促进企业执行节能减排目标。

此外，在低碳发展模式上，各地应该把握当地的特色和优势，从不同的角度来制定，而不是简单地模仿其他地方的现有模式。发展低碳经济归根到底是促进经济可持续发展，低碳经济的发展需要做好产业升级，调整经济结构，用改革和发展的眼光来实现低碳的目标，并使得经济发展和人民就业水平都能稳步提高。发展低碳经济是我国经济可持续发展的一个内在要求，是我们调整产业结构的重要途径，也是我国优化经济结构的可行措施。

无论是调整产业结构还是优化经济结构，这对低碳经济的发展来说，是具有可持续性的。低碳的要求不是一两年的事，而是一种发展的态度，是未来人类发展的内在需要。因此，如何做到可持续地发展低碳经济才是人类所需要的。一是要建立应对气候变化的法律法规，形成一个能够低碳发展的长效机制；二是建立低碳城市和低碳基础设施，为我们国家未来的低碳经济发展创造条件。这里包括低碳交通、低碳城市功能布局等；三是进一步加强国际合作，尤其是在发展低碳经济的技术方面，形成低碳研究开发的技术体系，同时要在政策法规方面和利益相关方面，鼓励他们参与低碳经济的建设。

3 低碳任重道远

发展低碳产业是建设低碳城市的重要支撑，而先进的技术又是发展低碳产业的支撑。作为发展中国家，我国经济由"高碳"向"低碳"转变的最大制约是整体科技水平落后、技术研发能力有限。我国在资源回收利用方面的技术与国外的差距很大。

联合国开发计划署《2010年中国人类发展报告》指出，中国实现未来低碳产业的目标，至少需要60多种骨干技术支持，其中有42种是中国目前没掌握的核心技术。

此外，低碳在各地的认同度很高，但是真正了解其是如何具体操作和运营的人并不多。认知方面的瓶颈也是目前推动低碳城市建设的障碍。应该鼓励人们多使用公共交通工具、多消费低碳产品,推动树立能源节约理念,这些对建设低碳城市同样重要。由此,应积极倡导低碳绿色生活方式和消费模式,在更广大的范围内推广低碳理念,使每个人都从身边的细节做起,从改变自己的"高碳生活"开始。

中国推行低碳城市的第三个瓶颈是投融资障碍。在我国,90%以上的能效项目都需要通过金融机构进行融资,而现行的节能减排鼓励政策大都是针对企业的,缺乏对金融机构的激励,因此银行等金融机构对节能减排项目的信贷意愿不足。当前中国的节能项目难以通过信贷来获得融资,项目投资规模不大,融资成本相对较高,而且银行等金融机构对节能减排项目缺乏评估能力。另外,由于很多掌握节能新技术的机构和个人缺乏资金,一些有远见的企业家想介入节能行业苦于把握不住技术风险和市场风险,造成了节能减排项目的投资瓶颈。

然而,能否实现碳收集和储存技术,人们还没有十足的把握。但是目前的情况是人们应该相信碳收集和储存技术,因为它对美国以及中国、印度、澳大利亚、波兰等这些大量利用煤炭的国家具有重要意义,因此,无论碳收集和储存技术的未来如何,大量发展提高能源利用效率的手段是人们首选的目标。

低碳经济社会离人类有多远,这是一个相当远的目标。不过,现在全球范围的人们已经开始从长远发展的角度思考减排问题,这是一个显著的变化。它标志着人们减排的一个起点,具有特别重要的意义。气候变化问题所带来的挑战不是环境保护或经济发展问题,事实上低碳经济之路是人们唯一实现低成本发展的道路。到今天,世界所达成的共识是,依照过去的经济发展模式将会使人类付出巨大的代价。

第四节
国内外可再生能源
开发利用现状

一、国外可再生能源的发展

1 可再生能源发展对建设低碳社会的重大意义

(1) 可再生能源发展对应对气候变化的影响及潜力

世界气象组织和联合国环境规划署设立的政府间气候变化专门委员会（Intergovernmental Panel on Climate Change，IPCC）于2007年推出了第4层评估报告，明确地指出人类活动已经对全球气候产生了显著影响[1]。报告显示，1906~2005年全球地表气温已经上升了0.74±0.18℃。目前的政策和温室气体排放将会致使全球温度迅速升高，21世纪末，全球气温将会偏暖1.1~6.4℃。如果气温升高6℃，洪涝和干旱等极端天气将更加频繁，增加全球不稳定和地区冲突因素，造成远超现在水平的地区移民和公共健康事件。

气候变化正在深刻影响着人类的生存与发展，涉及政治、经济、技术、环境、法律等多方面，是世界实现可持续发展面临的重大挑战，已成为发展中国家争取未来发展空间、发达国家抢占新的经济制高点和控制世界发展大局的焦点所在。研究指出，为了避免出现灾难性的后果，与工业化以前的气温相比，我们必须把最终全球变暖的温度保持在低于1.5℃的水平。全球温室气体排放需要在未来五年内开始

---

[1] IPCC.Climate Change 2007:Synthesis Report.Report of the Inthergovernmental Panel on Chimate Change.Geneva.2007.

下降，而且到2050年，全球排放量至少需要减少80%（与1990年排放量相比），2050年以后减排的幅度还要更大[1]。低碳经济、低碳社会的概念正是在这一大背景下提出的，其实质是以更低的能源消耗、更低的温室气体排放和环境污染，确保国家经济和社会的可持续发展，实现社会效益、经济效益、环境效益协调统一的发展模式。低碳社会起于应对气候变化，落于降低碳依赖，行于能源节约与能源转型——发展可再生能源。

目前，全球已经形成了以化石能源为主的能源体系，每年消耗约160亿吨标煤，其产生的温室气体成为引发气候变化的根源。当前，全球CO_2排放总量已经从1990年的209亿吨增长到2007年的288亿吨，预计到2030年还会增长到402亿吨，其中与能源相关的CO_2排放的所有增长都会来自非OECD国家，并且，其增量的一半以上来自中国。鉴于能源资源禀赋，我国形成了长期以煤炭为主的能源消费结构，按照现有发展目标，到2020年GDP翻两番，能源消耗翻一番，15%非化石能源比例，温室气体的排放将至少增长60%~70%。目前，中国的温室气体排放大约为80多亿吨，按当前情景，2020年将会达到130亿~150亿吨，占世界温室气体排放的40%左右[2]。面对减排的国际压力，要求中国必须采取严格的节能减排措施，必须下决心大力发展可再生能源。

---

[1] 世界自然基金会.能源报告—2050，100%可再生能源[R].2011.
[2] 李俊峰，王斯成，等.中国光伏发展报告2011[R].北京：中国环境科学出版社.2011.

近年来,我国可再生能源保持快速发展,2010年可再生能源发电总量7652亿千瓦时,约占当年电力消费总量的18.2%,如果计入生物质燃料、太阳能热利用等非商品化的可再生能源利用量,我国可再生能源利用量总计约2.94亿吨标煤,占当年一次能源消费总量的9.09%。根据欧盟可再生能源理事会2010年颁布的《畅想2050——欧盟实现100%可再生能源替代的远景》认为,2050年在欧盟27国实现完全的可再生能源替代在经济上是可行的;世界自然基金会发布的《能源报告—2050,100%的可再生能源》同样提出,可再生能源将能够满足2050年的所有能源需求,如果其中95%来自于可再生资源,会使能源部门降低80%的温室气体排放。中国已经制定了非化石能源发展目标,到2015年非化石能源占一次能源消费比重达到11.4%,2020年达到15%。根据我国的可再生能源资源潜力,建立起以可再生能源为主体、常规能源为补充的能源体系是完全可行的。可再生能源发展必将为应对气候变化,实现经济社会发展与碳排放脱钩发挥关键作用。

【2】可再生能源发展对建设低碳社会(两型社会)的作用

工业革命以来,由于化石燃料使用的增加,人类活动所产生的全球温室气体排放持续增长,造成了气候变暖、海平面上升、生态破坏等诸多问题,并导致了风暴、洪水、干旱等极端天气增加。过去50多年来,人类对资源的消耗、环境的污染、生态的破坏比人类历史上任何时期都更加剧烈,随之而来的能源危机、水源匮乏、粮食短缺等一系列问题,已经严重威胁到世界的可持续发展。在全球所有城市中,约有4000万人遭受每100年一次的极端沿海洪灾事件[1]。近两年,中国遭受的南方冰灾、西北暴雪、西南持续干旱等极端天气都与之有不同程度的关联。

尽管中国已成为全球第二大经济体,但中国人均GDP只有3800美元,在全球排在105位左右。作为最大的发展中国家,未来20年,城市化与工业化仍将是中国经济社会发展的中心议题。基于国内外各机构的研究成果综合考虑中国目前经

---

[1] R.J.Nicholls, S.Hanson, C.Herweijer, N.Patmore, S.Hallegatte, Jan Corfee-Mor-lot, Jean Chateua and R.Muir-Wood·2007.Ranking of the World's Cities Most Exposed to Coastal Flooding Totay and in the Future:Executive Sunnary.Paris.

济发展形势和未来发展需求、环境和社会可持续发展的压力以及节能减排等多项因素。预计2020年中国能源消费将达到45亿～50亿吨标煤,2030年将达到55亿～60亿吨标煤,而2050年将有可能达到65亿吨标煤。2012年2月,国际能源署(International Energy Agenoy, IEA)执行董事在墨西哥城国际研讨班做的"能源未来"报告时认为,中国可能在2020年成为最大的石油进口国。2011年,我国能源对外依存度达15%,特别是石油对外依存度达到57%,"十二五"期间,能源供需缺口将继续拉大。改变发展理念,探索一条经济、环境和资源协调发展的新道路,建设资源节约型、环境友好型社会,实现低碳发展模式极为重要。

目前,欧美等发达国家已经将发展可再生能源作为实现低碳社会的关键路径之一。欧盟为实现2020年温室气体排放比1990年降低20%的目标,要求届时可再生能源达到能源消费的20%;为实现 2050年温室气体排放比1990年降低80%～95%的目标,要求能源部门基本无温室气体排放。中国政府也已经将"立足国内、多元发展、保护环境"作为可持续能源供应战略的核心内容,正在大力倡导低碳能源战略,着力"推进能源多元清洁发展""推动能源生产和利用方式变革",可再生能源将是实现低碳能源战略的主力技术。可再生能源发展具备显著的社会和环境效益,可有效减缓化石能源开采过程对生态所造成的不可逆性损害,避免能源消耗过程所排放的SO_2、烟尘、NO_x等污染性气体对环境和公共健康所造成的间接性损害,避免CO_2等温室气体排放所造成的环境影响等外部性成本。2010年,国务院正式发布《关于加快培育和发展战略性新兴产业的决定》,将新能源列入现阶段我国重点培育和发展的七大战略性新兴产业。据研究[1],发展非化石能源,2020年将为中国带来的环境效益可达5065亿～9650亿元,宏观经济效益可达10384万亿～2万亿元。可再生能源在电力、交通、供暖等方面对化石能源的全面替代作用,将对节约资源、控制能耗、降低碳强度、保护环境,建设两型社会、低碳社会中发挥出不可替代的作用。

(3) 可再生能源发展将引发的新技术革命

　　能源既是经济社会发展的重要基础,也是生产力发展的动力源泉。人类历史上,每一次社会发展的转折点都是以开发利用能源引发的技术创新为契机的。人类能源利用经历了薪柴时代、煤炭时代,目前处在以油气为主的时代。随着化石能源的大量使用,其对经济社会发展的制约和对人类赖以生存的地球生态环境的影响愈加明显。进入21世纪以来,油价的大幅波动、人类对能源环境问题的日益重视,促使众多国家将以可再生能源为代表的清洁能源作为新的替代选择,纷纷加入到开发利用可再生能源的行列,出台了各种政策来引导和鼓励本国可再生能源的规模化发展。事实上,自20世纪90年代开始,绿色经济的研究者就预言,按照著名的尼古拉•康德拉季耶夫经济长波理论或约瑟夫•熊彼特创新周期理论,在以信息技术革命为内容的第五次创新长波之后,即将来临的是以资源生产率革命为特征的第六次创新长波,而这个长波的意义就是开创以低碳能源为特征的生态经济新时代。[2] 2008年,

　　[1] 国家发改委宏观经济研究院课题组. 2020年非化石能源满足15%能源需求目标的途径和措施研究[R]. 2012.
　　[2] 宋泓. 低碳背景下战略产业的选择与发展—以宁波为例[M]. 北京:社会科学文献出版社, 2011.

全球金融危机引起世界范围的经济衰退，许多国家更是以此为契机实施绿色新政，出台政府投资计划，掀起了新一轮可再生能源开发利用的热潮，推动了可再生能源产业跨越式发展。以可再生能源技术开发利用为引领，推动能源系统革新，进而实现整个经济社会发展方式全面转型的新一轮技术革命已经到来。

当前，人类社会正在由高碳工业文明向低碳生态文明转型，应用低碳能源、实现能源系统转型成为各国共识。分布式能源供应模式具有效率高、输送损耗小、投资低、运行成本低、安全性好等诸多优点，是未来能源供应系统的变革方向。可再生能源资源具有储量丰富、分布广泛、利用可持续的巨大优势，符合分布式能源供应模式。大力发展可再生能源，抢占技术革命发展高地，走低碳发展道路，可以实现经济发展总量扩张和质量提升双轮驱动，快速完成国家的产业转型、经济转型、社会转型。

作为战略性新兴产业，可再生能源在大规模替代传统化石能源的同时，能够拓展、延伸众多上下游相关产业链条，成为新的经济增长点，实现发展经济、改善民生的同时，有效控制温室气体排放和能源消耗水平。就中国而言，当2020年非化石能源在总能源消费中达到15%的目标时，风能、太阳能、核电等行业都将形成规模化产业，在增加国家和地方各级财政收入的同时，可提供与常规能源行业相比更多的社会就业机会。抢抓世界新一轮能源革命先机，大力发展风电、太阳能、现代生物质能等可再生能源，瞄准世界产业技术前沿开展科研攻关，不断突破更多核心和关键技术，将是大国把握先机，提升国家的国际竞争力和可持续发展能力，抢占未来世界制高点的关键选择。

2 全球可再生能源的发展动态

【1】 可再生能源的发展地位

面对传统能源供应体系的先天制约与经济可持续发展的矛盾,气候变化、生态环境破坏与人类追求保护自然的矛盾,世界主要国家都将发展可再生能源视为重要依托,满足其对能源基础设施更新换代、技术竞争以及政治外交等方面的战略需求。席卷全球的金融危机,在带来经济困境的同时,也为各国调整发展方向留下了喘息之机,大规模促进低碳产业发展的经济刺激方案随后出台。在这一背景下,国际可再生能源产业在21世纪的第一个十年里有了突飞猛进的发展,2008年可再生能源占全球能源供应比例已达13%,见图1-4所示。

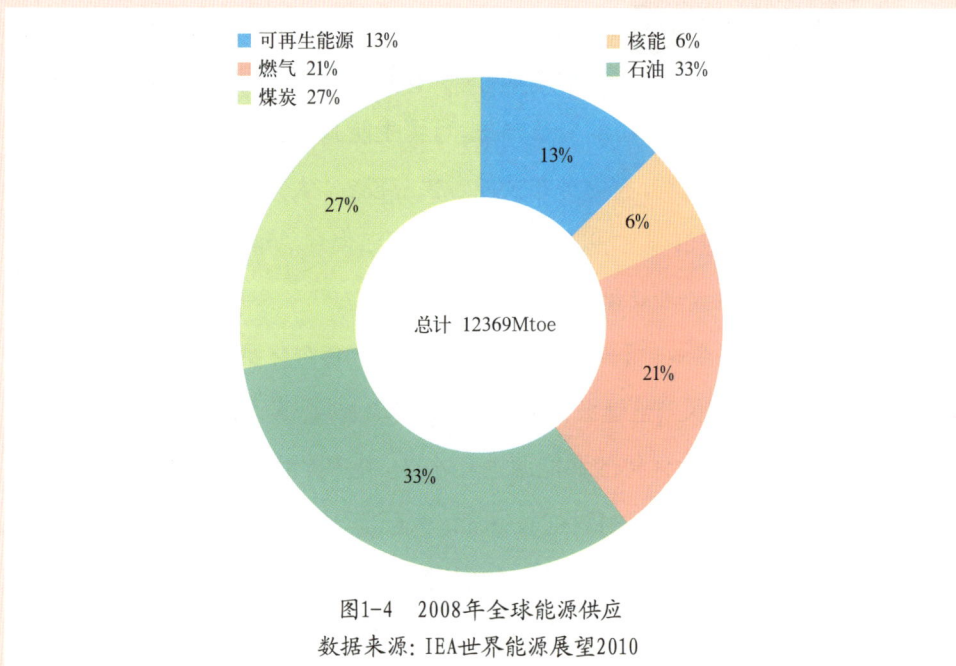

图1-4   2008年全球能源供应

数据来源: IEA世界能源展望2010

经过多年努力,可再生能源发展已取得了明显成效,成本持续下降,市场不断扩大。作为增长最快的能源产业,可再生能源已经成为许多国家不可忽视的新经济增长点。2010年,德国整个新能源产业的产值约266亿欧元(350亿美元),提供了36万个就业机会;欧盟可再生能源新增装机达到2270万千瓦,占当年新增发电容量的41%,光伏新增装机容量和风电新增装机容量超过煤电,成为仅次于燃气发电的第二和第三大新增装机容量。全球2010年已安装的可再生能源发电总容量(不包括大型水力发电)已达370×10⁸千瓦,约占全球发电装机的5.1%和全球发电量的3.6%,生物质液体燃料当年产量约1.02×10⁸吨(达341亿加仑)。各种主要可再生能源技术的近年增长幅度均超过20%,如风电过去10年保持了28%的年均增长速度,太阳能光伏的增长速度超过了30%,生物质液体燃料的增长速度为15%,全球在可再生能源领域的投资同样连年增长,在过去5年增加了近3倍,2010年的总投资达到了2430亿美元,可再生能源已成为新兴产业投资的热门领域,见图1-5所示。

随着可再生能源产业规模的扩大,全球可再生能源领域的就业人数逐步增

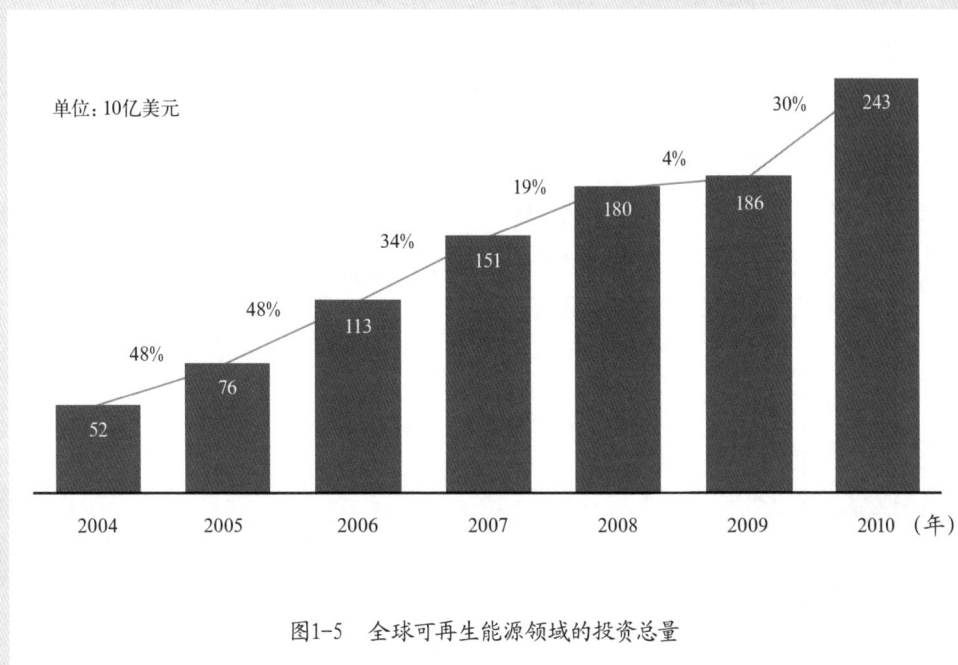

图1-5 全球可再生能源领域的投资总量

多,据21世纪可再生能源政策网(Renewable Energy Policy Network for the 21st Century, REN21)估计,仅2010年的全球就业人数就高达350万人。当前,全球已经有70多个国家和地区制定了相关激励政策来促进风电产业发展,到2010年底,全球累计风电装机容量已达到1.97亿千瓦,风电设备容量也从千瓦级达到兆瓦级,

目前5~6兆瓦的机组也已运行。光伏发电目前已是一种较为成熟、可靠的技术,并已经逐渐从过去用于独立的系统,朝大规模并网方向发展,从2005年到2010年,全球光伏发电市场年均复合增长率超过了72%,累积安装量达到约3600万千瓦。从20世纪70年代中期的石油危机以来,以美国和巴西为主的一些国家开始推行燃料乙醇发展,2010年全球燃料乙醇的产量约为6800万吨,2000~2010年全球燃料乙醇产量年均增长率达50%,生物柴油消费量达到200万吨。

【2】可再生能源的发展趋势

　　能源行业要对全球2/3的温室气体排放负责,而该行业排放量的增长比其他任何部门都要快。根据国际能源署预测[1],假设全球GDP平均增长率为3.6%,在现有政策情景下,2009~2035年,全球能源需求将增加51%,年增长1.6%;新政策情景下(考虑全球已实施或公布的能源方案、目标、政策),全球能源需求将增加40%,年增长1.3%,各技术增长率,如图1-6所示;450情景下,将增长23%,年增长0.8%。只有抓住可再生能源,再加上力度大的节能措施,才是我们所需要的最佳的快速减排办法。可再生能源资源储量十分丰富,仅现有潜力已超过全球经济能耗数倍。通过发展可再生能源、提高能效,世界各国皆可满足其多数的能源需求[2]。世

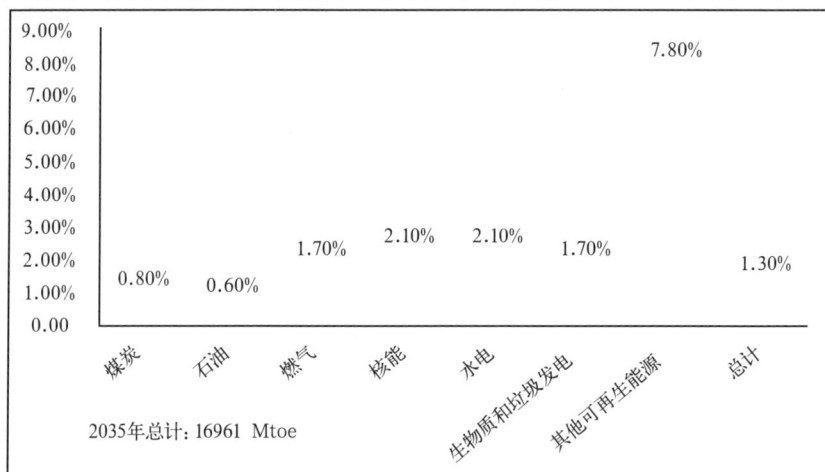

图1-6　2009—2035年,新政策情景下各类能源需求平均年增长率
数据来源: IEA, 全球能源展望2011

[1] IEA. World Energy Out Look 2011[R].2011.

[2] World Watch Institute. Renewable Revolution: Low-Carbon Energy by 2030[R].2009.

界排放最大、经济发展最快的几个国家，可再生能源资源量巨大，如仅中国的风资源便可生产远超其当前消费的所有电力。

从全球看，发展可再生能源已经成为包括发达国家和发展中国家在内的世界各国所共同采取的措施，目前已经有120多个国家制定了法律、法规或行动计划，通过立法的强制性手段保障战略目标的实现，发展本国的可再生能源。未来，可再生能源将继续保持快速、稳定发展，逐渐主导全球能源供应。包括IEA在内的国际机构、绿色和平组织（Greenpeace）、世界自然基金会（World Wide Fund for Nature, WWF）等国际非政府组织（Non-Governmental Organizations, NGO）和英国石油（British Petroleum, BP）等能源公司都在不同时间尺度（2020、2030、2050）上对全球包括核电在内的未来非化石能源的发展进行了分析和展望，如表1-1所示。

表 1-1 全球非化石能源发展的总体趋势

数据来源		年份	能源消费总量/亿吨标煤	非化石能源总量/亿吨标煤	非化石能源总量占能源消费总量的比例%	新增非化石能源占新增能源消费总量的比例%
BP2010		基准年2009	159.42	22.0	13.8	
IEA世界能源展望2010*	当前政策情景	2020	212.71	42.5	20	25.80
		2030	241.92	49.4	20.40	24.80
	新政策情景	2020	207.86	44.5	21.40	35.50
		2030	228.68	56.1	24.50	43.50
	450情景	2020	201.73	46.4	23	51.10
		2030	208.26	68.4	32.8	107.5
BP2030展望		2020	207.43	31.6	15.24	29.88
		2030	234.65	43.4	18.48	48.35
绿色和平	常规情景	2020	198.79	40.0	20.10	25.70
		2030	229.72	46.1	20.10	22.70
	能源革命情景	2020	178.94	44.7	25	109
		2030	164.48	57.5	34.90	—
	超级能源革命情景	2020	176.12	47.3	26.90	172.40
		2030	170.76	68.8	40.30	1027.30
WWF		2020	211.07	55.68	25.25	102.72
		2030	190.82	82.56	42.52	153.42

*《IEA世界能源展望2010》中的数据包含传统生物质能。

　　鉴于当前对于化石能源所面临的资源枯竭、能源安全以及环境保护和应对气候变化的考虑,各个预测机构都对发展包括核电在内的非化石能源充满了较大的预期。《IEA世界能源展望2010》设定了"当前政策""新政策"和"450"三个发展情景,认为包括核能和传统生物质能在内,2020年世界非化石能源总量占能源消费总量的比例分别是20%、21.40%和23%,其中2020年非化石能源在新增能源需求中的比重,分别达到25%、35%和55%。非政府组织绿色和平和世界自然基金会的态度更加乐观,绿色和平发布"能源革命"报告,在三个情景中,到2020年非化石能源的比重都超过了20%,其中最高情景达到27%;世界自然基金会的《能源报告——2050年,100%可再生能源》认为,未来非化石能源的发展将更加重要,到2020年非化石能源的比重超过了25%。《BP2030世界能源展望》对2020年全球能源市场做出的判断是:世界非化石能源总量占能源消费总量的比例可达15.24%,其中新增非化石能源占新增能源消费总量的比例约30%,这一比例在2030年左右将提高到50%左右。

　　尽管不同的机构对未来核电和可再生能源满足一次能源需求比重的预测有所不同,但可以看到,随着应对气候变化、保障能源安全、实现可持续发展观念不断深入,加快发展新兴可再生能源,已经成为全球社会的共识,新兴可再生能源在新增能源消费中的比重将呈现明显扩大的趋势。可再生能源产业受经济危机影响,在短期内、区域内其发展可能受到影响,但是从中长期看,全球范围内可再生能源产业必将面临爆发性、持续性增长,沿着欧洲、北美异军突起,亚洲、南美接力赶超,中东、南非星罗棋布缓慢发力的路线,成为全球经济发展的新领域。

3 | 国外可再生能源与低碳型社会的关系

[1] 对低碳型社会的理解

气候变化的原因争议尚存，但碳减排已然步入公众视野，成为国际政治角逐中的重要议题。事实上，气候变化问题不是污染问题，而是发展问题。从1997年《京都议定书》到2007年《巴厘岛路线图》，再到2009年哥本哈根联合国气候谈判，各国都在积极为碳减排的责任和目标寻求解决途径。2003年，英国能源白皮书《我们能源的未来：创建低碳经济》，成为国际社会讨论和研究的热点，低碳经济的概念第一次映入世人眼帘，成为应对气候变化、节能减排与实现经济持续发展的路径选择。低碳经济（Low-carbon Economy）是指以低能耗、低污染、低排放为基础的经济发展模式，其实质是通过提高能效降低能源需求，同时，基于清洁能源重组能源系统，在不依赖化石能源情况下，实现经济社会的可持续发展。低碳经济理念已经成为欧盟、美国、澳大利亚等西方国家低碳发展的基本模式。2011年8月，欧盟委员会发布了内容丰富的《2050实现低碳经济转型路线图》[1]，认为实现低碳经济转型主要包括发展可再生能源建立安全、有竞争力、低碳的能源部门，提高能效、通过电气化建立可持续的交通系统，改善建筑环境和能源性能，增强工业部门的资源、能源使用效率，提高土地生产率等五大内容。

与低碳经济类似，低碳社会（Low-carbon Society）最早现于日本2004年发布的《面向2050年的日本低碳社会》中，它确定了减排目标、减排措施，从经济影响和技术可能性角度提出了2050年低碳社会建设的路线图[2]。2008年6月，日本首相发表了题为"为实现低碳社会的日本而努力"的讲话，设立了温室气体减排目标，要求摆脱化石能源依赖，通过技术、制度创新，改变社会和经济的结构，改善公众行为，以实现低碳社会。2008年7月，日本内阁会议通过"低碳社会行动计划"，阐述了在未来3~5年内将家用太阳能发电系统的成本减少一半等多项减排措施，其重要内

[1] European Commission.A Roadmap for Moving to a Competitive Low Carbon Economy in 2050[R].2011, 8.
[2] 王伟，郭炜煜.低碳时代的中国能源发展政策研究[M].北京：中国经济出版社，2011.

容都与开发新能源有关。日本环境大臣咨询机构——中央环境审议会提出,低碳社会的基本理念是将温室气体排放控制在能被自然吸收的范围之内,为此需要摆脱以往大量生产、大量消费又大量废弃的社会经济运行模式[1]。日本提出的低碳社会要求公众、企业、政府共同参与,通过能源技术创新、社会系统重建、生活方式转变,从交通、住宅、工业、消费理念、农林业、城市空间规划等六个领域着手,实现部门碳排放最小化、转变消费理念、实现人与自然和谐共生。低碳社会的主要措施包括,使用节能车辆、发展智能交通系统,广泛应用住宅、楼房节能设备,提高能效、发展可再生能源等低碳能源,转变消费理念、使低碳消费深入人心,增加碳汇、提高生活质量,合理利用土地,建设紧凑型城市。

城市是人口、建筑、交通、工业、物流的集中地,据统计,全球大城市温室气体排放占世界排放总量的80%[2]。2005年10月,18个世界一线城市代表在伦敦集会商讨全球气候变化问题,C40组织宣告成立。2009年5月,有80个城市参与的第三届C40会议发布了《首尔宣言》,该宣言称:"我们的共同目标是:C40城市最大限度地减少温室气体排放,加强对气候变化的灵活应对,提高恢复能力,将各城市打造成为低碳城市"。伦敦、西雅图、东京和哥本哈根等最早编制了低碳发展目标、出台了相关配套政策和具体落实措施,实践重点包括,可再生能源利用、工业减排、家庭碳减排、建筑碳减排、交通碳减排等,成为全球低碳城市的领跑者。作为人类社会经济活动的中心,城市对资源的需求和碳覆盖的领域已经远远超过其承载的界限,严重影响了可持续发展。低碳城市在低碳经济、低碳社会之后,成为节能减排和低碳发展的重要载体,将引领未来城市建设的新趋势。低碳城市(low-Carbon City)实质是在城市范围内对低碳经济、低碳社会的实践,包括低碳生产、低碳消费,建设资源节约型、环境友好型社会,建设一个良性的可持续的能源生态系统。实现城市低碳化转型已是城市化进程的内在要求。由此发现,低碳城市建设主要包括以下方面:一是制定低碳城市发展规划及相关制度,优化城市空间布局;二是提高能源效

---

[1] 刘志林,等.低碳城市理念与国际经验[J].城市发展研究.2009(6):2.
[2] 顾朝林,谭纵波,刘宛,等.气候变化、碳排放与低碳城市规划研究进展[J].城市规划学,2009(3).

率，重视能源供给转型；三是推动绿色交通，重点建设公共交通体系；四是加强建筑节能，改造、新建节能型建筑，对隔热、建仓、外墙等设立节能标准；五是提高公众低碳意识，倡导绿色消费。

社会是一个动态演化的复杂巨系统，包括经济、政治、文化、环境、民生、安全与发展等多个子领域。低碳社会是在借鉴低碳经济理念的基础上，将碳约束向政治、文化、环境、民生等社会子系统领域的拓展与延伸。通过各领域间协调整合，避免内部耗散、产生协同效应，最终可以涌现出新的系统功能，真正实现整个社会的低碳、甚至零碳发展。它要求政治上高度重视，制定低碳发展战略、政策，完善制度、机制，克服粗放发展的路径依赖；文化上营造低碳氛围，培养低碳文艺、科研人才，培育低碳基因；同时，节约资源，保护生态环境，实现人与自然和谐共生；改变公众生活、消费理念，提高低碳环保意识，以民生促低碳，以低碳惠民生。

如何实现可持续发展，是国际社会面临的重要课题。走低碳转型之路，即是国际社会所作出的自主选择，也是在气候变化、能源安全压力下"受迫"进行的。低碳经济、低碳城市，尤其是低碳社会的提出，是建设资源节约型、环境友好型社会，实现人类经济社会发展与生态自然环境以及资源开发利用等协调可持续发展的重要路径选择。

[2] 可再生能源对低碳型社会发展作用

能源是经济社会发展的基础，自20世纪第一次石油危机发生以来，世界各国高度重视能源安全问题，全球逐步形成了以化石能源资源争夺为主要特征的地缘政治格局，进而主导了国际社会范围内许多重大事件的发生。进入21世纪以来，气候变化问题日益突出，以《京都议定书》为代表，国际社会也逐步达成了共同应对气候变化的较为一致的政治承诺，而哥本哈根气候大会上的唇枪舌剑、德班气候大会上的谈判僵局，则是一次次以未来发展空间为焦点的大国博弈。无论是面对能源安全的挑战，还是应对气候变化可能带来的灾难，通过基础设施更新换代，构建以可再生能源资源为依托，高安全性、无污染、可持续的低碳型能源供应系统，走以"低排放、高能效、高效率"为特征的低碳转型之路，建设低碳社会成为世界主要国家寻求可持续发展的共同选择。

世界观察研究所发布的《能源革命：2030低碳能源》认为，通过发展可再生能源和挖掘能源效率的潜力两项措施，可以转换全球能源系统，从而避免气候变化带来的灾难。化石能源的开发利用是温室气体排放的主要来源，当前，能源行业需对全球2/3的温室气体排放负责，且其排放量的增长比其他任何部门都快。以欧盟为代表，世界主要国家都将开发利用可再生能源作为低碳转型中的关键措施，并制定了发展战略、目标和相关激励政策，引导和鼓励可再生能源的发展。

为应对气候变化，2007年欧盟委员会制定未来气候和能源发展目标，到2020温室气体比1990年减排20%，能源节约20%，可再生能源占能源消费20%，并将可再生能源目标分解至各个成员国，如图1-7。2011年，欧盟再次发布《2050低碳经济转型路线图》，主要措施包括转变能源系统，提高能源效率、应用可再生能源；鼓励研发和技术创新投资；重建整合的能源市场、吸引公众参与、加强国际合作。该路线图提出，2030年可再生能源占终端能源比例应至少达到55%，通过有力的支

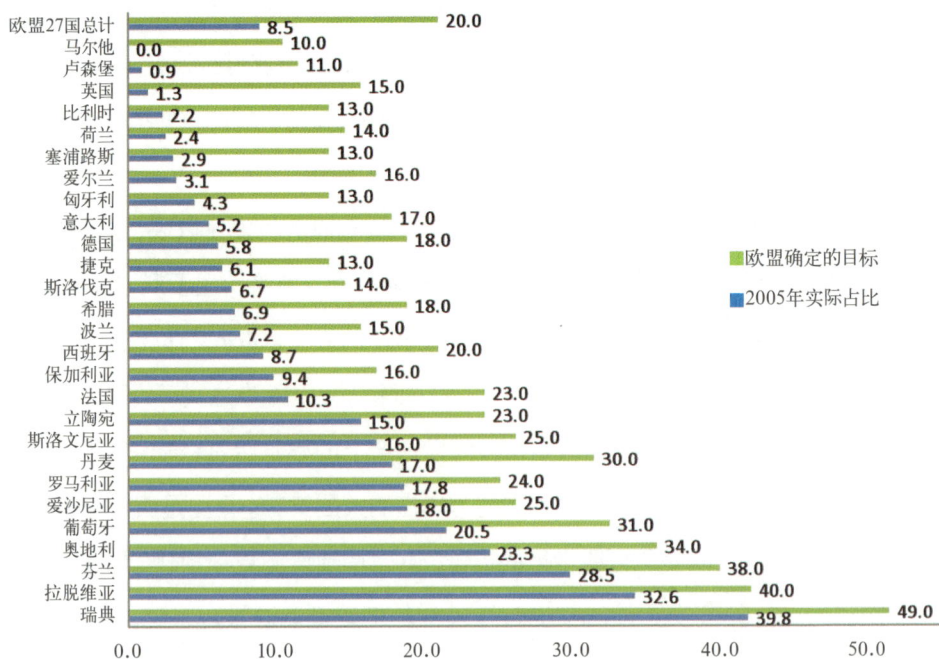

图1-7　2020年欧盟27国发展可再生能源目标
资料来源：荷兰能源研究中心ECN-E-10-069，2011年2月

持政策，2050年温室气体比1990年减排80%~95%，可再生能源资源将占终端能源消费的75%[1]。目前，欧盟正在探讨2050年实现100%可再生能源的可能性。从长远看，低碳的能源系统比现有政策成本更低。在欧盟低碳社会的建设路径中，发展可再生能源始终扮演着至关重要的角色，承担着未来能源供应的主要职责，确保了整个低碳发展的实现。

英国是最早提出发展低碳经济的国家。继能源白皮书之后，2006年英国发布的《斯特恩报告》再次呼吁全球向低碳转型，主要措施是：提高能效；电力等能源部门"去碳"；征收碳税、进行碳交易等。2007年，欧盟委员会要求英国在2020年可再生能源达到能源消费的15%。2009年7月，英国根据《气候变化法案》发布了低碳转型计划[2]，制定向低碳经济转型的路线图，实现2020年比2008年减排18%，要求各主要政府部门都要制定各自的碳预算和计划，实现40%的电力来自低碳资源，包括30%的可再生能源、建设新型核电站等。英国还推出了低碳城市项目，非常重视公共部门主体（如地方政府、大学），同时兼顾其他主要排放部门，力求实现建筑物的节能减排。《伦敦应对气候变化行动计划》中专门指出，存量住宅和存量商业、公共建筑是伦敦最主要的排放部分（分别占全市排放40%和33%），另外，地面交通排放量占22%，因此，采用绿色家庭计划、绿色机构计划，加大公共交通、步行和自行车系统上的投资，并向分散式、可持续的能源供应系统转型来实现低碳城市目标。

根据欧盟20-20-20减排方案，德国2020年的可再生能源发展目标为18%。2010年，德国发布了《德国联邦政府能源方案》[3]，认为能源导致了80%的温室气体排放，建设低碳社会，现有的能源供应系统必须在中长期从根本上改变，只有这样才能实现能源安全、价格合理和气候保护政策目标。方案要求2030年可再生能源发电占电力消费的50%、2040年为65%、2050年为80%，使可再生能源逐渐成为能源供应支柱，促进能源结构的创新和现代化。2012年1月，新修订的德国《可再生能源

[1] European Commission.Energy Roadmap 2050[R].2011.
[2] HM Government.The UK Low Carbon Transition Plan[R].2009.7.
[3] 联邦经济和技术部.德国联邦政府能源方案[R].2010.9.

资源法案》正式实施，再次明确了德国2050年前达到80%可再生能源电力的发展目标，并以法律形式明确了德国可再生能源电力在电网接入、价格、赔偿、监管等方面都给予可再生能源电力资源优先权，以保证目标的实现。福岛危机之后，2011年5月，德国做出弃核决定，宣布占国内电力供应25%的所有核电设施将在2022年全部停止运行，这一举措必然导致可再生能源更加快速的发展。各种可再生能源目标体现了可再生能源在德国低碳转型中的重要地位。同时，与可再生能源发展密切相关的储电设备、智能电网、调峰电厂、新技术工艺都是德国今后重点发展的方向。

世界自然基金会的能源报告指出，"如果每个人消费的能源都达到美国人的平均水平，那么全球石油储量会在九年内耗尽"。美国是名副其实的能源消费和碳排放大国，但其能源战略已经初见成效，2006年美国石油消费下降，2008年开始一次能源消费下降。美国虽然没有正式提出低碳经济的概念，但其政府很早便开始推动发展可再生能源。1992年的《联邦能源政策法案》和2005年《能源政策法案》建立了联邦可再生能源发电激励（REPI），为通过符合可再生能源设施的发电和销售提供奖励，针对符合条件的可再生能源发电在2016年10月1日给予税收抵免。另外，可再生能源产业还拥有直接补贴、债券、贷款和担保等多项优惠政策。从2007年开始，美国计划在10年内使用可再生能源（包括生物燃料）替代15%石油。2009年2月，美国通过的《美国复苏和再投资法案2009》支持的重点方向是清洁能源，在可再生能源发展、提高能源效率、改善智能电网和扩大清洁能源汽车利用等领域均安排有相当规模的资金，总额度为600多亿美元，其中对可再生能源的资金支持力度达到160亿美元。此外，在美国众议院通过的《美国清洁能源与安全法案》中，提出2020年要以可再生能源和能效改进的方式满足其电力需求的20%，其中15%需要由发展风能、太阳能等可再生能源来实现。

在应对气候变化的压力下，继2009年哥本哈根大会激烈争吵之后，2011年12月，德班气候大会谈判再次陷入僵局。国际气候谈判是一场错综复杂的经济和政治较量，国际气候制度变革也是一个漫长而艰苦的过程，但不可否认的是：一个以可再生能源推动能源系统变革的低碳时代已经到来。在低碳较量中，世界各国已经纷纷提出其可再生能源发展目标：丹麦政府推出了《能源战略2050年》，寻求全面摆脱非化石能源的解决之路；澳大利亚提出了2020年可再生能源满足20%电力需求的发展目标；意大利政府制定了到2020年可再生能源消耗量占能源总消耗量的17%，其中交通部门可再生能源消耗占比至少达到10%的总体目标；日本政府绿色能源新政的远期目标是，到2050年，可再生能源等替代能源将占其能源供应50%以上，依靠提高能源效率和发展可再生能源减排温室气体80%以上；印度专门成立了"新能源与可再生能源部"，2008年的《应对气候变化行动方案》制定了2015年可再生能源占能源消费10%的目标。印度"十二五"规划要求到2017年，累计装机容量达到41383兆瓦，2022年并网可再生能源达到72400~82800兆瓦之间[1]；中国同样提出，到2015年非化石能源占能源消费的比重达到11.4%，到2020年达到15%的发展目标。

> 低碳是一种新的游戏规则，是在原有的社会经济系统之中加入了一个新的更为严格的约束条件。发展低碳经济，建设低碳社会是应对气候变化问题的必然选择，需要放到世界秩序重建和中国崛起这两个宏大的历史事件中去考察。可再生能源将是实现低碳战略的主力技术，必在新一轮社会转型中绽放光彩。目前，可再生能源发展的成本仍然较高，但可再生能源的发展是历史不可阻挡的趋势。尽早实现能源转型并升级到以可再生能源为基础的高能效、技术创新型能源系统，将在世界能源市场拥有不可低估的竞争优势。

[1] Ministry of New and Renewable Energy (Government of India).Strategic Plan for New and Renewable Energy Sector for the Period 2011-17[R].2011.2.

二、中国可再生能源的发展

近年来，在国家出台的《可再生能源法》以及《可再生能源发展"十一五"规划》《可再生能源中长期发展规划》《可再生能源发展"十二五"规划》等相关规划的推动下，中国可再生能源发展已经处于快速发展阶段，一些技术已经达到或接近商业化发展的水平，无论从资源、技术和产业的角度，在近期都有大规模发展的潜力。可再生能源已经开始在中国的能源供应中发挥作用，在未来能源供应构成中具有举足轻重的地位。

1 总体情况

据《中国可再生能源产业发展报告2011》研究数据显示，2010年我国的可再生能源继续保持快速发展。在可再生能源发电方面，到2010年底全国水电装机达到2.16×10^8千瓦，年发电量6867×10^8千瓦时，折合约2.30×10^8吨标准煤；并网风电装机3131×10^4千瓦，年发电量494×10^8千瓦时，折合1517×10^4吨标准煤；离网风电装机15×10^4千瓦，年发电量2.7×10^8千瓦时，折合8.4×10^4吨标准煤；光伏装机86×10^4千瓦，年发电量8.6×10^8千瓦时，折合26.4×10^4吨标准煤；生物质能发电装机550×10^4千瓦，年发电量268×10^8千瓦时，折合898×10^4吨标准煤；地热海洋发电装机2.8×10^4千瓦，年发电量1.5×10^8千瓦时，折合约5.0×10^4吨标准煤。

可再生能源发电总量7642×10^8吨标准煤，约占当年电力消费总量的18.2%。生物燃料方面，固体成型燃料生产量350×10^4吨，折合约175×10^4吨标准煤；燃料乙醇利用量184×10^4吨，折合约184×10^4吨标准煤；生物柴油利用量40×10^4吨，折合57.2×10^4吨标准煤。如果计入供热、供气、太阳能热利用等非商品化的可再生能源利用量，可再生能源年利用量总计约2.94×10^8吨标准煤，占当年一次能源消费总量的9.09%。2010年我国可再生能源开发利用量如表1-2所示。

表1-2 我国可再生能源开发利用量

能源种类	利用规模	年产能量	折合10^4吨标准煤
一、发电	$25391×10^4$ kW	$7642×10^8$ kWh	25460
水电	$21606×10^4$ kW	$6867×10^8$ kWh	23006
并网风力发电	$3131×10^4$ kW	$494×10^8$ kWh	1517
小型离网风力发电	$15×10^4$ kW	$2.7×10^8$ kWh	8.4
光伏发电	$86×10^4$ kW	$8.6×10^8$ kWh	26.4
生物质发电	$550×10^4$ kW	$268×10^8$ kWh	898
地热海洋发电	$2.8×10^4$ kW	$1.5×10^8$ kWh	5.0
二、供热			3665
太阳能热水器	$16800×10^4$ m^2		2016
太阳灶	200万台		46.0
沼气	$140×10^8$ m^3		1000
生物质成型燃料	$350×10^4$ t		175
地热热利用	$13090×10^4$ m^2		428
三、交通燃料			241
燃料乙醇	$184×10^4$ t		184
生物柴油	$40×10^4$ t		57.2
总计			29366
可再生能源占一次能源消费的比例			9.09%

2005—2010年，我国可再生能源利用的规模不断扩大，可再生能源对能源消费总量的贡献日益显著，可再生能源占一次能源消费的比例不断提高，见图1-8、图1-9。

图1-8　2005—2010年我国可再生能源的发展形势

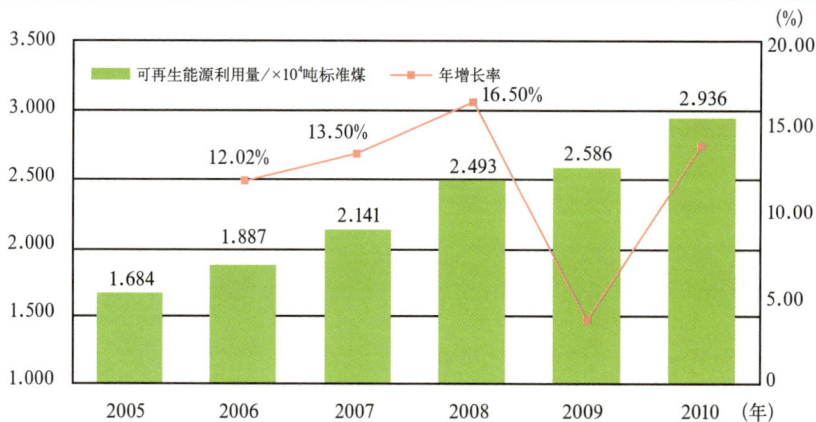

图1-9　2005—2010年我国可再生能源利用规模的发展情况

在产业发展方面，我国可再生能源的完整产业链已经基本形成。风电具备了千万千瓦级的总装能力及相应的零部件制造能力；海上风电的建设已迈出重要步伐，上海东海大桥10×10^4千瓦海上风电场已经安装完成，江苏沿海100×10^4千瓦海上风电建设项目的招标完成；光伏上下游均衡发展，多晶硅产量在2010年实现倍增，产量达到了4.5×10^4吨。

2 各种可再生能源发展情况

[1] 水电

我国水电资源丰富,根据2003年全国水能资源复查成果,全国水能资源技术可开发装机容量为$5.42×10^8$千瓦,年发电量$2.47×10^8$千瓦时;经济可开发装机容量为$4×10^8$千瓦,年发电量$1.75×10^8$千瓦时。按经济可开发年发电量重复使用100年计算,水能资源占我国常规能源剩余可采储量的40%左右,仅次于煤炭。

到2010年底,全国水电总装机容量达$2.16×10^8$千瓦,年发电量为$6867×10^8$千瓦时,担负着全国近1/2国土面积、1/3的县、1/4人口的供电任务。

我国水电勘测、设计、施工、安装和设备制造均达到国际水平,已形成完备的产业体系。今后水电发展的主要问题是流域生态破坏及其相关社会影响。

[2] 风电

自2006年可再生能源法颁布以来,风电开发进入快速发展时期,从2005—2009年,风电每年的新增装机增长率在100%以上。

2010年我国风电新增装机容量(按吊装量统计)$1893×10^4$千瓦,累计装机容量(按吊装量统计)达$4473×10^4$千瓦。但是由于基数较大,2010年风电新增装机增长率回落到73%,但仍处于高速发展的阶段。我国风电的历年装机容量变化趋势如图1-10所示。

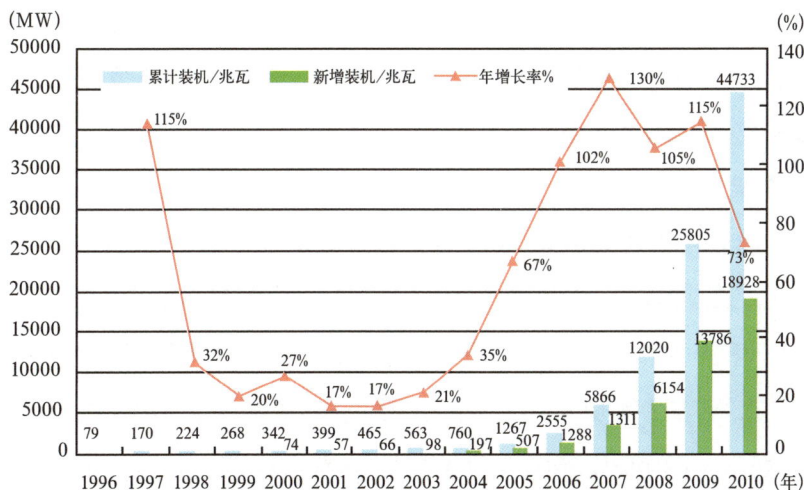

图1-10　2005—2010年我国历年风电增长趋势图

【3】光伏发电

"十一五"是我国太阳能光伏产业发展最快的时期。受《可再生能源法》的鼓励,同时也得益于国际市场的拉动,我国的光伏产业飞速发展,自2007年起已连续4年太阳电池产量居世界第一。2010年我国太阳能光伏电池产量约为8000兆瓦,较2009年增长100%;当年新增装机约为560兆瓦,累计装机容量达到860兆瓦,较2009年增长287%。2004—2010年我国太阳能产量和装机容量见表1-3。

表1-3　2004—2010我国太阳电池产量和装机容量

年　份	2004	2005	2006	2007	2008	2009	2010
国内光伏电池产量/MW	50	200	400	1088	2600	4000	8000
国内光伏电池产量年增长率%		300	100	172	139	54	100
国内累计装机容量/MW	63	68	80	100	145	300	860
国内新增装机年增长率%		7.9	17.6	25	45	103	287

【4】太阳能热利用

经过多年来的产业积累,我国的太阳能热水器已经形成规模化生产和商业化市场运作。2010年我国太阳能热水器产业继续保持迅猛发展的态势,太阳能热水器年产量和运行保有量分别为4900×10^4米^{2}和1.68×10^8米^2,年增长率分别为16.7%和15.9%;行业总就业机会超过了350万个,产值达到700多亿元。作为一种有效的建筑节能产品,太阳能热水器的作用开始从单一的生活热水供应,逐步拓展至生活热水和采暖供应,市场应用也不断扩大。

【5】生物质能

到2010年底全国建成各类生物质发电装机合计约550×10^4千瓦。在生物质能的农村利用方面,我国农村户用沼气已达4000万户,农业废弃物沼气工程达72741处。户用沼气和大中型沼气工程的年沼气总量约为140×10^8米^3,折合约1000×10^4吨标准煤。此外,在生物液体燃料方面,我国也进步显著。2010年我国生物质成型燃料产量达350×10^4吨,比2009年增长75%。燃料乙醇年产量达184×10^4吨,生物柴油产量达40×10^4吨。

（6）地热能

我国地热发电装机容量多年来维持在$2.5×10^4$千瓦，每年发电在$1×10^8$千瓦时。地热直接利用方面已开发利用地热田259处，每年地热水开采量$3.68×10^8$米^3。利用常规地热资源的供暖面积达到$3020×10^4$米^2。地源热泵供暖（部分制冷）面积年增长$1800~2300×10^4$米^2，年增长率超过30%。2009年地源热泵供暖面积达$10070×10^4$米^2，利用功率约5210MWth。常规地热水供暖和地源热泵供暖总面积$1.309×10^8$米^2，总利用功率8898MWth，利用总热量$7543.8×10^4$吉焦，相当于$327×10^4$吨标准煤。全年减排二氧化碳$779×10^4$吨，减排二氧化硫$1.96×10^4$吨。

（7）海洋能

我国海洋能的利用主要还在研发和示范阶段。我国正在运行的潮汐电站有3座，另有一座在进行建设的前期工作。波浪能的利用有一些研发和示范，已拥有100千瓦、20千瓦岸式振荡水柱波能装置各一座、700余个1千瓦以下装置。国内建成的潮流能装置有70千瓦漂浮式垂直轴装置和40千瓦固定式垂直轴装置。国内尚未有建成的温差能装置和盐差能装置。

第二章
中国可再生能源资源现状分析

第一节
水能资源的分布和潜力

一、水电资源分布

1 中、大水电资源

我国水电资源开发程度为14.5亿千瓦，技术可开发2.74万亿千瓦时电，经济可开发量4亿千瓦，资源量是在世界居首位。

从区域水电开发程度看，未来装机增长主要来自西南地区，东部和中部地区水电进一步开发潜力已经十分有限。根据规划，至2010年，全国东部和中部水电开发程度分别达到90%和78.4%，而西南地区水电综合开发程度仅仅为24.9%。

"十二五"和"十三五"水电装机增长将主要来自西南地区，2020年西南地区水电规划装机容量将达到22700万千瓦，开发利用率达51.9%。

2 小水电资源

【1】资源现状

我国农村水电资源十分丰富,据最近资源复核初步统计,可开发量约为1.3亿千瓦,居世界第一。目前仅开发24%,开发潜力巨大。农村水电资源分布广泛,全国占总县数2/3以上的1600多个县(市)都有农村水电资源,它们主要集中在西部、中部和沿海地区。西部地区、贫困山区、革命老区、少数民族地区占70%以上。

【2】分布特点

农村水电资源分布与贫困山区、老少边穷地区农业、林业、渔业、养殖业、畜牧业、矿业等区位分布基本一致,有着资源优势、区位优势和比较优势以及三者相统一的综合优势。

农村水电资源点多、面广、总量大,占水电资源可开发总量的39%,在电力结构调整中具有重要地位,符合分布式供电战略发展方向要求。

农村水电技术成熟,分散开发、就地成网、就近供电、并网运行,规模适中、投资省、工期短、见效快、成本低、安全可靠,有利于调动国有资本、集体资本、非公有资本多方面的积极性,适合国家、地方、集体、企业、个人开发。农村水电没有大量水体集中和移民、淹没,不排放温室气体和有害气体是清洁可再生能源。

二、潜力

1 农村小水电

中国小水电资源十分丰富，广泛分布在全国的1600多个县（市），经济上可开发的容量约为1.2亿千瓦。经过几十年来的建设，截止2006年底，全国已建成小水电站46989座，总装机44934兆瓦，约占可开发容量的37.4%，约占全国水电总装机（128570兆瓦）的34.9%。全国小水电已开发装机容量主要集中在广东等20个省市，而广东、四川、福建、云南、湖南、浙江6省又占了全国的60%，这说明小水电是一个区域集中度很高的行业，反映了当地的资源优势和地方政府对小水电发展的主导作用。

2 中、大规模水电

据不完全统计，中国已投产的大中型各类水力发电机组有混流机组301台、轴流机组55台、抽水蓄能机组25台、贯流机组83台。目前，我国在建和拟建的众多巨型电站和单机容量在70万~80万千瓦的特大机组共计120台。根据规划，在2020年前，中国将投产的单机容量在70万~80万千瓦的混流机组约有150台，单机容量在30万~40万千瓦的抽水蓄能机组约有150台，单机容量在3万~6万千瓦的大型贯流机组约有150台。

按照国家电力发展规则的安排，在2020年以前中国将投产的单机容量在70万~80万千瓦的大型混流机组约有150台，并将从三峡机组的100米水头段、70万千瓦级，提高技术参数达到20~300米水头段、80万~100万千瓦级的更大型机组。

第二节
风能资源的分布和潜力

一、风能资源储量

1 陆上资源总量

中国具有丰富的风能资源，开发潜力巨大。自20世纪70年代以来，有关部门先后开展了4次全国性的风能资源评价，其中前3次为资源普查，而2007年底至今的第四次评价开展的是全国风能资源详查与评价工作。

按照第四次全国风能资源详查和评价工作的部署，中国气象局在全国范围内建立了由400座70米、100米和120米测风塔组成的全国风能专业观测网，开发了由历史观测资料筛选、数值模式和地理信息系统（Geographic Information System，GIS）空间分析组成的中国气象局风能数值模拟评估系统（WERAS/CMA）

在水平分辨率5千米×5千米的全国风能资源数值模拟结果基础上，采用GIS空间分析方法对风能资源可开发地区进行处理，主要是：

（1）剔除GIS坡度大于4%的不可开发风能资源的地区以及水体、湿地、沼泽地，自然保护区、历史遗迹、国家公园、城市及城市周围3千米的缓冲区、农田、沙漠；

（2）对于风能资源开发受限制的地区，适当降低土地使用效率，如：对于草地采用80%的使用率，森林为20%，灌木丛为65%；

（3）在GIS坡度小于2%的平原地区，平均风能捕获量取5兆瓦/平方千米，对于GIS地形坡度在2%~4%的山地，适当降低平均风能捕获量。

由此经过GIS空间分析后，得到风能资源等级为2、3、4级和离地面高度为50米、70米、110米的风能资源潜在开发量（表2-1）及其分布（图2-1）。如果考虑3级及以上的风功率密度条件的地区可供开发，则陆上可供安装并网风机的风能资源潜在开发量为23.8亿~38.0亿千瓦，可供离网型风电利用的风能资源潜在开发量为15.6亿~19.3亿千瓦。

表2-1 中国陆地风能资源潜在开发量（亿千瓦）

离地面高度	4级及以上 风功率密度≥400瓦/平方米	3级及以上 风功率密度≥300瓦/平方米	2级及以上 风功率密度≥200瓦/平方米
50米	11.3	23.8	39.4
70米	15.1	28.5	47.9
110米	23.1	38.0	57.3

2 近海风能资源

风能资源数值模拟结果表明,台湾海峡是中国近海风能资源最丰富的地区,风能资源等级在6级以上,广东省近海海域的风能资源等级在4~6级,北部湾海域风能资源为3~5级,海南岛西部的东方市近海海域具有5级的风能资源。从福建省往北,近海风能资源逐渐减小,渤海湾的风能资源又有所加强。浙江省近海风能资源为4~6级;上海市近海为3级;江苏省近海为3级;山东省近海为3~4级;河北、天津和辽宁近海风能资源为3~4级。福建、浙江南部、广东和广西近海风能资源丰富的主要原因是夏季台风和热带低压活动频繁造成的。

考虑到近海风能资源的开发受水深条件的影响很大,目前水深5~25米的海上风电开发技术(浅水固定式基座)较成熟,水深25~50米的风能开发技术(较深水固定式基座)还有待发展,因此分水深5~25米和25~50米两种条件对风能资源潜在开发量进行分析。

由图2-1可以看出近海水深5~50米风能资源技术开发量为5亿千瓦,即在水深不超过50米的条件下,中国近海100米高度层达到3级以上风能资源可满足的风电装机需求5亿千瓦。

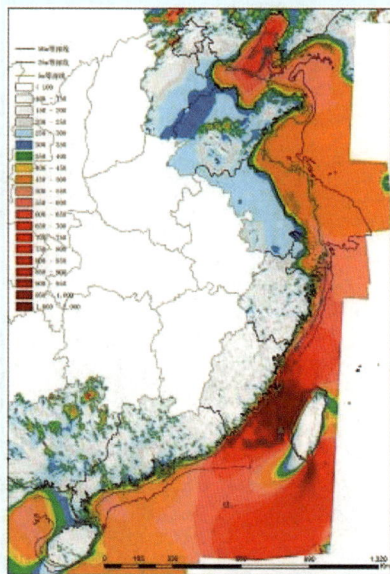

图2-1 中国近海5~20米水深的海域内、100米高度年平均风功率密度分布

表2-2是中国陆地和近海50米高度风能资源潜在开发量分析计算结果。可以看出近海水深5~25米范围内，风能资源潜在开发量1.9亿千瓦，水深25~50米范围内，风能资源潜在开发量2.1亿千瓦。因此，在水深不超过50米的条件下，中国近海50米高度层达到3级以上风能资源可满足的风电装机需求4亿千瓦，而如果考虑水深不超过25米的情况下，这一数值将为一半。

表2-2 中国陆地和近海50米高度风能资源潜在开发量分析计算结果

地 区		总面积（万平方千米）	50米高度3级及其以上风能资源覆盖面积（万平方千米）	风能资源潜在开发量（亿千瓦）
陆上		≈960	146.4	23.8
海上	水深5~25米	18.8	18.8	1.9
	水深25~50米	20.6	20.6	2.1

3 千万千瓦风电基地风能资源

中国在2008年年底启动了"三北"地区6个千万千瓦陆上风电基地和江苏1个近海风电基地的规划和建设工作。由于可供风电开发的土地广阔，"三北"地区是未来中国风电建设的重点区域，为此中国气象局对这7个风电基地所在区域进行了详细的风能资源评估，采用的风能数值模拟评估系统（WERAS/CMA），给出了风电基地水平分辨率为1千米×1千米、距地面50米高度上长年平均风能资源分布以及潜在可开发量和可装机容量。其中"可装机容量"是指在潜在开发量基础上，根据中国大型风电场开发建设要求和不同地形、地貌条件下的风电机组布设密度，估算评估区域内可能安装风电机组的总容量。结果表明，内蒙古的蒙东和蒙西、新疆哈密、甘肃酒泉、河北坝上、吉林西部和江苏近海等7个千万千瓦级风电基地风能资源丰富，50米高度3级以上风能资源的潜在开发量约18.5亿千瓦，可装机容量约5.57亿千瓦（表2-3）。

如果考虑70米或者更高的高度，以及考虑未来风电技术进步的情况，则潜在开发量和可装机容量还可以大为增加。

表2-3　7个千万千瓦级风电基地50米高度3级及以上的风能资源

基地名称	潜在开发量（万千瓦）	可装机容量（万千瓦）
内蒙古（蒙东、蒙西）	130530	38170
新疆哈密	24910	6480
甘肃酒泉	20520	8220
河北（坝上）	7930	2379
吉林（西部）	1540	460
江苏近海5~25米水深线以内海域	——	1390
合计	185430	55709

二、潜力

中国风能资源丰富，陆地3级及以上风能潜在开发量在23亿千瓦以上，现有技术条件下实际可装机开发量可以达到10亿千瓦以上。此外，在水深不超过50米的近海海域，风电装机潜力约为4亿千瓦。从实际技术可利用的资源评价的角度，中国陆上风能资源远大于近海风能资源，陆上和近海风能总潜在开发量可达27亿~42亿千瓦。从风能资源和可供利用的荒漠、草场等土地资源角度，中国风能资源和土地、海上可利用区域足够支撑10亿千瓦甚至20亿千瓦及以上的风电装机，风电可以成为未来能源和电力结构中的一个重要的组成部分。

第三节
太阳能资源的分布和潜力

一、资源的分布

1 资源丰富

中国有丰富的太阳能资源,可利用面积达96%以上,为太阳能利用提供了得天独厚的条件。气候学根据太阳能辐射在纬度间的差异,将世界分为4个气候带。我国处于太阳能资源丰富地区,与同纬度的美国类似,特别是西部地区,年日照时间达3000小时以上,青藏高原和印度、巴基斯坦同为地球上最丰富的太阳能资源区,接近撒哈拉大沙漠。我国2/3以上地区的年日照大于2000小时,年均辐射量为5900兆焦/米^2,每年地表吸收太阳能相当于1.7万亿吨标准煤的能量。我国太阳能资源分区表见表2-4。

表2-4 我国太阳能资源分区表

名　　称	资源带号	指标kWh/m²a	占国土面积(%)
最丰富带	I	≥1750	17.4
很丰富带	II	1400~1750	42.7
较丰富带	III	1050~1400	36.2
一般带	IV	≤1050	3.70

2 市场需求

20世纪70年代末,中国太阳能热利用产业刚刚萌芽于实验室,美国联邦政府和地方政府已经开始相继出台一系列法律、法规,通过税收抵免、生产补贴、信贷担保、信息贷款等多种方式扶持太阳能等新能源的发展,德国、法国、意大利、西班牙等欧洲国家也分别在20世纪90年代颁布了各种促进太阳能产业发展的鼓励政策。金融危机期间,美国新政府更是致力于大力发展太阳能产业。在政府的大力支持下,欧美各国太阳能产业早早走上了红火的发展之路。但是随着各国产业格局的调整和对太阳能产业支持力度的降低,欧美众多国家太阳能产业也开始出现发展的"倒坡"现象。这验证了单靠国家政策并非产业发展的长久动力。

在中国,太阳能热利用产业诞生之初,并未引起国家和政府注意,发展环境的差异导致当时国外发展太阳能的模式我们也无法进行参考借鉴。中国太阳能热利用产业是靠着科研人员的钻研诞生于实验室,并靠着民间力量实现了最初的产业化。诞生之初,太阳能热利用产品作为一种新生事物,首先引起了城市里一批理念超前的环保人士的注意,他们成为太阳能热利用第一批消费者。这样的局面持续到20世纪90年代,随着我国农村的发展,农民的消费能力和意识逐渐提高,加上皇明、华扬等一批企业在农村市场的艰辛科普,广大农民朋友成为了太阳能热利用产品的第二批消费者。至此,中国太阳能热利用的市场逐渐打开。进入21世纪后,节能环保逐渐成为潮流,太阳能产业通过技术、产品、系统的升级进入更多人的视野,被更多机构和人士甚至政府部门所关注,在城市建筑中、工业用热水热能中以各种应用形式引入太阳能这一新能源,以实现整个社会的节能减耗。就这样,随着市场需求的扩大,中国太阳能热利用产业用30年的时间一步步实现了自身的成长、升级。

中国太阳能热利用产业30年的发展历程表明,市场需求才是产业发展最基本、最长久的动力。

3 热利用的中国模式

在中国经济高速发展、人民生活水平不断提高、节能减排的大环境下,中国太阳能热利用产业在内无参照、外无借鉴的情况下,探索出了一条独特的产业发展之路。

【1】产学研深度结合，走出一条从实验室到店铺的绿色通道

中国太阳能热利用发端于实验室，并凭借着民间资本和自由市场得以成长。当年清华大学的实验室里诞生了中国第一支全玻璃真空集热管，清华大学很快成立了真空管生产厂，并且与多家民营企业联姻，或合作合资生产或转让技术，这些企业一边进行集热器二次研发一边进行市场推广。将自有技术成果进行产业化，太阳能热水器从技术到产品应用，从高端实验室到工厂再到终端街头店铺，走上了完全市场化的道路。而且在之后几十年中，同样依托相关科研机构，不断对技术和产品进行升级，产学研深度结合开创了产业而且成为产业高速成长的绿色通道。

【2】科普创市场，走出一条无依赖的独立自主道路

产业诞生之初，空白的除了市场还有人们的理念。在消费者还不知太阳能为何物时，身先士卒进行攻坚的创业者们首先要对民众进行科普，将太阳能热水器产品及相关环保节能理念通过科普报、科普园、培训等形式传播，先驱企业进行"科普万里行"活动，以自身的行动将市场从一片空白发展到遍地开花。企业通过科普启迪了民众，开启了无限大的市场。

【3】无边界创新整合，走出一条由草根到主流的高品位之路

成长起来后的中国太阳能热利用企业并没有偏于一隅闭关自守，而是将触角开放性地伸到产业之外，探寻能与自身产生共鸣效应的领域，并通过不同的形式将有效资源为我所用。依靠民营经济的机制和活力，引进家电、汽车、IT等成熟行业的人才，借鉴成熟行业的营销模式，融入精益生产、ERP现代化管理进行企业流程再造，创新运用各种金融工具进行资本运营，合同能源管理的创新应用，所有这些无边界创新整合，在提升产业格调的同时，也使中国太阳能热利用从声势弱小的草根成长为当代节能型社会的主流成员。

【4】节能减排的国家政策推动

太阳能热利用产业的发展，引起了国家政府和社会的高度重视。国家住建部、商务部、科技部、财政部、能源局等国家和地方政府相关部门出台了诸如"可再生能源示范工程""太阳能强制安装""太阳能下乡"等支持政策，并在奥运会、亚运会等国家级主流项目中引入太阳能，在地方支持建设"太阳能村、浴室"，在国家保障住房中要求使用太阳能，山东等地方政策对安装使用太阳能热利用系统进行高额补贴等。对太阳能热利用企业进行税收扶持政策，诸多项目的推进，有效地助力了中国太阳能热利用产业的二次腾飞。

随着太阳能热利用产业逐渐由草根走向主流，成为中国节能减排事业主力军，政府领导更加关注太阳能热利用产业，给予产业更多的鼓励和支持，在适当的时机和场合为产业摇旗呐喊。媒体的宣传也为产业发展吸引了更多资金、技术、人才等力量，传播了产业节能环保之美。

(5) 完善的社会化服务体系，助力产业健康成长

中国太阳能热利用产业发展的背后有一套完善的社会化服务体系。中国太阳能热利用产业协会成立十余年来一直与产业发展同呼吸共命运。该协会每年提出不同的发展主题，依据联合全国标准化委员会制定的十几个行业标准，借助国家太阳能热水器检验检测中心进行质检，借助社会认证机构进行产品、生产、品牌和企业认证，开办媒体、展会进行资讯交流，呼吁政府、社会和民众支持，研究出版产业报告引领行业的发展方向。专业的社会化服务体系是与产业同时发展起来的，而且形成了一个完整的链条，成为产业健康成长的有力保障。

二、开发潜力

1 热发电的开发潜力

太阳能热发电站的选址首先需要考虑当地的太阳法向直射辐射（Direct Normal Insolation，简称为DNI）。DNI值在5千瓦时/米²/天（1800千瓦时/米²/年）以上的地区适宜建设太阳能热发电站，1600千瓦时/米²/年~1800千瓦时/米²/年的地区可以建设太阳能热发电站。另外，需要考虑地形，最好选择平坦广阔的土地，一是由于坡地会影响入射角而导致电站效率的变化，二是坡地会增加土地平整的成本。一般槽式和线性菲涅尔发电要求地面坡度在3%以下；塔式与碟式发电对坡度要求较为宽

2 GIS分析的基本假设及结果

我们采用了美国国家可再生能源实验室（National Renewable Energy Laboratory，简称为NREL）根据天气日辐照模型（Climatological Solar Radiation Model）提供的分辨率为40千米×40千米的DNI数据，其中已经考虑了云遮盖、水汽、气溶胶和痕量气体等因素。由于只是进行比较粗略的估算，很多可影响到电站选址以及上网电价的因素，如当地的水资源供给、人口密度、距交通干道和电网的距离等，并没有包含在评价系统当中。GIS分析中所做的一些假设如下：

(1) DNI值的简化处理

为了简便，如果某地区的日DNI量小于5千瓦时/米²/天，在分析中忽略不计，即被设定为0千瓦时/米²/天；对于DNI数值在5~6千瓦时/米²/天范围内的地区，计算时被统一简化为5.5千瓦时/米²/天；同理，6~7千瓦时/米²/天被简化为6.5千瓦时/米²/天；7~8千瓦时/米²/天被简化为7.5千瓦时/米²/天；8~9千瓦时/米²/天被简化为8.5千瓦时/米²/天，DNI在9千瓦时/米²/天以上的被统计为9千瓦时/米²/天。

(2) 坡度的简化处理

对于坡度小于3%的，我们认为此地区是100%可为太阳能热发电所用；坡度大于3%的则为彻底不可用，全部被忽略。

(3) 自然和经济原因造成的土地可使用程度

城市、水体、矿区（正在开采区与矿藏区）和受保护地区（如自然保护区），均不做考虑，土地可用率被视为零。沙漠和荒原则按照100%可用来处理；草地、牧区、农业区做50%考虑；森林和灌木区，可用率被定为10%。在扣除了上述使用率折扣之后，就是综合考虑了坡度和自然经济因素的可用于太阳能热发电的土地使用面积。

松。此外，电站选址还需要通过地理信息系统（GIS）所提供的信息，将水体、流沙、沼泽、森林、盐盆以及城市、自然保护区、矿区等不适合发展太阳能电站的地方扣除。如果电厂采用水冷方式冷却的话，则对附近水资源的可取性也有一定的要求。

【4】 热发电站的效率

在计算中,我们将太阳能热发电站的光电转化效率假设为在现阶段比较典型的不带储能装置的槽式太阳能电站的发电效率,即15%。并且,在经过上述GIS分析后得出的适用于发展太阳能热发电的面积,与其中真正用于收集阳光的有效反射面积的比例,即安装的反射镜面积和发电站总面积之间的比例,被定为25%。此外,太阳能热发电电站的装机容量与地面面积的比率估算为30兆瓦/千米^2。

【5】 热发电的年可发电量和潜力估算

基于上面的假设,我们根据可用于发展太阳能热发电的有效土地面积和DNI,乘以转化效率等进行中国太阳能热发电开发潜力估算:

$$年可发电量 = 地区内有效面积 \times DNI \times 电站发电效率(15\%) \times 反射镜占发电站总面积的比例(25\%)$$

$$装机容量潜力 = 地区内有效面积 \times 热发电电站的容量与地面的比率(30兆瓦/千米^2)$$

GIS的分析结果显示,我国DNI≥5千瓦时/米^2/天,坡度≤3%的太阳能热发电可装机潜力约16000吉瓦,与美国相近。其中DNI≥7千瓦时/米^2/天的装机潜力约1400吉瓦。以年可发电量来讲,我国潜在的太阳能热发电年发电潜力为42000太瓦时/年。这意味着,即便在未来,所有的化石能源枯竭之后,中国仍然有着远大于自给自足能力的丰富的太阳能热发电资源。

第四节
生物资源的分布和潜力

一、资源分布

1 生物质能的概念

生物质能是蕴藏在生物质中的能量,是绿色植物通过叶绿素将太阳能转化为化学能而贮存在生物质内部的能量。煤、石油和天然气等化石能源也是由生物质能转变而来的。生物质能是可再生能源,通常包括以下几个方面:一是木材及森林工业废弃物;二是农业废弃物;三是水生植物;四是油料植物;五是城市和工业有机废弃物;六是动物粪便。在世界能耗中,生物质能约占14%,在不发达地区占60%以上。全世界约25亿人的生活能源的90%以上是生物质能。生物质能的优点是燃烧容易,污染少,灰分较低;缺点是热值及热效率低,体积大而不易运输。直接燃烧生物质的热效率仅为10%~30%。

2 农业秸秆资源

生物质产业是当今社会能源利用与发展的主题。生物质能由其资源潜力巨大、产品多样、环境友好等特点,迅速成为继煤炭、石油和天然气之后的第四大能源,为世界各国所普遍重视。农作物秸秆是重要的生物质资源之一,可用作饲料、肥料、燃料、生物基料和工业原料等,具有显著的多功能性特点。我国具有丰富的农作物秸秆资源,据测算,2011年我国水稻、小麦、玉米、豆类、油料、薯类等主要农作物秸秆产量约7.9亿吨,约占世界总产量的27%,折合标煤约4亿吨,扣除还田、饲料、工业和农副业原料等用途,每年至少有3亿吨左右可用于能源化利用,折合1.5亿吨标准煤。因此,发展生物质能产业有着非常重要意义。

3 林业废弃物资源

我国的林业废弃物包括在森林抚育和间伐作业中的零散木材、残留的树枝、树叶和木屑,木材采运和加工过程中的枝丫、锯末、木屑、梢头、板皮和截头等。前者的年产量为1200万~5000万吨,相当于720万~3000万吨标准煤;后者的年产量约6332万立方米,相当于4592万吨标准煤。我国可利用的林业废弃物共0.53亿~0.76亿吨标准煤。

目前,我国农作物秸秆能源化利用技术主要有高效燃烧、固体成型、热解气化、发电和燃料乙醇等,都得到了不同程度的发展和应用。

4 禽畜粪便

禽畜粪便也是一种重要的生物质能源。除在牧区有少量的直接燃烧外,禽畜粪便主要是作为沼气的发酵原料。中国主要的禽畜是鸡、猪和牛,根据这些禽畜品种、体重、粪便排泄量等因素,可以估算出粪便资源量。根据计算,目前我国禽畜粪便资源总量约8.5亿吨,折合7840多万吨标煤,其中牛粪5.78亿吨,4890万吨标煤,猪粪2.59亿吨,2230万吨标煤,鸡粪0.14亿吨,717万吨标煤。

在粪便资源中,大中型养殖场的粪便是更便于集中开发、规模化利用的。我国目前大中型牛、猪、鸡场约6000多家,每天排出粪尿及冲洗污水80多万吨,全国每年粪便污水资源量1.6亿吨,折合1157.5万吨标煤。

5 生活垃圾

随着城市规模的扩大和城市化进程的加速,中国城镇垃圾的产生量和堆积量逐年增加。1991和1995年,全国工业固体废物产生量分别为5.88亿吨和6.45亿吨,同期城镇生活垃圾量以每年10%左右的速度递增。1995年中国城市总数达640座,垃圾清运量10750万吨。

城镇生活垃圾主要是由居民生活垃圾,商业、服务业垃圾和少量建筑垃圾等废弃物所构成的混合物,成分比较复杂,其构成主要受居民生活水平、能源结构、城市建设、绿化面积以及季节变化的影响。中国大城市的垃圾构成已呈现向现代化城市过渡的趋势,有以下特点:一是垃圾中有机物含量接近1/3甚至更高;二是食品类废弃物是有机物的主要组成部分;三是易降解有机物含量高。目前中国城镇垃圾热值在4.18兆焦/千克(1000千卡/千克)左右。

二、开发潜力

我国农作物秸秆资源为7.9亿吨,薪柴资源为1亿吨,禽畜粪便资源为9亿吨,这3类资源可获得量折标煤3.2亿吨。我国主要生物质资源量汇总见表2-5。我国生物质能资源远期的可开发量估算见表2-6。

表2-5 我国主要生物质资源量汇总表

品　　种	资源总量	可获得量	可获得量当量值
农作物秸秆	7.5亿吨	4亿吨	19600万吨标煤
薪柴及林业加工剩余物	1.04亿吨	1.04亿吨	5900万吨标煤
禽畜粪便	9.22亿吨	900亿立方米(沼气)	6400万吨标煤
合计			31900万吨标煤

表2-6 我国生物质能资源远期的可开发量估算

吨标煤

内　　容	2010年	2020年	2030年	2050年
现有生物质资源	5.0	5.0	5.0	5.0
已利用量	2.0	1.8	1.5	1.0
可利用量	3.0	3.2	3.5	4.0
新增生物质资源量	0.3	2.3	4.7	5.8
农林有机废弃物	0.2	1.4	3.0	4.0
能源作物	0.1	0.4	0.7	0.8
宜能土地种植	0	0.5	1.0	1.0
合计	5.3	7.3	9.7	10.8
实际可利用量	3.3	5.5	8.2	9.8

第五节
地热资源的分布和潜力

一、资源概念

地热资源是指在当前技术经济和地质环境条件下,地壳内能够科学、合理地开发出来的岩石中的热能量和地热流体中的热能量及其伴生的有用组分。

地热资源按其在地下的赋存状态,可以分为水热型、干热岩型和地压型地热资源;其中水热型地热资源又可进一步划分为蒸气型和热水型地热资源。

各种类型地热资源,均要通过一定程序的地热地质勘查研究工作,才能查明地热资源数量、质量和开采技术条件以及开发后的地质环境变化情况。从技术经济角度,目前地热资源勘查的深度可达到地表以下5000米,其中2000米以下为经济型地热资源,2000~5000米为亚经济型地热资源。资源总量为:可供高温发电的约5800兆瓦以上,可供中低温直接利用的约2000亿吨标煤当量以上。总量上我国是以中低温地热资源为主。

二、资源特性

地热资源的生成与地球岩石圈板块发生、发展、演化及其相伴的地壳热状态有着密切的内在联系，特别是与更新世以来构造应力场、热动力场有着直接的联系。从全球地质构造观点来看，大于150℃的高温地热资源带主要出现在地壳表层各大板块的边缘，如板块的碰撞带，板块开裂部位和现代裂谷带。小于150℃的中、低温地热资源则分布于板块内部的活动断裂带、断陷谷和坳陷盆地地区。

三、资源储量与分布

通过地质调查，证明我国地热资源丰富，分布广泛，其中盆地型地热资源潜力在2000亿吨标准煤当量以上。全国已发现地热点3200多处，打成的地热井2000多眼，其中具有高温地热发电潜力有255处，预计可获发电装机5800兆瓦，现已利用的只有近30兆瓦。

目前，全国29个省区市进行过区域性地热资源评价，为地热开发利用打下了良好基础。几十年来地矿部门列入国家计划，进行重点勘探，进行地热储量评价的大、中型地热田有50多处，主要分布在京津冀、环渤海地区、东南沿海和藏滇地区。全国已发现：

（1）高温地热系统，可用于地热发电的有255处，总发电潜力为5800兆瓦·30安，近期至2010年可以开发利用的10余处，发电潜力300兆瓦。

（2）中低温地热系统，可直接利用的2900多处，其中盆地型潜在地热资源埋藏量，相当于2000亿吨标准煤当量，主要分布在松辽盆地、华北盆地、江汉盆地、渭河盆地等以及众多山间盆地，如太原盆地、临汾盆地、运城盆地等，还有东南沿海福建、广东、赣南、湘南、海南岛等。目前开发利用量不到资源保有量的1‰，总体资源保证程度相当好。

第六节
海洋能资源的分布和潜力

在我国大陆沿岸和海岛附近蕴藏着较丰富的海洋能资源，至今尚未得到应有的开发。据调查统计，我国沿岸和海岛附近的可开发潮汐能资源理论装机容量达2179万千瓦，理论年发电量约624亿千瓦时，波浪能理论平均功率约1285万千瓦，潮流能理论平均功率1394万千瓦，这些资源的90%以上分布在常规能源严重缺乏的华东、沪、浙、闽沿岸。特别浙闽沿岸在距电力负荷中心较近就有不少具有较好的自然环境条件和较大开发价值的大中型潮汐电站站址，不少已经做过大量的前期工作，已具备近期开发的条件。

一、资源种类及分布

1 潮汐能

潮汐能是指海水潮涨和潮落形成的水的势能，其利用原理和水力发电相似。潮汐能的能量与潮量和潮差成正比。或者说，与潮差的平方和水库的面积成正比。和水力发电相比，潮汐能的能量密度很低，相当于微水头发电的水平。世界上潮差的较大值为13~15米，我国的最大值（杭州湾澉浦）为8.9米。一般说来，平均潮差在3米以上就有实际应用价值。

潮汐能利用的主要方式是发电。通过贮水库，在涨潮时将海水贮存在贮水库内，以势能的形式保存，然后，在落潮时放出海水，利用高、低潮位之间的落差，推动水轮机旋转，带动发电机发电。潮汐电站的功率和落差及水的流量成正比。但由于潮汐电站在发电时贮水库的水位和海洋的水位都是变化的（海水由贮水库流出，水位下降，同时，海洋水位也因潮汐的作用而变化），因此，潮汐电站是在变工况下工作的，水轮发电机组和电站系统的设计要考虑变功况，低水头、大流量以及防海水腐蚀等因素，远比常规的水电站复杂，效率也低于常规水电站。潮汐电站按照运行方式和对设备要求的不同，可以分成单库单向型、单库双向型和双库单向型3种。

根据我国潮汐能资源调查统计，对可开发装机容量大于500千瓦的坝址和可开发装机容量200~1000千瓦的坝址共有424处港湾、河口，可开发装机容量200千瓦以上的潮汐资源，总装机容量为2179万千瓦，年发电量约624亿千瓦时。这些资源在沿海的分布是不均匀的，以福建和浙江为最多，站址分别为88处和73处，装机容量分别是1033万千瓦和891万千瓦，两省合计装机容量占全国总量的88.3%。此外是长江口北支（属上海和江苏）和辽宁、广东装机容量分别为70.4万千瓦、59.4万千瓦和57.3万千瓦，其他省区则较少，江苏沿海（长江口除外）最少，装机容量仅0.11万千瓦。

浙江、福建和长江口北支的潮汐能资源年发量为573.7亿千瓦时，如能将其全部开发，相当每年为这一地区提供2000多万吨标准煤。

在我国沿海，特别是东南沿海有很多能量密度较高，平均潮差4~5米以及最大潮差7~8米，且自然环境条件优越的站址。其中已做过大量调查勘测、规划设计和可行性研究工作，且具有近期开发价值和条件的中型潮汐电站站址的有福建的大官坂（1.4万千瓦，0.45亿千瓦时）、八尺门（3.3万千瓦，1.8亿千瓦时）和浙江的健跳港（1.5万千瓦，0.48亿千瓦时）、黄墩港（5.9万千瓦，1.8亿千瓦时）。另外已做过规划设计，有较好的工作基础，还需要进行前期综合研究论证的大型潮汐电站站址的有长江口北支（70.4万千瓦，22.8亿千瓦时）、杭州湾（316万千瓦，87亿千瓦时）和乐清湾（55万千瓦、23.4亿千瓦时）等。

2 波浪能

波浪能是指海洋表面波浪所具有的动能和势能。波浪的能量与波高的平方、波浪的运动周期以及迎波面的宽度成正比。波浪能是海洋能源中能量最不稳定的一种能源。台风导致的巨浪,其功率密度可达每米迎波面数千千瓦,而波浪能丰富的欧洲北海地区,其年平均波浪功率也仅为20~40千瓦/米。中国海岸大部分的年平均波浪功率密度为2~7千瓦/米^2。

波浪发电是波浪能利用的主要方式。此外,波浪能还可以用于抽水、供热、海水淡化以及制氢等。波浪能利用装置大都源于几种基本原理,即利用物体在波浪作用下的振荡和摇摆运动;利用波浪压力的变化;利用波浪的沿岸爬升将波浪能转换成水的势能等。经过1970年代对多种波能装置进行的实验室研究和1980年代进行的实海况试验及应用示范研究,波浪发电技术已逐步接近实用化水平,研究的重点也集中于3种被认为是有商品化价值的装置,包括振荡水柱式装置、摆式装置和聚波水库式装置。

根据调查和利用波浪观测资料计算统计,我国沿岸波浪能资源理论平均功率为1285.22万千瓦,这些资源在沿岸的分布很不均匀。以台湾省沿岸最多,为429万千瓦,占全国总量的1/3。浙江、广东、福建和山东沿岸也较多,在160万~205万千瓦,约为706万千瓦,约占全国总量的55%。其他省市沿岸则很少,仅在143~156万千瓦。广西沿岸最少,仅8.1万千瓦。

全国沿岸波浪能源密度(波浪在单位时间通过单位波峰的能量)分布,以浙江中部、台湾、福建省海坛岛以北,渤海海峡为最高,达5.11~7.73千瓦/米。这些海区平均波高大于1米,周期多大于5秒,是我国沿岸波浪能能流密度较高,资源蕴藏量最丰富的海域。其次是西沙、浙江的北部和南部,福建南部和山东半岛南岸等能源密度也较高,资源也较丰富,其他地区波浪能能流密度较低,资源蕴藏也较少。

根据波浪能能流密度及其变化和开发利用的自然环境条件，首选浙江、福建沿岸应用为重点开发利用地区，其次是广东东部、长江口和山东半岛南岸中段。也可以选择条件较好的地区，如嵊山岛、南麂岛、大戢山、云澳、表角、遮浪等处，这些地区能量密度高、季节变化小、平均潮差小、近岸水较深、均为基岩海岸，具有岸滩较窄，坡度较大等优越条件，是波浪能源开发利用的理想地点，应作为优先开发的地区。

3 海流能

海流能是指海水流动的动能，主要是指海底水道和海峡中较为稳定的流动以及由于潮汐导致的有规律的海水流动。海流能的能量与流速的平方和流量成正比。相对波浪而言，海流能的变化要平稳且有规律得多。潮流能随潮汐的涨落每天两次改变大小和方向。一般说来，最大流速在2米/秒以上的水道，其海流能均有实际开发的价值。

海流能的利用方式主要是发电，其原理和风力发电相似，几乎任何一个风力发电装置都可以改造成为海流发电装置。但由于海水的密度约为空气的1000倍，且装置必须放于水下，因此海流发电存在一系列的关键技术问题，包括安装维护、电力输送、防腐、海洋环境中的载荷与安全性能等。此外，海流发电装置和风力发电装置的固定形式和透平设计也有很大的不同。海流装置可以安装固定于海底，也可以安装于浮体的底部，而浮体通过锚链固定于海上。海流中的透平设计也是一项关键技术。

我国沿岸潮流资源根据对130个水道的计算统计，理论平均功率为13948.52万千瓦。这些资源在全国沿岸的分布，以浙江为最多，有37个水道，理论平均功率为7090兆瓦，约占全国的1/2以上。台湾、福建、辽宁等省份的沿岸也较多，约占全国总量的42%，其他省区较少。

根据沿海能源密度，理论蕴藏量和开发利用的环境条件等因素, 舟山海域诸水道开发前景最好 , 如金塘水道 (25.9千瓦/米²)、龟山水道 (23.9千瓦/米²)、西侯门水道 (19.1千瓦/米²), 其次是渤海海峡和福建的三都澳等, 如老铁山水道 (17.4千瓦/米²)、三都澳三都角 (15.1千瓦/米²)。以上海区均有能量密度高, 理论蕴藏量大, 开发条件较好的优点, 应优先开发利用。

4 / 温差能

温差能是指海洋表层海水和深层海水之间水温之差的热能。一方面, 海洋的表面把太阳的辐射能的大部分转化成为热水并储存在海洋的上层; 另一方面, 接近冰点的海水大面积地在不到1000米的深度从极地缓慢地流向赤道。这样, 就在许多热带或亚热带海域终年形成20℃以上的垂直海水温差。利用这一温差可以实现热力循环并发电。

除了发电之外, 海洋温差能利用装置还可以同时获得淡水、深层海水、进行空调并可以与深海采矿系统中的扬矿系统相结合。因此, 基于温差能装置可以建立海上独立生存空间并作为海上发电厂、海水淡化厂或海洋采矿、海上城市或海洋牧场的支持系统。总之, 温差能的开发应以综合利用为主。

海洋温差能转换主要有开式循环和闭式循环两种方式。开式循环系统主要包括真空泵、温水泵、冷水泵、闪蒸器、冷凝器、透平—发电机组等部分。开式循环的副产品是经冷凝器排出的淡水, 这是它的有利之处。

闭式循环系统不以海水而采用一些低沸点的物质 (如丙烷、氟利昂、氨等) 作为工作介质, 在闭合回路内反复进行蒸发、膨胀、冷凝。因为系统使用低沸点的工作介质, 蒸汽的工作压力得到提高。闭式循环系统由于使用低沸点工质, 可以大大减小装置, 特别是透平机组的尺寸。然而, 使用低沸点工质会对环境产生污染。

温差能利用的最大困难是温差太小, 能量密度太低。温差能转换的关键是强化传热传质技术。同时, 温差能系统的综合利用, 还是一个多学科交叉的系统工程问题。

我国南海海域辽阔, 水深大于800米的海域约140万~150万平方公里, 位于北

回归线以南，太阳光辐射强烈，是典型的热带海洋。表层水温均在25℃以上。500～800米以下的深层水温在5℃以下，表深层水温度在20～24℃，蕴藏着丰富的温差能资源，据初步计算，南海温差能资源理论蕴藏量为1.19～1.33×10^{19}千焦耳，技术上可开发利用的能量（热效率取7%）为8.33～9.31×10^{17}千焦耳，实际可供利用的资源潜力（工作时间取50%，利用资源10%）装机容量达13.21亿～14.76亿千瓦。

我国台湾岛以东海域表层水温全年在24～28℃，500～800米以下的深层水温5℃以下，全年水温差20～24℃，据台湾电力专家估计，该区域温差能资源蕴藏量约为2.16×10^{14}千焦耳。

我国温差能资源蕴藏量大，在各类海洋能资源中占居首位，这些资源主要分布在南海和台湾以东海域，尤其是南海中部的西沙群岛海域和台湾以东海区，具有日照强烈，温差大且稳定，全年可开发利用，冷水层与岸距离小，近岸海底地形陡峻等优点，开发利用条件良好，可作为我国温差能资源开发的先期开发区。

5 盐差能

盐差能是指海水和淡水之间或两种含盐浓度不同的海水之间的化学电位差能，主要存在于河海交接处。淡水丰富地区的盐湖和地下盐矿也可以利用盐差能。盐差能是海洋能中能量密度最大的一种可再生能源。通常，海水（35‰盐度）和河水之间的化学电位差有相当于240米水头差的能量密度。这种位差可以利用半渗透膜（水能通过，盐不能通过）在盐水和淡水交接处实现。利用这一水位差就可以直接由水轮发电机发电。

盐差能的利用主要是发电。其基本方式是将不同盐浓度的海水之间的化学电位差能转换成水的势能,再利用水轮机发电,具体主要有渗透压式、蒸气压式和机械—化学式等,其中渗透压式方案最受重视。

将一层半透膜放在不同盐度的两种海水之间,通过这个膜会产生一个压力梯度,迫使水从盐度低的一侧通过膜向盐度高的一侧渗透,从而稀释高盐度的水,直到膜两侧水的盐度相等为止。此压力称为渗透压,它与海水的盐浓度及温度有关。目前提出的渗透压式盐差能转换方法主要有水压塔渗压系统和强力渗压系统两种。

二、资源分布特点

1 资源量

我国海域辽阔,海岸线漫长,入海的江河众多,入海的径流量巨大,在沿岸各江河入海口附近蕴藏着丰富的盐差能资源。据统计我国沿岸全部江河多年平均入海径流量为$1.7\sim1.8\times10^{12}$立方米,各主要江河的年入海径流量为$1.5\sim1.6\times10^{12}$立方米,据计算,我国沿岸盐差能资源蕴藏量约为3.9×10^{15}千焦耳,理论功率约为1.25×10^{8}千瓦。

2 资源特点

我国盐差能资源有以下特点:

(1)地理分布不均。长江口及其以南的大江河口沿岸的资源量占全国总量的92.5%,理论总功率达1.156×10^{8}千瓦,其中东海沿海占69%,理论功率为0.86×10^{8}千瓦;

(2)沿海大城市附近资源最富集,特别是上海和广东附近的资源量分别占全国的59.2%和20%;

(3)资源量具有明显的季节变化和年际变化。一般汛期4~5个月的资源量占全年的60%以上,长江占70%以上,珠江占75%以上;

(4)山东半岛以北的江河冬季均有1~3个月的冰封期,不利于全年开发利用。

第三章
中国可再生能源
技术发展展望

第一节
小水电技术发展展望

小水电是国际公认的清洁可再生能源，也是我国产业规模最大、技术最为成熟、促进低碳型社会发展作用最为显著的一种可再生能源，是农村水能资源的开发形式。我国的小水电开发主要是服务于地方经济建设，尤其是广大农村地区。小水电开发的一个重要特点是与农村经济发展和实现农村电气化密切结合起来。近20年来，国家以水电农村电气化形式组织小水电开发。随着我国农业结构升级、农村经济壮大和农民致富步伐的加快，目前小水电已进入到一个新的发展时期，小水电也成为满足农村电力需求、解决无电人口、扶贫、保护生态、替代常规电力等多目标的系统。我国小水电技术和目标展望见图3-1。

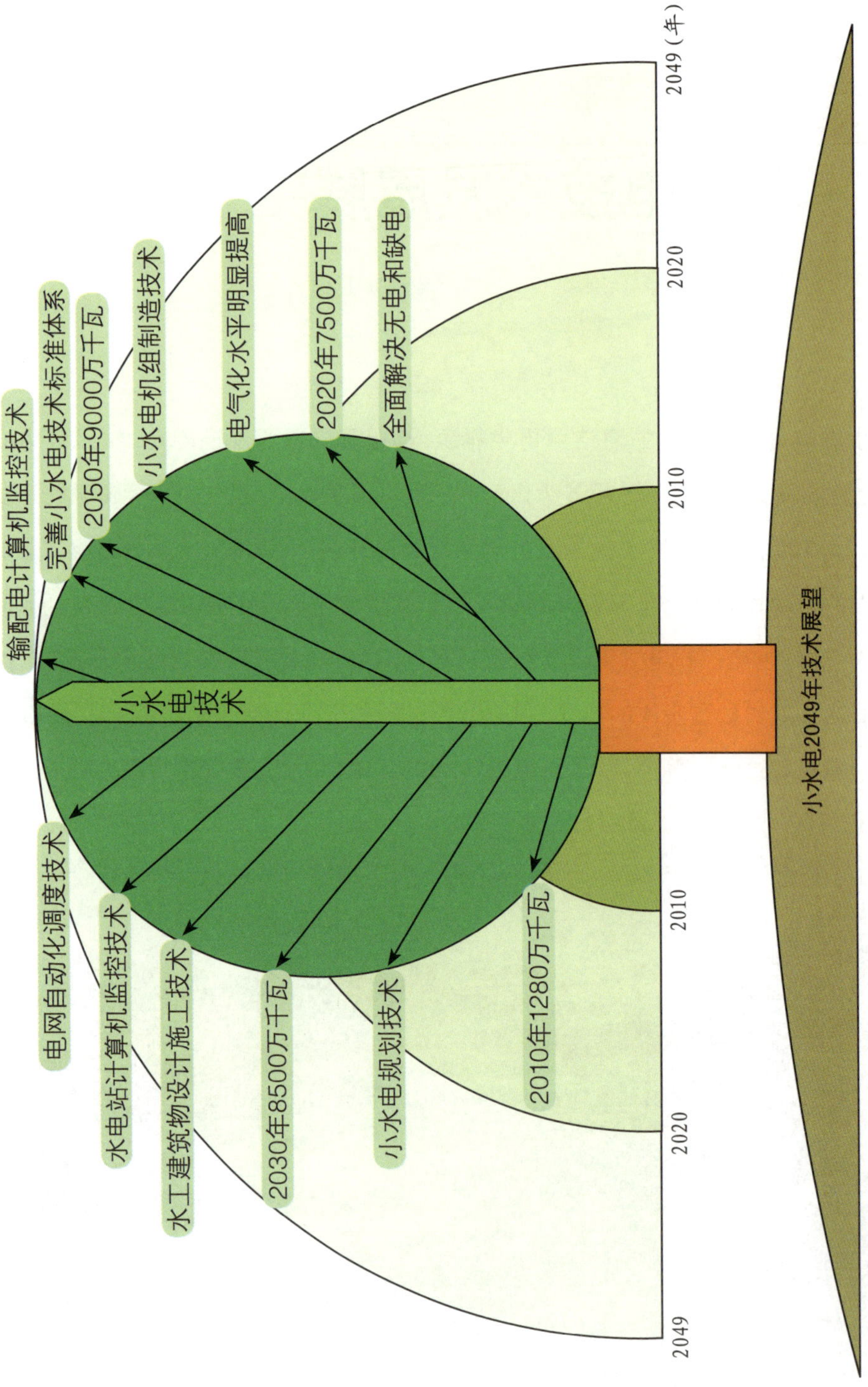

图3-1 小水电技术和目标展望

小水电2049年技术展望

小水电技术

完善小水电技术标准体系
输配电计算机监控技术
2050年9000万千瓦
小水电机组制造技术
电气化水平明显提高
2020年7500万千瓦
全面解决无电和缺电

电网自动化调度技术
水电站计算机监控技术
水工建筑物设计施工技术
2030年8500万千瓦
小水电规划技术
2010年1280万千瓦

2049（年）
2020
2010
2010
2020
2049

一、技术描述

小水电发展初期，机电设备大多是非标生产，技术重点是结合当地实际情况，就地取材，开展土坝、砌石坝、砼压力水管等应用研究；1970年代，研究的重点转到标准化设备生产、定型设计研究，以适应小水电规模化发展的需要；1980年代，结合农村水电初级电气化县建设，重点是新技术、新材料、新设备的应用及技术管理；20世纪90年代，小水电优化调度、更新改造、地方电网降损节能等成为研究重点；进入21世纪，结合水电农村电气化县建设、小水电代燃料工程等一系列项目的实施，研究的重点以计算机应用、自动化、高效率转轮和满足机电设备个性化需求等适用技术为主，开始重视小水电开发方式对生态环境影响的研究，制定了全国统一、完备的技术标准体系，积极建设国际小水电示范基地，加强国内外技术合作和人才培训，推动了小水电行业技术进步。

经过几十年的实践和发展，目前，中国小水电已经形成了一些独特的行业技术，其技术特点：一是与大水电相比，小水电工程建设规模小，采用的技术相对比较简

单，易于推广，容易为当地群众所掌握，特别适合于广大农村地区自行开发和管理当地的水能资源，在自力更生的基础上，逐步解决中国广大山区农村用电问题；二是小水电资源分布范围广，开发条件差异性大。根据站址情况和当地经济社会发展水平，发展形成了很多适合当地特点的、成熟的、实用的小水电技术；三是通过坚持自主办电、充分利用当地材料和自力更生制造设备，广泛采用了一些为小水电建设所特有的高性价比开发、运行和管理技术，并应用简单化、标准化技术，有效地降低了开发和运行成本，使小水电技术具有很强的经济性。

我国在小水电建设过程中，建立了一整套较为完善的标准体系，涵盖规划、建设、运行、维护和管理各个方面，分为规程、规范、标准、导则、技术条件等，由综合、规划、勘测、设计、施工安装、质量验收、运行维护、安全评价、监测预测、材料试验、设备11个部分组成，包含58个标准。我国小水电技术标准由国务院水行政主管部门制定、发布，对老化、低效的小水电站进行更新改造，广泛应用新材料、新技术、新设备和现代化管理手段，开发运用管理信息系统，提高无人值班、少人值守小水电站的比重具有很强的指导作用，为实现小水电规划、设计、施工、设备制造、运行全过程标准化管理提供了技术基础。我国已成为全球小水电技术的资源国和示范国，全行业整体上处于国际领先水平。

二、发展现状

1 农村水能资源开发利用现状及态势

(1) 发展战略

小水电在我国已有百年历史，新中国成立以来，我国小水电植根于农村，服务于农业、农村和农民，走出了一条具有中国特色的农村电气化道路。改革开放之初，我国电力建设主要集中在大中城市及其周边地区，无法满足广大农村发展生产和农民群众改善生活的愿望，大部分农村地区处在无电状态。在邓小平同志的倡导下，国家通过政策支持和财政补助，积极鼓励地方政府和当地农民自力更生兴办小水电，调动了地方和群众办电的积极性，开创了建设中国特色农村电气化道路。通过发展小水电，使全国1/2的地域、1/3的县市、3亿多农村无电人口用上了电，过上了现代、文明、健康的新生活。小水电点亮了中国农村。

新时期，按照党中央、国务院以人为本，全面协调可持续发展的要求，小水电通过开发山区丰富的农村水能资源，在发展低碳经济，促进节能减排，保障和改善民生方面发挥了重要作用，得到了党中央、国务院、地方政府和山区群众的一致认可。2011年中央1号文件和中央水利工作会议明确指出，"在保护生态和农民利益的前提下, 加快水能资源开发利用", "大力发展农村水电, 积极开展水电新农村电气化县建设和小水电代燃料生态保护工程建设, 搞好农村水电配套电网改造工程建设"。

【2】产业规模

新中国成立以来, 在党中央、国务院的亲切关怀下, 地方各级党委、政府和广大山区群众治水办电, 以小水电为主体的农村水电得到了快速发展, 特别是进入新世纪, 在国家政策引导和水电农村电气化县建设的带动下, 农村水电发展迅猛。目前我国已建成小水电站45000多座, 装机容量6200多万千瓦, 年发电量2000多亿千瓦时, 约占我国水电装机和年发电量的30%。按2008年全国火电标准煤耗349克/千瓦时、二氧化硫排放绩效5.7克/千瓦时、二氧化碳排放绩效1050克/千瓦时的标准推算, 小水电年发电量相当于每年节约7000万吨标准煤, 减少二氧化硫排放量110多万吨、二氧化碳排放量2.1亿吨。小水电在增加能源供应、改善能源结构、保护生态环境、减少温室气体排放方面做出了重要贡献, 同时也为解决农村无电缺电问题、推动农村社会经济发展等方面发挥了重要作用, 被誉为山区的"夜明珠""小太阳"和"点燃大山希望的德政工程", 深受群众的拥护和欢迎。

【3】产业政策

在小水电的发展过程中, 各地因地制宜, 创造了很多经验和做法, 并逐步上升为国家的方针政策。例如, "自建、自管、自用""谁建、谁有、谁管、谁受益""小水电要有自己的供电区""以电养电"等政策, 以及"优先调度、全额上网、同网同价""小水电企业执行6%增值税率"等扶持政策。1995年颁布施行的《中华人民共和国电力法》确立了开发农村水能资源、建设中小型水电站、促进农村电气化的法律地位; 1997年国务院颁发了《水利产业政策》, 把水力发电列入了政策实施期内的建设重点; 1988年发布且在2002年修订的《中华人民共和国水法》, 明确规定"国家鼓励开发、利用水能资源""建设水力发电站应当保护生态环境, 兼顾防洪、供水、灌溉、航运、竹木流放和渔业等方面的需要"; 1983年、1991年和1996年国务院先后下发3个文件, 部署在全国开展三批农村水电初级电气化县建设, 明确提出"农村电气化是八亿农民的大事, 应当在那些水力资源较好的地方, 提倡以地方和群众自力更生为主,积极发展小水电,实现农村电气化";2003年国务院部署启动了全国小水电代燃料试点工程;2011年财政部与水利部共同启动了农村水电增效扩容工程试点;财政部、国家税务总局、水利部先后就小水电企业执行6%的增值税率、加强农村水电和电气化建设与管理等问题下发了一系列文件、规定;2005年国家颁布了《中华人民共和国可再生能源法》;2006年国家发展和改革委员会发布《可再生能源发电有关管理规定》。小水电的发展助推国家出台了相关政策,这些政策又极大地调动了地方和群众开发小水电的积极性,使小水电得到了更好的发展。目前,这些政策还在继续发挥作用。

【4】投资体制

国家从"七五"到"十二五"连续6个"五年计划"部署开展小水电农村电气化县建设,从"十一五"开始全面实施小水电代燃料生态保护工程。2011年开始进行农村小水电增效扩容试点,每年安排专项资金引导农村水能资源科学有序开发。随着国家改革开放和经济体制改革的不断深入,小水电投资主体逐步实现了多元化。"十五"前建设的小水电站大多为国有或集体所有,现已大部分改制;"十五"及以后新建的小水电站则主要以民营、股份制为主,按照现代企业的要求进行管理。

2 农村水能资源开发利用潜力

【1】资源总量及其分布

根据最新的全国农村水能资源调查评价成果,我国大陆地区单站装机容量5万千瓦及以下的小水电技术可开发量约为1.28亿千瓦,年发电量为5350亿千瓦时,居世界第一位。

我国大陆地区小水电资源点多面广,星罗棋布,遍及30个省(自治区、直辖市)的1715个县(市)。其中:西部地区(包括西南部和西北部)小水电可开发量为7952.9万千瓦,占全国的62.1%。西南部的四川、贵州、云南、西藏、广西、重庆等6省(自治区、直辖市)是中国小水电资源最丰富的地区,拥有6193.4万千瓦,占全国的48.4%;西北部的内蒙古、陕西、甘肃、宁夏、青海、新疆等6省(自治区)小水电资源相对集中,拥有1759.5万千瓦,占全国的13.7%。东北地区小水电资源主要集中在吉林、黑龙江两省山区,拥有550万千瓦,占全国的4.3%。中部地区小水电资源主要集中在湖南、湖北、江西等省,拥有2078.4万千瓦,占全国的16.3%。东部地区小水电资源主要集中在浙江、福建、广东等省,拥有2216.9万千瓦,占全国的17.3%。

【2】 开发潜力

目前我国农村水能资源的开发率约为48%,与发达国家平均70%～80%的开发率相比,潜力巨大。农村水能资源与广大贫困山区、少数民族地区、革命老区的分布基本一致,在开发农村水能资源,将资源优势转化为经济优势的过程中,可促进地方经济发展,改善当地群众生产生活条件,促进农民群众增收致富,对保障和改善民生作用巨大。水电具有技术成熟、调度灵活、安全可靠的优势,特别是小水电,没有大量水体集中,移民、淹没少,对生态环境影响小,发展小水电对促进能源结构调整具有重要作用。小水电具有"分散分布、就地开发、就近供电、启闭迅速"等特点,分散分布式供电的优势在救灾中具有充当应急电源、提高电网调度能力等不可替代的重要作用。小水电代燃料工程的实施,改变了农村砍树、烧柴做饭、取暖的习惯,保护森林植被,是对低碳型社会建设的二次贡献。早期建设的大量老旧电站综合能效不足65%,远低于目前国产小型水轮机组综合能效85%的水平,通过对老旧电站的增效扩容改造,可大大提高资源利用效率。

综合考虑技术、经济、环境等因素，若按75%的开发率计算，目前，农村水能资源技术可开发量尚有3400万千瓦可开发；早期建设的老旧电站约800万千瓦装机，按综合能效提高20%计算，至2015年前还可增加电力输出约160万千瓦；随着国家经济发展和水力开发技术和管理能力的提高，我国水能资源经济、技术可开发量以及现有装机能效还将有进一步的提高。

【3】 预期开发利用量

2007年国务院通过的《可再生能源中长期发展规划》中明确提出，加快开发小水电资源，到2020年全国小水电装机容量达到7500万千瓦。根据目前小水电的发展速度，预计到2015年，全国小水电装机容量可达到7300万千瓦，至2020年可达到8000万千瓦。由于农村水能资源有10%以上集中于西藏、青海两省（区）及四川、云南等省的高海拔地区，开发难度大，成本高，电能输出成本高，受经济效益以及环境保护等因素的制约，2020年后，在加快农村水能资源开发的同时，预计农村水能资源的利用将更加重视对现有小水电的更新改造和效能提高，预计到2030年全国小水电装机容量可达到8500万千瓦，综合能效较目前有所提高。2030年后，随着国家经济的高度发展、对电能的需求大量增加、对低碳型社会建设要求的不断提高，以及水能资源开发利用技术水平的进一步提高，预计到2049年，全国小水电装机容量可达到9000万千瓦左右，综合能效大幅提高。

三、经济成本

一些地方只看到水电的经济成本和减排优势，没有计算移民和生态成本，就认为风电和核电成本太高；只看到光伏发电不排放污染物，没有计算其投入成本及材料生产过程中的污染风险，就认为光伏发电是最环保和合算的。

对于上述问题，正是由于目前国内还没有把各种能源的经济成本和环境成本进行综合核算的机制。各地都应结合自己的实际情况，选择综合成本最低的能源予以重点发展。建议国家综合核算能源的经济成本和环境成本，以一定区域为核算单位进行独立核算，各地的能源发展成本的综合核算结果公布后，新能源开发项目的可行性论证都应以此为标准进行成本效益分析，避免综合效益低下的项目盲目上马。

能源替代型方式减排（即大力发展可再生能源）是目前中国最适合的选择。而除水电外的其他可再生能源受技术和成本的因素制约，在短期内难以成为主力军。而我国水力资源丰富，开发程度低，小水电运行成本低、可靠性高，具备大规模开发的技术和市场条件，小水电是目前经济条件下实现节能减排的首选。

目前水电上网电价低于火电25%，而核电、风电和其他新能源的上网电价分别高于火电27%、53%和116%，缺乏必要的经济性，需要政府间接和直接补贴，而这部分补贴最终需要消费者承担，从长期角度来看，长期的补贴是不可持续的。

四、应用前景

1 农村水能发展战略

中国已进入全面建设小康社会、加快推进现代化的历史新时期。国家确定的今后一个时期小水电发展思路是：按照全面建设小康社会和推进城乡经济社会发展一体化的要求，统筹流域水资源综合利用，规范资源管理，强化安全监管，创新体制机制，完善法规政策，推动技术进步，切实搞好小水电代燃料和水电农村电气化建设等强农惠民工程，提高贫困山区农民用电水平，增加农民收入，改善农民生产生活条件，保护生态环境，促进经济社会的可持续发展。

面对2049年低碳型社会建设，预计2020年后，农村水能资源开发将按照国家建设低碳型社会要求，着重加强水能资源的规范管理和科学开发，大力提高小水电技术水平，推动水能资源高效利用和电能数量与质量的不断提高。在广大山区和农村地区大力推进小水电农村电气化和小水电代燃料等惠民工程，大幅提高农村的用电水平，改善农村的用电环境和农民的生产生活条件，使国家生态得到充分保护和改善，经济社会得以可持续发展。

2 发展目标

到2020年，我国农村水能资源开发要实现以下目标：一是全国小水电装机容量超过8000万千瓦，水电农村电气化建设水平明显提高，小水电供电区无电和缺电人口用电问题全面解决；二是小水电代燃料项目广泛实施，基本解决退耕还林区、天然林保护区、自然保护区和水土保持重点治理地区1000万户农民的生活燃料问题，户均年生活用电量不低于1500千瓦时；三是农村水能资源实现有序开发、可持续利用，农民权益得到充分保障，生态环境得到有效保护；四是小水电技术标准体系进一步完善，小水电站更新改造规划任务基本完成，无人值班、少人值守的小水电站达到90%以上。

预计到2049年，我国农村水能资源开发将实现以下目标：一是农村水能资源开发能力和技术水平高度发达，小水电运行、管理水平达到较高境界；二是农村水能资源实现科学开发、高效利用和可持续发展，小水电能效得到充分发挥，较目前有20%或更大幅度的提高；三是全国小水电装机容量达到9000万千瓦，水电农村电气化在我国农村普遍实现，小水电代燃料成为农村生活用能的常态；四是以小水电为主的可再生能源在我国农村得到普遍使用，使低碳型社会建设在我国广大农村得以普遍实现，我国生态环境得到有效保护和改善。

第二节
风电技术发展展望

近几年我国在风电技术和商业运营方面取得了突破性的进展。可利用率从原来的50%提高到98%，风能利用系数超了40%。由于采用计算机技术，实现了风机自诊断功能，安全保护措施更加完善，并且实现了单机独立控制、多机群控和遥控，完全可以无人值守。现代风力机技术是现代高科技的完善组合，主要零部件都达到国际水平，基本上不需维修，只要定期维护就可以。目前，百千瓦级风机已经商品化，投入批量生产，兆瓦级机组也正小批量生产。风电技术发展展望见图3-2。

一、技术描述

1 兆瓦级风电机组

当前，全球风电市场中主流风电机组产品是兆瓦级风电机组，而多兆瓦级的风电机组也已经开始批量应用。特别是欧洲市场，由于陆上风电翻新市场和海上风电市场的启动，多兆瓦级的风电机组已经成为每年新安装风电机组的主流产品。在5兆瓦及以上海上风电机组产品研发上，欧洲也走在了全球的前沿，Enercon、Repower、Areva Multibrid和BARD等企业已经有6兆瓦级别海上风电机组安装。

近年，中国一直强调加强风电关键技术研发，加快追赶国际先进技术的步伐也一直没有放缓。随着国内兆瓦级风电机组技术逐步掌握和消化吸收，国内大多数制

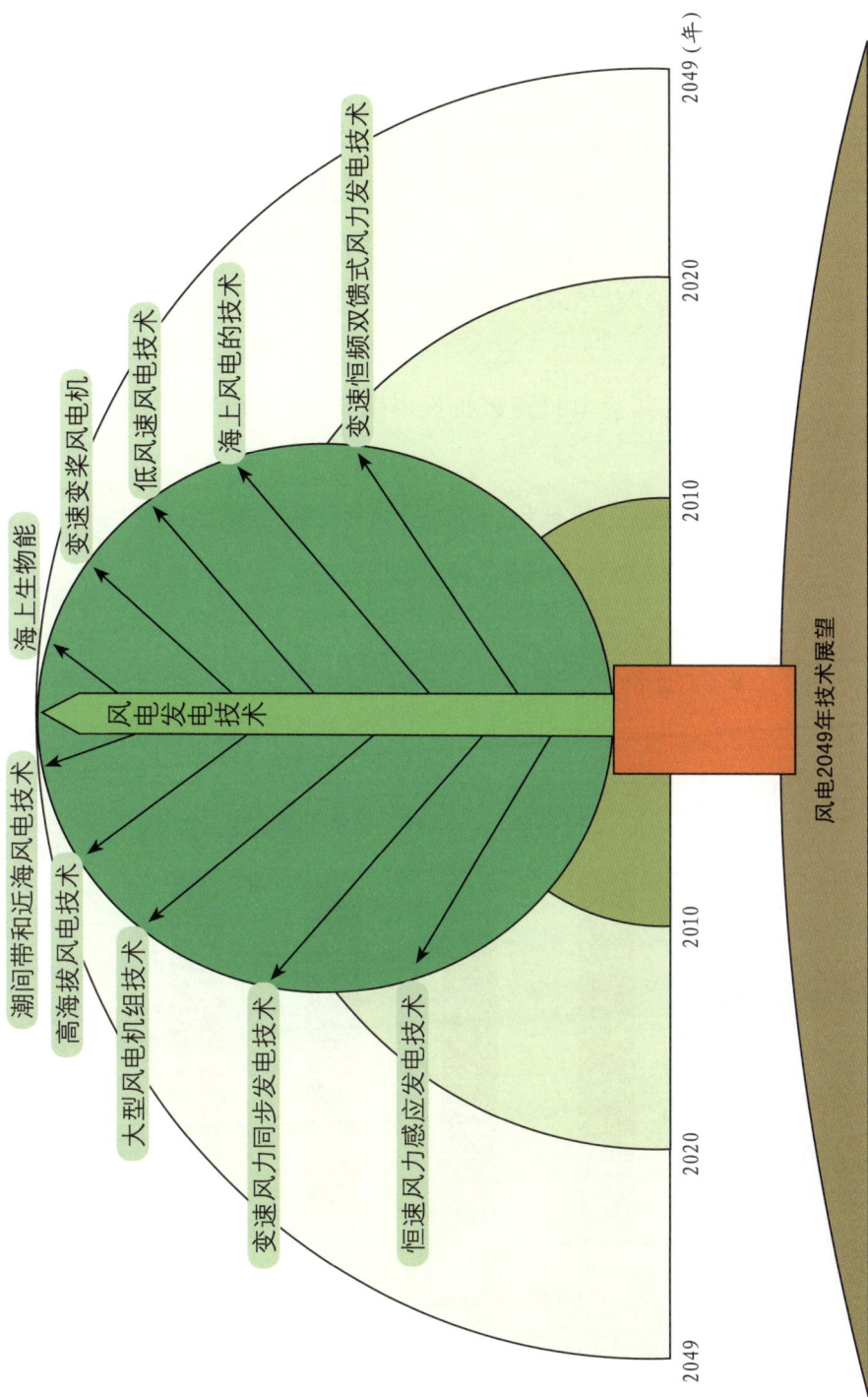

图3-2 风电技术发展展望

风电2049年技术展望

风电发电技术

海上生物能
变速变桨风电机
低风速风电技术
海上风电的技术
变速恒频双馈式风力发电技术

潮间带和近海风电技术
高海拔风电技术
大型风电机组技术
变速风力同步发电技术
恒速风力感应发电技术

2049（年）
2020
2010
2010
2020
2049

造企业将研发工作重点投向多兆瓦级陆上和海上风电机组。2011年,国内制造企业在2.5兆瓦和3兆瓦级别陆上及海上用风电机组取得显著进展,共有6类机型下线;5兆瓦及以上大型海上专用风电机组研发取得显著进展,华锐风电的5兆瓦和6兆瓦样机均已安装进入调试,联合动力6兆瓦机组也在2011年年底下线。2011年中国新生产和安装的风电机组,平均功率超过了1500千瓦,2007—2011年近5年中国不同功率风电机组新增装机占比见图3-3,其中:

● 兆瓦级风电机组装机规模稳定,占新增装机的94%。

● 2.5兆瓦、3兆瓦和3.6兆瓦等多兆瓦级风电机组,由于技术逐渐成熟和市场应用需求的增多,在当年新增装机中所占比例提高到3%。

● 5兆瓦和6兆瓦的风电机组样机分别各安装了一台在上海东海大桥和江苏沿海地区。

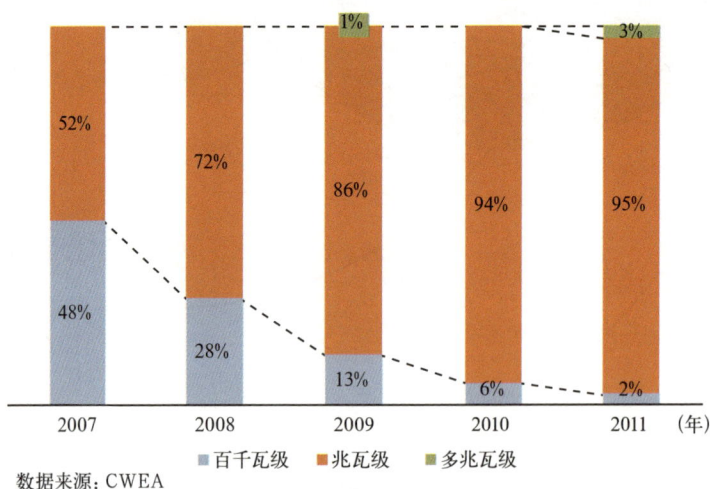

数据来源:CWEA

图3-3 2007—2011年近5年中国不同功率风电机组新增装机占比

2 特殊环境条件下的风电设备技术和应用取得突破

国内风电机组制造企业在已有风电技术成果基础上,加大了特殊环境条件下的风电机组设备研发力度,尤其是在高海拔地区、低风速地区、沿海潮间带和近海地区适用的风电机组设备研发。

(1) 高海拔地区风电设备研发

针对青海、云南、贵州和甘肃局部地区的风资源和环境特点,国内已有许多制造企业开展了高海拔地区的风电机组设备研制并已取得实质性成果。华锐、金风、联合动力、明阳、湘电、南车等数十家企业已经研制出针对高海拔地区的专用风电机组,并已经在进行小批量的实际运行。

(2) 低风速地区风电设备研发

针对我国大多数地区处于低风速区的实际情况,国内企业通过技术创新,研发出针对性的风电机组产品及解决方案,最为明显的特征为风轮叶片更长、塔架更高,捕获的风能资源更多。以1.5兆瓦风电机组为例,2011年新签订单中,半数以上均为风轮直径86米及以上的风电机组,而当年新安装的1.5兆瓦风电机组中,风轮直径86米以上的安装比例接近20%。国内生产1.5兆瓦机组的30余家企业之中,已有10多家具备了风轮直径为86米以上机型的供应能力。

(3) 潮间带和近海风电设备

针对即将启动的近海风电市场,国内制造企业亦研发出潮间带和近海用海上风电机组。目前已经有十余家企业在江苏、山东地区安装了潮间带风电机组,进行样机试验。与此同时,龙源等风电场开发商亦在江苏沿海地区开展了潮间带示范项目工作,分别安装了国内和国际品牌的风电机组进行试验。

二、发展现状

1 发展战略

2009年,我国政府公布了2020年非化石能源消费比重达到一次能源需求的

15%，碳排放强度在2002年的基础上降低40%～45%的宏大目标。为保障上述目标的实现，作为清洁能源的重要发展方向，风电需要承担更多的责任。

2010年，中国政府开始实施《可再生能源法》（修正案），确立了可再生能源的全额保障性收购制度和建立可再生能源发展基金，并将新能源列入"十二五"期间中国重点培育和发展的七个战略性新兴产业之一。在《可再生能源法》的基础上，中国政府出台了一系列促进风电行业发展的政策和措施，风电政策导向长期看好。国家《可再生能源"十二五"规划》（征求意见稿）中明确表示，到2015年底，中国风电累计并网容量达到1亿千瓦，其中大基地风电7000万千瓦，分散式风电3000万千瓦，海上风电500万千瓦。

2011年，国家科技部发布了《国家"十二五"科学技术发展规划》，重点发展大功率风电机组整机及关键部件设计、陆上大型风电场和海上风电场设计和运营、核心装备部件制造、并网、电网调度和运维管理等关键技术。科技部首批支持项目出库，重点支持叶片翼型设计、大功率风电机组及关键部件研制、海上风电工程等几个方面。

2011年，国家发展和改革委员会能源研究所与国际能源署联合国内相关机构开展"中国风电发展路线图2050"研究，提出了2020年、2030年和2050年中国风电的战略发展目标和开发前景。到2020年、2030年和2050年，中国风电装机容量将分别达到200吉瓦、400吉瓦和1000吉瓦，2050年风电将满足17%的电力需求，成为中国的五大电源之一。从中国的国情出发，中国风能的发展近期以陆上风电为主，适度发展海上风电。根据不同地区在主要发展集中式并网发电系统的同时，发展分布式离网和并网发电系统。

2 产业规模

从20世纪末开始，我国通过技术引进和自主研发，逐渐掌握了600千瓦和750千瓦风电机组的制造技术，关键部件的国产化程度逐步提高，使我国风电场开发建设开始逐渐摆脱对进口设备的依赖。

自2003年开始，国家对规划的重点风电项目采用特许权招标方式选择投资者，促进了风电场建设的规模化发展。2005年以后，随着我国《可再生能源法》的制定和颁布实施以及一系列旨在促进风能发展的政策法规的出台，我国风能事业进入前所未有的快速发展阶段。自2006—2010年，我国风电场装机容量累计增长率已连续五年超过100%，实际装机容量已超过《可再生能源中长期发展规划》和国家"十一五"规划中提出的2010年风电装机目标。

中国可再生能源法颁布实施以来，国内风电场开发建设进展迅速，受风电场需求拉动，风电设备制造业近年也经历了年均100%增速的快速增长。2011年，中国国内新生产风电机组10000余台，年产值接近800亿元，带动税收上百亿，直接和间接创造了接近20万个就业岗位。但与前五年相比，2011年中国风电发展速度有所减缓。据中电联"2011年全国电力工业统计快报"统计，2011年，全国电源工程建设完成投资3712亿元，其中风电完成投资829亿元，占电源工程投资总额的22%。与2010年风电完成891亿元的投资相比，同期所占份额下降了2%。2008—2011年中国风电投资占电力投资比例见图3-4。

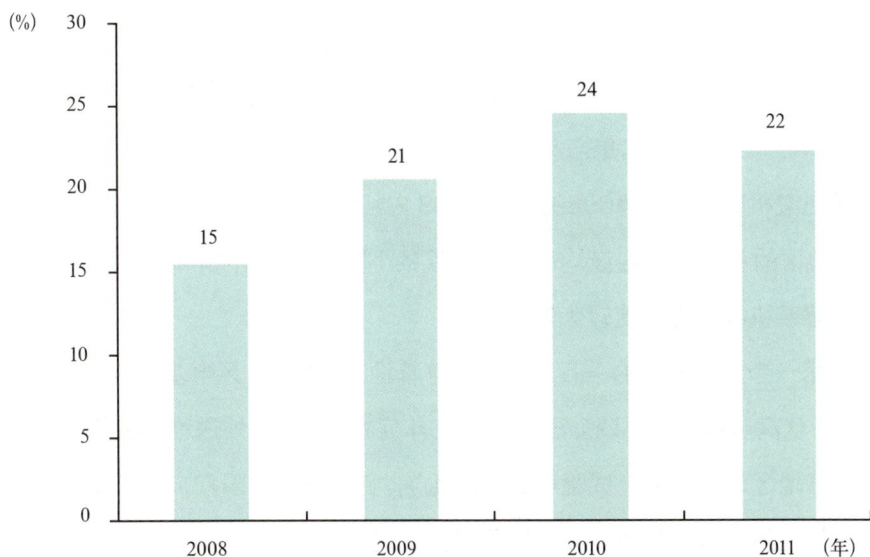

图3-4　2008—2011年中国风电投资占电力投资比例

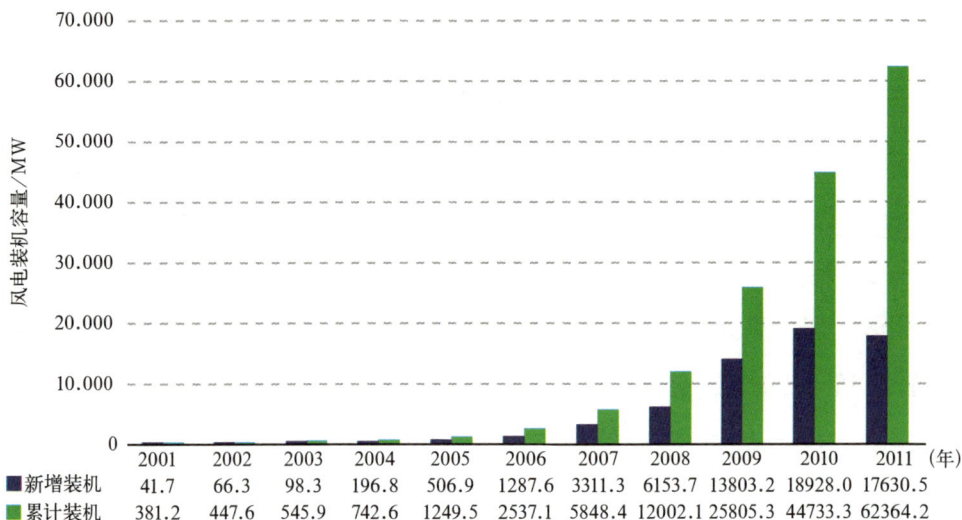

(年)	2001	2002	2003	2004	2005	2006	2007	2008	2009	2010	2011
■ 新增装机	41.7	66.3	98.3	196.8	506.9	1287.6	3311.3	6153.7	13803.2	18928.0	17630.5
■ 累计装机	381.2	447.6	545.9	742.6	1249.5	2537.1	5848.4	12002.1	25805.3	44733.3	62364.2

图3-5　2001—2011年中国历年新增及累计风电装机容量（数据来源：CWEA）

3 风电装机规模

据中国风能协会（Chinese Wind Energy Association, CWEA）统计，2011年，中国（不包括台湾地区）新增安装风电机组11409台，装机容量17630.9兆瓦，累计安装风电机组45894台，装机容量62364.2兆瓦，年同比增长73.3%。

2011年，"三北"地区是当年新增风电装机的主要区域，其中华北、西北、东北新增风电装机容量分别为6989兆瓦、3498.2兆瓦、2880.7兆瓦。与2010年相比，"三北"地区的新增装机容量均有不同程度的下降。华东、中南和西南地区相对往年风电新增装机容量也出现较大增长。

作为第一个开工建设的千万千瓦级风电基地，甘肃酒泉风电基地建设顺利，配套的750千伏高压输变电一期工程也于2010年底投运，风电外送难题将能得到有效解决。江苏地区潮间带风电试验项目进展迅速，2010年5月国家启动了位于该地区的第一期海上风电特许权招标项目并于9月公布了中标结果。

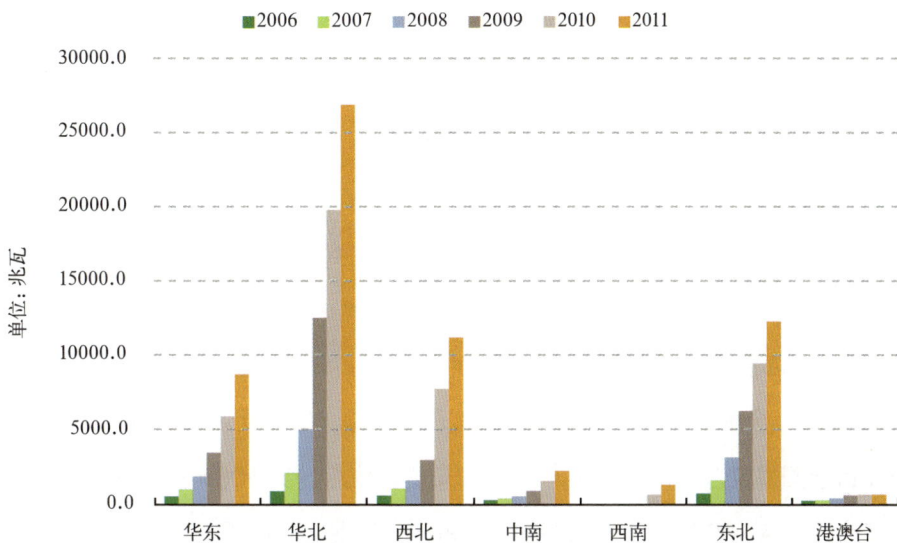

图3-6 2006—2011年中国各区域累计风电装机容量（数据来源：CWEA）

就累积风电装机容量来看，"三北"地区仍排名靠前，2011年华北、东北和西北地区的累积装机容量分别达到26843.51兆瓦、12258.47兆瓦和11176.41兆瓦。相比2010年，年增长速度分别达到35%、31%和46%。2011年，西南地区的风电累计装机容量年增长速度最快，达到129%，累积装机容量达到2223.7兆瓦。2006—2011年中国各区域累计风电装机容量见图3-6。

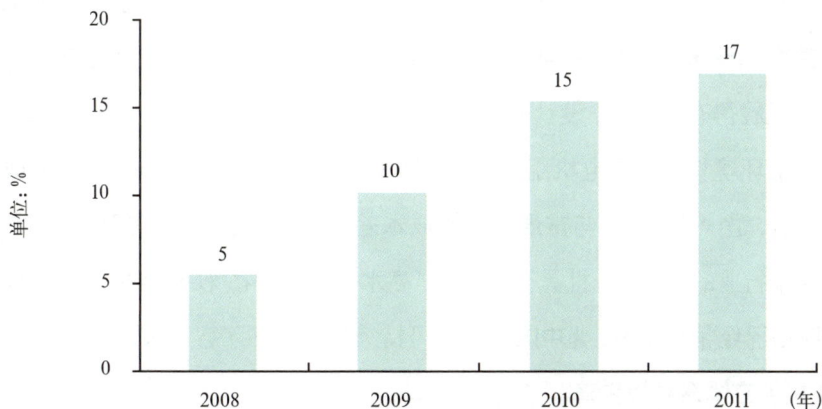

图3-7 2008—2011年新增发电装机容量中并网风电装机占比

4 并网规模及发电量

据中电联"2011年全国电力工业统计快报"统计,2011年,全国基建新增发电设备容量达9401万千瓦,其中新增风电并网容量1585万千瓦,内蒙古、甘肃新增风电装机超过300万千瓦。风电并网容量在2010年3107万千瓦的基础上同比增长51%。与2008年相比,在全国基建新增发电设备容量中,并网风电的容量比例由5%上升到17%。并网量大幅提高是风电行业步入良性发展轨道的一大重要特征。2008—2011年新增发电装机容量中并网风电装机占比见图3-7。

2011年,全国全口径发电量47217亿千瓦时,其中,并网风电发电量为732亿千瓦时,占全国发电量的比重比上年提高0.38个百分点,与2008年的0.38%相比提高了1.17个百分点。2008—2011年中国风电占电力消费比例见图3-8。

5 完备的产业链

短短数年时间内,中国风电取得了世人瞩目的成绩,一个崭新的较为完备的产业体系脱颖而出,一条具有国际竞争力的市场价值链条已然形成。在市场的带动下,中国风电企业规模迅速扩大,有4家中国整机制造企业跻身全球装机量排名前10,在全球前15名整机企业中则有7家中国企业。一个涵盖开发建设、零部件制造、技术研发、检测认证、配套服务的产业链初具规模。与此同时,企业的技术实力明显增强,在引进、消化和吸收的基础上,初步建立起自主研发能力,大功率风电机组技术和关键零部件核心技术取得突破性进展,针对特殊环境气候特点的定制机型方面的创新开展得有声有色,设计和生产了多种适应中国低温、海上、台风、高原、低风速等复杂环境特点的风电机组。得益于规模化发展,中国风电的开发建设成本得到有效控制,进一步缩小了与常规能源的成本差距,市场竞争优势得到培育。同时,伴随着整个行业的成长,一批具有高学历、高水平、国际化、梯队结构更加合理的技术人才队伍已经悄然形成,为中国风电的可持续发展提供了智力保障。

(1) 整机供应体系更加完善

2010年当年新下线,中国市场上供应的机型达到182种,年同比增长25%。

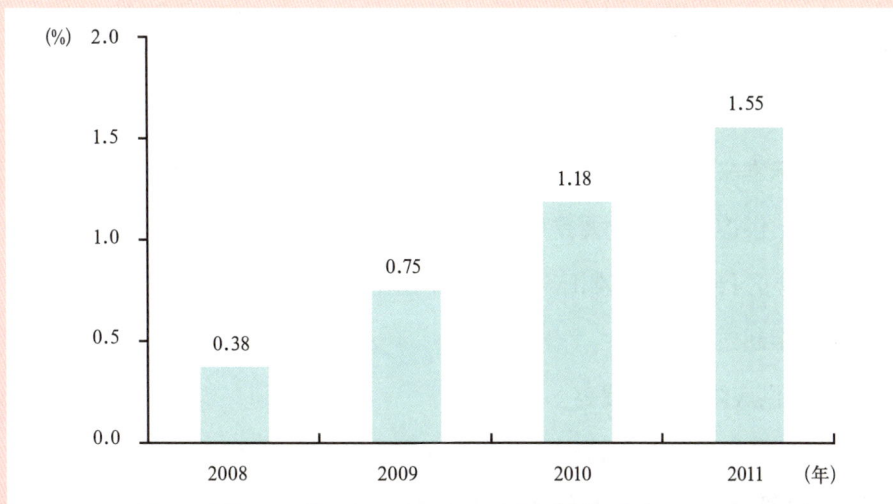

图3-8　2008—2011年中国风电占电力消费比例

　　从功率来看，市场能够供应的主流机型集中在1500—2500千瓦这个范围，其中额定功率为1500千瓦、2000千瓦和2500千瓦的机型数量占到整个市场的60%；2500千瓦以上大功率的机型也增加较为明显，除了2009年华锐、金风和沈工大已有3兆瓦机组下线外，2010年联合动力、明阳、上海电气也分别有3兆瓦和3.6兆瓦机组下线，国际企业Vestas、GE、Repower和西门子也分别将其大功率机型引入中国市场。

　　从传动链形式来看，双馈变速变桨型风力发电机组因为技术较为成熟，在市场上供应机型较多、涵盖功率较广，2010年该类型机组产品达到128种；直驱机型比2009年受到了更多的关注，更多的企业参与到直驱机组的研发、设计和制造中来，2010年直驱机型达到36种；与此同时，值得注意的是，近年由于全功率变流技术的成熟，部分企业选择了同步电机或鼠笼电机搭配齿轮箱和全功率变流器的传动链形式，主要分为两类，一类是在1000千瓦以下的机组中，采用了电励磁同步电机搭配全功率变流器的形式，如海装、长星风电和久和能源的850千瓦机组和航天万源的900千瓦机组，另外一类为永磁同步电机或鼠笼电机搭配齿轮箱和全功率变流器，主要应用在2.5兆瓦及以上机型中，很多企业选择了永磁同步电机或鼠笼电机搭配齿轮箱和全功率变流器的传动链形式,比如金风的3兆瓦机组、明阳的3兆瓦超紧凑机组和南车的2.5兆瓦机组,国际厂商的机型如Vestas的V112、西门子的SWT-3.6-120和Gamesa的G10X-4.5等机组。

从设计标准来看,由于中国大多数的市场需求来自Ⅱ、Ⅲ类以及低风速风区,中国近期市场上供应的机型主要是针对Ⅱ、Ⅲ类风区设计的,在2010年出现了17种针对Ⅳ类风资源区(或设计标准IEC S)的新机型,使得1.5兆瓦的风电机组风轮直径达到88米甚至超过90米。

【2】零部件供应体系显著提高

2010年,风电零部件制造供应能力方面也有显著的提高,主要零部件如叶片、发电机、齿轮箱、偏航变桨轴承等关键零部件供应体系足以满足国内市场需求:

叶片制造商中,中国市场上超过20家企业实现了兆瓦级叶片的生产制造和供应,具备多兆瓦级叶片生产制造能力的企业达到5家,连云港中复连众生产出为5兆瓦机组配套长62米的叶片,达到全球最先进水平;在发电机方面,中国国内10家企业已具备批量生产能力,湘潭电机研制出中国首台5兆瓦永磁同步风力发电机,也是目前世界上最大的永磁同步发电机;此前存在主要瓶颈的主轴轴承、齿轮箱轴承和变流器等产品也逐步进入批量生产阶段。

6 风电机组出口状况

中国风电整机制造企业探索向海外市场扩张的尝试始于2007年,但到2010年底,出口数量始终不大。2008—2010年,国内风电机组共出口46台,其中,辉腾、华锐和金风出口风电机组数量排名前三,3年出口数量分别达到10台、10台和9台。

进入2011年,以金风科技、华锐风电等为代表的风电装备企业巨头开始全面发力,中国风电产品开始批量进入国际市场,并在全球风电业产生较大影响。2011年,中国整机出口数量大幅度增长,数量达到141台,容量达227.56兆瓦。其中,金风出口数量最多,达到124台,主要以单机容量为1.5兆瓦的机型为主。2008—2011年国内风电机组出口容量和数量见图3-9。

随着国际市场的进一步打开，近几年，国内风电机组出口的国家和地区逐渐增多。截至目前，国内风电机组已分别出口智利、美国、印度、英国、泰国、古巴、白俄罗斯、哈萨克斯坦、埃塞俄比亚、厄瓜多尔、瑞典等地区。国内风电机组已出口国家见图3-10。

目前看来，美国、南非和澳大利亚是增长潜力巨大、相关配套较为成熟的国际风电市场。在国产风电设备的价格优势逐渐削弱、技术和质量仍亟须提高的背景下，东南亚、南非、东欧等地区的风电市场可能更适于中国企业发展。一些整机制造商已经开始进入此类市场，并与这些国家签署协议，获得订单。如2009年底，银河风电获得了越南Mau Son风场的80台2.5兆瓦风电机组的订单，总金额高达18亿元。2008—2011年国内风电机组出口具体情况见表3-1，国内风电机组已签订协议和订单的国家见图3-11。

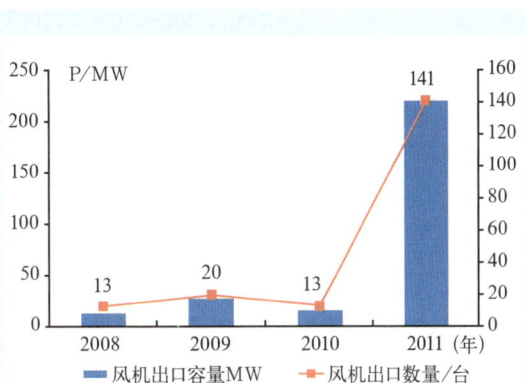

图3-9　2008—2011年国内风电机组出口容量和数量

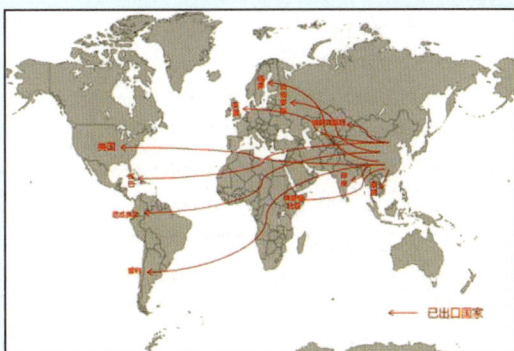

图3-10　国内风电机组已出口国家

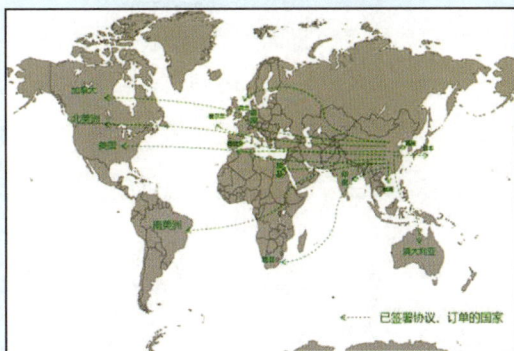

图3-11　国内风电机组已签订协议和订单的国家

表3-1 2008—2011年国内风电机组出口具体情况

时　间	企业名称	机　型	容量（MW）	台　数	出口国家
2008年	华仪	HY780	2.34	3	智利
	惠德	HD1000	10	10	美国
	小计		12.34	13	
2009年	华锐	SL1500/82	15	10	印度
	金风	GW77/1500	4.5	3	美国
	上海电气	W1250/64	6.25	5	英国（3台）、泰国（2台）
	新誉	SD77/1500	3	2	美国（1台）、泰国（1台）
	小计		28.75	20	
2010年	新誉	FD77	3	2	美国（1台）、泰国（1台）
	金风	S49-750	4.5	6	古巴
	华仪	HW1500	4.5	3	智利（2台）、白俄罗斯（1台）
	明阳	－	1.5	1	美国
	A-Power	－	2.05	1	美国
	小计		15.55	13	
2011年	华仪	HW1/S780 (50) -II-50 (B)	1.56	2	哈萨克斯坦
	三一电气	SE9320	12	6	美国
	海装	H93-2000 (60Hz)	4	2	美国
	联合动力	UP1500-82-DF-SE-NC HH80	9	6	美国
	金风科技	GW82/1500 (60Hz)	111	74	美国
		GW77/1500 (50Hz)	51	34	埃塞俄比亚
		GW70/1500 (60Hz，高海拔)	16.5	11	厄瓜多尔
		GW87/1500 (60Hz)	3	2	美国
		GW100/2500 (60Hz)	7.5	3	美国
	湘电风能	－	5	1	荷兰
	小计		220.56	141	
2008~2011年总计			277.2	187	

三、经济成本

国家通过产业政策的制订与实施，推进风电价格的逐步降低，以提升风电产业的竞争力。早在20世纪80年代，我国就对风能利用开展了政策支持，在国家"六五""七五"以及"八五"科技攻关中都安排了风能项目，当时主要集中于技术研发支持，投入资金较少，产业基础薄弱。

1995年，中华人民共和国国家计划委员会、国家科学技术委员会、国家经济贸易委员会联合下发了《关于印发〈新能源和可再生能源发展纲要〉的通知》，对2000年和2010年风能开发做出了规划。与此同时，电力部也下发了《风电场并网运行管理规定（试行）》，风力发电的地位逐步得到提高。

1995年后，欧洲风电装备制造技术逐渐成熟，推动了全球风能的发展。在此期间，中国也加大了对风能开发，特别是对风电装备研发能力提升的支持力度。一方面，通过"乘风计划""黄金计划"等项目鼓励国外先进技术的引进和消化吸收；另一方面，通过"国债风电""双加工程"等项目支持风电装备自主研发能力的提高。

2005年2月通过了《中华人民共和国可再生能源法》（以下简称可再生能源法），首次将可再生能源的战略地位通过立法予以确认。可再生能源法包括总则、资源调查与规划、产业指导与技术支持、推广与应用、价格与费用补偿、经济激励与监督措施、法律责任七个部分和附则。

在《可再生能源法》的推动下，中国的可再生能源产业快速发展，尤其是风电产业快速发展一直持续至今。但是作为新兴产业，在发展过程中对法律法规也提出了新的需求。因此，3年后又对其进行了修改，于2009年12月通过了《可再生能源法》（修正案）。

1 风电项目管理

我国风电开发项目按照风电项目类型和规模进行统筹管理。在项目管理方面，2006年国家发展和改革委员会公布《可再生能源发电有关管理规定》，5万千瓦及以上风电项目由国家发展和改革委员会核准或审批，其他项目由省级人民政府投资主管部门核准或审批，并报国家能源局备案。为了应对5万千瓦以下风电项目的无序发展趋势，国家能源局正在加强风电发展的详细发展规划、年度建设计划和项目的核准备案管理，确保风电实现可持续、协调和有效的发展。

2009年以来，我国启动海上风电开发进程，并对海上风电开发实行积极推动和严格管理。根据《海上风电开发建设管理暂行办法》及其实施细则，国家能源主管部门统一组织全国海上风电发展规划编制和管理，并会同国家海洋行政主管部门审定沿海各省（区、市）海上风电发展规划。海上风电场原则上应在离岸距离不少于10千米、滩涂宽度超过10千米时海域水深不得少于10米的海域布局。在各种海洋自然保护区、海洋特别保护区、重要渔业水域、典型海洋生态系统、河口、海湾、自然历史遗迹保护区等敏感海域，不得规划布局海上风电场。对完成预可行性研究阶段工作的项目，国家能源主管部门可根据需要选择项目进行特许权招标，确定项目开发投资企业及关键设备，以促进风电技术进步和有效市场竞争。

2 上网电价和费用分摊政策

风电上网电价与费用分摊政策是推动风电发展的主要动力。《可再生能源法》中作了如下规定：可再生能源发电项目的上网电价，由国务院价格主管部门根据不同类型可再生能源发电的特点和不同地区的情况，按照有利于促进可再生能源开发利用和经济合理的原则确定，并根据可再生能源开发利用技术的发展适时调整。实行招标的可再生能源发电项目的上网电价，按照中标确定的价格执行。

2006年国家发展和改革委员会颁布的《可再生能源发电价格和费用分摊管理试行办法》中明确提出：风力发电项目的上网电价实行政府指导价，电价标准由国务院价格主管部门按照招标形成的价格确定；风电等可再生能源发电项目上网电价高于当地脱硫燃煤机组标杆上网电价的部分,以及接网费用等,通过向电力用户征收电价附加的方式解决。

经过5期风电特许权招标后,随着各地风电发展规模的不断扩大、风电场建设条件和成本基本摸清,为了建立透明、一致的风电电价政策,2009年国家发展和改革委员会发布了《关于完善风力发电上网电价政策的通知》,按风能资源状况和工程建设条件,将全国分为四类风能资源区,相应制定风电标杆上网电价。四类资源区风电标杆电价水平分别为每千瓦时0.51元、0.54元、0.58元和0.61元。

为分担风电等可再生能源的高电价,我国已建立可再生能源电价附加制度,目前的征收标准为0.008元/千瓦时。风电项目获得的收购电价补贴占所有可再生能源附加的80%。截止到2010年9月风电享受的平均补贴为0.22元/千瓦时。

3 并网政策

根据2009年修订的《可再生能源法》,中国实行可再生能源发电全额保障性收购制度,国家能源主管部门会同电力监管机构和财政部门,按照全国可再生能源开发利用规划,确定在规划期内应当达到的可再生能源发电量占全部发电量的比重,制定电网企业优先调度和全额收购可再生能源发电的具体办法。电网企业应当全额收购其电网覆盖范围内符合并网技术标准的可再生能源并网发电项目的上网电量,发电企业有义务配合电网企业保障电网安全。电网企业应当加强电网建设,扩大可再生能源电力配置范围,发展和应用智能电网、储能等技术,完善电网运行管理,提高吸纳可再生能源电力的能力,为可再生能源发电提供上网服务。

但是,由于近年来部分地区风电发展超过原有规划、电网建设滞后、电力市场体制障碍等因素,导致目前一些地方出现弃风现象。为此,国家能源局与相关部门研究完善风电并网和消纳的相关规划、法规、标准和规范以及激励政策。为了加强风电场的监督管理,加强风电并网调度能力,2011年6月国家能源局颁布《风电场功率预测预报管理暂行办法》,要求所有已并网运行的风电场必须建立起风电预测预报体系和发电计划申报工作机制。

4 财税政策

财税政策是世界许多国家支持发展风电的主要手段。我国政府不断建立完善合理的财税政策，促进风电市场开发、技术研发、试验示范等。

【1】增植税优惠

根据2008年12月财政部、国家税务总局《关于资源综合利用及其他产品增值税政策的通知》对风电实行增值税即征即退50%的政策。而在此之前，风电享受的是17%增值税减半征收的政策。

【2】所得税优惠

根据2008年9月财政部、国家税务总局和国家发展和改革委员会联合颁布的《公共基础设施项目企业所得税优惠目录》，自2008年1月1日起，新建风电项目投产可享受"三免三减半"的税收优惠。

【3】进口退税

根据2010年4月财政部、海关总署和国家税务总局颁布的《关于调整重大技术装备进口税收政策暂行规定有关清单的通知》要求，进口单机功率大于3兆瓦的风电机组，年销售在300兆瓦以上的单机功率为1.5兆瓦及以上的风电机组配套零部件包括叶片年销量不小于300片，齿轮箱、发电机、变流器和控制系统年销量不小于100台。自2010年4月15日起免征关税和进口环节增值税。

【4】可再生能源发展基金

根据《可再生能源法》，2006年财政部发布《可再生能源发展专项资金管理暂行办法》，规定发展专项资金用于资助科技研发、标准制定、示范工程、农村偏远地区用能项目、资源勘察、能力建设项目等活动。2008年财政部颁布《风力发电设备产业化专项资金管理暂行办法》，支持风电机组整机制造企业和关键零部件制造企业开展新产品研发和产业化应用，目前该政策已取消。2011年12月，财政部、国家发展和改革委员会和国家能源局联合印发了《可再生能源发展基金征收使用管理暂行办法》的通知，对可再生能源发展基金的资金筹集、使用管理和监督检查做出了规定。可再生能源发展基金包括国家财政公共预算安排的专项资金和依法向电力用户征收的可再生能源电价附加收入。

(5) 贷款贴息优惠

根据《可再生能源法》规定，对列入国家可再生能源产业发展指导目录、符合信贷条件的可再生能源开发利用项目，金融机构可以提供有财政贴息的优惠贷款。

为了促进中国风能科学、健康和可持续发展，未来，我国在风能政策方面还需要进一步完善。如细化上网电价。目前出台的四类电价不能完全反映出风电项目的真实成本和经济效应水平，由此，在足够的风资源详查等信息的基础上，将进一步细化风电上网电价，从而使电价支持政策更合理。如出台配额制实施和监督管理办法。可再生能源配额制是国际上常用的可再生能源支持政策。2007年中国在《可再生能源中长期发展规划》中对非水电可再生能源装机和发电比例有所规定，即到2010年和2020年，大电网覆盖地区非水电可再生能源发电在电网总发电量中的比例分别达到1%和3%以上；权益发电装机总容量超过500万千瓦的投资者，所拥有的非水电可再生能源发电权益装机总容量应分别达到其权益发电装机总容量的3%和8%以上，但没有出台具体的考核和奖惩机制，这便使得配额制实际执行过程中缺乏指导规范和相关责任方。国家已着手制定可再生能源配额制管理办法，考虑将从事输配电业务的电网公司纳入到该体系中来，除了要出台对于发电量的配额，也要出台对于电网范围内的电量配额。再如建立风电并网成本及调峰机组减收补偿机制。为保障风电顺利接入和传输，在加强电网建设和改造的同时，需要对电网企业增加的合理成本予以补偿。另外，由于保障风电并网，给可再生能源发电让出发电小时数，降低其他发电机组的出力，所带来的收益也要减少合理的利益补偿机制，以提高相关企业的积极性。

四、应用前景

未来风能的发展规模和发展速度,受许多因素的影响。综合分析我国风电发展的基础条件和影响因素,按照固定净增装机容量进行推算,期望较为直观的计算得出未来风能资源开发的总体规模,由此,为提出风能发展目标作参考。其研究方法是在忽略其他影响因素的前提下简单推断,这仅代表预测的一种基本思路。

风能未来装机目标的提出和实施,考虑了以下前提条件:

1.我国始终把开发利用风能作为重点发展领域的战略目标,并根据行业发展的不同阶段适时出台有利于促进风能发展的政策;

2.在国家各项政策法规的保障下,我国风电投资热情持续高涨,市场投资力度足够大;

3.当前影响风电发展的电网制约因素逐步得到解决,且不会影响到风电场开发建设进度和风电场发电运行;

4.未来能源、原材料等基础成本的浮动不会影响到风电设备制造业的稳定发展;

5.风电设备制造技术参照了当前全球的基本现状和可预见的发展趋势;

6.未来我国海上风电建设技术逐步成熟,海上风电场建设在2030年以后得到规模化发展。

假定从2010年开始,我国每年净增装机容量稳定在15吉瓦、18吉瓦和20吉瓦3种情景(参照情景、低碳情景和强化低碳情景),并保持这种净增长量不变。到2020年,我国累计风电装机容量可达到188~244吉瓦;到2035年,我国累计风电装机容量可达到413~544吉瓦;到2049年,我国累计风电装机容量可达到638~844吉瓦,见表3-2。

表3-2　各情景方案下,我国2020—2049年装机预测(单位:GW)

数据类别	年　度	2011	2015	2020	2035	2049
新增装机	参照情景	15	15	15	15	15
	低碳情景	18	18	18	18	18
	强化低碳情景	20	20	20	20	20
各年累计装机	参照情景	62.4	122.4	179.4	422.4	632.4
	低碳情景	62.4	134.4	206.4	494.4	746.4
	强化低碳情景	62.4	142.4	242.4	542.4	822.4

第三节
太阳能技术发展展望

太阳能具有使用安全、可再生、清洁和减缓气候变化等特性,目前已得到大规模的推广应用。未来发展主要瞄准光伏、光热、光化学、光生物等太阳能转化利用的关键科技,力争在新原理、新方法、新材料、新工艺上实现突破;同时,通过产学研结合,一体化推进核心技术研发、应用示范和转移转化,最终形成从基础、应用到市场的太阳能利用科技创新价值链,使太阳能早日成为可以大规模利用的可再生能源。

我国启动的太阳能行动计划,计划2015年分布式利用、2025年替代利用、2035年规模利用三个阶段,力争到2049年前后使太阳能成为我国的重要能源。不同阶段太阳能技术和目录展望见图3-12。

一、光伏技术发展展望

目前太阳电池主要包括以晶体硅和多晶硅为代表的第一代太阳电池,以非晶硅、铜铟镓硒和碲化镉等薄膜为代表的第二代太阳电池,还有染料敏化电池和有机电池等新一代太阳电池。其中第一代太阳电池已经完全产业化,第二代太阳电池初步实现产业化,而新一代太阳电池还主要在实验室研究阶段。研究结果可以看出,无论是晶体硅电池,还是薄膜电池,我国的研究和产业化水平与国际领先水平存在一定的差距,但正在逐步缩小。

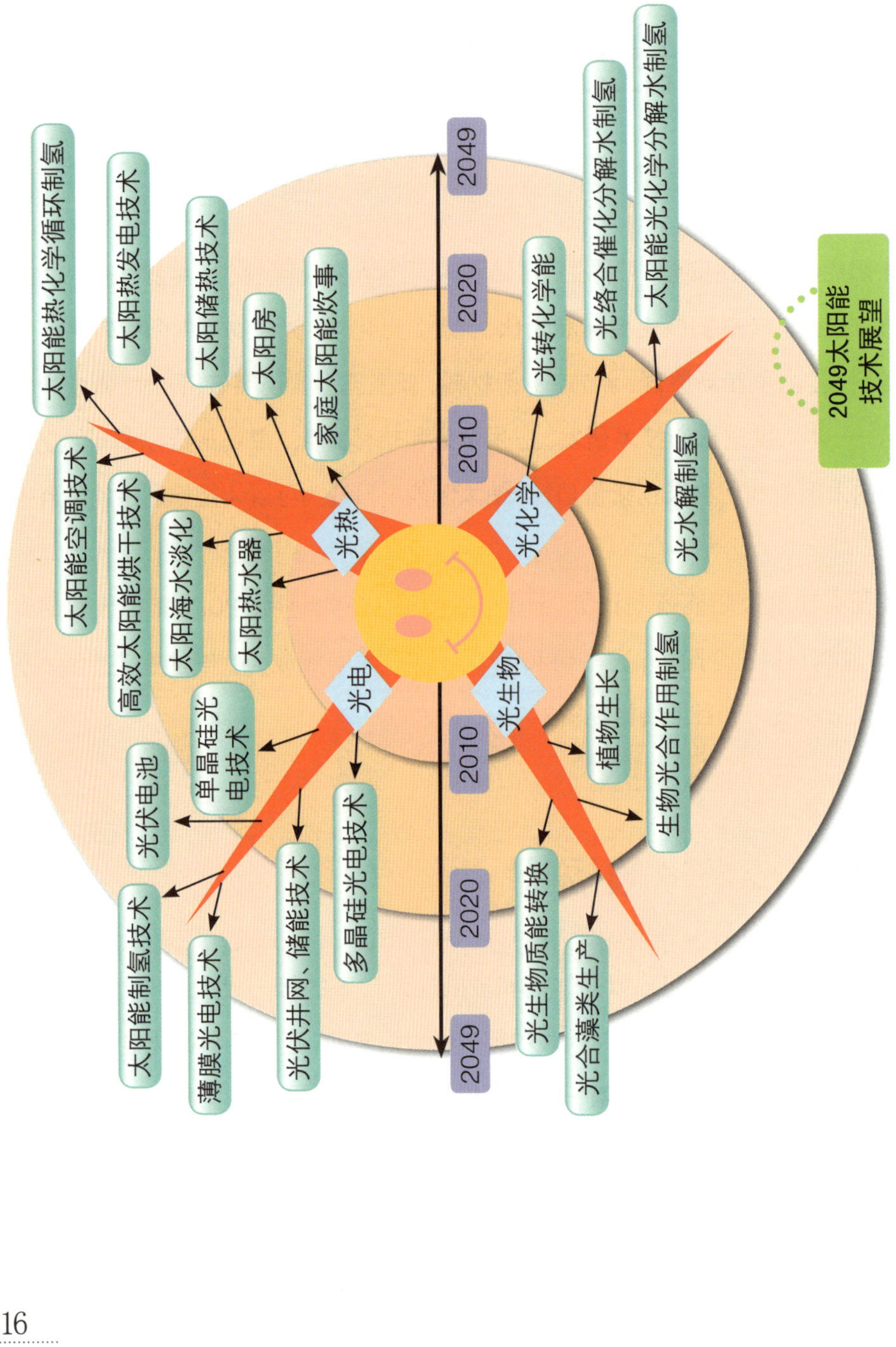

图3-12 太阳能技术和目标展望

太阳能热化学循环制氢
太阳能热发电技术
太阳能储热技术
太阳房
家庭太阳能炊事
光转化学能
光络合催化分解水制氢
太阳能光化学分解水制氢
光水解制氢

太阳能空调技术
高效太阳能烘干技术
太阳能海水淡化
太阳热水器
光热
光化学
2049太阳能技术展望

光伏电池
单晶硅光电技术
光电
光生物
植物生长
生物光合作用制氢

太阳能制氢技术
薄膜光电技术
光伏并网、储能技术
多晶硅光电技术
光生物质能转换
光合藻类生产

2049
2020
2010
2010
2020
2049

1 技术描述

〖1〗光伏发电的可持续发展特征和未来的地位

根据2005年IEEE光伏大会报告,能源被列入世界10大焦点问题(能源、水、食物、环境、贫穷、恐怖主义和战争、疾病、教育、民主和人口)之首。全球人口2007年是65亿,能源需求折合成装机是15太瓦;到2049年全世界人口大概要达到100亿,则能源需求装机将是40~60太瓦,届时主要靠可再生能源来解决。然而,世界上潜在水能资源4.6太瓦,经济可开采资源只有0.9太瓦;风能实际可开发资源2太瓦;生物质能3太瓦;核电由于铀矿资源限制,核废料处理及退役核电站的管理等难题,按照目前核裂变技术,受资源限制最多可以开发3太瓦。只有太阳能是唯一能够保证人类能源需求的能量来源,其潜在资源120000太瓦,实际可开采资源高达600太瓦。

太阳能光伏发电由于不受能源资源、原材料和应用环境的限制,具有最广阔的发展前景,是各国最着力发展的可再生能源技术之一。欧洲联合研究中心(European Commission's Joint Reseatch Centre, JRC)对光伏发电的未来发展做出如下预测:2020年世界太阳能发电的发电量将占总发电量的1%,2049年占总发电量的20%,2100年则将超过50%,见图3-13。

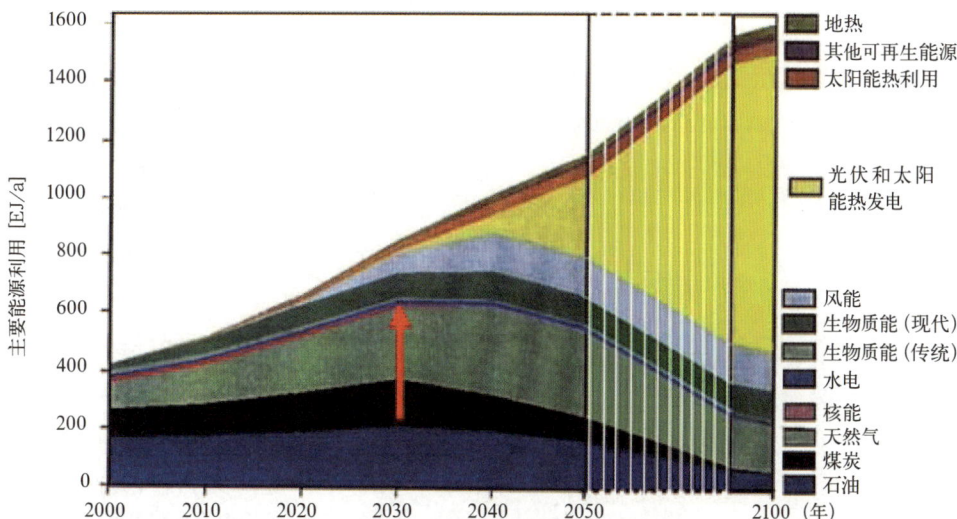

图3-13 未来世界能源总能耗和各种能源贡献
("欧测光伏研发路线图",欧盟委员会联合研究中心, 2004 EUR 21087 EN)

【2】光伏发电在未来能源消费结构及低碳社会发展中作用

未来我国计划的新增加光伏安装量将迅速增大,如此巨大的光伏产业,需要采矿、冶金、化工、半导体、新材料、机械、电子、电气、动力、自动化、环保、电力、电器等许多产业的支持,将形成一个崭新的太阳能低碳经济结构。我国应该充分利用太阳能光伏发电的优势,研究德国光伏现象,拟定长期、稳定、经济的激励政策,实施可控的"光伏上网电价法",开拓中国市场的光伏平价上网,强大中国太阳能产业。

太阳能经济是国民经济新的增长点,可以改变经济结构和经济增长方式,创造新的就业机会,提高国家高技术水平,确保国家能源安全与产业安全。大规模利用太阳能,可以大规模减少化石能源的利用,调控化石能源价格,从而确保我国在2049年前后由高碳经济向低碳经济、微碳经济、无碳经济(即太阳能循环经济)迈进。

表3-3是太阳电池实验室研究现状的国内外比较,表3-4是光伏组件产品性能国内外比较的情况。可以看出,无论是晶体硅电池,还是薄膜电池,我国的研究和产业化水平与国际领先水平存在一定的差距,但正在逐步缩小。

表3-3 太阳电池实验室研究现状的国内外比较

电池种类		效率(%)	单 位
晶体硅电池	单晶硅电池	24.7	澳大利亚UNSW大学
		20.4	工信部18所
	多晶硅电池	20.3	FhG-ISE
薄膜电池	a-Si/a-Si叠层电池	12	美国United Solar公司
		9.2	南开大学
	a-Si/a-SiGe/μc-Si叠层电池	16.3	美国United Solar公司
	a-Si/μc-Si叠层电池	11.8	南开大学
	CdTe电池	17.3	美国First Solar公司
		13.38	四川大学
	CIGS电池	20.3	德国ZSW公司
		14.3	南开大学
新型电池	染料敏化电池	12.3	瑞士EPFL大学
		7.4	中国科学院等离子所
		9.8	Heliatek 公司
	有机电池	8.37	华南理工大学

表 3-4　光伏组件产品性能国内外比较

电池种类		国　际	国　内
晶体硅电池	单晶硅电池组件	18%~20%	18%~19%
	多晶硅电池组件	15%~17%	15%~17%
薄膜电池	a-Si/a-Si叠层电池组件	6%~8%	6%~7%
	a-Si/c-Si叠层电池组件	8%~10%	中试
	CdTe电池组件	9%~11%	中试
	CIGS电池组件	8%~14%	中试

2 发展现状

(1) 光伏发电的优势

　　光伏发电是利用半导体界面的光生伏特效应而将太阳光能直接转变为电能的一种技术。这种技术的关键元件是太阳电池。太阳电池经过串联后进行封装保护可形成大面积的太阳电池组件,再配合功率控制器等部件就形成了光伏发电装置。同以往其他形式的发电技术相比,光伏发电具有以下优势:①太阳能取之不尽,用之不竭,无枯竭危险;②发电过程无温室气体和废气废水的排放,可再生并且环保,绝对干净(无公害);③不受资源分布地域的限制,绝无霸权国家垄断和控制的可能;④可在用电处就近发电,有阳光之处就能够发电;⑤制造太阳电池的资源丰富,特别是主要原料硅材料在地壳中含量约26%,不存在资源短缺和耗尽问题;⑥经过数十年的实践证明,光伏发电性能稳定可靠,寿命至少25年;⑦能量的回收期短，多数太阳电池的回收期在2~3年。正是由于光伏发电的上述优点，使之在低碳社会中扮演着越来越重要的角色，随着技术的不断进步，光伏发电技术有望成为最具发展前景的发电技术之一。

【2】光伏发电的环保效果预测

光伏发电属于清洁可再生能源，无论从能源角度，还是从环境角度，都是未来发展的重点，光伏并网发电的推广应用，无疑会带来良好的环境效益。

可以粗略计算"环境效益"如下：

> 每度（kWh）电耗煤：目前我国发电耗煤为平均390g/千瓦时[1]
>
> 每发1kWh电排放CO_2：
>
> $$C + O_2 = CO_2$$
>
> $$12 + 32 = 44$$
>
> $$44/12 \times 390 = 1430g\ CO_2/kWh \approx 1.4kg\ CO_2/kWh$$
>
> 每瓦光伏组件平均每年发电1.5kWh，则每瓦光伏组件平均每年相当减排CO_2吨数：
>
> $$1.5kWh \times 1.4kg\ CO_2/kWh = 2.1kg\ CO_2$$
>
> 我国2010年太阳电池的累计安装量达800兆瓦，相当于减排$CO_2$168万t。

【3】产业规模

中国的光伏产业发展有两次跳跃。第一次是在20世纪80年代末，中国的改革开放正处于蓬勃发展时期，国内先后引进了多条太阳电池生产线，使中国的太阳电池生产能力由原来的几百千瓦上升到4.5兆瓦；第二次光伏产业的大发展在2000年以后，主要是受到国际大环境的影响，以及国际项目/政府项目的启动和市

---

[1] 国家计委能源所. 能源基础数据汇编. 1999, 6.

场的拉动。2002年由国家发展和改革委员会负责实施的"光明工程"先导项目和"送电到乡"工程以及2006年实施的送电到村工程均采用了宇翔太阳能光伏发电技术。在这些措施的有力拉动下,中国光伏发电产业迅猛发展的势头日渐明朗。

近年来,由于对能源和环境问题的日益重视,国内外光伏产业得到了迅速发展。如表3-5所示,中国太阳电池的产量在2006年超过美国,成为继日本和欧洲之后的第三大太阳电池生产国。2007年,中国太阳电池产量达到1180兆瓦,成为世界最大的太阳电池生产国。2011年全球光伏产业的产量达到23.8吉瓦,我国光伏产量达到11吉瓦,均依然保持了近40%的年增速。然而,中国是光伏产量大国,却是光伏应用的小国,2010年新增安装量只有500兆瓦,累计安装量才800兆瓦,安装量不到总产量的10%。2005—2011年国内外光伏产量和安装量比较见表3-5。

表3-5　2005—2011年国内外光伏产量和安装量比较

年份	国　际		国　内			
	年产量 (MW)	年增长率 (%)	年产量 (MW)	年增长率 (%)	新增安装量 (MW)	累计安装量 (MW)
2005	1760	47.2	140	102.4	5	70
2006	2500	42.2	370	166.2	10	80
2007	3430	37.1	1180	219	20	100
2008	6600	92.4	2150	82.2	40	140
2009	10400	57.6	3460	60.9	130	270
2010	15200	46.1	7900	128.3	500	800
2011	23800	56.6	13000	64.6	2500	3300

（4）产业政策

中国太阳电池的研究始于1958年,1959年研制成功第1个有实用价值的太阳电池。经过30多年的努力,21世纪初迎来了快速发展的新阶段。

2006年1月,我国发布《可再生能源法》,将风能、太阳能、生物质能等可再生能源的开发利用列为能源发展优先领域,通过制定开发利用总量目标和采取相应措施,推动可再生能源市场的建立和发展。

2006年,国家发展和改革委员会下发的《可再生能源发电价格与费用分摊管理试行办法》规定可再生能源发电价格实行政策定价和政府指导价两种形式。太阳能发电专案上网电价实行政府定价。

2007年8月，国家发展和改革委员会发布的《可再生能源中长期发展规划》是我国对太阳能发电市场较系统的政策。其中太阳能发电的具体目标是到2010年，太阳能发电总容量达到30万千瓦，到2020年达到180万千瓦。

2007年9月开始实行的国家电监会《电网企业全额收购可再生能源电量监管办法》规定太阳能发电等六种可再生能源发电企业在并网时享受优先调度权及电量被全额收购的优惠。

到2007年年底，中国光伏系统的累计装机容量达到10万千瓦（100兆瓦），太阳电池产能达到290万千瓦（2900兆瓦），太阳电池年产量达到1188兆瓦，超过日本和欧洲，初步建立起从原材料生产到光伏系统建设等多个环节组成的完整产业链。受益于太阳能产业的长期利好，整个光伏产业出现了前所未有的投资热潮，但也存在诸如投资盲目、恶性竞争、创新不足等问题。

2008年12月中国科学院启动实施太阳能行动计划，以2049年前后使太阳能作为重要能源为远景目标，确定2015年分布式利用、2025年替代利用、2035年规模利用三个阶段目标。

2009年3月，《关于加快推进太阳能光电建筑应用的实施意见》支持开展光电建筑应用示范，实施"太阳能屋顶计划"。实施财政扶持政策，发挥财政资金政策杠杆的引导作用，形成政府引导、市场推进的机制和模式，加快光电商业化发展。

2009年7月，财政部、科技部和国家能源局共同出台了《金太阳示范工程财政补助资金管理暂行办法》，重点支持光伏发电站项目。该办法规定补助范围为装置容量大于300千瓦，补助金额为装置费用的50%~70%。

2009年12月1日《可再生能源法》（修正案颁布），其中规定国家实行可再生能源发电全额保障性收购制度。

2010年4月，财政部和住建部发布《关于组织申报2010年太阳能光电建筑应用示范项目的通知》。该通知将建材型、构建型光电建筑一体化项目新的补贴标准降为17元/瓦。随着国家补贴政策出台，地方也于近期披露了补贴方案。从方向上看，光热（太阳能热水、空调等）代替光电成为补贴重点。2011年12月，财政部、住建部发布《关于组织实施2012年度太阳能光电建筑应用示范的通知》，其中补助标准规定：对建材型等与建筑物高度紧密结合的光电一体化项目，补助标准暂定为9元/瓦，对与建筑一般结合的利用形式，补助标准暂定为7.5元/瓦。

2011年8月初，国家发展和改革委员会发布了《关于完善太阳能光伏发电上网电价政策的通知》，明确规定今年7月1日前后核准的光伏发电项目的上网电价分别定为1.15元/度和1元/度。光伏标杆上网电价的出台，最大的意义在于为国内光伏行业树立一个标杆和基准，牵引行业内的企业以此为参照来降低光伏发电成本，最终一步步的推进光伏发电向平价上网迈进，到那时国内光伏发电才能真正得到大规模的运用。2012年2月，财政部、科技部、国家能源局等发布"关于做好2012年金太阳示范工作的通知"，其中补助标准规定：2012年用户侧光伏发电项目补助标准原则上为7元/瓦。考虑到2011年四季度以来，光伏发电系统建设成本下降幅度较大，2011年用户侧光伏发电项目的补助标准原则上由9元/瓦调整为8元/瓦。

（5）产业技术服务平台

1）技术标准

国内太阳电池和蓄电池均已有国家标准，在世界银行REDP项目的支持下，家用光伏发电系统的技术标准已经制定出来，包括了对于家用光伏发电系统中充电控制器、直流/交流逆变器、专用直流灯具等部件的技术要求。现在，该技术标准已经上升为国家标准（GB/T 19064-2003）。覆盖更大功率的独立光伏发电系统的技术标准和并网光伏发电系统的技术标准正在制定之中。对于出口太阳电池的企业，应当采用IEC的相关标准。

2）光伏发电系统部件的质量认证和企业的质量保证体系

光伏发电系统和产品在国内销售，必须通过产品的性能检测。国内太阳电池的独立检测机构目前有3家：上海航天技术研究所（811所）的太阳电池检测中心，天津电源研究所（18所）的太阳电池检测中心和中科院电工所的太阳电池检测中心；

蓄电池的检测中心有沈阳蓄电池研究所和信息产业部产品检测中心等。

为了保证产品质量，除了要求企业加强自身产品的检测能力外，还应当加强独立检测机构的能力建设，逐步提高我国光伏发电系统及其产品的质量检测能力，逐步建立光伏产品的认证制度。

国内太阳电池和蓄电池生产厂家目前都已经通过了ISO9001质量保证体系的认证，国内的一些小公司和部分系统集成商还没有通过这样的认证。应当鼓励厂家建立质量保证体系，这是保证产品质量的有力措施。

3 经济成本

(1) 光伏发电成本快速下降

光伏发电系统根据其与电网的连接方式可分为独立光伏系统和并网光伏系统两大类。并网光伏发电系统成本构成主要包括光伏组件、系统配件和安装费用三部分。现阶段我国安装并网光伏系统的价格为光伏组件约6.30元/峰瓦，系统配件约3.00元/峰瓦，安装费用约3.00元/峰瓦，总计约12.30元/峰瓦。

2009年6月，甘肃敦煌10兆瓦并网光伏发电场项目最终竞标价格1.0928元/度。2011年8月初，国家发展和改革委员会发布了《关于完善太阳能光伏发电上网电价政策的通知》，明确规定2011年7月1日前后核准的光伏发电项目的上网电价分别定为1.15元/度和1元/度。光伏发电上网电价如此快速的降低远远超出了原来的预测，光伏平价上网的时间日益逼近。

根据美国、日本和欧洲的发展路线图预计，到2030年光伏发电的成本才接近现在的风电成本。许多国家政府计划通过技术进步和规模化应用，使光伏成本逐渐递减，预计2010年美、日、欧计划分别达到13.4美分/度、18欧分/度和23日元/度。现在实际上已经低于原来预期的价格。

(2) 国际上对光伏发电的成本预测

世界各国都在努力降低光伏发电的成本，表3-6为美国、日本和欧洲在2004年左右对光伏发电成本下降的预测。

表 3-6　美国、欧洲和日本对于光伏发电成本的预测（单位：kwh）

光伏发电成本预测				
年　份	2004	2010	2020	2030
日本（日元/千瓦时）	30	23	14	7
欧洲（Ero/千瓦时）	0.25	0.18	0.1	0.08
美国（美分/千瓦时）	18.2	13.4	10	8.2

由表3-6看出，预计2030年光伏发电可以达到与常规发电相竞争的水平。

2007年，美国能源部公布了美国太阳能先导计划（Solar America Initiative）将光伏发电的降价进程又提前了15年，预计到2015年就会使光伏发电的成本下降到商业化的应用水平（10美分/千瓦时以下）。美国太阳能先导计划对光伏发电成本的预测见图3-14。

美国太阳能先导计划总统目标
到2015年使太阳能竞争成本全国化

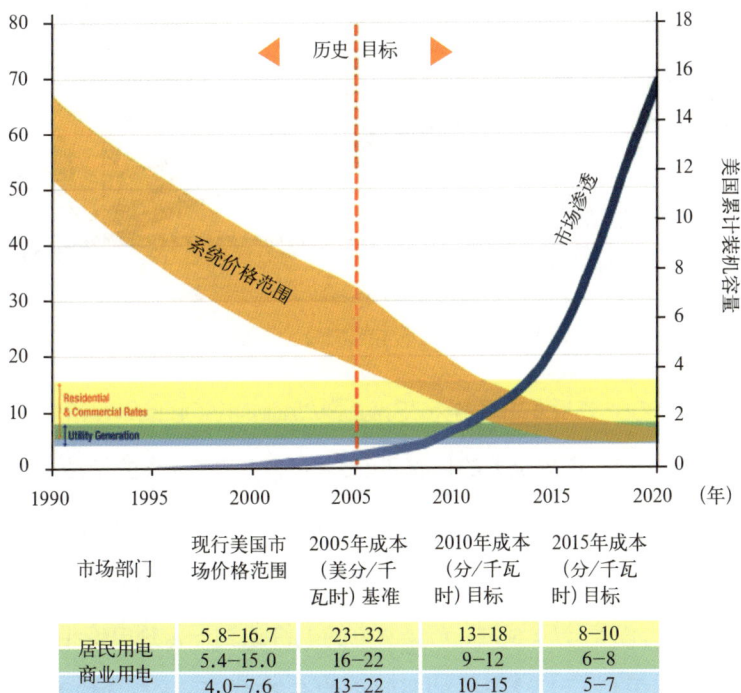

市场部门	现行美国市场价格范围	2005年成本（美分/千瓦时）基准	2010年成本（分/千瓦时）目标	2015年成本（分/千瓦时）目标
居民用电	5.8-16.7	23-32	13-18	8-10
商业用电	5.4-15.0	16-22	9-12	6-8
	4.0-7.6	13-22	10-15	5-7

图3-14　美国太阳能先导计划对光伏发电成本的预测

从图中看出，到2015年光伏发电的民用电成本将下降到8~10美分，商业用电成本将下降到6~8美分，电力规模的上网电价将下降到5~7美分。

日本在2004年发布的光伏发展路线图的预测稍显保守，预计2010年光伏发电成本下降到：每度电23日元，相当于1.53元/千瓦时；2020年光伏发电成本下降到14日元/千瓦时，相当于0.93元/千瓦时；2030年光伏发电成本下降到7日元/千瓦时，相当于0.47元/千瓦时。日本2009年对上述预测做出调整，计划2017年达到14日元/千瓦时，2025年实现7日元/千瓦时。日本对于光伏发电成本预测的发展路线图（Roadmap）见图3-15。

2030年日本光伏发展路线图—光伏系统大规模引进的实现

日本新能源产业的技术综合开发机构，2004年6月

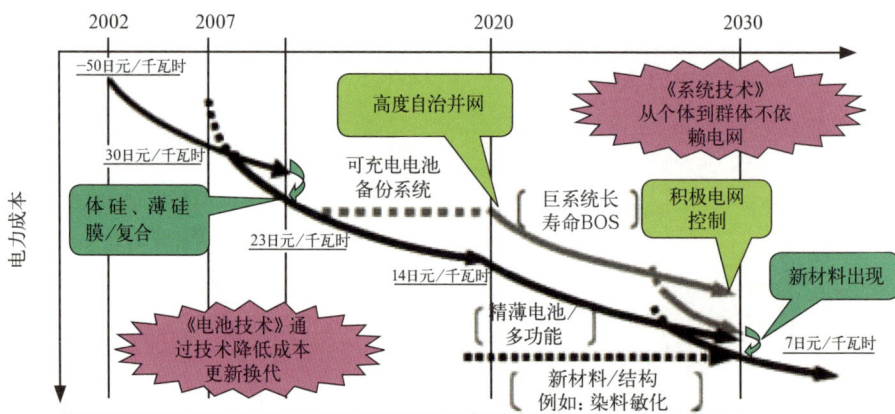

图3-15　日本对于光伏发电成本预测的发展路线图（Roadmap）

德意志银行2008年5月发布了名为"Solar PV Industry Outlook and Economics"的研究报告。根据报告，常规电力的价格2000年以来以每年4%的幅度上涨，而在今后10年内将以5%~7%的速度上涨。常规电价将从2006年的8.6美分/千瓦时上涨到2019年的平均16美分/千瓦时；而光伏发电的电价将从现在的25~34美分/千瓦时下降到2019年的平均12美分/千瓦时；光伏发电的电价达到同常规电价相一致（14~15美分/千瓦时，相当于1.0元/千瓦时）的时间大约在2016年。常规电价和光伏电价趋势预测见图3-16。

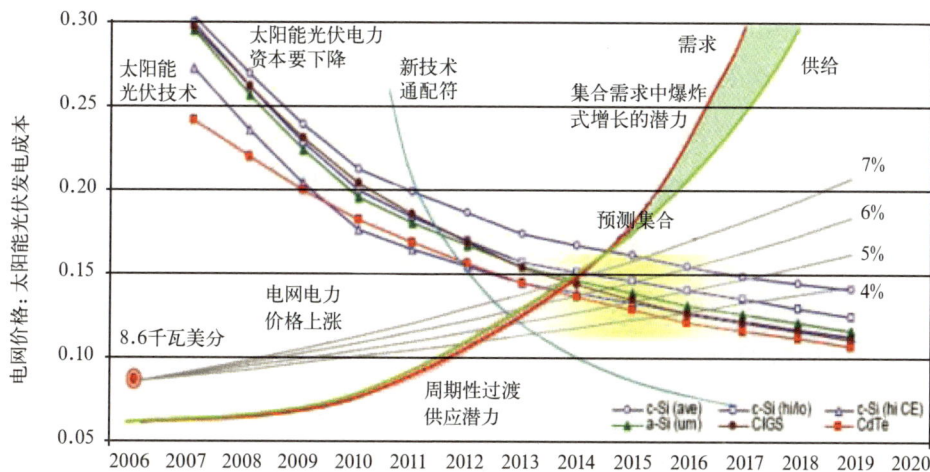

图3-16 常规电价和光伏电价趋势预测

根据美国太阳能先导计划的判断，一旦光伏发电的系统成本下降到4美元/峰瓦（大约2.8万元/千瓦），其市场增长速度将会是爆炸性的，而这一时间很可能发生在2015年左右。从下图看出2030年以前，光伏发电市场的平均年增长率将超过40%。美国太阳能先导计划对未来光伏市场的预测见图3-17。

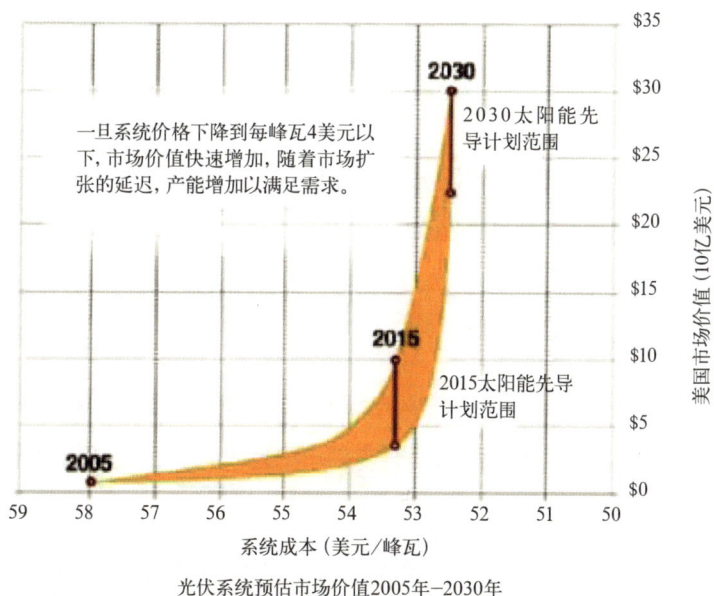

光伏系统预估市场价值2005年-2030年

图3-17 美国太阳能先导计划对未来光伏市场的预测

实际上,世界光伏的实际发展状况远远超过预测值。到2007年底,全世界累计光伏发货量已经达到12吉瓦。德意志银行2008年5月的研究报告发布了从2008年到2010年世界光伏产量的预测。根据这个预测,到2010年全世界太阳电池的累计装机将超过30吉瓦,这个数值比起前几年14吉瓦的预测值高出了一倍多。

【3】结论

从能量回收期来看,光伏发电生产全过程的能耗可以在2年内回收,而光伏系统的寿命是30年,能量回报率高达15倍。

目前光伏发电的合理上网电价在3~5元/千瓦时,一旦光伏发电的初投资下降到2万元/千瓦,则在日照资源较好地区光伏发电的上网电价可以降到1.6元/千瓦时。

根据国际权威机构预测,常规发电和光伏电价的交汇点大约在1.0元/千瓦时,而交汇时间大约在2016年左右;一旦光伏电价接近常规电价,光伏发电市场将会爆炸性增长。

4 应用前景

【1】近期目标

根据《太阳能光伏产业"十二五"发展规划》,十二五期间(到2015年)光伏发电产业的目标如下:

1)经济目标:到2015年,我国光伏产业保持平稳较快增长,多晶硅、太阳能电池等产品适应国内光伏发电装机容量规模要求(10吉瓦),同时积极满足国际市场发展需要。集中支持骨干光伏企业做强做大,到2015年形成1~2家5万吨级多晶硅企业,2~4家万吨级多晶硅企业,1~2家5吉瓦级太阳能电池企业,8~10家吉瓦级太阳能电池企业以及3~4家年销售收入过10亿元的光伏专用设备企业。培育1~2家年销售收入过千亿元的光伏企业,3~5家年销售收入过500亿元的光伏企业。全行业创造就业100万人。

2)技术目标:到2015年,多晶硅生产实现产业规模、产品质量和环保水平的同步提高,平均综合电耗低于120kwh/kg,副产物综合利用率达到99%以上。单晶硅电池的产业化转换效率达到21%，多晶硅电池达到19%，非晶硅薄膜电池达到12%，新型薄膜太阳能电池实现产业化。光伏电池生产设备和辅助材料本土化率达到80%，掌握光伏并网、储能设备生产及系统集成关键技术。

3）创新目标：到2015年，企业自主创新能力显著增强，涌现出一批具有自主知识产权的品牌企业，掌握光伏产业各项关键技术和生产工艺。技术成果转化率显著提高，标准体系建设逐步完善，国际影响力大大增强。充分利用已有基础，建立光伏产业国家重点实验室及检测平台。

4）光伏发电成本目标：到2015年，光伏系统成本下降到15元/瓦，发电成本下降到0.8元/度，配电侧达到"平价上网"。

【2】中长期发展规划设想

中国光伏发电中远期发展规划可以按照3种情景来设想，低目标按照国家发展和改革委员会发布的中长期发展规划和相应的年增长率进行预测，中目标则按照比较符合实际需求和国内经济实力的情景进行预测，而高目标则按照国际上的发展路线进行预测。光伏技术的发展，近中期仍然是以晶体硅电池为主，其技术的发展趋势是以薄膜技术为方向，高效率、高稳定、低成本是光伏电池发展的基本原则。借鉴国际经验，根据我国的实际国情，我国光伏发电分阶段战略如下：

1）到2020年，晶体硅电池通过减薄电池技术的实现、廉价太阳能级硅材料的获得以及效率的进一步提高，组件价格降至6元/瓦；薄膜电池通过多结叠层技术和规模化生产的实现，组件价格降至5元/瓦。光伏发电系统成本下降到10元/瓦，发电成本达到0.60元/度，在发电侧实现"平价上网"，在主要电力市场实现有效竞争。能量回收期降到1年，电池使用寿命达到30年。单晶硅电池的产业化转换效率达到22%，多晶硅电池达到20%，非晶硅、碲化镉和铜铟镓硒等薄膜电池达到15%。基于全新光电转换原理的新型太阳电池概念出现。2020年光伏发电占总发电量的3%~5%。

2）到2035年，随着新材料、新技术和新结构电池的出现及规模化生产，组件价格降至5.00元/瓦，光伏发电价格有可能降至0.50元/瓦。能量回收期降到0.75

年，电池使用寿命达到35年。单晶硅电池的产业化转换效率超过23%，多晶硅电池超过21%，非晶硅、碲化镉和铜铟镓硒等薄膜电池超过18%。基于全新光电转换原理的新型太阳电池概念逐渐成熟。在解决光伏发电有效电网控制、个体电站到群电站对电网的较少依赖等技术的问题基础上，光伏发电产业趋于完备，太阳能光伏发电进入战略能源。2035年光伏发电占总发电量的15%左右。

表3-7　中国光伏发电中远期发展规划设想

年 份	2015	2020	2035	2049
全国电力装机 (GW)	1000	1200	1500	2000
全国总发电量 (TWh)	5000	6000	7500	10000
累计装机 (GWp) 低目标	1	1.6	50	500
累计装机 (GWp) 中目标	2	10	100	1000
累计装机 (GWp) 高目标	10	50	600	2000
高方案发电量 (TWh)	13	65	780	2600
占全国发电量的比例 (%)	0.26	3~5	~15	25~30
组件价格 (元/Wp)	8	6	5	4
组件寿命 (年)	>25	30	35	40
系统成本 (元/Wp)	15	10	8	5
年 份	2015	2020	2035	2049
PV 电价 (元)	0.80	0.60	0.50	0.40
常规电价 (元)	1	2	4	5
PV 累计装机 (中目标)	2	10	100	1000

3) 到2049年，通过扩大国内市场份额，光伏发电将成为可再生能源的重要技术，具有强大的市场竞争力。能量回收期降到0.5年，电池使用寿命达到40年。可再生能源在能源结构中的比例占到50%以上，其中光伏发电的比例25%~30%。中国光伏发电中远期发展规划设想见表3-7。

二、太阳热发电技术发展展望

1 技术描述

(1) 优势和技术特点

太阳能热发电是将太阳能转换为热能，通过热-功转换过程发电的系统。除了和常规火力发电类似的热-功转换系统外，太阳能热发电首先还有一个光-热转化的过程，是光-热-功三者耦合的系统。太阳能热发电站一般由聚光集热系统、储热系统和热-功-电转换系统组成。

太阳能热发电技术的主要特点之一是聚光集热。聚光比是设计太阳能热发电系统最重要的参数之一。聚光比越大，所可能达到的最高温度就越高。聚光比是聚集到吸热器采光口平面上的平均辐射功率密度与进入聚光场采光口的太阳法向直射辐照度之比。

一年中太阳能热发电站的发电量是决定太阳能热发电站收益的关键因素之一。太阳能热发电站的年发电量是太阳能热发电站的年效率与投射至聚光场采光面积上太阳法向直射辐照量之积。因此，太阳能热发电站的年效率与太阳能热发电站建设地点的太阳法向直射辐照量是另外两个非常关键的要素。太阳能热发电的年效率（也可以说是系统效率）由集热效率和热机的效率决定。如图3-18所示，在某一聚光比，随着集热温度的提高，系统效率曲线会出现一个"马鞍点"，这主要是因为随着集热温度的提高，热机效率提高，但由于吸热器的热损失会增加，集热效率到达某一高点后会下降。这就是为什么在太阳能热发电系统中，不能单纯的提高系统的工作温度，而应该是综合考虑聚光比和集热温度，采用高焦比聚光及高性能吸热技术的原因。

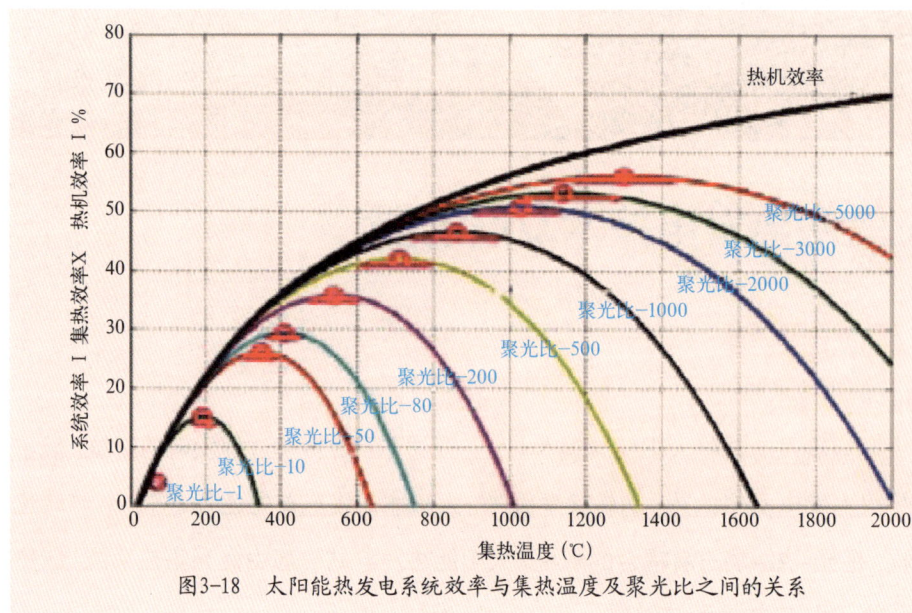

图3-18　太阳能热发电系统效率与集热温度及聚光比之间的关系

　　根据聚光方式，太阳能热发电技术分为点聚焦和线聚焦两大系统。其中，点聚焦系统主要包括太阳能塔式发电和太阳能碟式/斯特林发电；线聚焦系统主要包括太阳能抛物面槽式发电和太阳能线性菲涅耳式发电。在四种太阳能热发电技术形式中，碟式/斯特林发电技术的聚光比最高（1000~3000），塔式次之（300~1000），线聚焦系统的抛物槽式（70~80）和线性菲涅耳式（25~100）相对较低。

　　太阳能热发电技术的另外一个特点是可以采用相对经济的储热系统，这也是太阳能热发电相对光伏发电的一个重要优势。储热系统，见图3-19，是将太阳辐照强烈时吸热器输出的多余热量储存起来,用于云遮、阴天或用电高峰时期,实现:①容量缓冲;②电力输出可控性;③电力输出平稳;④提高年利用率,增加满负荷发电时数;⑤提高太阳能热发电站的有效性,降低发电成本。研究显示,一座带有储热系统的太阳能热发电站,年利用率可以从无储热的25%提高到65%。因此,储热技术是太阳能热发电与光伏发电等其他可再生能源发电竞争的一个关键要素。利用长时间储热系统,太阳能热发电可以在未来满足基础负荷电力市场的需求。

除了利用储热技术外,太阳能热发电系统可以与燃煤、燃油、天然气及生物质发电等进行联合循环运行,克服太阳能不连续、不稳定的缺点,实现全天候不间断发电,达到最佳的技术经济性。

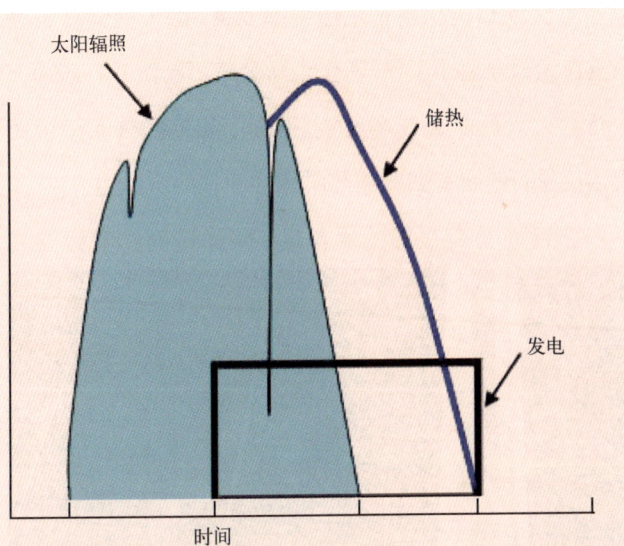

图3-19 太阳能热发电储热技术示意图

【(2)】热发电技术创新体系

目前我国在太阳能聚光、高温光热转换、高温蓄热、非稳态热功转换、大规模热发电站系统集成等关键技术和关键材料及设备的开发方面都得到了进一步的发展。然而,在高性能关键器件与重大装备设计方面,高精度、高强度、高温聚光、高性能吸热和大容量储热技术不成熟;滑压汽轮机、小功率斯特林发动机等重大装备的设计与制造能力较为薄弱,缺乏高精度聚光器、槽式玻璃真空吸热管等关键器件的国产化生产线集成解决方案。在系统集成方面,我国目前还没有商业化运营的太阳能热发电站,缺乏系统设计能力和集成技术。太阳能热发电系统模拟与仿真技术刚刚起步,需要进一步完善,以强化电站系统控制技术与安全保障分析能力。

　　未来5~10年内，需要重点进行技术创新的太阳能热发电技术包括：聚光器（含玻璃）、储热和吸热器及系统循环（包括集热部件和电力模块）。

　　1) 聚光器

　　聚光器是太阳能热发电系统中的一个关键部件，其性能的优劣，将明显地影响太阳能热发电系统的总体性能。

　　①聚光器的反射率或透射率要高。由于聚光器长期暴露在大气条件下工作，有尘土从大气不断沉积在表面，从而会大大影响聚光器性能。因此，如何经常保持镜面清洁仍是目前所有聚光集热技术中面临的难题之一。

　　②镜面要有很好的平整度。整体镜面的型线要具

有很高的精度，这样才能保持聚光的均匀性。

③整个镜面与镜体要有很高的机械强度和稳定性。

④镜面要具有很强的耐候和耐腐蚀性能。

⑤要降低聚光器自身重量，从而降低聚光器的制作成本及驱动费用。

⑥要降低聚光器的控制难度，降低系统的复杂程度。

聚光器的主要技术创新途径在于：

①联动定日镜；

②超大定日镜；

③超薄玻璃镜/前表面玻璃镜；

④抗灰尘玻璃镜；

⑤自控定日镜。

聚光器各种技术创新所需要的时间、成本降低幅度和风险等信息见表3-8。

表3-8　聚光器技术创新

技术创新		前表面玻璃镜（槽式）	抗灰尘玻璃镜	超大定日镜	联动定日镜	自控定日镜
所需时间		5~10年	10年以上	5年内	5~10年	5年内
成本降低幅度（和当前比较）		30%以上	30%以内	30%以内	30%以上	30%以上
不确定性	技术/效率	中	高	低	高	低
	经济	中	低	低	高	低
风险	技术/效率	高	中	中	高	中
	经济	中	高	低	高	低

2）储热

储热是太阳能热发电相对光伏发电的一个重要优势。储热系统可以将太阳辐照强烈时吸热器输出的多余热量储存起来，用于云遮、阴天或用电高峰时期，实现容量缓冲、电力输出平稳可控，提高年利用率，增加满负荷发电时数，降低发电成本。对设计各不相同的太阳能热发电站而言，储热系统的设计通常也都是不同的。表3-9是储热技术创新所需要的研发时间和预期的影响。

表3-9 聚光器技术创新

分 类	类 型	电站类型	所需时间	成本降低幅度	不确定性
熔融盐	双罐	塔/槽式	5年内	30%以内	低
	单罐温跃层	槽式	5~10年	30%~60%	中
	双罐	槽式	5年内	30%以内	中
RTIL	管式	槽式	10年以上	30%~60%	高
混凝土	无钢管	槽式	5~10年	60%以上	中
	先进的充放热	槽式	5~10年	30%~60%	中
相变材料	所有类型	塔/槽式	10年以上	30%~60%	中
固体材料	固定固体	塔式	5年内	30%~60%	低
	移动固体	塔式	5~10年	30%~60%	高
	固定固体和压力容器	塔式	10年以上	30%~60%	高
汽包	饱和水	塔/槽式	5年内	30%~60%	低

储热系统是太阳能电站降低成本的一个关键因素。技术创新的储热系统需要满足能量及熵损低、成本低、寿命长和对寄生电力要求低等要求。另外，高压蒸汽储热和高温加压空气的储热系统的开发是一大挑战。不过这两个储热系统会大大降低发电成本。

3）吸热器和系统循环技术

不同的太阳能热发电形式对吸热器和系统循环技术创新的要求各不相同。对槽式技术而言，主要可以从以下两个方面进行创新：①将流体（集热部件或水/蒸汽系统）温度最大化；②减少太阳场和管道的压力损失（寄生现象）。

对塔式技术而言，主要可以从以下三个方面进行创新：①设计模块化，并扩大模块化的尺寸；②提高吸热器的温度；③提高吸热器的性能。

不同技术路线中的技术创新内容对降低发电成本所起到的影响程度见表3-10。

表 3-10 不同技术路线对降低发电成本的影响程度

技术路线	优先级A	成本降低程度	优先级B	成本降低程度	优先级C	成本降低程度
槽式系统/导热油	聚光器结构和组装	7%~11%	低成本蓄热系统	3%~6%	提高传热流体温度	1%~3%
			先进反射镜和吸热管	2%~6%	减少寄生效应	2%~3%
槽式系统/直接蒸汽发生	系统规模提高到50MW	14%	先进的蓄热系统	3%~6%	提高传热流体温度	1%~3%
	聚光器结构和组装	7%~11%	先进的反射镜和吸热管	2%~6%	减少寄生效应	2%~3%
塔式系统/熔融盐	系统规模提高到50MW	3%~11%	先进定日镜	2%~6%	先进蓄热系统	0~1%
	定日镜的尺寸、结构	7%~11%				
塔式系统/饱和蒸汽	系统规模提高到50MW	6%~11%	过热蒸汽	6%~10%	先进定日镜	2%~6%
	定日镜的尺寸、结构	7%~11%	先进的蓄热系统	5%~7%		
塔式系统/空气	系统规模提高到50MW	8%~14%	先进蓄热系统	4%~9%	先进定日镜	2%~6%
	定日镜的尺寸、结构	7%~11%	提高吸热器的性能	3%~7%		
塔式系统/压缩空气	定日镜的尺寸、结构	7%~11%	系统规模提高到50MW	3%~9%	先进定日镜	2%~6%
	增加蓄热系统	7%~10%			提高吸热器的性能	3%~7%
碟式系统	50MW大规模生产	38%	提高可用性并降低运行维护成本	8%~11%	提高发动机效率	2%~6%
			以布雷顿循环代替斯特林循环	6%~12%	降低发动机成本	2%~6%
			提高单元尺寸	5%~9%	先进聚光器及跟踪系统	0~1%

2 发展现状

【1】 热发电环保效果预测

国际能源署研究数据显示，太阳能热发电每平方米反射面积每年可减排二氧化碳200千克～300千克（取决于电站系统设计）。国际能源署《能源技术展望2008（ETP）》（Energy Technology Perspectives（ETP）2008）提出，太阳能热发电开发是最具成本效益的温室气体减排策略之一。ETP理想情景（BLUE Map Scenario，200美元/吨减排激励，2049年二氧化碳年排放量稳定在2005年水平的一半）认为2049年太阳能热发电将贡献全球能源领域二氧化碳减排量的7%，年减排量约12.6亿吨。

目前我国只有一座兆瓦级太阳能热发电站，我们对其（北京延庆八达岭1.5兆瓦太阳能热发电站）进行了能值分析，结果发现，作为能量评估指标，总电能产出与总输入能的比值为6.85，此值大于1，即基于热力学第一定律表明太阳能热发电技术是技术可行的。在电站生命周期（包括电站燃料燃烧的直接排放、电站设备原材料的开采和设计加工制作，以及电站建筑材料的制作过程中的间接排放）二氧化碳排放分析中，我们发现，与其他技术电站相比，太阳能热发电电站二氧化碳排放较低，为35.1克/千瓦时，详见表3-11。

表3-11 太阳能热发电电站以及能值指标与其他类型电站（意大利）的比较

项 目	太阳能值转换率 (sej/J)	EYR	ELR	ESI	能量投入/产出比	CO_2排放 (g/kWh)
太阳能热发电电站 (1.5MW)	$6.39×10^4$a	5.06b	0.385c	13.1	6.85	35.1
风电 (2.5MW)	$6.21×10^4$	7.47	0.150	48.3	7.66	36.15
地热 (20MW)	$1.47×10^5$	4.81	0.440	11.0	20.83	655.08
水电 (85MW)	$6.23×10^4$	7.65	0.450	16.9	23.81	11.63
沼气 (171MW)	$1.70×10^5$	6.60	11.8	0.560	0.36	759.48
燃油发电 (1280MW)	$2.00×10^5$	4.21	14.2	0.295	0.30	923.19
燃煤发电 (1280MW)	$1.71×10^5$	5.48	10.4	0.529	0.25	1109.82

【2】产业规模

目前我国只有2座兆瓦级太阳能热发电站，一座位于北京市延庆县，另一座位于海南省三亚市。作为示范性电站，均没有并网运行。随着国外太阳能热发电市场的快速发展，我国企业已经进入太阳能热发电产业链的上下游环节，包括太阳能热发电用材料、聚光部件、吸热部件、储热装置、系统集成和项目开发等。

根据太阳能光热产业技术创新战略联盟（科技部试点联盟）统计，截至2011年底，国内已经搭建的太阳能高温集热实验系统共18个。

目前，获得国家发展和改革委员会上网电价批准的太阳能热发电项目1个，处于建设和筹备阶段的太阳能热发电项目共9个，总装机容量约450兆瓦。太阳能热发电技术在国内开始进入商业化工程示范阶段，市场开始启动。

根据国家能源局《可再生能源发展"十二五"规划》（征求意见稿），太阳能热发电至2015年的装机目标为1000兆瓦，至2020年装机目标3000兆瓦。如果按照每兆瓦投资2000万来粗略计算，至2020年太阳能热发电行业产值将达到600亿。

【3】产业政策

太阳能本身是清洁、无污染的能源，太阳能热发电的发电成本目前较常规的火力发电、水力发电以及风力发电等高。然而，太阳能热发电由于采用了储热技术，对电网的冲击不大，再加上其本身又具有适宜大规模发电的特性，因此可当基础负荷使用。我国虽然通过了太阳能热发电特许权招标项目，已经迈出了支持太阳能热发电商业化发展的第一步。然而，特许权中标电价相对于目前太阳能热发电所处发展阶段不甚对称。即使《可再生能源发展"十二五"规划》提高太阳能热发电的装机目标，由于较低的上网电价（含增值税0.9399元/千瓦时），也可能调动不了产业界对太阳能热发电投资的积极性。国家仍需要制定积极的鼓励支持政策，促进太阳能热发电又好又快地发展。从全球来看，在包括太阳能热发电在内的可再生能源技术的发展中，政府的政策支持是必不可少的一个基本要素。太阳能热发电市场的形成需要有利的政策环境。

1)法规保障

①大容量热发电站需要占用大量的荒地。在荒地上采集能量转换成电能相当对该土地的废物利用，因此需要国家在荒地使用政策方面给予支持和鼓励；

②由于塔式电站定日镜场的土地占有率仅为0.032%，土地表面的年平均遮阳率为15%。因此，电站定日镜场的建立并不影响土地表面大多数植被的生长和农作物产量，可以作为可再生能源发电与土地综合利用结合的项目在城市近郊区推广以及在土地使用方面享受相应的国家扶植政策。

2)资金投入

按照现有的太阳能热发电技术，如果国家对其没有一定的财政补贴，它是无法在市场上生存的，因此，有必要对太阳能热发电技术予以一定的电价补贴。另外，需要投入大量资金，扩大电站规模，以利于发电成本的降低。

一次投资的补贴可以转移到电力价格的补贴，这样对太阳能热发电来讲可以保证其日常运行，还可以给投资人一些利润。这样有助于太阳能热发电站的可持续发展。从目前太阳能热发电成本来看，在太阳辐照一类地区，政府补贴1.5~2.0元/度；二类地区政府补贴3.0~3.5元/度；三类及以下地区由于辐照资源太弱，又多是我国南方地区，空气多雾，散射光作用强，因此不适合大规模发展太阳能热发电技术。

3)政策协调、资源整合

对太阳能热发电技术应该在发电、并网等方面给予政策的协调。另外，太阳能热发电是涉及热学、光学、机械、材料等学科的交叉性学科，目前我国尚没有形成太阳能热发电的产业链，需要对科研、生产和资本方面进行整合，以形成该产业的支撑。

【(4)】热发电产业技术服务平台

2009年，我国太阳能光热利用行业产值达到630亿元人民币，位居全球首位。然而，大规模、低成本太阳能中高温热利用技术刚刚起步。为了加快产业技术发展，构建产业技术创新链，全面提升我国太阳能热利用产业的国际竞争力，2009年10月，在科技部、财政部、教育部、国务院国资委、中华全国总工会、国家开发银行等六部委的共同推动下，30家国内知名的产、学、研机构共同发起成立了太阳能光热产业技术创新战略联盟。截止2011年12月，联盟有成员单位77家。

联盟旨在贯彻国家"提高企业创新能力，建设创新型国家"的战略部署，落实《国家中长期科学和技术发展规划纲要（2006—2020年）》，联盟成员本着联合开发、优势互补、利益共享、风险共担的原则，着力构建形成自主知识产权的创新体系，以此推动我国太阳能光热产业的健康、快速发展，争取在基础材料、关键器件、精密仪器、控制设备和系统集成方面取得重大突破。

联盟下设理事会、专家委员会、战略研究组、项目管理中心、秘书处等运行机构。联盟理事会是联盟的决策机构，由首批30家缔约方组成，设理事长一名，副理事长若干名。专家委员会由国内知名院士和业内权威专家组成，负责为理事会的决策提供咨询服务，参与项目的立项、论证、评审、验收。战略研究组由太阳能中低温热利用战略研究小组和太阳能高温热发电战略研究小组组成，负责提出联盟的技术发展方向与规划。项目管理中心由标准与测试部、特种材料部、关键器件部、系统集成部组成，负责联盟项目的具体实施与组织协调。秘书处由计划财务部、宣传策划部、综合管理部组成，为联盟理事会的常设执行机构。

光热产业联盟成员单位涉及超白玻璃、特种混凝土、特种钢铁、熔融盐储热材料等关键原材料企业，槽式真空管、槽式聚光器、塔式定日镜、塔式吸热器、滑压汽轮机、斯特林发电机、高精度机械传动设备等重大装备制造企业，规划设计、工程咨询、工程管理、工程总承包等系统集成与项目建设企业，光学、热学、机械、材料学等学科的国内知名院所，10个国家重点实验室、国家工程技术中心和教育部重点实验室，2个863成果转化基地，具有雄厚的技术开发与成果转化能力。

2011年9月，我国颁布了第一部太阳能热发电标准《聚光型太阳能热发电术语》（GB/T 26972-2011）。为了推动太阳能热发电的发展，有必要依托现有的研发和测试机构，组建"国家太阳能热发电技术研发中心"和"国家太阳能热发电国家工程中心"，为国家太阳能热发电技术开发、战略研究、产业建设、市场开拓、工程示范提供基础性、前瞻性、权威性的技术支持；依托骨干企业，认定或建设一批研发基地，从而建成各有分工、侧重和特点的技术研发体系和运行机制。组建"国家太阳能热发电设备检测中心"，由其负责完善标准和检测的能力建设与自主创新能力，实质性参与国际间标准和检测的技术交流，争取在国际标准化活动中更多的主动权和发言权。

3 经济成本

太阳能热发电目前在国外已经进入商业化发展的阶段。然而，与传统的化石燃料电站相比，太阳能热发电的发电成本（LEC）仍然很高。在现有技术条件下，太阳能热发电的成本为0.19~0.25美元/千瓦时。相对较高的发电成本在一定程度上影响了太阳能热发电大规模化的进程，因此降低发电成本是推进太阳能热发电发展的首要任务。

目前，全球太阳能热发电成本价格在0.20欧元/千瓦时，到2020年有望降低到0.05欧元/千瓦时。我国将把实现太阳能大规模利用、使其发电成本可以常规能源竞争作为"十二五"规划的总体目标。

降低太阳能热发电的成本主要有两个途径：降低初投资和提高系统效率。据测算，系统效率每提高1%，相当于初投资降低5%~6%，因此提高太阳能热发电站的系统效率是降低发电成本的重要途径。从热力学的角度讲，发电工质的参数（温度、压力）会对系统效率产生重要影响，而发电工质的参数与聚光、光热转换、储热过程中的材料、热学和力学等问题密切相关。通过四代太阳能热发电技术的逐步发展，太阳能热发电技术在成本上将更具有竞争性。

4 应用前景

〔1〕 我国太阳能热发电的开发潜力

太阳能热发电站的选址首先需要考虑当地的太阳法向直射辐射（Direct Normal Insolation, DNI）。DNI值在5千瓦时/米²/天（1800千瓦时/米²/年）以上的地区适宜建设太阳能热发电站，在1600千瓦时/米²/年~1800千瓦时/米²/年的地区可以建设太阳能热发电站。其次是需要考虑地形，最好选择平坦广阔的土地。一是由于坡地会影响入射角而导致电站效率的变化；二是坡地会增加土地平整的成本。一般槽式和线性菲涅尔发电要求地面坡度在3%以下；塔式与碟式发电对坡度要求较为宽松。此外，电站选址还需要通过地理信息系统（GIS）所提供的信息，将水体、流沙、沼泽、森林、盐盆以及城市、自然保护区、矿区等不适合发展太阳能电站的地方扣除。如果电厂采用水冷方式冷却的话，则对附近水资源的可取性也有一定的要求。

我国采用了美国国家可再生能源实验室（NREL）根据天气日辐照模型（Climatological Solar Radiation Model）提供的分辨率为40千米×40千米的DNI数据，其中已经考虑了云遮盖、水汽、气溶胶和痕量气体等因素。由于只是进行比较粗略的估算，很多可影响到电站选址以及上网电价的因素，如当地的水资源供给、人口密度、距交通干道和电网的距离等，并没有包含在评价系统当中。GIS分析中所做的一些假设如下：

1）DNI值的简化处理

为了简便，如果某地区的日DNI量小于5千瓦时/米²/天，在分析中被忽略不计，即被设定为0千瓦时/米²/天；对于DNI数值在5~6千瓦时/米²/天范围内的地区，计算时被统一简化为5.5千瓦时/米²/天；同理，6~7千瓦时/米²/天被简化为6.5千瓦时/米²/天；7~8千瓦时/米²/天被简化为7.5千瓦时/米²/天；8~9千瓦时/米²/天被简化为8.5千瓦时/米²/天，DNI在9千瓦时/米²/天以上的被统计为9千瓦时/米²/天。

2）坡度的简化处理

对于坡度小于3%的，我们认为此地区是100%可为太阳能热发电所用；坡度大于3%的则为彻底不可用，全部被忽略。

3）自然和经济原因造成的土地可使用程度

城市、水体、矿区（正在开采区与矿藏区）和受保护地区（如自然保护区）均不做考虑，土地可用率被视为零；沙漠和荒原则按照100%可用来处理；草地、牧区、农业区做50%考虑；森林和灌木区，可用率被定为10%。在扣除了上述使用率折扣之后，就是综合考虑了坡度和自然经济因素的可用于太阳能热发电的土地使用面积。

4）太阳能热发电站的效率

在计算中，我们将太阳能热发电站的光电转化效率假设为在现阶段比较典型的不带储能装置的槽式太阳能电站的发电效率，即15%。并且，在经过上述GIS分析后得出的适用于发展太阳能热发电的面积，与其中真正用于收集阳光的有效反射面积的比例，即安装的反射镜面积和发电站总面积之间的比例，被定为25%。此外，太阳能热发电电站的装机容量与地面面积的比率估算为30兆瓦/千米^2。

5）太阳能热发电的年可发电量和潜力估算

基于上面的假设，我们根据可用于发展太阳能热发电的有效土地面积和DNI，乘以转化效率等进行中国太阳能热发电开发潜力估算：

$$年可发电量 = 地区内有效面积 \times DNI \times 电站发电效率(15\%) \times 反射镜占发电站总面积的比例(25\%)$$

$$装机容量潜力 = 地区内有效面积 \times 热发电电站的容量与地面的比率(30MW/km^2)$$

GIS的分析结果显示，我国DNI≥5千瓦时/米^2/天，坡度≤3%的太阳能热发电可装机潜力约16000吉瓦，与美国相近。其中DNI≥7千瓦时/米^2/天的装机潜力约1400吉瓦。以年可发电量来讲，我国潜在的太阳能热发电年发电潜力为42000太瓦时/年。这意味着，即便在未来，所有的化石能源枯竭之后，中国仍然有着远大于自给自足能力的丰富的太阳能热发电资源。

（2）热发电情景分析

我国对未来太阳能热发电装机容量增长设计了3个情景：基准情景、低碳情景和强化低碳情景。

　　基准情景是最保守的模式，只考虑现有的政策和措施，不过也包括持续的能源结构改革的假设以及近期可能会出台的应对气候变化的政策。

　　发电成本高、一次投资大是当前阻碍太阳能热发电大规模商业化的最大因素。在太阳能热发电缺少市场竞争力的情况下，政策支持例如固定上网电价补贴、长期购电协议、税收与融资优惠等将是太阳能热发电商业化运行的最大推动力。虽然中国目前公布了第一座特许权太阳能热发电项目的中标电价，但是由于上网电价较国外水平以及中国当前太阳能热发电发展的阶段明显较低，对整个产业发展的推动作用甚微。在基准情景下，太阳能热发电的装机容量在2020年之前将维持目前已经展开前期工作的项目容量。2020年之后，太阳能热发电仍然增长缓慢，年增长速度将维持在5%，直至2035年。2035年后保持1%左右的增长速度，直至2049年。

　　低碳情景是比较中性的模式，考虑到所有的支持可再生能源发展的政策措施，包括还未出台的。低碳情景也假设我国制定的发展规划目标全部实现，以及随着太阳能热发电项目的成功投资者的信心逐渐增强。

　　根据最新披露的可再生能源发展"十二五"规划，至2015年底，太阳能热发电装机要达到1吉瓦，这是可再生能源中长期发展规划中2020年目标（0.2吉瓦）的5倍。在低碳情景下，假设至2015年太阳能热发电发展规划目标完全实现。随后年增长速度保持在23%，直到2020年，逐渐下降至13%，2035年之后维持7%的增长速度直到2049年。

　　强化低碳情景是最乐观的模式，主要考虑在全球一致减缓气候变化的共同愿景下，中国可以做出的进一步贡献。假设所有的政策都向可再生能源倾斜，同时产业界积极实施。此外，电网容量，尤其是HVDC配套快速发展，从而支持可再生能源电力的输送和出口。在强化低碳情景下，假设2015年太阳能热发电装机容量实现3吉瓦，2020年前太阳能热发电装机容量年增长率保持25%，随后降至17%直至2035年，2035年之后保持8%的速度增长直至2049年。

　　国际能源署研究数据显示，太阳能热发电站在制造、安装以及平均20年运行期间的维护所排放的二氧化碳可以在电站投入运行后的3~6个月内得以回收。当然二氧化碳减排量的多少取决于太阳能热发电站是否使用其他能源作为辅助，以及使用比例。世界能源理事会分析结果认为，假设未来20年内煤炭和天然气仍然占据主导地位，而且天然气逐渐替代煤炭，那么太阳能热发电平均可减排的二氧化碳量为600吨/吉瓦时。3种情景下太阳能热发电累计装机容量及二氧化碳减排见表3-12。

表3-12　3种情景下太阳能热发电累计装机容量及二氧化碳减排

基准情景	2020年	2035年	2049年
MW	600	2392	9176
TWh	2	7	29
CO_2年减排量（万吨）	120	420	1740
低碳情景			
MW	2815	17609	48580
TWh	9	63	182
CO_2年减排量（万吨）	540	3780	10920
强化低碳情景			
MW	9155	96485	306066
TWh	39	423	1581
CO_2年减排量（万吨）	2312	25350	94905

三、太阳热利用技术发展展望

利用太阳能转化为热能，即太阳能热利用是实现能源替代、减少排放以及改善城乡居民生活条件的重要保障。"十一五"期间，我国太阳能热利用产业快速、健康、持续发展，正在从世界生产应用大国向世界强国迈进。国家"十二五"规划中明确提出"全面发展太阳能热利用"，这是对太阳能热利用产业的肯定，同时也是对该产业的极大鼓舞。

太阳能热利用就是直接将太阳的辐射能转化为热能的应用。目前在中国的研究和应用主要包括太阳热水器、太阳房、太阳灶、太阳干燥、太阳海水淡化、太阳能空调、太阳能热发电及其他工农业生产应用。目前太阳能热水利用已经商业化，取得了重大社会经济环境效益。

1 技术描述

[1] 太阳能热水

1）概况 太阳能热水器是我国太阳能利用中应用最广泛、产业化发展最迅速的太阳能产品。由我国自主开发生产的全玻璃真空管太阳集热器的科技水平、制造技术、生产规模均处于国际领先水平，且生产成本低廉，具有较强的国际竞争力。

2）产量 我国的太阳热水器产业进入20世纪90年代后期以来发展迅速，生产量由1998年350万m^2增长到2010年的4900万m^2/年，热水器的总保有量由1998年的1500万m^2增长到2010年的1.68亿m^2，形成一定的产业规模。

2010年总产量与2009年相比增长了16.7%，保有量增长了15.9%，而2009年总产量和保有量与2008年比较分别增长35.5%和16%。2010年增速明显放缓，主要原因是受2010年气候，2008年国际金融危机和部分企业重点放在务实基础，实现厚积薄发的影响。

截止到2010年我国已建成被动太阳房超过2000万m^2；推广太阳灶200万台，并出口到非洲等许多国家和地区60万台左右；各种类型太阳能干燥装置的采光面积近3万m^2以及其他太阳能热利用示范，如空调、热发电、工农业热利用等。

[2] 太阳房

太阳房建设仍以被动太阳房为主，但主动采暖发展很快，在北京、内蒙古、宁夏、西藏、辽宁等地，建成了许多示范建筑。近年来在我国北方地区十分受政府及开发商重视，特别是北京市将太阳房建筑和热水采暖系统结合，进行大面积示范，得到用户普遍欢迎。北京市也制定了新标准。随着国家建设部提出今后发展绿色节能建筑的战略目标，主被动结合太阳房的开发与建设将会得到进一步发展。2006—2010年中国建成太阳房累计数量见表3–13。

表3–13 3种情景下太阳能热发电累计装机容量及二氧化碳减排

年 份	2006	2007	2008	2009	2010
逐年累计面积（万m^2）	1395.2	1467.8	1590.46	1700	2000

【3】 太阳灶

目前，太阳灶在我国西部偏远地区仍有一定的市场。在国外，如非洲、阿富汗、巴基斯坦等国家也有大量需求。太阳灶作为太阳能热利用产品，在今后一段时间内还会有一定发展，特别是在西藏、四川、甘肃、内蒙古等严重缺柴和缺少生物质地区受到欢迎。目前已出现了设计制造质量好、寿命长、使用更方便的农村用太阳灶，深受农民欢迎。中国太阳灶历年正常使用保有量见表3-14。

表3-14　中国太阳灶历年正常使用保有量

年份	2006	2007	2008	2009	2010
保有量（万台）	86.52	111.87	135.67	172	205

【4】 太阳能推广与示范

太阳能温室的普遍建造为农民带来明显的经济效益。太阳能热水系统在印染行业应用，如浙江萧山印染厂，集热面积达17200米^2，为印染提供55℃预热水；太阳能热水系统在输油管道中应用和水泥砌块保养中的应用以及在新疆和青岛开展的太阳能干燥项目，都取得了良好经济和社会效益。此外，太阳能空调、太阳高温热发电等示范项目也在北京、山东、内蒙古等地区开展，为今后太阳能热利用扩大应用打下基础。

2 发展现状

【1】 太阳能热利用节能减排分析

近10年间，我国太阳热利用节能减排效果十分显著，其历年节能和减排量列表为证。2001—2011年太阳热应用节能减排量见表3-15。

表3-15　2001—2011年太阳热应用节能减排量

年　份	节约标准煤（万吨）	相当节电（GWh）	减排SO_2（万吨）	减排NO_2（万吨）	减排烟尘（万吨）	减排CO_2（万吨）
2001—2011	17330	4818.02	560.37	252.69	433.28	37203.6

（2） 太阳能热利用发展趋势与经济、环境和社会效益评价

太阳能热利用发展趋势见图3-20。

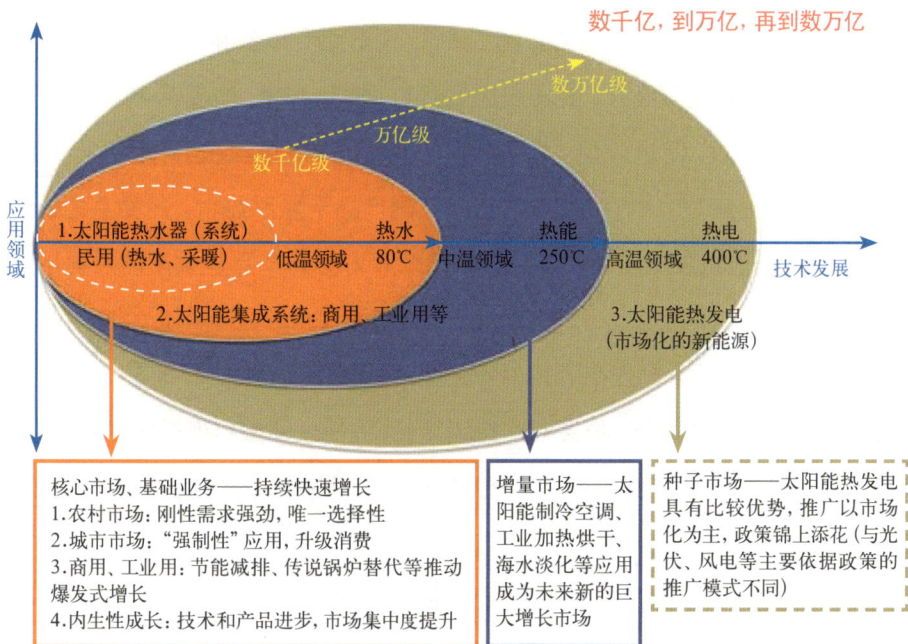

图3-20 太阳能热利用发展趋势

（3） 太阳能热利用三大市场空间

结合当前全球经济形势和中国太阳能热利用产业发展现状，太阳能热利用未来发展趋势将呈现多点开花、精致专业的特点：太阳能热利用低温热水集成技术将得到进一步的开发和推广；高效的平板太阳能集热器技术将会受到企业重视和市场欢迎；分体式承压太阳能热水系统将在太阳能与建筑结合中得到更好的发挥和推广；太阳能热水采暖及辅助能源匹配技术将给太阳能热利用低温市场带来新的发展；太阳能热利用中高温集热技术将成为未来太阳能热利用发展的主要研究和发展应用方向；太阳房、太阳灶技术和产品将得到进一步的开发推广；太阳能热利用在工农业生产中的应用技术将有效实现发展。太阳能热利用低温热水方面，现有的太阳能热水技术和产品是整个产业的基础产品，其可靠性、配套性、系统性将会进一步提高，使太阳能热利用低温热水系统的产品水平和质量达到国际先进水平。

太阳能热利用中高温热能、热电方面,制冷和采暖将成为未来建筑业的热能利用重点,约占建筑能耗的55%~60%。如果通过科技进步示范,推广应用太阳能采暖将为产业发展提供新的市场。目前,太阳能空调使用的技术和产品进一步提升性能的空间极其巨大,要发展新型集热、储热技术,也要有制冷机的创新和进步,提高匹配性,促进应用。更主要的是扩大太阳能热水在工农业生产领域的应用,即纺织、医药、食品等工业用热水和农副产品干燥用热水。开发中高温集热储热技术、太阳能热发电技术、高温集热技术等方面的产品是太阳能热利用产业发展的主流趋势。

需要说明的是太阳能热利用并不是逐阶取代的三个阶段,而是在技术升级之后,同时扩展的三个市场。低温热水持续增长,在民生领域担当重任;中温热能高速增长,在工业节能上铁肩道义;高温蓄势待起,在国家能源替代上使命责无旁贷。

(4) 太阳能热利用三大市场的经济与社会效益

太阳能热利用低温市场产生的是热水,象征产品是太阳能热水器、商用的太阳能热水系统和工业用的太阳能热水系统。这是一个起步或基础市场,目前持续稳定的增长,市场容量以千亿元级计。民用商用为主,部分工用农用。替代标准煤为千万吨级,创造的环保效益为千亿元级,其主要价值集中民生领域。太阳能低温热利用是未来数年内行业继续重点经营的领域,低温应用正从形式单一进入"全面发展"的兴盛期。

在低温应用持续发展的基础上着手开发中温应用,这是行业拥有"更美好明天"的路径,也为行业"美好今天"注入无限活力和动力。太阳能热利用中温市场产生的是热能,其最具代表性的产品是各工业、商业、农业领域中的太阳能中温热利用系统,也包括民用的太阳能空调制冷。这是太阳能热利用的中间发展阶段,也是太阳能热利用未来10~20年内主要的发展方向,目前正处在蓄势发展阶段,主要作用于工业节能,待普及后可达到替代标煤亿吨级,创造环保效益达万亿元。

太阳能热利用高温市场产生的是热电,主要作用于政府公共工程以及商业领域,是未来太阳能热利用的最高形式之一,也将成为替代社会能源的主要来源。太阳能热利用高温是太阳能热利用的种子市场,在未来可达到替代标煤十亿吨级,创造环保效益达十万亿元。太阳能热利用三大市场空间经济效益见表3-16。

表3-16 太阳能热利用三大市场空间经济效益

温度类型	温度区间	产品类别	产品方式	市场特点	市场级别	客户群	替代标煤	环保效益	主要价值
低温	0~80℃	热水	单机+系统	基础市场	千亿元级	民用、商用、工用、农用	千万吨级	百亿元级	民生
中温	80~250℃	热能	系统	增量市场	万亿元级	工用、商用、农用	亿吨级	千亿元级	工业节能
高温	250℃以上	热电	热电场	种子市场	10万亿元级	"政府"公共、商用	10亿吨级	万亿元级	国家能源替代

3 经济成本

目前太阳能利用的发展水平,有些方面在理论上是可行的,技术上也是成熟的。但有的太阳能利用装置,因为效率偏低,成本较高,总的来说,经济性还不能与常规能源相竞争。在今后相当长一段时期内,太阳能利用的进一步发展,主要受到经济性的制约。

太阳能利用中的经济问题:

第一,世界上越来越多的国家认识到一个能够持续发展的社会应该是一个既能满足社会需要,又不危及后代人前途的社会。因此,尽可能多地用洁净能源代替高含碳量的矿物能源,是能源建设应该遵循的原则。随着能源形式的变化,常规能源的贮量日益下降,其价格必然上涨,而控制环境污染也必须增大投资。

第二,我国是世界上最大的煤炭生产国和消费国,煤炭约占商品能源消费结构的70%,已成为我国大气污染的主要来源。大力开发新能源和可再生能源的利用技术将成为减少环境污染的重要措施。能源问题是世界性的,向新能源过渡的时期迟早要到来。从长远看,太阳能利用技术和装置的大量应用,也必然可以制约矿物能源价格的上涨。

4 太阳能热利用前景

【1】"十二五"目标

我们在产业当前发展规模和速度的基础上，确立了"十二五"期间将实现的市场目标，这一套总体目标将依靠我们在不同领域、不同方向的技术升级得以实现。

这套市场目标可概括为"一大目标、两大突破、三大贡献率、四大扩展、五大工程、八项创新"。

1）一大目标 即实现到2015年完成总保有量约4亿平方米的目标，同时千人均有280平方米。相当于每年节电280000MWth，年可替代标准煤6000万吨，年可减排CO_2 129000万吨。

2）两大重点突破 一是现代化平板生产线，二是全自动连续镀膜生产线，要使这两项达到国际先进水平。

3）三大贡献率 三大贡献率是指太阳能光热占整个太阳能贡献、太阳能占可再生能源的贡献和太阳能占整个能源消费的贡献。"十二五"太阳能热利用规划见表3-17。

表3-17 "十二五"太阳能热利用规划

"十二五"太阳能热利用	太阳能热利用节能占比	节能分项
4亿平方米	占"十二五"可再生能源节能贡献10%	"十二五"可再生能源节能贡献4.6亿吨
节煤4550万吨	占总的能源消费比例1.1%	2015年总能源消费40亿吨标煤
比"十一五"提高138%	占全部太阳能贡献比90%	"十二五"太阳能利用节能5000万吨

依据现在的发展规模和速度来预测的话，"十二五"时期，太阳能热利用产业能源贡献率将占到太阳能产业的90%，占到包括水能在内的可再生能源的10%。2015年全国总能源消费按40亿吨标准煤计算，太阳热能约占总能源1.1%。

4）四大扩展 在户用型基础上向工程化扩展，在低温利用基础上向中高温扩展，在民用基础上向工农业应用扩展和由洗浴向采暖空调扩展。

5）五大工程　五大工程是指集中供热水工程、采暖工程、工业及中温工程、农业应用和千县万村农村应用。五个工程都将在"十二五"期间得以快速发展，应用到更多地区和更广阔领域。

在集中供热水工程方面，以城市住宅小区、学校、宾馆、饭店、洗浴中心、体育馆和机关事业单位为主体的工程市场快速发展；在采暖工程方面，主动太阳能热水采暖建筑示范项目已在全国许多乡村和城镇进行，太阳能采暖有巨大的发展市场，特别是三北地区应用前景广阔；在工业及中温工程方面，太阳能工业用热广泛应用于纺织、造纸、印染和食品等行业，热力能耗10%用太阳能中温加热替代，年产值至少达1000亿元以上；在农业应用方面，农业部规划设计研究院研发设计的混联式太阳能多功能果蔬干燥成套设备，适用于太阳能、农产品资源较丰富的地区，或因依靠煤电等常规能源进行干燥加工而造成污染较重、成本较高的地区；在千县万村农村应用方面在全国选取1000个县，每个县选取10个村（含中小学校、卫生院和敬老院）建立太阳能洗浴中心，示范村内亦可进行主动采暖、被动太阳房、太阳灶等太阳能热利用装置的示范。

【2】八项科技创新

为了确保上述内容的实现，太阳能热利用技术将在"八大领域"进行纵深发展，这也形成了"十二五"期间中国太阳能热利用产业的技术发展路线图：开发和推广太阳能低温热水集成技术；开发高效平板太阳能集热器技术；开发推广分体式二次回路太阳能热水系统等新型承压式太阳能热水系统；开发推广太阳能热水采暖及空调技术；开发太阳能中高温集热技术；开发推广主被动结合的太阳房和太阳灶技术和产品；开发空气集热器，推广太阳能干燥技术及其他太阳能热利用在工农业生产中的应用技术（海水淡化、工业用热水、输油管道加温等）；太阳能热发电集热、储热技术开发与应用。

以市场目标引导技术方向，以技术路线实现市场目标。二者将共同描绘出一幅完整的中国太阳能热利用产业的"十二五"发展路线图。太阳能利用分阶段任务目标表3-18，每平方米太阳能热水器环境效益见表3-19，太阳能热利用环境效益分析及预测见表3-20。

表3-18　太阳能能利用分阶段任务目标

年份	产量（万米²/MWth）	增长率（%）	方案	保有量（万米²/MWth）	千人拥有（米²/千人）	替代标煤（万吨）	CO₂减排量（万吨）
2010	5400/37800	2011~2015年为25	方案1：高增长25%~10%	17300/121100	107.7	2595	5709
2015	16600/116200			47200/330400	339	7080	15576
2020	26800/187600	2016~2020年为10		94800/663600	650	14200	31284
2010	5400/37800	2011~2015年为20	方案2：中增长20%~15%	17300/121100	107.7	2595	5709
2015	13600/95200			40217/281521	287	6032	12949
2020	27300/191100	2016~2020年为15		81400/569800	649	12210	28862
2030	84900/594300	2021~2035年为12	平均增长12%~9%	537100/3759700	4131	80565	177243
2035	149600/1047200			946500/6625500	7280	141975	312345
2040	230100/1610700	2036~2050年为9		1579600/11057200	12150	236940	521268
2050	544800/3813600			3811000/26677000	29315	571650	1257630
2010	5400/37800	2011~2015年为20	方案3：低增长20%~10%	17300/121100	107.7	2595	5709
2015	13586/95102			40217/281521	287	6032	12949
2020	21880/153160	2016~2020年为10		67297/471080	542	10094	21669

表3-19　每平方米太阳能热水器环境效益

有害气体排放	排放因子（kg/kgce）	年减排量（kg）	年环境效益（元/kg）	寿命期内总环境效益（元）
SO₂	0.022	4.85		49.80
NO₂	0.01	2.2		3.960
烟尘	0.017	3.75		16.80
温室气体CO₂	0.20	0.20		64.40
总效益			75.02	750.20

表3-20　每平方米太阳能热水器环境效益

（元/千克）	内总环境效益（元）	年环境效益	米²年环境效益	亿米²年环境效益	米²年环境效益
75.02	750.20	13.88亿元	61.05亿元	7098.75亿元	28582.5亿元

第四节
生物质能技术发展展望

经过数十年的发展，生物质能开发利用技术已逐步成熟并日趋多样化，为资源综合利用、节能减排和增加清洁能源供应提供了丰富的途径。从技术的发展现状看，我国生物质能开发利用水平与发达国家相比还存在一定差距，各种技术的成熟度和商业化水平也很不平衡。

目前，少数生物质能利用技术已经比较成熟，具有一定的经济竞争力，初步实现了商业化、规模化应用，如沼气技术；一批生物质能利用技术已进入商业化早期发展阶段，目前需要通过补贴等经济激励政策促进商业化发展，如生物质发电、生物质致密成型燃料、以粮糖油类农作物为原料的生物液体燃料等；还有许多新兴生物质能技术正处于研发示范阶段，可望在未来的几十年内逐步实现工业化、商业化应用，主要是以纤维素生物质为原料的生物液体燃料，如纤维素燃料乙醇、生物质合成燃料和裂解油，还有能源藻类、微生物制氢技术等。相比较而言，由于可以借鉴煤、天然气工业中的醇醚合成工艺、费托合成工艺的已有研究成果和产业化经验，生物质气化合成技术比较成熟，不存在技术障碍，预期比纤维素乙醇更容易实现产业化。各类生物质能利用技术的成熟度、市场竞争力和未来发展展望见图3-21。

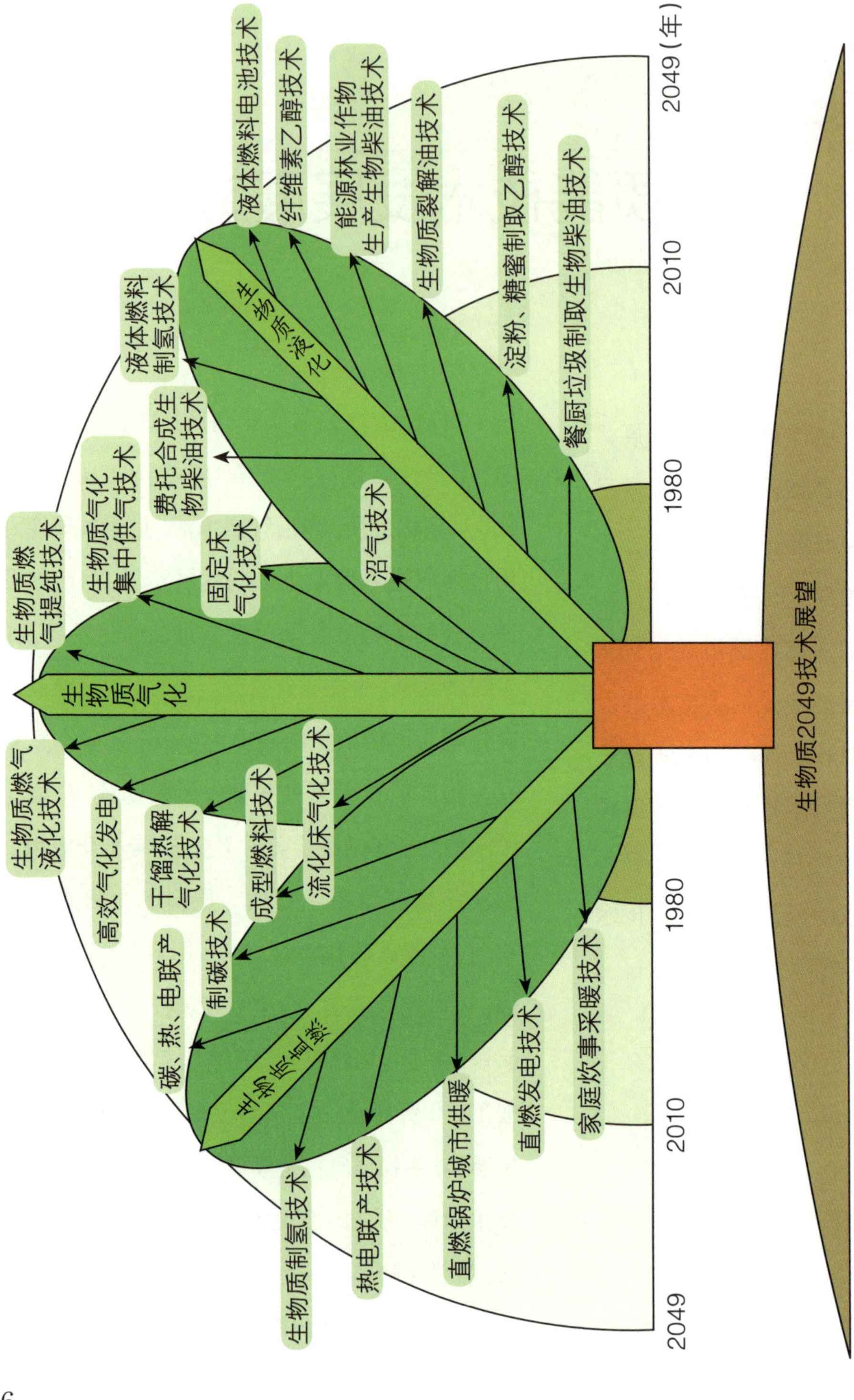

生物质2049技术发展展望

图3-21　未来生物质技术发展展望

2049(年)

2010

1980

1980

2010

2049

一、成型技术发展展望

1 技术描述

　　生物质常温致密成型技术是把秸秆、杂草、灌木枝条乃至果壳果皮等农林废弃物在常温下压缩成高密度燃料棒或颗粒,能源密度大大提高。它可以实现燃料的长距离储运。成型物的形式主要有棒状、块状和颗粒。生物质的固体产品可以作为工业锅炉、民用炉灶和工厂、家庭取暖炉以及农业暖房的燃料,也可进一步加工成木炭。生物质固体燃料在能源消费中占有非常重要位置。

　　我国20世纪80年代才重视生物质压缩成型技术的研究和开发,近几年,在螺旋挤压成型技术和液压压辊式成型技术方面取得了较大的进展。需要解决的关键问题是:降低压缩成型机的单位产品耗能、生产效率和生产成本等问题。

(1) 开发固化成型生物质燃料的意义

　　生物质固化成型燃料是将作物秸秆、稻壳、木屑等农林废弃物粉碎后,送入成型器械中,在外力作用下,压缩成需要的形状。然后,作为燃料直接燃烧,也可进一

步加工,形成生物炭。在国外,该生产方法已经成熟,如丹麦、德国、比利时、美国、日本等国家已实现了工厂化生产,其产品主要用于取暖炉、锅炉发电等。目前,我国研究和开发出的生物质固化成型机也已应用于生产。生产的致密成型燃料也已应用于取暖和小型锅炉。经测定,该种燃料排放的污染物低于煤,是一种高效、洁净的可再生能源。

1)应用便利,易于贮运

固化成型法与其他方法生产生物质能相比较,具有生产工艺、设备简单,易于操作,生产设备对各种原料的适应性强及固化成型的燃料便于贮运(可长时间存贮和长途运输)和易于实现产业化生产和大规模使用等特点。另外,对现有燃烧设备,包括锅炉、炉灶等,经简单改造即可使用。成型燃料使用起来方便,特别对我国北方高寒地区,炕灶是冬季主要的取暖形式,在广大农村有传统的使用习惯,成型燃料也易于被老百姓所接受。

2)替代煤炭,保护生态环境

大量燃烧一次性能源,排放大量的SO和CO_2等,对环境造成污染,加剧了地球温室效应。我国目前农作物秸秆年产量约为7亿吨,折合标煤3.5亿吨,其中53%作为燃料使用,约折合1.85亿吨标煤,如果这些原料都能固化成型有效开发利用,替代原煤,对于有效缓解能源紧张,治理有机废弃物污染,保护生态环境,促进人与自然和谐发展都具有重要意义。

3）提高能源利用率

直接燃烧生物质的热效率仅为10%～30%，而生物质制成颗粒以后经燃烧器（包括炉、灶等）燃烧，其热效率为87%～89%，热效率提高57%～79%，节约了大量能源。

（2）生物质致密成型技术

生物质致密成型技术是指具有一定粒度的农林废弃物（锯屑、稻壳、树枝、秸秆等）干燥后在一定的压力作用下（加热或不加热），可连续挤压制成棒状、粒状、块状等各种成型燃料的加工工艺，有些致密成型技术还需要加入一定的添加剂或黏结剂。一般生物质致密成型主要是利用木质素的胶黏作用。农林废弃物主要由纤维素、半纤维素和木质素组成，木质素为光合作用形成的天然聚合体，具有复杂的三维结构，是高分子物质，在植物中含量约为15%～30%。当温度达到70～100℃，木质素开始软化，并有一定的黏度。当达到200～300℃时，呈熔融状，黏度变高。此时若施加一定的外力，可使它与纤维素紧密粘结，使植物体积大量减少，密度显著增加，取消外力后，由于非弹性的纤维分子间的相互缠绕，仍能保持给定形状，冷却后强度进一步增加，成为成型燃料。

生物质原料经挤压成型后，体积缩小，密度可达0.9～1.1吨/米^3，含水率在20%以下，便于贮存和运输。成型燃料在燃烧过程中可实现"零排放"，即基本不排渣、无烟尘、无二氧化硫等有害气体，不污染环境，热性能优于木材，体积发热量与中质煤相当，可广泛用于民用炊事炉、取暖炉、生物质气化炉、高效燃烧炉和小型锅炉，它们是易于进行商品化生产和销售的可再生能源。

1) 成型工艺

生物质致密成型工艺有多种，根据工艺特性的差别，可划分为冷压致密成型、热压致密成型和碳化致密成型。

①冷压致密成型

冷压致密成型一般是辊压成型，有水平轴式环模挤压成型、垂直轴式环模挤压成型和平面辊压成型。冷压致密成型工艺常用于含水量较高的原料。原料进入成型室后，在压辊或压模的转动作用下，进入压模与压辊之间，然后挤入成型孔，从成型孔挤出的原料被挤压成型，再用切刀切割成一定长度的颗粒状或块状燃料。该机型主要用于木材加工厂的木屑和秸秆碎料。成型设备一般比较简单，价格较低，但由于死角较大，引起无用能耗大，成型部件磨损较快。工作中易出现辊轮和成型孔堵塞现象。由于燃料湿度较大，不含黏结剂，易吸湿变形，不利于长期保存、运输和使用。

②热压致密成型

热压致密成型有螺杆致密成型、活塞致密成型和冲压致密成型。热压致密成型工艺过程一般分为原料粉碎、干燥、挤压、加热、保型等几个环节。螺杆致密成型机是开发应用较早的生物质热压成型设备，主要包括驱动机、传动部件、进料机构、压缩螺杆、成型套筒和电加热等几部分。工作过程是将粉碎后的生物质经干燥后，从料斗中加入，螺旋推挤进入成型套筒中，并经螺杆压成带孔的棒状成品，连续从成型套筒中挤出。制约螺杆成型机发展的主要技术问题是螺杆和成型套筒磨损严重，使用寿命短。活塞和冲压式致密成型机改变了成型部件与原料之间的作用方式，在大幅提高成型部件使用寿命的同时，也降低了单位产品的能耗。原料经粉碎后，通过机械或风力形式送入压缩间。活塞或冲头前进时，把原材料压紧成型送入保型筒。活塞和冲压成型机一般造价较高，且振动噪声大，由于间断挤压，成型块质量有时有高低反差，特别是要求原料含水率较小，否则会使成型燃料膨胀、松散、甚至出现危险的"放炮"现象。

③碳化致密成型

炭化成型工艺的基本特征是，首先将生物质原料炭化或部分炭化，然后再加入一定量的黏结剂挤压成型。由于原料纤维素结构在炭化过程中受到破坏，高分子组分受热裂解转换成炭，并放出挥发分，使成型部件的磨损和能耗都明显降低。但炭化后的原料维持既定形状的能力较差，所以一般要加入黏结剂。碳化致密成型设备比较简单，类似于型煤成型设备。

2）成型技术

①螺旋挤压成型技术

螺旋挤压加热秸秆成型工艺及设备，该设备含有机座、螺旋推进器、加热成型套筒、鼠笼型冷却器和导热油炉。机座上固定有驱动电机、皮带轮传动装置、给料缸筒。安装于给料缸筒中的螺旋推进器包括推进螺杆和可换压头。加热成型套筒及鼠笼型冷却器与给料缸筒相连接。原料由料斗进入给料缸筒，经螺旋推进器挤压推入加热成型套筒形成成型颗粒，并挤入鼠笼型冷却器进行冷却。其特征为有一套送料装置，它能使落入料斗中的被加工物料在送料装置的作用下送入螺旋推进器，在筒体内形成压力，使其从机头挤出成型。该机具有生产稳定、效率高、适合于各种具有一定黏性和湿度的粉料挤压成型，原理见图3-22。

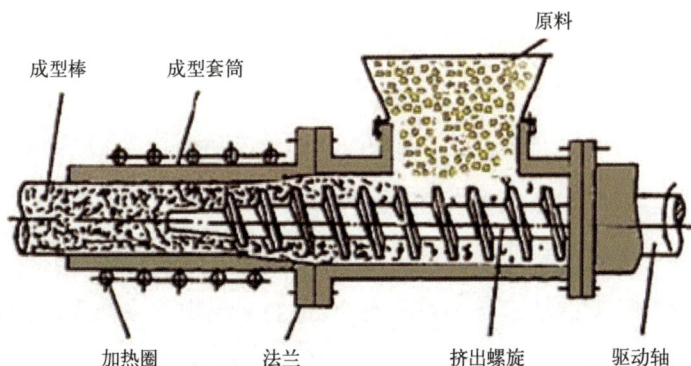

图3-22 螺旋挤压成型设备工作原理图

161

该项技术已进入半商业化、商业化阶段,可将原料加工成方形、六边形或八边形的成型燃料,生产能力150~200千克/小时。

螺旋挤压成型技术是目前生产秸秆压缩成型产品最常采用的技术,尤其是以机制炭为最终产品的用户,大都选用螺旋挤压成型机。

螺旋挤压成型机的优点是:

● 成品密度高。以木屑、稻壳、麦草等为原料,国内生产的几种螺旋挤压成型机加工的成型棒料的密度都在1100~1400千克/米³。

● 成品质量好、热值高,更适合再加工成为炭化燃料。

螺旋挤压成型机的缺点是:

● 产量低。目前国产设备的最高台每小时产量不到150千克,距离规模化生产的产量要求相差较大。

● 能耗高。粉料在螺旋挤压成型前先要经过电加温预热,挤压成型过程的吨料电耗约在90千瓦时/吨以上。

● 易损件寿命短。国产设备主要工作部件——螺杆的最高寿命不超过500小时,距离国际先进水平1000小时以上还有很大的差距。

原料要求苛刻。螺旋挤压成型机采用连续挤压,成型温度通常调整在220℃~280℃之间。为了避免成型过程中原料水分的快速汽化造成成型块的开裂和"放炮"现象发生,一般要将原料含水率控制在8%~12%之间,所以对有的物料要进行预干燥处理,增加了加工成本。

②活塞冲压成型技术

与螺旋挤压成型技术相比,活塞冲压成型技术由于改变了成型部件与原料的作用方式,大幅度提高了成型部件的使用寿命。活塞冲压机通常不使用电加热装置,降低了单位产品能耗。该技术还有一个突出的优点就是所允许的物料水分可高达20%。它的缺点是为间断式冲击,容易出现不平衡现象,成型燃料的密度稍低,容易松散,不适宜炭化;成型模腔容易磨损,需要经常检修。工作原理见图3-23。

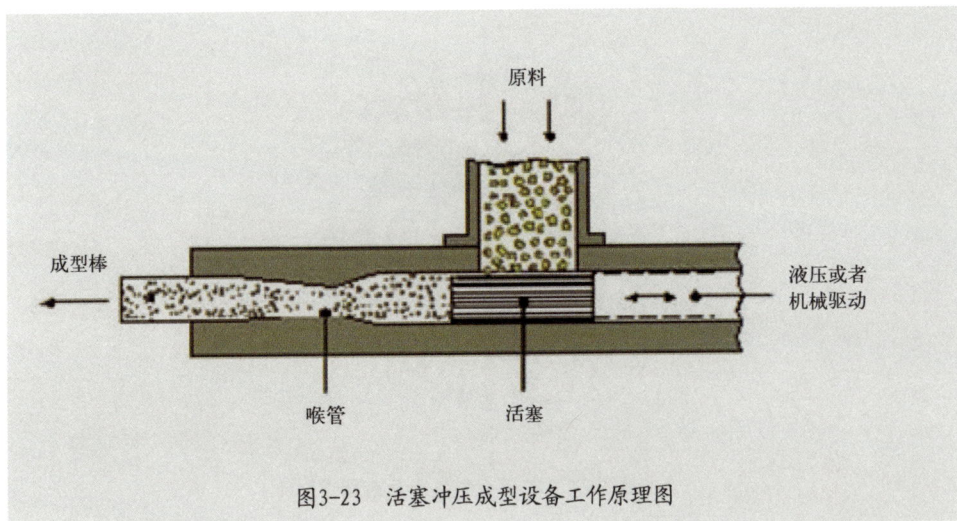

图3-23　活塞冲压成型设备工作原理图

该项技术已经进入半商业化、商业化阶段,活塞冲压技术生产的成型燃料耐储存、密度大,产品质量较高,允许物料水分高达20%左右,生产能力50~500千克/小时。

该项技术存在的主要问题是,油缸往复运动,间歇成型,生产率不高,产品质量不太稳定,不适宜炭化。活塞式的成型模腔容易磨损,一般100小时修一次,有的含SiO少的生物质原料可维持300小时。由于生产过程中存在较大的振动负荷,一方面造成机器运行稳定性差,另一方面间歇成型,占地面积大,噪声较大,工作人员易疲劳。另外,还存在润滑污染较严重等问题。

③模辊挤压成型技术

● 环模成型燃料技术

环模颗粒成型机生产的颗粒燃料通常为圆柱形,直径一般不大于25毫米,长度不大于其直径的4倍,常见的直径尺寸有6毫米,8毫米,10毫米。颗粒燃料的密度大于压块燃料,达1.2~1.4吨/米³。由于颗粒燃料直径较小,模孔压缩比较大,对原料含水率要求较高,一般在含水率为12%~15%、原料粒径为1~5毫米时适合成型。

环模颗粒成型机及关键部件见图3-24,该技术包括环形压模和与其相配的圆柱形压辊为主要工作部件,主要由喂料、搅拌、传动及润滑系统组成。因其压模轴线通常为水平布置,故常称卧轴环模颗粒成型机。

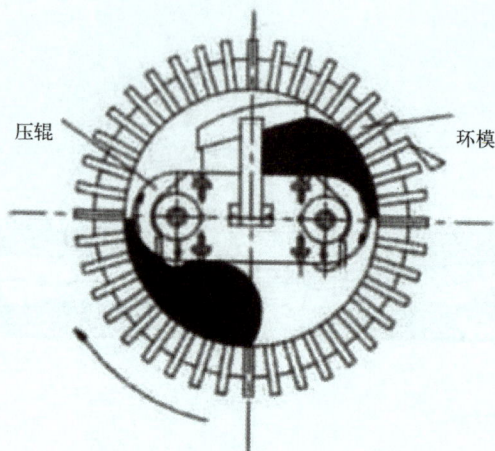

图3-24　环模成型技术原理图

环模颗粒成型机工作原理如下：

原料在配料仓经专门配置的抄板搅拌混合，调质处理，随后螺旋供料器将物料喂入压粒器制粒。在压粒器内，匀料板将调质好的物料均匀地分配到模、辊之间。环模由电机带动回转，安装于环模内的2只压辊在模辊间的物料及其间的摩擦力作用下只自转不公转。由于模、辊的旋转，将模、辊间的物料钳入、挤压，最后成条柱状从模孔中被连续挤出来，再由安装在压模外面的固定切刀切成一定长度的颗粒燃料。

制粒系统工艺流程主要包括原料干燥、粉碎（除尘）、气流输送、收集、原料混合搅拌、螺旋输送、制粒成型、切断、冷却、包装、入库等工序。

该生产工艺技术较成熟，自动化程度高，已经进入商业化初始阶段，生产能力为1000千克/小时以上。

然而，该生产工艺存在问题如下：

对原料特性要求较高，环模压辊技术一般要求原料的含水率在15%～20%，模具制造工艺复杂，使用成本较高，辅助设备不配套。

● 环模压块成型技术

生物质环模压块成型机生产的压块燃料，通常为棱柱形或圆柱形，其直径或横截面的对角线一般大于25毫米，长度不等。由于模孔横截面尺寸为30毫米×32毫米，模孔压缩比较小,对原料含水率要求宽松一些,一般为10%~20%。环模压块成型机主要构造及关键部件见图3-25。它主要由喂料系统和主传动压块系统两部分组成。环模压块成型机的主要工作原理不同于环模颗粒成型机,它的主要工作部件是由固定的单列后的秸秆物料经喂料口进入带有不等螺距的内外螺带的机体腔仓中。随着主轴体的转动,将物料推至环模腔中,并布满环模沟槽,由沿着环模沟槽内切公转和摩擦自转的偏心压轮将物料挤压进环模孔中。环模压块成型机主轴体与偏心压轮有一定的偏心矩形成主轴体的旋转扭力臂,偏心压轮的半径形成了传动扭力臂,主轴体的动力作用点在偏心压轮的轴心上形成主轴圆周力。偏心压轮每完成一次公转周期就将布满环模沟槽内的物料挤压入模孔内,从而形成了燃料块的一个压层。

随着物料的不断喂入和偏心压轮的公转、自转,接连不断地形成无数个物料压层,相继地挤入模孔中,通过模孔中不断呈柱状挤出,然后与出料罩斜面接触,被撅成一定长度的方形柱状物。压块系统工艺流程主要包括原料干燥、粉碎(除尘)、输送、成型、冷却、包装等工序。

该生产工艺,技术较成熟,自动化程度高,已经进入商业化初始阶段,生产能力为1.0~2.0吨/小时。

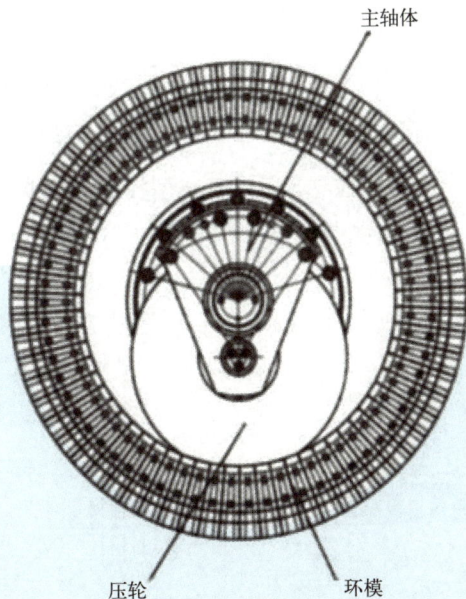

图3-25 环模压块技术原理图

● 平模成型技术

秸秆平模成型技术，即为动辊式秸秆压缩成型技术，其工作原理如图3-27所示。电动机通过减速箱驱动主轴，主轴带动压辊，压辊绕主轴公转的同时也绕压辊轴自转。工作时，秸秆原料被送入喂料室，在分料器和刮板的共同作用下均匀地铺在平模上，主轴带动压辊连续不断地滚过料层，将物料挤压进入模孔，物料在模孔中经历成型、保型等过程。

具体过程为：供料区内的物料在重力作用下紧贴在平模上，当压辊向前滚动，物料进入变形压紧区，这时因受到挤压，原料粒子不断进入粒子间的空隙内，间隙中的空气被排出，粒子间的相互位置不断更新，粒子间所有较大的空隙逐渐都被能进入的粒子占据。随着压辊继续滚动，被压实的原料进入挤压成型区（模孔的锥孔部分和前半部分都属于挤压成型区）。在挤压成型区内，压力继续增加，粒子本身发生变形和塑性流动，在垂直于最大主应力的方向被延展，并继续充填周围较小的空隙。由于压辊和物料间的摩擦作用加剧而产生大量热量，导致原料中含有的木质素软化，黏合力增加。软化的木质素和生物质中固有的纤维素联合作用，使生物质逐渐成形。这时部分残余应力贮存于成型块内部，粒子结合牢固但不甚稳定。成型块在挤压作用下进入模孔的保型段，在该段不利于形状保持的残余应力被消除，压缩成型产品被定型。成型块在保型一定时间后以圆柱状态被挤出，旋转的切刀将物料切断，形成颗粒，由扫料板将颗粒送出。平模成型技术原理见图3-26。

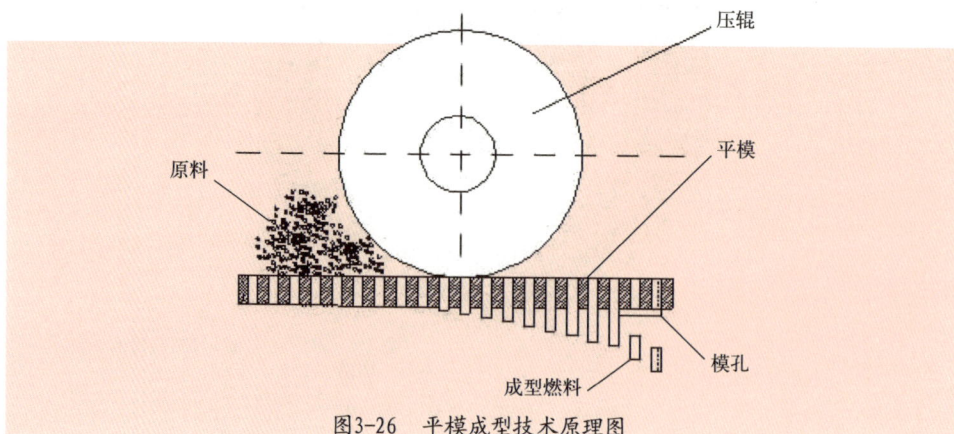

图3-26　平模成型技术原理图

与上述秸秆压缩成型技术相比，秸秆平模压缩成型技术的优点在于：

a）原料适应性广。平模压缩成型设备的压制室空间较大，可采用大直径压辊，因而能将诸如秸秆、干甜菜根、稻壳、木屑等体积粗大、纤维较长的原料强行压碎后压制成型，对原料的粉碎度要求不高。另外，应用该技术在压缩纤维性物料时，原料含水率在15%～25%（最佳18%左右都能）被压缩成型，大多数情况下，不需要对原料进行干燥。

b）产量高。当成型密度一定的情况下，功率相同时，应用平模压缩成型技术加工的产量比应用其他压缩成型技术加工的产量高20%～35%。

c）吨料耗电低。一方面，由于平模压缩成型设备的压制室空间大、压辊直径大，要以将秸秆粒度相当大的原料压缩成型，克服了环模挤压技术和螺旋式挤压技术在这方面的局限，这就减少了物料在粉碎工段的能耗；另一方面，与环模压缩成型技术相比，平模模孔带面积比值高，出料孔多，而且出料密度和大小一致。

d）辊模寿命长。由于工作原理的差异，平模压缩成型技术的压辊线速度比环模的低，因而辊、模的磨损比较慢。而且，平模在一侧工作面磨损后可翻过来使用另一侧，可以提高使用寿命。

e）成型密度可调。压辊和压模之间的工作间隙和压力可通过液压式中央螺母调节装置使压辊同步升降，操作简单省时，既可生产中低密度的压缩成型品，也可生产较高密度的压缩成型品，一机多用。

平模成型燃料技术已经比较成熟，进入商业化应用初始阶段，用于生产6～12毫米颗粒燃料，生产能力100～500千克/小时。

该技术存在问题是成型设备结构简单，制造容易，成本较低，还可压制纤维性物料。但是，生产能力较低，对原料特性要求高、核心部件—模具损耗严重。

④对辊成型技术

对辊柱塞式生物质常温成型机包括机架、电机、动力传送组件、成型组件，成型组件为对辊型，包括顶柱圆盘与成型筒圆盘。生物质进入成型套筒，顶柱圆盘与成型筒圆盘通过齿轮传输的动力进行同速对辊运行，且在结合部位有啮合准则。成型套筒内的生物质经过不断的填入与顶柱的不断挤压达到预期密度时被挤出成型套筒。动力传送组件包括电机,V型带传动,以及与成型组件联结的齿轮副。整机结构简单,适应各种农林生物质的常温压缩成型,具有生产效率高、成型效果好、能耗低等特点。

对辊压成型技术的优点是对原料的含水率要求较宽,一般在10%~20%均能成型。其最佳水分成型条件为16%左右,相比于螺旋挤压和活塞冲压而言,辊模挤压成型技术对物料的适应性最好。

2 发展现状

生物质成型技术早在20世纪初期已经出现。20世纪70~80年代以后由于石油危机的影响而得到快速发展。农作物秸秆通常松散地分散放置,且堆积密度较低,这给收集、运输、储藏和应用带来了一定的困难。由此,人们提出了固体成型燃料技术。经过压缩成型的生物质固体燃料密度大幅提高,便于运输和储存,热值基本接近于劣质煤炭,可用于家庭取暖、区域供热,也可以与煤混合进行发电。未经过加工的生物质(主要是农业、林业废弃物)也可以直接用于发电和供热。然而,我国由于压缩技术环节的问题,成型燃料的压缩成本和能耗还较高。目前,国内一些大专院校、科研机构和公司分别开发出生物质直接成型技术,减少了成型过程中的电力损耗,降低了成本,而且大大减少了生产过程中的污染。

3 经济成本

(1) 我国成型设备及燃料技术经济状况

1) 国内发展现状

我国生物质固体成型技术的研究开发已有二十多年的历史,20世纪90年代主要集中在螺旋挤压成型机上,但存在着成型筒及螺旋轴磨损严重、寿命较短、电耗大、成型工艺过于简单等缺点,导致综合生产成本较高,发展停滞不前。进入2000年以来,生物质固体成型技术得到明显的发展,成型设备的生产和应用已初步形成了一定的规模。

根据农业部科教司统计数据，截至2011年底，我国已建成以秸秆等生物质原料为主的固体成型燃料生产厂或示范点581处，农作物秸秆碳化生产点69处，年产固体成型燃料346万吨，生物碳20万吨，主要用于农村居民炊事取暖用能、区域供热锅炉以及生物质发电厂燃料。近几年固体成型燃料产业发展变化情况见图3-27。

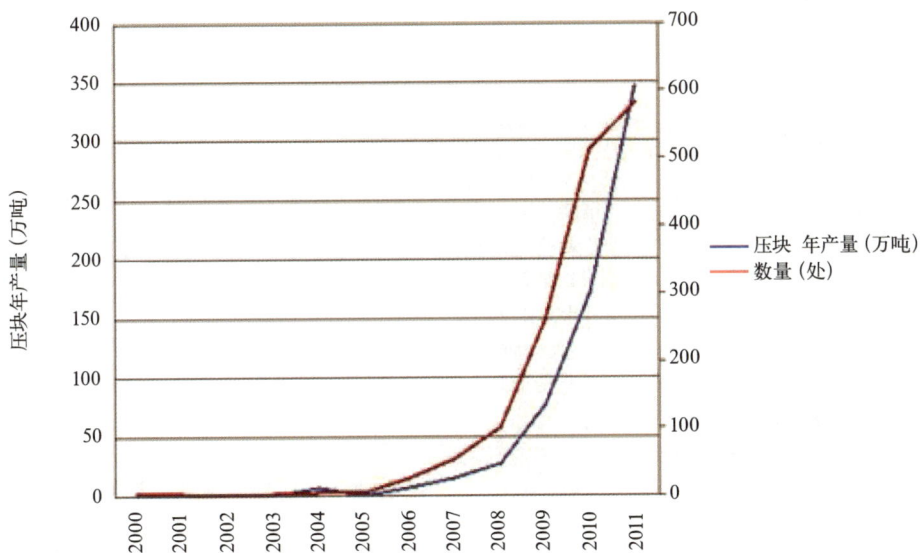

图3-27　固体成型燃料产业发展变化情况

2）政策法规环境

国务院办公厅《关于加快推进农作物秸秆综合利用意见的通知》中指出"结合乡村环境整治，积极利用秸秆生物气化（沼气）、热解气化、固化成型及炭化等发展生物质能，逐步改善农村能源结构。"财政部出台了《秸秆能源化利用补助资金管理暂行办法》，采取综合性补助方式，支持从事秸秆成型燃料、秸秆气化、秸秆干馏等秸秆能源化生产的企业收集秸秆、生产秸秆能源产品并向市场推广。

3）核心技术趋于成熟

目前，我国秸秆固体成型的关键技术已取得突破，特别是模辊挤压式颗粒成型技术,已经达到国际同类产品先进水平,有效地解决了功率大、生产效率低、成型部件磨损严重、寿命短等问题,并已实现商业化。不同的成型技术对比见表3-21。全国秸秆固体成型设备的生产和应用已初步形成了一定的规模,固体成型燃料的年产量约20万吨,主要以锯末和秸秆为原料,用于农村居民生活用能、锅炉燃料和发电等。生物质炉具的开发也取得一定的进展,开放了秸秆固体成型燃料炊事炉、炊事取暖两用炉、工业锅炉等专用炉具。

表3-21 不同的成型技术对比

技术类型	原料要求	发展现状	主要优缺点	发展趋势
环模压辊成型	要求原料含水率15%~20%,粒度小于10mm	在成型饲料行业已经商业化阶段,成型燃料处于商业化初始阶段	生产能力较高,产品质量好;模具易损、堵塞,维修成本较高	适合大规模化生产,降低成本,实现商业化
平模压辊成型	要求原料含水率15%~20%,粒度小于10mm	技术比较成熟,进入商业化发展阶段	设备简单,制造成本较低;生产能力较低	适宜小规模生产
机械活塞成型	要求原料含水率在20%以内,粒度小于40mm	技术处于半商业化、商业化阶段	能耗较低,产品耐储存、密度大;设备稳定性差、振动大,有润滑污染问题	配套锅炉,适宜推广商业化发电。
液压活塞成型	要求原料含水率在12%以内,粒度小于40mm	技术处于商业化阶段	成型设备部件工作方式改变,寿命提高,能耗下降,较之机械活塞运行平稳;生产能力较低,易发生"放炮"现象,产品易开裂	提高生产能力,增强对原料湿度的适应性,适宜规模化发展
螺旋热压成型	要求原料含水率8%~12%,粒度小于40mm	技术进入半商业化、商业化阶段	产品耐储存、密度高,可加工成各种形状;套筒易磨损,维修成本较高,对原料适度要求严,易发生"放炮"现象	适宜中小规模生产
螺旋常温成型	要求原料含水率15%~20%,粒度小于40mm	技术处于试验示范阶段	产品耐储存,可加工成各种形状,较之热压成型不会发生放炮现象;螺杆、磨具磨损较快,维修成本较高	适宜中小规模生产
螺旋湿压成型	要求原料含水率低于30%,粒度可在30~80mm	技术处于试验示范阶段	对原料适应性较强,设备简单;生产能力较低,燃料密度较低,燃烧性能较差,成型部件磨损较快	适宜小规模生产

【2】 国内常见成型设备技术经济指标

1）螺旋挤压成型技术

螺旋挤压成型技术经济指标见表3-22。

表3-22 螺旋挤压成型技术经济指标

技术指标 技术类型	核心部件寿命（h）	生产成本（元/吨）※	比能耗（kw·h/kg）	燃料耐久性（D）	燃料密度（g/cm³）	最大生产能力（kg/h）	技术成熟度（M）	原料适应性（S）
螺旋热压成型	150~200	160~180	0.09	优	1.2~1.4	800	高/中	差
螺旋常温成型	100	150~160	0.15	差	1.2~1.4	1000	中/低	中
螺旋湿压成型	200	160~180	0.01	差	0.5~0.7	400	中/低	强

2）活塞冲压成型

活塞冲压成型技术经济指标见表3-23。

表3-23 活塞冲压成型技术经济指标

技术指标 技术类型	核心部件寿命（h）	生产成本（元/吨）※	比能耗（kw·h/kg）	燃料耐久性（D）	燃料密度（g/cm³）	最大生产能力（kg/h）	技术成熟度（M）	原料适应性（S）
机械活塞成型	300	120~130	0.025~0.05	优	1.1~1.4	3000	高/中	良
液压活塞成型	300~350	140~150	0.05~0.07	良	0.9~1.1	1000	高	良

3）模辊挤压成型

模辊挤压成型技术经济指标见表3-24。

表3-24 模辊挤压成型技术经济指标

技术指标 技术类型	核心部件寿命（h）	生产成本（元/吨）※	比能耗（kw·h/kg）	燃料耐久性（D）	燃料密度（g/cm³）	最大生产能力（kg/h）	技术成熟度（M）	原料适应性（S）
环模压辊成型	300~400	100~110	0.015~0.04	中	1.0	3000	高	差
平模压辊成型	300~400	110~120	0.025~0.05	中	0.8~1.0	2000	高	差

【3】 经济效益分析

1）经济效益

按照年产生产成型燃料1万吨，预计进入市场的价格为560元/吨，平均每吨成型燃料成本为314.50元，其销售收入以项目建设期末的估算价格来计算，达产后每年总收入1285万元，静态投资回收期约为4.66年，经济效益较好。

2）生态环保效益

项目是通过对生物质资源主要是玉米秸秆、玉米芯、果树枝等农业废弃物收集、加工进行科学、环保生产，不会造成对现有生态、环境质量的破坏，而且通过农业废弃物的回收，将极大地消除这些生物质资源的无价值堆放、焚烧。这不仅能杜绝资源浪费，实现废弃物的高效有价值综合利用，而且能改善现有生态、环境质量。

燃烧10万吨生物质燃料可替代标准煤5万吨，减少大量SO_2、烟尘、CO_2排放。燃烧生物质燃料可以从根本上解决堆放秸秆占地面积大、影响景观环境、存在火灾等不安全因素和避免直接燃烧秸秆带来的城市空气污染，这可大大缓解煤炭供应紧张，企业燃煤成本增加的严重问题。同时，对加快社会主义新农村建设，提高农民的经济收入，改善农民的生活质量，促进可再生能源的利用和循环经济的发展将产生显著的社会效益。

另外，秸秆等生物质能原料本身含S量极低，不到煤的1/10，是国际公认的清洁能源。生物质能锅炉SO_2排放不到煤的1/10。由于生物质在燃烧过程中排放出的CO_2与其生长过程中光合作用中所吸收的一样多，从循环利用的角度看生物质燃烧对空气CO_2的净排放为零。在减排CO_2成本上，将生物质能作为锅炉燃料燃烧也是最符合经济规律的，它是目前最经济可行的减排CO_2手段之一。生物质成型燃料具有高效的燃烧过程，能将不完全燃烧热损失和化学未完全燃烧热损失降到最低，完全解决了锅炉燃烧不充分产生的黑烟等对大气的污染问题。

3）社会效益

项目针对可再生生物质能源合理充分利用而进行设计，能够持续发展当地可再生生物质能源产品及其配套产品深加工，提高产品附加值，增加当地农民收入和地方政府的财政收入，又促进当地产业的发展，社会效益之大不可估量。

历史的经验告诉我们，将单一的经济指标作为标准，均会出现偏差。所以人们在解决温饱问题，生活水平提高后，随着全球经济的高速发展，能源消耗量的急剧攀升，人们越来越感受到资源枯竭、生态系统破坏对人类社会发展和人体生命健康的危害性，这是社会和科学进步对原来认为是科学的事物的彻底否定。以化石能源为主的能源消费模式面临着越来越大的挑战和风险，能源消费模式的转型迫在眉睫，生物质能源作为可再生能源的重要组成部分因其庞大的资源可利用量将会在能源消费转型中扮演重要角色。生物质新型绿色能源加工生产是在没有污染的环境下，遵循原始生态生物链物种生产产品，是现代农业的发展方向。生物质能源的利用不仅能解决燃料供给短缺的矛盾，还能促进农业产业结构调整和升级，在提高农作物产品附加值的同时，也使绿色能源产业结构中增加了一个新的组成部分，增加了一项新的创收途径。

4 应用前景

生物质能源是仅次于煤炭、石油和天然气而居于世界能源消费总量第4位的能源，在整个能源系统中占有重要地位。尽管如此，我国生物质能产业发展还远未成熟。目前，中国已经具备开发利用生物质能源的产业化发展基础，应推进生物质能源产业发展列入国家"十二五"规划，将其作为战略性新兴产业予以重点培育和扶持。开发利用生物质能源将有助于中国能源结构多元化和实现低碳发展，对于调整产业结构、促进经济增长方式转变、推进经济和社会可持续发展意义重大。目前，中国已经具备开发利用生物质能源的产业化发展基础。其中，有机废弃物可转换为能源的潜力约5亿吨标准煤，现有生物质资源还具备生产1000多亿立方米当量天然气的潜力。此外，中国已建设了年产20万吨非粮燃料乙醇项目，生物质发电、固体成型燃料等都进入商业化初级阶段。

根据预测，到2049年，人类所使用能源中，将有50%是来自生物质能源。我国生物质能源潜力巨大，"十一五"期间已完成实验研究，"十二五"期间逐步应用，至"十三五"期间，我国生物质能源将大面积推广。生物质能源是指植物通过光合作用储存下来的太阳能。我国人均耕地不足0.1公顷，可全国没有利用的土地占国土总面积的25.8%，其中盐碱地是1000亿米^2，黄草地933.3亿米^2。此外，我国农作物的

秸秆年产量约是3亿吨,相当于1.5亿吨标准煤;畜禽、养殖或工业有机废水理论上可年产沼气800万米^3;全国城市生活垃圾年产量1.2亿吨;现有森林灌木林5000多万公顷,生态林174万公顷,再加上采伐、造材和木材加工等农业剩余物,每年可提供的林木生物量是3.3亿吨,整合标准煤约2亿吨。据估算,我国现有的生物质能源约5亿吨标准煤。今后,随着造林面积扩大和经济社会发展,我国生物质能源的转化潜力可达到11亿吨标准煤。此外,我国还有600多种常见油料植物、淀粉植物、纤维植物,它们品种繁多,抗击性强,分布面积广,是我国生物质能源的生力军。

能源问题已经成为当今世界各国都面临的关系国家安全和经济社会可持续发展的重大议题,并且已演变成全球关注的焦点。伴随全球环境问题的日益突出,在未来数十年中,在充分发挥"洁净能源技术"主流作用的同时,可再生能源的研究将更加引起重视。

自哥本哈根会议后,各国在能源中长期战略发展规划上有所调整,但总体发展态势和方向没有大的改变。美国能源战略研究的重点一方面是加强新能源高效技术突破,另一方面是积极准备实施碳关税政策,用新能源战略和低碳美元战略拉动其面临的经济危机。德国是欧盟的代表,在制定先进的政策,风力发电、沼气发电、生物柴油等方面的投资力度都影响着欧洲和世界,虽然也进行了一些指标性调整，但并没有明显收缩的表现。中国在2049年以前，能源结构供应基础仍然要以常规能源为主，在生物质能等可再生能源的技术突破方面投资力度会增大，低水平扩张步伐会降低。

近几年来，我国在生物源领域的投资额度位于世界的前列，取得长足的发展和进步，但大多数可再生能源转换技术处于工程化研究阶段，距离技术推广的产业化目标仍然有一段距离。例如，在生物质成型燃料领域，一些研究单位和企业在关键技术没有突破的情况下，为了追求经济效益而盲目进行低水平扩张或低端竞争，从长远发展来看，这种低水平扩张不会对技术开发有实质性推进。因此，现阶段重视工程技术的突破性研究和实践是生物能源利用的根本出路。

近年来，在生物质成型燃料技术装备研究过程中出现了新的发展态势。在生产工艺优化方面取得了新的进步，得到了新的运行参数，节约了能源，提高了生产效率。然而，该技术仍然面临三个瓶颈问题需要解决：一是秸秆原料的收集与存储是整个产业的瓶颈；二是生物质成型燃料设备的快速磨损；三是生物质成型燃料燃烧过程中的结渣和沉积腐蚀。

根据资源发展潜力和技术发展趋势，以及可再生能源中长期发展规划目标，我国生物质成型燃料发展预测见表3-25。

表3-25　成型燃料发展预测

目标 技术类型	2013~2020年		2021~2030年		2031~2049年	
	重点技术	目标	重点技术	目标	重点技术	目标
生物质成型	高产能、低能耗成型技术与设备的研制；高寿命模具和低故障率的成套生产设备的推广应用	2000万吨	高产能成型设备工业化生产示范；降低能耗，降低生产成本；成型设备主要部件使用寿命不低于500小时	3000万吨	扩大生产与应用规模	5000万吨

二、生物能气化技术发展展望

1 技术描述

[1] 生物质气化

　　能源是人类赖以生存的物质基础，是国民经济的基本支撑。我国是能源消费大国，当前能源供应主要依靠煤炭、石油和天然气等化石能源，而化石能源资源的有限性及其开发利用过程对环境生态造成的巨大压力，严重制约着经济社会的可持续发展。同时，我国又是一个农业大国，每年有大量的农作物秸秆、畜禽粪便、农产品加工副产品和能源作物等植物生物质产生。而生物质气化技术正是以植物生物质为原料，采用热解法及热化学氧化法在缺氧条件下加热，使其发生复杂的热化学反应的能量转化，在反应条件下按照化学键的成键原理，变成一氧化碳、甲烷、氢气等可燃性气体的分子。最终利用这些气体进行集中供气、发电，从而可在某些情况下替代现有的煤电以及天然气，这不仅减轻了因焚烧秸秆而对环境造成的污染，而且提高了秸秆的利用效果，并为能源的可持续发展提出了有效途径。

　　农业生物质能具有可持续性和环境友好的双重属性。通过发展农业生物质能产业，突破传统农业的局限，利用农产品及其废弃物生产新型能源，拓展了农产品的原料用途和加工途径，提升产品的附加值和市场竞争力，有利于转变农业增长方式，发展循环经济，延伸农业产业链条，提高农业效益，拓展农村剩余劳动力转移空间，在促进区域经济发展、增加农民收入等方面大有可为。因此，生物质气化技术已成为我国能源及农业研发领域的一个热点研究内容。

　　20世纪80年代，我国首次提出了将气化技术

应用于生物质这种能量密度低的燃料。生物质气化技术作为生物质能源利用的重要方式，不仅能高效的利用生物质能源，而且能很好的解决环境污染的问题。生物质气化技术是目前生物质能利用技术研究的热门方向。

1）生物质气化技术概述

生物质气化技术是一种热化学处理技术，通过气化炉将固态生物质转换为使用方便而且清洁的可燃气体，用作燃料或生产动力。其基本原理是将生物质原料加热，生物质原料进入气化炉后被干燥，伴随着温度的升高，析出挥发物，并在高温下裂解（热解）；热解后的气体和碳在气化炉的氧化区与供入的气化介质（空气、氧气、水蒸气等）发生氧化反应并燃烧；燃烧放出的热量用于维持干燥、热解和还原反应，最终生成了含有一定量 CO、H、CH、CH 的混合气体，去除焦油、杂质后即可燃用或者发电。

生物质气化技术按照工艺、反应器类型、反应器内压力、加热机理、气化介质种类和催化剂使用情况分类如下：

● 根据气化反应的工艺分一级气化、二级气化和多级气化。多级气化是固定床、流化床及催化热解炉等气化炉的不同组合。

● 根据气化反应器的类型分为固定床气化、移动床气化、流化床气化、气流床气化和旋风分离气化。

● 根据气化反应器的压力分常压气化（0.11~0.15兆帕）、加压气化（0.15~2.50兆帕）和超临界气化（压力≥22.50兆帕）

● 根据气化介质的种类分空气气化、配热气化和外加热源气化，常用自然气化。

● 根据气化介质的种类分空气气化、氧气气化、水蒸气气化、二氧化碳气化、混合介质气化和空气加氢气化。

> 生物质气化从转化形式上可分为固定床气化、流化床气化和干馏气化，常见的气化类型如图3-29所示。

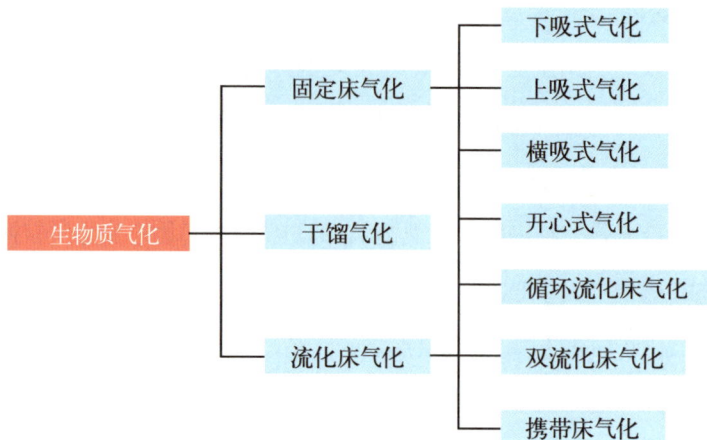

图3-28　生物质气化分类

2）生物质气化技术特点

①干馏技术

直接干馏热解的特点是生物质在隔绝空气条件下进行热分解，产物为固体炭、液体的木焦油和木醋液、可燃性气体，生产过程须外加能。干馏是一个复杂的化学反应过程，包括脱水、热解、热缩合、加氢、焦化等反应。不同物质的干馏过程虽各有差别，但一般均可分为脱水分解、热解、缩合和炭化三个阶段。

A.生物质干馏技术

● 生物质干馏是指在隔绝空气的条件下，将生物质热解为可燃气体、固体炭和液体生物油的过程。

● 利用新型干馏生产工艺，每热解1吨生物质（干基）可生产250~300米³燃气、250~300千克固体炭、200~250千克木醋液和30~50千克木焦油。

● 实现了生物质到高值产品的完全转化，且生产过程达到了污染物的"零排放"。

B.热解产品

将生物质资源转化为木炭、木焦油、木醋液和高品质燃气，可实现生物质的完全转化。采用热解生产工艺，每处理1000千克生物质（干基）可产出约300米³可燃气、300千克木炭、250千克木醋液和50千克焦油。燃气质量可满足国家标准的要求，热值可达15~17MJ／Nm³。

- 高品质燃气

具有良好的品值，热值可达15.9MJ／m³，燃烧状况相当于天然气。可用于燃气发电、锻造、瓷砖烧制、城乡居民生活用气等行业。

- 生物质碳

生物质碳是新型干馏工艺的主要产品之一，含碳量85%，热值达29.3MJ／kg，可替代天然碳及工业用炭。工艺可根据原料及产品需求的不同产生炭棒、炭粉及蜂窝碳，可提供用户烘烤及采暖，有效减少燃煤污染物的排放。生物质碳已广泛应用于农业、化工及环保行业，可用于烧烤、取暖、工业净水和冶炼厂，也可供硅厂、活性炭厂生产碳化硅、结晶硅和二硫化碳。国内市场价格一般为2000~2500元。

- 木焦油

木焦油是生物质热解过程中分离出的一种以烃、酚、酸类化合物为主的复杂混合物，其品质优于煤焦油。它具有柔和度好、耐老化、耐高温等优点，是生产防水材料、防腐涂料、船舶漆、硬度聚氯酯泡沫和抗凝剂的优良原料。焦油可替代煤焦油，具有广阔的市场前景，国内售价约为2500元／吨。

- 木醋液

木醋液也是生物质在热解过程中得到的水溶性含氧化合物，是多种有机酸的混合液。木醋液的应用领域广阔，例如化工业、林业、农业、畜牧业、食品加工业和医药卫生业。经过深加工，可用于浸泡手足，具有经络疏通、血脉流畅、提高免疫功能。木醋液能抑制各类真菌，促进新陈代谢，对预防手、足癣有显著效果。它还具有杀菌、治虫、抗病、促进作物生长等作用，可作为绿色无公害农药、微肥使用，可提高作物产量和品质，降解农药残留，也可作为纯天然杀虫剂、天然植物生长调节剂以及除臭剂等。

②固定床气化

根据固定床气化器内气流运动的方向和组合，固定床气化炉主要分为4种炉型：下吸式气化炉、上吸式气化炉、横吸式气化炉、开心式气化炉。

A.下吸式气化炉

生物质物料自炉顶投入炉内，气化剂由进料口和进风口进入炉内。炉内的物料自上而下分为干燥层、热分解层、氧化层、还原层。其特点是：结构简单，工作稳定性好，可随时进料，气体下移过程中所含的焦油大部被裂解。然而，出炉燃气灰分较高（需除尘），燃气温度较高。整体而言，该炉型可以对大块原料不经预处理直接使用，焦油含量少，构造简单。技术原理见图3-29，该技术被认为是较好的气化技术，市场化程度高，有大量的炉型在运转或建造。对于小型化应用（热功率≤1.5兆瓦）很有吸引力，在发达和不发达经济地区均有较多的应用例子。

固定床下吸式气化的最大优点是气化气体中的焦油含量比固定床上吸式低许多，因为挥发其中的焦油在氧化层和还原层得到了一定程度的氧化和裂解，因此，这种气化技术比较适宜应用于需要使用洁净燃气的场合。固定床下吸式气化的最大缺点是炉排处于高温区，容易粘连熔融的灰渣，寿命难以保证。保证固定床下吸式气化炉的稳定运行，对于木炭和木材等优质原料并不太难，但对于秸秆和草类等物理性质较差的低品质原料就难了许多。因为秸秆等物料在挥发分大量析出后，其体积会迅速缩小，从而使得秸秆半焦依靠自身重力向下移动的能力变得很差，因此，热解层和氧化层极易发生局部穿透。为了及时填充穿透空间并阻止气流短路，合理设计加料机构和炉腔形状，辅以合理的拨火方式都是必需的。

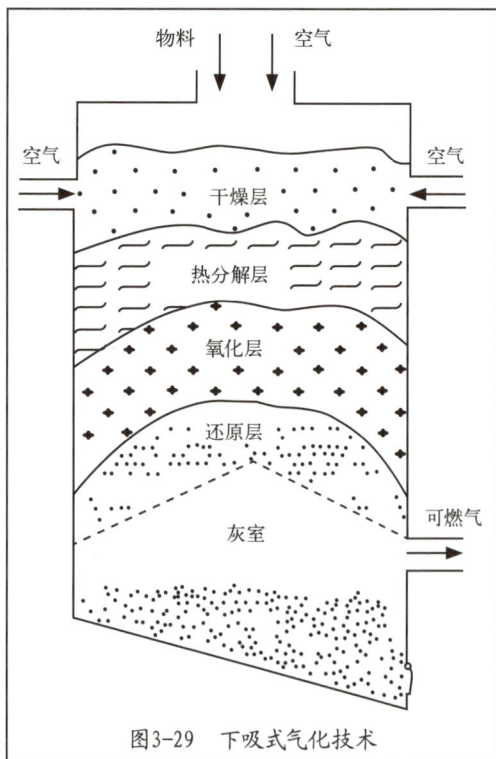

图3-29　下吸式气化技术

优点是：	缺点是：
● 气化强度较上吸式高； ● 工作稳定性好；可随时开盖添料； ● 由于氧化区在热解区与还原区之间，因而干馏和热解的产物都要经过氧化区，在高温下裂解成H_2和CO等永久性小分子气体，使气化气中焦油含量大大减少。	● 由于炉内的气体流向是自上而下的，而热气流的方向是自下而上的，致使引风机从炉栅下抽出可燃气要耗费较大的功率； ● 出炉的可燃气中含有的灰分较多； ● 出炉的可燃气的温度较高，须用水进行冷却。

B.上吸式气化炉

固定床上吸式气化炉的工作过程是：生物质原料从顶部加入，然后依靠重力逐渐由顶部移动到底部，空气从底部进入，向上经过各反应层，燃气从上部排出，灰渣从底部排出。由于原料移动方向与气体流动方向相反，所以也叫逆流式气化。气化过程中，燃气在经过热分解层和干燥层时，可以有效地进行热量的多向传递，既用于物料的热分解和干燥，又降低了自身的温度，大大提高了整体热效率。同时，热分解层、干燥层对燃气具有一定过滤作用，使其灰分很低。

固定床上吸式气化的最大缺点是由于气化生成气直接混入了挥发分中的焦油而使气体中的焦油含量较高，以木材为原料进行气化，气体中的焦油含量一般会高达20克/米³以上，这对于气体的使用是一个很大的问题。因为焦油冷凝后会沉积在管道、阀门、仪表和灶具上，所以严重时可破坏系统的正常运行。自生物质气化技术问世以来，如何清除焦油一直没有得到很好的解决。固定床上吸式气化炉一般应用在粗燃气不需冷却和净化就可以直接使用的场合，如直接作为锅炉等热力设备的燃料气等，在必须使用清洁燃气的场合，就只能用硬木或木炭作为气化原料。

图3-30是上吸式气化技术原理图。其特点是：其构造使得进料不方便，小炉

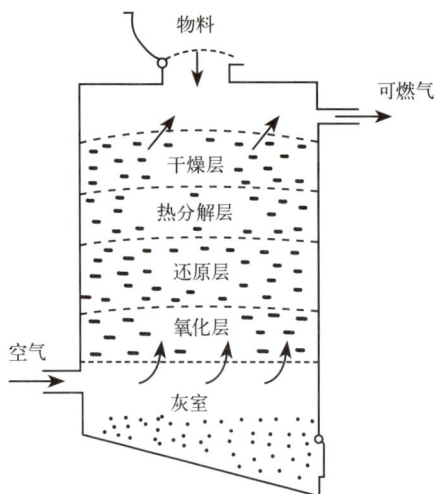

图3-30　上吸式气化技术

型需间歇进料,大炉型需安装专用加料装置。整体而言,该炉型结构简单,适于不同形状尺寸的原料,但生成气中焦油含量高,容易造成输气系统堵塞,使输气管道、阀门等工作不正常,加速其老化,因此,需要复杂的燃气净化处理,给燃气的利用(如供气、发电)设施带来问题,大规模的应用比较困难。目前没有见到气化发电上应用这一技术的例子。

优点是:

● 燃气在经过热分解层和干燥层时,将热量传递给物料,用于物料的热分解和干燥,同时降低其自身的温度,使炉子热效率大大提高;

● 热分解层和干燥层对燃气有一定的过滤作用,所以出炉的燃气中只含有少量灰分;结构简单,加工制造容易,炉内阻力小;

● 气化效率较高,主要是因为热解层和干燥层充分利用了还原反应后的气体余热;

● 燃气热值较高,主要是因为气化气直接混入了具有较高热值的挥发分;

● 炉排受到进风的冷却,不易损坏。

缺点是:

● 原料中水分不能参加反应,减少了燃气中H和碳氢化合物的含量,气体与固体逆向流动时,物料中的水分随产品气体带出炉外,降低了气体的实际热值,增加了排烟热损失;

● 热气体从底部上升时,温度沿着反应层高度下降,物料被干燥与低温度的气流相遇,原料在低温250~400℃下进行热分解,导致焦油含量高。

C.横吸式气化炉

横吸式气化炉的物料自炉顶加入,灰分落入下部灰室。气化剂由炉体一侧供给,生成的燃气从另一侧抽出(燃气呈水平流动,故又称平吸式气化炉)。其特点是:空气通过单管进风喷嘴高速吹入,形成一高温燃烧区,温度可达2000℃,能使用较难燃烧的物料。结构紧凑,启动时间(5~10分钟)比下吸式短,负荷适应能力强。但燃料在炉内停留时间短,还原层容积很小,影响燃气质量。炉中心温度高,超过了灰分的熔点,较易造成结渣,仅适用于含焦油很少及灰分≤5%的燃料,如无烟煤、焦炭和木炭等。该炉型已进入商业化运行。横吸式气化技术原理见图3-31。

D.开心式气化炉(又称为层式下吸式固定床气化炉)

该炉是下吸式气化炉的一种特殊形式,只是没有缩口,以转动炉栅代替了高温喉管区,其炉栅中间向上隆起,绕其中心垂直轴作水平回转运动,防止灰分阻塞炉栅,保证气化的连续进行。其特点是:物料和空气自炉顶进入炉内,空气能均匀进入反应层,反应温度沿反应截面径向分布一致,最大限度利用了反应截面,生产强度在固定床中居首位;气、固同向流动,有利于焦油的裂解,燃气中焦油含量低;结构简单,加料操作方便。其技术原理见图3-32。目前一些稻谷加工厂仍在运用该技术进行发电。

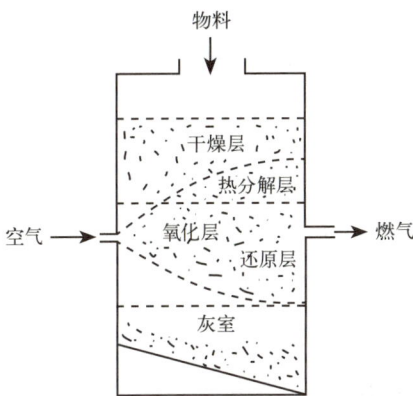

图3-31 横吸式气化技术

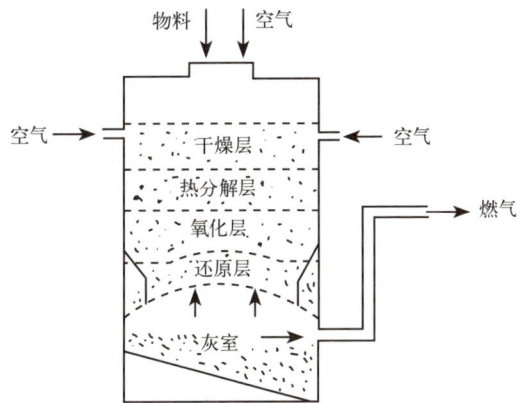

图3-32 开心式气化技术

③流化床气化

A.流化床气化简介

单流化床气化：生物质流化床气化过程气固接触混合良好，停留时间都较短，床内压力降较高，受热均匀，加热迅速，气化反应速度快，可燃气得率高，炉内温度高而且恒定，可燃气中焦油含量较小，但出炉的可燃气中含有较多的灰分，可频繁启停，气化强度大、综合经济性好，非常适合于大型的工业供气系统，但结构复杂，设备投资较多。

气化剂由布风板下部吹入炉内，生物质燃料颗粒在布风板上部被直接输送进入床层，与高温床料混合接触，发生热解气化反应，密相区以燃烧反应为主，稀相区以还原反应为主，生成的高温燃气由上部排出。通过调节气化剂与燃料的当量比，流化床温度可以控制在700~900℃。其特点是：适用于颗粒较大的生物质原料，一般粒径<10毫米；生成气焦油含量较少，成分稳定；飞灰和碳颗粒夹带严重，运行费用较大。该炉型应用范围广，从小规模气化到热功率达25兆瓦的商业化运行，在同等直径尺寸下，气化能力小于循环流化床气化炉。然而，对于小规模的生产应用场所更有市场与技术吸引力。

循环流化床：循环流化床气化炉相对于鼓泡流化床气化炉而言，流化速度较高，生成气中含有大量固体颗粒，在燃气出口处设有旋风分离器或布袋分离器，未反应完的炭粒被旋风分离器分离下来，经返料器送入炉内，进行循环再反应，提高了碳的转化率和热效率。炉内反应温度一般控制在700~900℃。其特点是：运行的流化速度高，约为颗粒终端速度的3~4倍；气化空气量仅为燃烧空气量的20%~30%；为保持流化高速，床体直径一般较小；适用于多种原料，生成气焦油含量低；单位产气率高，单位容积的生产能力大。该炉型特别适合规模较大的应用场所（热功率可达100兆瓦），具有良好的技术含量和商业竞争力。

加压流化床：无论是鼓泡流化床还是循环流化床，由于其更为复杂的安装运行和所需耐高压容器的附加建设成本，市场的竞争力较弱，但对于大规模气化联合循环发电模式很有优势。

双流化床气化床：该炉型由一级流化床反应器和二级流化床反应器两部分组成。在一级反应器内，物料进行热解气化，生成的可燃气体在高温下经气固分离后进入后续净化系统，分离后的固体炭粒送入二级反应器进行氧化燃烧，加热床层惰性床料以维持气化炉温度。双床系统碳转化率高，但构造复杂，两床间需要足够的物料循环量以保证气化吸热，这是技术关键，也是技术难点。

B.几种炉型的比较

循环流化床气化技术适合规模化应用，特别适用于联合发电情况；下吸式固定床气化炉对于中小规模化应用场具有明显的经济效益，适用于集中供气或供暖；鼓泡流化床适合中等规模的应用，商业应用比较灵活。目前气化炉的趋势是发电、供热向大型化发展，供气向中小型化发展。大型气化炉的发电、供热能力分别可达10兆瓦、50兆瓦；小型气化炉一般产气量为200米^3~700米^3/小时，发电能力为1~2兆瓦，可以为小区用户单独提供热源、电力及燃气。其中流化床气化炉使用方便，技术较成熟，投入产出比高，规模上适合我国生物质资源的特点，应是大力推广的生物质气化技术。

①单流化床：单流化床气化炉只有一个流化床反应器，反应器一般可分为上下两段，下部为气固密相段，上部为气固稀相段。气化剂从底部经气体分布板进入流化床反应器，生物质原料从分布板上方进入流化床反应器。生物质原料与气化剂一边向上作混合运动，一边发生干燥、热解、氧化和还原等反应，这些反应主要发生在密相段，反应温度一般控制在800℃左右。稀相段的作用主要是降低气体流速，使没有转化完全的生物质焦炭不致被失流迅速带出反应器而继续留在稀相段发生气化反应。与固定床气化相比，流化床气化的主要优点如下：

● 由于生物质物料粒度较细和剧烈的气固混合流动床层内传热传质效果较好，因而气化效率和气化强度都比较高，尤其是气化强度要比固定床气化高2~3倍；

● 由于流态化的操作范围较宽，故流化床气化能力可在较大范围内进行调节，而气化效果和气化效率不会明显降低；

● 由于床层温度不是很高且比较均匀，因而灰分熔融结渣的可能性大大减弱。

与固定床气化相比，流化床气化的主要缺点如下：

● 由于气体出口温度较高，故产出气体的显热损失较大；

● 由于流化速度较高、物料颗粒又细，故产出气体中的固体带出物较多；

● 流化床要求床内物料、压降和温度等分布均匀，因而启动控制较为复杂；

● 对于鼓泡床气化，最好在床层内添加一些热容量比较大的惰性热载体，否则气化效率和气化强度都难以令人满意。

常见的生物质气化装置主要包括炉膛，灰分离器和飞灰回送装置。其装置如图3-33所示。单流化床的飞灰分离器布置在床外，灰分从炉膛溢出后经分离器分离后进入下降管，再经回料器回送至炉膛底部继续流化。单流化床循环效率高，负荷易调节，床内无埋管。

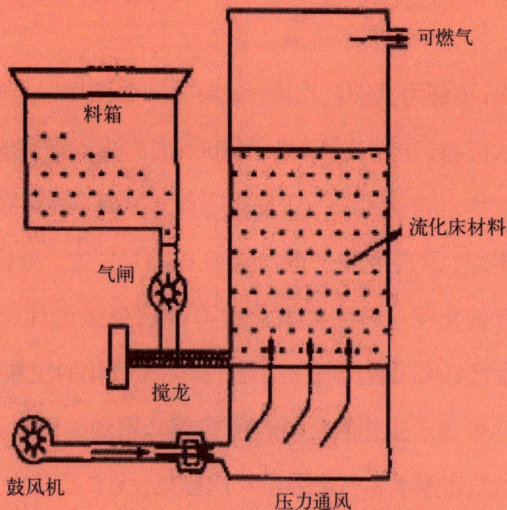

图3-33 单流化床气化技术

②循环流化床：循环流化床气化炉与单流化床气化炉的主要区别是生成气中的固体颗粒在经过了旋风分离器或滤袋分离器后，通过料脚再返回到流化床，继续进行气化反应。与单流化床气化相比，循环流化床气化的主要优点如下：

● 由于操作气速可以明显提高而不必担心碳的转化率，故气化效率尤其是气化强度可以得到进一步提高；

● 可以适用更小的物料粒径，在大部分情况下可以不加流化热载体，运行较为简单。

其缺点主要是因流系统控制较难，料脚容易发生下料困难，且在炭回流较少的情况下容易变成低速携带床。

循环流化床具有结构简单，循环率较大，气化强度较高，是目前生物质气化工业应用中最为广泛的循环流化床类型。由于烟气的稀释，其产气的纯度较双流化床低，燃气热值在5000千焦/米³左右，床内温度通常在700～850℃，因此需要外部添加一定量的辅助燃料，否则无法达到理想的产气温度。正常操作条件下不易发生结焦，燃气中的焦油含量普遍高于双循环流化床及内循环流化床的产气；回料系统控制较难，容易发生下料困难，返料量较低时容易变成低速携带床，这也是循环流化床运行中最主要的问题。技术原理见图3-34。

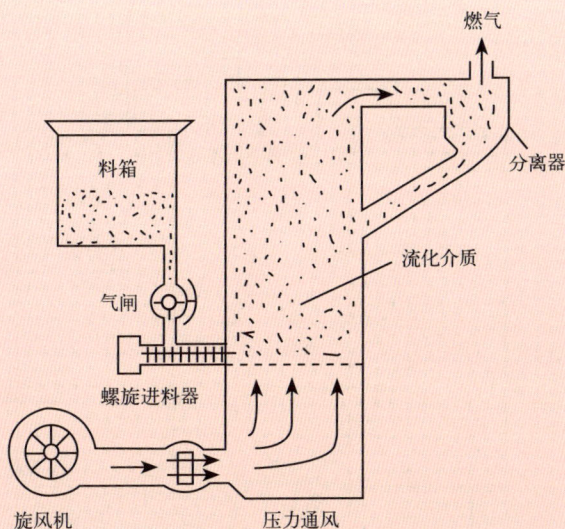

图3-34 循环流化床气化技术

③双循环流化床：双流化床气化炉分为两个组成部分。第一级流化床反应器和第二级流化床反应器。在第一级流化床反应器中，生物质物料发生热解反应，生成气携带着炭颗粒和床层物料，如沙子等进入分离装置，分离后的炭颗粒和床层物料经料脚进入第二级流化床反应器；在第二级流化床反应器中，炭颗粒进行氧化反应，使床层温度升高，高温烟气携带着床层物料进入分离装置，分离后的床层物料经料脚又重新进入第一级流化床反应器，从而为生物质热解提供所需热源。由于燃烧和气化在双流化床气化系统中是在两个反应器中分开进行的，热解产生的可燃气体不会被燃烧产生的烟气稀释，因此，双流化床气化所产生的可燃气体热值与城市煤气相当，属于中热值气体，既可用作燃气，也可用作化工合成气的原料。技术原理见图3-35所示。

双循环流化床结构比另外2种流化床复杂。在循环流化床气化装置中，其产气纯度最高、氢气含量最高、热值最高（通常为12~15兆焦/米^3）。床内温度通常在850~1100℃，操作不当情况下易发生结焦，产气焦油量较少。由于燃烧段可为气化段提供大量的能量，因此该系统需要辅助燃料的量小于外循环流化床。高温运行不易达到稳定状态。双循环流化床气化技术要求和研究成本都很高。

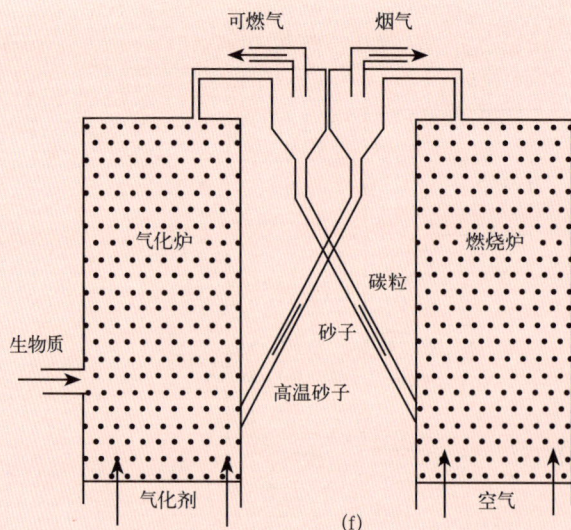

图3-35　双循环流化床气化技术

C.生物质气化需解决的主要问题

目前生物质气化需解决的主要问题有：燃气中焦油含量偏高，后续燃气净化工艺需大量的水，带来严重的废水污染；气化效率偏低，产率偏低，燃气中可燃气体浓度低；生物质直接气化、高压超临界气化虽然可获得高的可燃气体浓度，但是技术路线复杂，对于资源分散的生物质不易实现工业化生产；气化系统运行的稳定性差，燃气品质不易控制；气化工艺对原料种类、颗粒尺寸的适应性差；整个气化过程中净能量获得率不理想，能量利用途径单一，生产能力低，规模小，气化残渣没有得到利用，单位热量燃气成本较高。生物质气化技术的开发需要综合考虑上述各种因素，以期获得满意的气化效率和可燃气体组分浓度，同时该技术焦油含量低，过程净能量获得率高，以便满足集中供气、气化发电、供热、合成转化为高品质气体等多种应用需求。

3）生物质气化技术应用及进展

生物质气化技术的多样性决定了其应用类别的多样性。不同气化炉，不同的工艺路线导致该技术最终的用途是不同的。同一气化设备，选用不同的原料，不同工艺条件，最终的用途也不同。因此在不同的地区，根据不同的条件，选用不同的气化设备、净化设备，不同的工艺路线决定如何使用生物质燃气。生物质气化技术的基本应用方式主要有四个方面：生物质气化供热、生物质气化发电、生物质气化供燃气和生物质气化化学品合成。

我国从20世纪80年代便开始对生物质气化技术进行深入的研究，经过多年的实践和努力，已经成功开发出多

种生物质气化技术并得到应用和推广。我国在"生物质流化床气化炉"和"生物质流化床水煤气炉"方面的技术也取得了重大突破。该技术生产的气化燃气经简单喷淋洗涤，焦油含量低于10毫克/米^{3}的行业标准，循环水中焦油含量也极低，同时气化燃气低热值可达到6~7兆焦/米^3，中热值可达10~16兆焦/米^3。在西部地区，生物质气化技术也有一定程度的应用。乌兰浩特市25兆瓦、阿尔山12兆瓦热电联产示范项目取得了显著成效，自治区还将在兴安盟其余4个旗县所在地和3000人以上的乡镇所在地，继续建设不同规模热电联产项目。上述项目不仅运用生物质气化技术解决了广大农户炊事、取暖等日常问题，而且也为群众带来很大收益。

生物质气化合成燃料是一项先进的工艺技术，是先将生物质气化，气相产物经净化和组分调整成为合成气（CO+H$_2$）之后，再经增压选择催化合成，得到可作为化石燃料替代品的过程。产品包括合成汽油、煤油、柴油（费托合成）及含氧化合物液体燃料（甲醇、二甲醚）。目前，合成气费托合成工艺较为成熟。生物质气化合成二甲醚主要是用作喷雾剂，将其用作发动机燃料的研究还处于起步阶段。目前，工业上主要是甲醇脱水技术生产二甲醚，合成气一步法合成二甲醚的工业化仍在研究开发中。

【2】沼气技术

沼气工程是指以规模化畜禽养殖场粪便污水的厌氧消化为主要技术环节，集污水处理、沼气生产和资源化利用为一体的系统工程。按规模大小可分为小型、中型和大型沼气工程。

1）工艺技术特点 ①按发酵温度分3种：常温（变温）发酵型、中温（35℃）发酵型、高温（54℃）发酵型。②按处理原料分3种：处理食品工业有机废水工程型、处理畜禽粪污工程型和处理其他工业有机废水工程型。③根据沼气工程的目的和周边环境条件的不同，大中型沼气工程可分为能源生态模式和能源环保模式。

所谓能源生态模式，即沼气工程周边的农田、鱼塘、植物塘等能够完全消纳经沼气发酵后的沼渣、沼液，该模式使沼气工程成为生态农业园区的纽带。如畜禽粪便沼气工程，首先要将养殖业与种植业合理配置，这样既不需要后处理的高额花费，又可促进生态农业建设，因此，能源生态模式是一种理想工艺模式。

所谓能源环保模式，即沼气工程周边环境无法消纳沼气发酵后的沼渣、沼液，必须将沼渣制成商品肥料，将沼液经后处理达标排放。该模式不能使资源得到充分利用，而且工程和运行费用较高，应尽量避免使用。

④从厌氧消化器的工艺技术可分为：全搅拌混合式（CSTR）、升流式厌氧污泥床（UASB）、上流式固体反应器（USR）、内循环式、推流式五大类；多级分温、发酵储气一体化、两箱发酵、温室沼气工程等一些新工艺也开始进入推广应用阶段。

2）厌氧消化技术

①常规消化器技术特性

常规消化器也称常规沼气池，是一种结构简单、应用广泛的发酵装置。该消化器无搅拌装置，原料在消化器内呈自然沉淀状态，一般分为4层，从上到下依次为浮渣层、上清液层、活性层和沉渣层，其中厌氧消化活动旺盛场所只限于活性层内，因而效率低。厌氧消化器分类见表3-26。

表3-26 厌氧消化器分类

类 型	滞留期特征	消化器举例
常规型	MRT=SRT=HRT	常规消化器　塞流式　完全混合式
污泥滞留型	（MRT和SRT）>HRT	厌氧接触工艺　升流式固体反应器 升流式厌氧污泥床
附着膜型	MRT>（SRT和HRT）	折流式　厌氧滤器　流化床和膨化床

A.批量投料：批量投料是在沼气发酵的应用上最简单的工艺，其特点为在消化器启动时将原料和接种物一次投入消化器，直到产气停止或产气甚微时为止，再将发酵后的残余物全部取出，重新投料进行启动。

批量投料的优点：适用于季节性产物和高固体原料；消化器结构简单、造价低；使用管理简单，适用于农村家庭及农场。

批量投料的缺点为：投料启动后，微生物处于自然繁殖状态，产气量无法控制，因而难以做到均衡产气；高浓度原料启动时可能导致产酸和产甲烷的不平衡，从而导致因酸化使发酵失败。

B.半连续投料：即每隔一定时间进行投料一次，这样可使批量投料时无法控制的产气量得到控制。例如水压式沼气池在以禽畜粪便为原料时，按半连续投料进行效果较好。在常温条件下，池温在20℃以上时有机负荷为1~2千克COD/（米^3·天），产气率为0.2~0.5米^3/（米^3·天）。

②完全混合式消化器（CSTR）

完全混合消化器也称高速消化器，是以前使用最多、适用范围最广的一种消化器。随着近来研究工作的深入，认识到该种消化器能耗大、能效比较低，应用范围逐渐缩小。

完全混合消化器是在常规消化器内安装了搅拌装置，使发酵原料和微生物处于完全混合状态，与常规消化器相比使活性区遍布整个消化器，其效率比常规消化器有明显提高，故名高速消化器。

该消化器常采用恒温连续投料或半连续投料运行，适用于高浓度及含有大量悬浮固体原料的处理，例如污水处理厂好氧活性污泥的厌氧消化，过去多采用该工艺。在该消化器内，新进入的原料由于搅拌作用很快与发酵器内的全部发酵液混合，使发酵底物浓度始终保持相对较低状态。而其排出的料液又与发酵液的底物浓度相等，并且在出料时微生物也一起被排出，所以，出料浓度一般较高。该消化器是典型的HRT、SRT和MRT完全相等的消化器，为了使生长缓慢的产甲烷菌的增殖和冲出速度保持平衡，要求HRT较长，一般要10~15天或更长的时间。中温发酵时负荷为3~4千克COD/（米^3·天），高温发酵为5~6千克COD/（米^3·天）。

③塞流式消化器

塞流式亦称推流式消化器，是一种长方形的非完全混合消化器，高浓度悬浮固体原料从一端进入，从另一端流出。原料在消化器的流动呈活塞式推移状态，在进料端呈现较强的水解酸化作用，甲烷的产生随着向出料方向的流动而增强。由于进料端缺乏接种物，所以要进行污泥回流。在消化器内应设置挡板，有利于运行的稳定。

塞流式消化器最早用于酒精废醪的厌氧消化，河南省南阳酒精厂于60年代初期修建了隧道式塞流消化器，用来高温处理酒精废醪。发酵池温为55℃左右，投配率为12.5%，滞留期为8天，产气率为2.25~2.75米^3/（米^3·天），负荷为4~5千克COD/（米^3·天），每立方米酒醪可产沼气23~25米^3。

塞流式消化器在牛粪厌氧消化上也广泛应用，因牛粪质轻、浓度高，长草多，本身含有较多产烷菌，不易酸化，所以，用塞流式消化器处理牛粪较为适宜。该消化器要求进料粗放，不用去除长草，不用泵或管道输送，使用搅龙或斗车直接将牛粪投入池内。采用TS为12%的浓度使原料无法沉淀和分层。生产实践表明：塞流式池不适用于鸡粪的发酵处理，因鸡粪沉渣多，易生成沉淀而大量形成死区，严重影响消化器效率。

④污泥滞留型消化器

该消化器的特征为通过采用各种固液分离方式使污泥滞留于消化器内，提高消化器的效率，缩小消化器的体积。它包括厌氧接触工艺、升流式厌氧污泥床和升流式固体反应器等。

A.厌氧接触工艺

该工艺是在全混合消化器之外加一个沉淀池，从消化器排出，沉淀污泥重新回流至消化器类内，这样既减少了出水中的固体物含量，又提高了消化器内的污泥浓度，从而在一定程度上提高了设备的有机负荷率和处理效率。

实践表明：该工艺允许污水中含有较高的悬浮固体、耐冲击负荷，具有较大缓冲能力，操作过程比较简单，工艺运行比较稳定。

该工艺的优点与完全混合式消化器相同,并可采取较高的负荷率运行。其缺点是需要额外的设备来使固体和微生物沉淀与回流。

B.升流式厌氧污泥床(UASB)

该消化器适用于处理可溶性废水,要求较低的悬浮固体含量。

UASB的工作原理:消化器内部分为三个区,从下至上为污泥床、污泥层和气、液、固三相分离器。消化器的底部是浓度很高并且有良好沉淀性能和凝聚性的絮状或颗粒状污泥形成的污泥床,污水从底部经布水管进入污泥床,向上穿流并与污泥床内的污泥混合,污泥中的微生物分解污水中的有机物,将其转化为沼气。沼气以微小气泡形式不断放出,并在上升过程中不断合并成大气泡。在上升的气泡和水流的搅动下,消化器上部的污泥处于悬浮状态,形成一个浓度较低的污泥悬浮层。在消化器上设有气、液、固三相分离器。

在消化器内生成的沼气泡受反射板的阻挡,进入三相分离器下面的器室内,再由管道经水封而排出固、液混合液经分离器的窄缝进入沉淀区内。由于污泥不再受到上升气流的冲击,在重力作用下而沉淀。沉淀至斜壁上的污泥沿斜壁滑回污泥层内,使消化器内积累起大量的污泥。分离出污泥后的液体从沉淀区上表面进入溢流槽而流出。

UASB的启动与运行:UASB的启动最大困难是获得大量性能良好的厌氧活性污泥。最好的办法是从现有的厌氧处理设备中取出大量污泥投入消化器进行启动,如有处理相同废水的污泥效果更好。如果没有相同废水的污泥,也可以选取沉降性能较好的鸡粪厌氧消化污泥、城市污水厌氧消化污泥或猪粪厌氧消化污泥等作为接种物。如果附近没有厌氧消化器可以取污泥,也可以在工程附近原排放污水的沟内寻找污泥作为接种物,但要筛除粗大固体物,并且沉淀出泥土砂石后方可进入消化器。总之,对作为接种物的污泥有两点要求:一是能够适应将要处理的有机物,特别是在处理有毒物质时这一点更重要;二是要污泥具有良好的沉降性能。例如,用消化过的鸡粪作为接种物就比猪粪好,因鸡粪沉降性能好,并且比较细碎有利于颗粒污泥的形成。

启动过程应注意以下几点：最初污泥负荷应低于0.1~0.2千克COD/（千克VSS×天）；污水中的各种挥发酸未能有效分解之前不应提高反应器负荷；环境条件应有利于沼气发酵细菌的繁殖。如能注意以上几点，在启动运行6~12周，温度30℃的条件下，污泥负荷可达0.5千克COD/（千克VSS×天），对所处理的废水大多数都有满意的处理效果。

在UASB内虽设有三相分离器，但出水中仍带有一定数量污泥，特别是在工艺控制不当时，常会造成大量跑泥。在正常运行时，少量活性污泥会因进水中的悬浮固体或气泡的夹带而随水冲出，污泥过满，也会使出水中污泥增多，这时应及时排放剩余污泥。在冲击负荷的条件下，可能导致污泥过度膨胀，也可大量流失污泥。

为了减少出水中所夹带的污泥，可在USAB反应器后设置一个沉淀池，将所沉淀的污泥送回反应器内。沉淀池的HRT可采用2小时，每天回流污泥一次至污泥床与污泥层交界处。设置沉淀池的好处是：污泥回流可加速污泥的积累，缩短投产期；去除悬浮物，可改善出水水质；当偶因工艺控制不当造成大量跑泥时，可回收污泥；污泥回流入消化器内做进一步分解，可减少剩余污泥排放量。

⑤内循环（IC）厌氧反应器

内循环（Internal Circulation）厌氧反应器是目前世界上效能最高的厌氧反应器。该反应器是集UASB反应器和流化床反应器的优点于一身，利用反应器所产沼气的提升力实现发酵料液内循环的一种新型反应器。

IC反应器的基本结构，如同把两个UASB反应器叠加在一起，反应器高度可达16~25米，高径比可达4~8米。在其内部增设了沼气提升管和回流，上部增加了气液分离器。该反应器启动时，投入了大量颗粒污泥。在运行过程中，用第一反应室所产沼气经集气罩收集并沿提升管上升作为动力，把第一反应室的发酵液和污泥提升至反应器顶部的气液分离器，分离出的沼气从导管排走，泥水混合液沿回流管返回第一反应室内，从而实现了下部料液的内循环。如处理低浓度废水时循环流量可达进水量的2~3倍，处理高浓度废水时内循环流量可达进水量的10~20倍。由此，使第一厌氧反应室不仅有很高的生物量，很长的污泥滞留期，并且有很大的升流速度,使该反应室的污泥和料液基本处于完全混合状态,从而大大提高第一反应室的去除能力。经第一反应室处理的废水,自动进入第二厌氧反应室。

废水中的剩余有机物可被第二反应室内的颗粒污泥进一步降解,使废水得到更好的净化。经过两级处理的废水在混合液沉淀区进行固液分离,清液由出水管排出,沉淀的颗粒污泥可自动返回第二反应室,这样废水完成了全部处理过程。

⑥升流式固体反应器(USR)

升流式固体反应器是一种结构简单,适用于高悬浮固体原料的消化器。USR是一种简单而又低值的反应器,它能自动形成比HRT较高的SRT和MRT。未反应生物固体和微生物靠自然沉淀滞留于反应器内,可进入高SS原料如畜禽粪水和酒精废液等,而且不需要出水回流和气/固分离器。原料从底部进入消化器内,消化器内不需要安置三相分离器,不需要污泥回流,也不需要完全混合式消化器那样的搅拌装置,未消化的生物质固体颗粒和沼气发酵微生物,靠被动沉降滞留于消化器内,上清液从消化器上部排出,这样就可以得到比HRT高得多的SRT和MRT,从而提高了固体有机物的分解率和消化器的效率。

研究表明:利用中温USR,在TS浓度平均为12%海藻的沼气发酵时,其负荷范围从1.6克到9.6千克VS/(米^3·天)。其甲烷产量为0.38~0.34米^3/千克VS加入,并且甲烷产率为0.6~3.2米^3/(米^3·天),这个效果明显比完全混合式要好得多,其效率接近UASB的功能,但UASB必须严格使用可溶性原料。

⑦附着膜型消化器

这类消化器的特征是使微生物附着于安放在消化器内的惰性介质上,使消化器在允许原料中的液体和固体穿流而过的情况下,固定微生物于消化器内。应用或研究较多的附着膜反应器有厌氧滤器(AF)、硫化床(FBR)和膨胀床(EBR)。这里主要介绍一下厌氧滤器。

生物膜由种类繁多的细菌组成。随着污水的流动,固着的微生物群体也有所变化。在进料部位多为酸化菌,而沿着流动方向的延长,产甲烷菌则更多一些。生物膜中有大量甲烷丝菌,并且网络着一定数量的甲烷八叠球菌,这两类细菌都是食乙酸产甲烷菌，在消化器内它们是甲烷生成的主要菌类。生物膜的过多积累和在填料空隙中污泥的沉积，以及高SS原料的进入都会导致滤器的堵塞，在使用煤渣做填料时堵塞现象尤为严重，使用纤维填料后这种情况有所改善。附着生长的生物膜不易消失，从细菌生成到从膜上脱离可在消化器内滞留150~600天，这样可在消化器内积累大量微生物，从而可利用厌氧过滤器处理COD浓度很低的污水。

在厌氧滤器内，填料的主要功能是为厌氧微生物提供附着生长的表面积。一般来说，载体的比表面积越大，滤器可承受的有机负荷越高。除此之外，填料还要有相当的空隙率。在同样的负荷条件下HRT越长，有机物去除率越高。另外，高孔隙率对防止滤器堵塞和产生短流均有好处。各种常用厌氧处理工艺的优、缺点见表3-27。

表3-27 各种常用厌氧处理工艺的优、缺点

工艺类型	优点	缺点
沼气池 常规消化器	系统非常简单，高SS浓度 结构简单	低负荷，需要较大池容 效率较低
完全混合式消化器	适用于高浓度及含有大量悬浮固体原料的处理	需要消化器体积较大；能量消耗较高
塞流式消化器	不需搅拌装置，结构简单，能耗低；适用于高SS废物的处理外，尤其适用于牛粪的消化；运转方便，故障少，稳定性能高	固体物可能沉淀于底部，影响消化器的有效体积，使SRT降低；需要固体和微生物的回流作为接种物；因该消化器面积/体积比值较大，难以保持一致的温度，效率较低；易产生结壳
厌氧接触工艺	适应中等浓度SS，并可采取较高的负荷率运行	需要运行经验，需要额外的设备来使固体和微生物沉淀与回流
厌氧滤池	运行简单，适应高或低浓度COD	不适于废水SS含量高，有堵塞危险
UASB工艺	运行简单，适应高或低浓度COD，可能适应极高负荷	解决运转问题需要技巧，不适宜废水具有高SS的情况
IC	具有很高的容积负荷率，沼气提升实现内循环，不必外加动力节省基建投资和占地面积	发酵塔高度太高，不方便施工
USR	简单，造价低，适应高悬浮固体	效率较低、产气率低

197

2 发展现状

【1】生物质气化发展现状

1)生物质气化技术应用

生物质气化技术的多样性决定了其应用类别的多样性。从产业生命周期角度看,目前,生物质气化产业正处于初创期,我国生物质气化技术的基本应用方式主要有3个方面,即用于供热、用于发电、用于供燃气。第15次世界能源大会将生物质气化技术确定为优先开发的新能源与可再生能源技术之一。目前我国已经建立了900多个以上的生物质气化应用工程,运行经验表明,生物质气化技术对处理大量的农作物废弃物、减轻环境污染、提高人民生活水平等多方面都发挥着积极的作用。

生物质气化供热系统包括气化炉、滤清器、燃烧器、混合换热器及终端装置,该系统的特点是经过气化炉产生的可燃气在下一级燃气炉等燃烧器中直接燃烧,因而通常不需要高质量的气体净化和冷却系统。该系统相对简单,热利用率高。气化炉以上吸式气化炉为主,燃料适应性较广。目前,生物质气化供热技术广泛应用于区域供热和木材、谷物等农副产品的烘干,等等。

我国通过消化吸收国外先进技术与自主创新并举,目前已研制出集中供气和户用气化设备,形成了多个系列气化炉产品,已进入实用化试验及示范阶段,可满足多种物料的气化要求,在生产、生活用能和发电、干燥、供暖等领域得到了一定利用。

我国生物质气化技术在集中供气方面有应用,科研单位将生物质气化技术进行衍生,利用生物质气化技术发电,取得了良好的经济效益和社会效益。生物质气化发电技术的基本原理,是把生物质转化为可燃气,再利用可燃气推动燃气发电设备进行发电。气化发电过程主要包括3个方面:一是生物质气化,在气化炉中把固体生物质转化为气体燃料;二是气体净化,气化出来的燃气都含有一定的杂质,包括灰分、焦炭和焦油等,需经过净化系统把杂质除去,以保证燃气发电设备的正常运行;三是燃气发电,利用燃气轮机或燃气内燃机进行发电,有的工艺为了提高发电效率,发电过程可以增加余热锅炉和蒸汽轮机。

2）气化供气应用

生物质气化供气技术是指气化炉产生的生物质燃气，通过相应的配套设备，为居民提供炊事用气。生物质气化供气又分为集中供气和单独供气两种类型。这里主要介绍生物质集中供气系统。生物质气化集中供气系统是近几年发展起来的一种新的生物质气化应用技术。在农村的一个村或组，建立一个生物质气化站，将生物质经气化炉气化后转变成生物质燃气，通过输气管网送入用户，用于炊事，替代薪柴、煤和液化气。生物质气化集中供气系统工艺流程见图3-36。

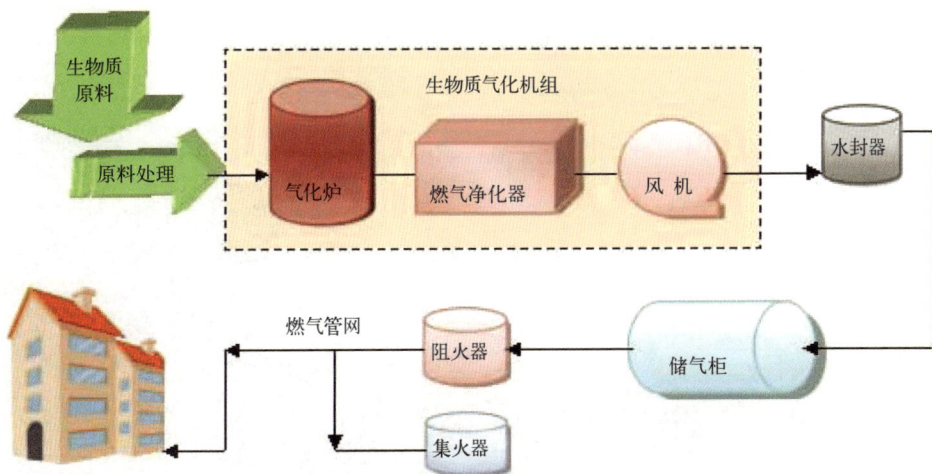

图3-36 生物质气化集中供气系统工艺流程图

3）生物质气化发电应用

生物质气化发电技术是生物质能高效洁净利用的一种重要方式，其原理是利用气化技术，把生物质原料如秸秆、木料、稻草、稻壳、甘蔗渣等经热化学反应转换为可燃气体，这些可燃气体再经过除尘除焦油净化后，送到燃气发电机内进行发电，从而将生物质燃料的化学能转化为电能。

生物质气化发电技术在我国的应用范围广，灵活性好，可根据用户不同需要选择合适的发电规模，如200~6000千瓦之间。生物质气化发电可用于处理碾米厂的谷壳、家具厂、人造板厂和造纸厂的木屑、边角料、树皮等，为工厂提供电力，也适用于处理林场及农场的枝桠材、秸秆、稻草、稻壳，为缺电农村地区和企业供电。

我国生物质气化技术的研究始于20世纪70年代，经过多年艰苦工作，已经取得了一定的成果，尤其是循环流化床气化发电系统。由于该系统有较好的经济性，在我国推广很快，已经成为国际上应用最多的中型生物质发电系统。

【2】沼气发展现状

1)沼气产业发展现状

近几年,在政府的大力支持下,农村沼气进入到健康稳步快速发展阶段。沼气建设宏观环境良好,投资力度逐年增大,技术创新逐步加强,支持服务体系进一步发展壮大,秸秆沼气技术已经成熟并逐步推广。我国沼气行业已形成完善的工作体系,包括行政管理、技术推广、科研开发、设计施工、设备制造、质量监督、职业培训、建后服务等系列化的工作体系。据行业统计,2011年新建沼气工程11461处,累计建成沼气工程7.3万处,年产沼气达20亿立方米,处理有机垃圾废弃物(干物质)600万吨,减少二氧化碳排量近2000万吨。生活污水净化沼气池保有量达到19.8万处,总池容930万立方米。

在技术方面,沼气工程应用领域由前几年的粪污治理、工厂废水治理、生活污水治理发展到现在的秸秆沼气化处理、城市生活垃圾沼气化处理等领域。沼气能源的应用也由从居民生活用气、发电发展到净化压缩开汽车,等等。从事沼气工程设计、施工、设备制造、运营管理的企业近300家,有规模的知名企业约有30多家,从业人员近1万人,企业营业总额近百亿元。

2)工艺技术不断创新

从沼气工程采用的工艺看,主要有全搅拌混合式(CSTR)、升流式厌氧污泥床(UASB)、上流式固体反应器(USR)、内循环式、推流式五大类;多级分温、发酵储气一体化、两箱发酵、温室沼气工程等一些新工艺也开始进入推广应用阶段。

从沼气工程规模上看:近年来,沼气工程的建设规模不断扩大,从数量中看规模形成了两头热,即中小型(300立方米以下)、特大型(5000立方米以上)数量迅猛增加,适应了不同层次的需求,推动了沼气工程向不同应用领域的快速发展。

从沼气工程装备看:一些新技术、新产品、新材料孕育而生,给沼气工程的推广应用提供了硬件支持,尤其是反应器(钢制、柔性材料)、净化设备、安全装置、柔性干式储气柜基本上实现了工厂化生产,确保了沼气工程的性能及可靠性。

3）工程质量稳步提高

由于近年来产业化步伐加快，从业人员的素质不断提高，工程质量也得到保证，性能指标和安全性都有很大完善，基本实现了数量与质量协调发展。

4）工程效益逐步显现

随着运营管理水平的不断提高，大多数沼气工程在污染治理和节能减排中发挥出显著的作用，一些用上沼气工程的养殖场、有机化工企业及村庄生产、生活的环境大大改观，清洁生产、生活基本实现，沼气成了这些企业及村庄生产、生活用能不可缺少的一部分，沼肥的示范推广正在逐步扩大。

5）应用领域不断拓展

从沼气工程的应用领域看：特大型沼气工程生产出的沼气已进入了城市居民的生活供气管网，进入了汽车加气站；沼气技术已实现了城市生活垃圾的沼气化处理及资源综合利用，为解决垃圾围城开辟了一条新途径；沼气技术可将秸秆进行沼气化处理，可使秸秆在生产沼气的同时，生产出沼渣沼液有机肥，实现了农业生产用肥的良性循环。

6）从业人员素质全面提升

通过有关部门的大培训活动，从业人员的基本素质大大提高，一些从业人员大大提高了技能、责任和敬业精神，一部分技术人员通过多次培训后，成了行业内的精英，为沼气的大发展提供人才保障。

（3）运行管理现状

1）运行模式

大中型沼气工程是以废弃物厌氧发酵为手段、以能源生产为目标，最终实现沼气、沼液、沼渣综合利用的生态环保工程。沼气工程的工艺类型选择主要是依据沼气工程的建设目的和周边环境条件，在生产沼气同时，必须满足环境要求，不能造成二次污染。该工程通常可分为能源生态型和能源环保型两种类型。

①能源——生态型工艺流程。能源生态型就是沼气工程周边有足够面积的农田、鱼塘、植物塘等，用来消纳经沼气发酵后的沼渣、沼液，使沼气工程成为生态农业园区的纽带。能源—生态型沼气工程可以合理配置养殖业与种植业，既不需要花费高额费用进行沼液后处理，又可促进生态农业发展。②能源——环保型工艺流程。能源环保型就是沼气工程周边环境无法消纳沼气发酵后的沼渣、沼液，必须将沼渣制成商品肥料，将沼液经过好氧发酵等一系列后处理，达到国家排放标准进行排放。为了保证城市居民的菜篮子问题，目前我国许多集约化养殖场都集中在大中城市周围，周边没有配套土地用来消纳沼渣、沼液，但沼液中仍含有大量有机物及养分，直接排放会带来二次污染，为此，通常采用好氧发酵等方法对厌氧发酵液进一步处理，达到当地污水排放标准后排放。这种工艺的工程费用和运行成本较高，由于回收的沼气可以作为能源，并通过沼气发酵去除了污水中的大部分有机物，比单纯使用好氧曝气的方法来处理污水既产能又节能。

由于能源——环保工程的首要目的是使污水达标排放，所以在工艺选择时，首先要减少污水量及污水中的干物质量，在猪场、牛场等采用干清粪的方式，人工收集固体粪便。其次将残余粪便用水冲洗。粪水进入调节池后，进行固液分离，分离出固形物与固体粪便一起进行好氧堆沤处理，生产有机肥，液体部分进入沼气池进行沼气发酵。这样有利于降低水处理成本，但是沼气产量也相应减少了。

2）适宜范围

我国畜禽养殖业的迅速发展，养殖规模和产值均发生巨大变化。肉类产量以每年10%以上递增，奶类和禽蛋递增率也在10%以上。在市场需求的迅速增加的拉动下，养殖业迅速向集约化、规模化方向发展。畜禽养殖业的高速发展带来大量的畜禽粪污排放，粪便污水属高浓度有机废水，其中生化需氧量（BOD）含量高达4克/升，化学需氧量（COD）、悬浮物（SS）的浓度也大大超出中国规定排放标准数十倍。实践证明，大中型沼气工程技术是治理畜禽养殖业污染的有效措施。

依托大中型养殖场、工业污水处理设施、城市生活污水处理厂等建设的沼气工程，其原料为需要处理的废料，如果没有妥善处理，不仅对环境造成污染，而且企业也将被罚款。因此，无论从社会还是企业的角度考虑，沼气工程的建设都是有利的。

对于靠近村庄的养殖场，大中型沼气工程可为周边农户提供炊事用能。对离村庄较远的养殖场，可直接发电供养殖场使用。

【3】服务体系建设及运行管理现状

1）沼气工程服务体系建设

随着农村能源利用的不断深入，农村能源管理与沼气服务体系建设已经受到各级政府重视。近年来，国家以及各级政府高度重视，并积极采取有效措施，加快农村能源管理与沼气服务体系的步伐。

2）农村沼气服务体系建设

搞好农村沼气服务体系建设，是促进农村能源健康发展的重要保证，是做大做强农村沼气产业、促进农村经济发展、增加农民收入的迫切需要。"十一五"期间，在农业部的统一部署下，各级政府积极响应，建立健全县级农村沼气服务站和村级服务网点，形成了比较完备的农村沼气技术服务网络，近几年农村沼气管理机构及服务体系已初步形成。

随着农村沼气工程建设存量的不断加大，需要的公共服务、公共维护的事宜也随之增多，搞好沼气工程设施的建前、建中、建后的维护和管理显得尤为重要，单单依靠农户自己的力量是无法解决的。

为了使已建好的农村沼气工程正常运行，充分发挥应有的作用，建设农村沼气技术综合服务站，必须加强对农村新能源设备及相关设施建设和使用中的技术服务和维护管理，包括抢修、维修、配件供应，以确保正常的运行和使用。据统计，2005~2011年，农村能源服务站点数量剧增，全国平均每年净增服务站点约14000个。

截至2011年底，农村能源服务体系建设逐步加强，已有省级服务站51个，从业人员313人；县级服务站816个，从业人员4810人；乡村服务网点89600个，从业人员15.3万人。

3 经济成本

【1】 生物质气化规模化利用经济成本

根据技术经济学理论，一般来说，生物质气化项目的技术经济分析包括三个层次：财务评价、经济评价和环境经济评价。

1) 生物质气化项目财务评价

生物质气化项目财务评价是从投资者角度考察项目的获利能力的经济分析技术。根据现有数据和信息情况，同时考虑到使用财务净现值（FNPV）进行财务分析会受到多方面因素的影响，无法实现准确计算。由此，可以采用成本效果法计算产品的单位成本来对生物质气化项目进行财务评价。

2) 生物质气化项目经济评价

经济分析法主要是从经济整体的角度考察项目对国民经济增长的贡献能力。结合产品市场、劳动力市场、资金市场、外汇市场发展都不完善所导致的市场价格严重失真的实际情况，报告将经济分析方法应用于生物质气化项目中。

根据经济评价理论，重点关注项目的经济净现值（ENPV）、内部收益率（IRR）和投资回收期（PB）。

3) 影响因素分析

影响因素分析主要是分析初始投资、运行费用、产品价格对内部收益率的影响，也分析贴现率和应用规模对成本的影响，可作出项目盈亏平衡分析结论。

【2】生物质气化经济评价

由于农作物秸秆气化技术受资源条件、投资规模、供气方式、输送距离、经济效益等诸多因素的影响，秸秆气化集中供气系统的建设一般以自然村为单位。近几年在政府部门的强力推动之下，生物质集中气化供气站的建设取得了前所未有的发展业绩。

目前生物质气化技术的经济性较差，仍存在效率偏低、稳定性较差和燃气净化系统太复杂以及二次污染等问题。

【3】沼气利用经济成本

沼气、沼液、沼渣简称"三沼"。"三沼"的合理应用可降低生产成本，提高经济效益。经过多年实践，许多综合利用技术日趋成熟，取得了良好的经济效益和社会效益。全国开展"三沼"综合利用项目已涉及种植业、养殖业、加工业、服务业、仓贮业等诸多方面。沼气综合利用把沼气与农业生产活动直接联系起来，成为发展庭院经济、生态农业，增加农户收入的重要手段，也开拓了沼气应用的新领域。通过

通过对国内秸秆气化集中供气站的考察调研发现，目前建设规模较小，运行管理方便，但不是经济合理的规模。气化站的运营管理模式多为村委会代管，工程维护所需费用由村委会承担，项目收益归村委会所有。对秸秆气化集中供气工程的运行管理体制问题，目前还未建立完善的有偿用气制度，再加之农村区域的特殊性与农民收入普遍较低的现状，目前在示范推广阶段将居民使用燃气当作一种福利，向用户象征性收取的少量用气费不足以维持秸秆气化项目的人员工资和水、电费支出。多数村集体无雄厚的经济实力做后盾，这样会造成三年保修期过后，秸秆气化设备将会处于失修状态，难以保证项目的持久可靠运行。秸秆气化主要是满足居民炊事的需要，由于居民炊事用气过于集中，负荷变化太大，需要配置较大的贮气设备，提高了系统造价，也造成系统负荷率过低，设备长时间闲置，投资效益较差，极不经济。据统计，绝大部分气化站的负荷率仅为5%左右，一次开机1~2小时，就可以满足1~2天使用。还有许多气化工程达不到设计要求的户数，使生物质气化设备的利用率降低。

沼气综合利用,可促进农村产业结构调整,改善生态环境,提高农产品的产品质量,增加农民收入,实现可持续发展。

1)沼气利用

沼气是多种气体的混合物,一般含甲烷50%~70%,其余为二氧化碳和少量的氮、氢和硫化氢等。由于含有少量硫化氢,故略带臭味。其特性与天然气相似。空气中如含有8.6%~20.8%(按体积计)的沼气时,就会形成爆炸性的混合气体。沼气除直接燃烧用于炊事、烘干农副产品、供暖、照明和气焊等外,还可作内燃机的燃料以及生产甲醇、福尔马林、四氯化碳等化工原料。

甲烷是一种理想的气体燃料,它无色无味,与适量空气混合后即可燃烧。每立方米纯甲烷的发热量为34000焦耳,每立方米沼气的发热量为20800~23600焦耳,即1立方米沼气完全燃烧后,能产生相当于0.7千克无烟煤提供的热量。世界各国已经开始将沼气用作燃料和照明。用沼气代替汽油、柴油,发动机器的效果也很好。将它作为农村的能源,具有许多优点。

沼气作为一种特殊的清洁能源,是节能减排的重要组成部分和关键环节,在应对气候变化和发展低碳经济、促进新农村建设方面发挥了巨大的作用。

  "十二五"期间，国家将投入200亿元用于发展沼气工程，主要项目包括农村沼气工程、大中型沼气工程建设以及沼气发电等。我国将进一步加大农村沼气投资力度，在现有基础上进一步提高沼气补贴标准；进一步优化投资结构，在继续支持户用沼气和小型沼气建设的同时，加大向农户集中供气的大中型沼气工程支持力度，发展"产业沼气"，不断提高沼气发展的综合效益。

  沼气是一种混合气体，其中含有60%～70%的甲烷，30%～35%的二氧化碳，还含有少量的一氧化碳、氢、氨、硫化氢、氧和氮等。沼气作为优质气体燃料，除可用于煮饭、点灯外，还可广泛用于发电、孵鸡、育蚕、烘干、粮果贮藏、二氧化碳施肥等生产领域。

  沼气炊事：农村家用沼气池所产生的沼气主要用于烧水、煮饭，为牲畜煮食等。

  沼气照明：沼气灯是把沼气的化学能转变为光能的一种燃烧装置，特别是在偏僻、边远无电力供应的地区，用沼气进行照明，其优越性尤为显著。

  沼气灯为温室蔬菜二氧化碳施肥，并增加日照：沼气中一般含有25%～35%的二氧化碳和50%～70%的甲烷。甲烷燃烧时又可产生大量的二氧化碳，同时释放出大量热能。一般来讲，燃烧1立方米沼气可产生0.975立方米二氧化碳。根据光合作用原理，在种植蔬菜的塑料大棚内燃点一定时间和数量的沼气，棚内二氧化碳浓度和温度明显增高，能有效地促使蔬菜增产。施用二氧化碳的蔬菜植株生长健壮，叶绿素

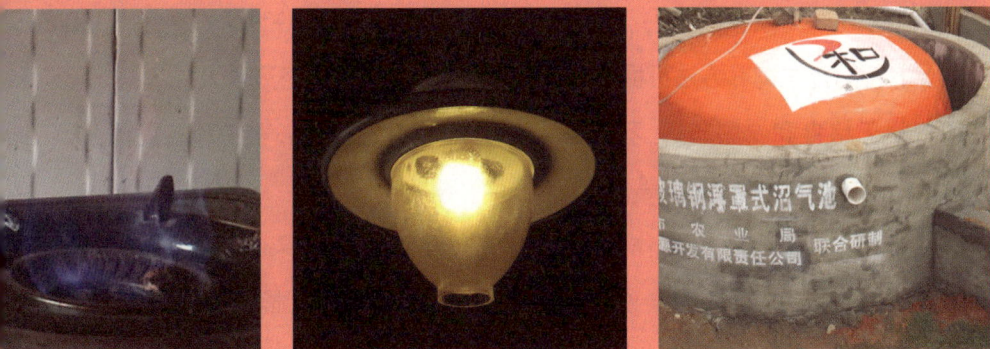

含量高,叶色深绿有光泽,开花早,雌花多,花果脱落少,而且嫩枝叶上冲有力,抗病性增强。

沼气升温育秧:温室育秧是解决水稻提早栽插,促进水稻早熟高产的一项技术措施。目前,多数温室都是用煤炭或薪柴作升温燃料,因此,每年育秧要耗费大量的煤炭或薪柴,育秧成本较高。利用沼气作为育秧温室的升温燃料,培育水稻秧苗是沼气综合利用的一项新技术,该技术设备简单、操作方便、成本低廉、易于控温、不烂种、发芽快、出苗整齐、成秧率高、易于推广。

沼气供热孵鸡:沼气孵鸡是以燃烧沼气作为热源的一种孵化方法。它具有投资少、节约能源、减轻劳动、管理方便、出雏率和健雏率高等优点。

沼气灯照明升温育雏鸡:初生雏鸡调节机能、觅食能力和对自然环境的适应能力较差。因此,要饲养好雏鸡,必须有一个比较适宜的温度条件,以利生长发育。沼气灯具有亮度大、升温效果好、调控简单、成本低廉等优点。用沼气灯照明升温育雏鸡,能使雏鸡生长发育良好,成活率高。

沼气灯照明提高母鸡产蛋率:生产实践表明,利用沼气灯对产蛋母鸡进行人工光照,并合理地控制光照时间和光照强度,能使母鸡新陈代谢旺盛,促进母鸡的卵细胞发育、成熟加快,达到多产蛋的目的。

沼气加温养蚕:在春蚕和秋蚕饲养过程中,需要提高蚕室温度,以满足家蚕生长发育。传统的方法是以木炭、煤作为加温燃料，一张蚕种一般需用煤40~50千克，其缺点是成本高，使用不便，温度不易控制，环境易污染。在同等条件下，利用沼气增温养蚕比传统饲养方法可提高产茧量和蚕茧等级，增加经济收入。

沼气烘干粮食和农副产品：利用沼气烘干粮食和农副产品，具有设备简单，操作方便，不产生烟尘，费省效宏等优点。

沼气保鲜水果与贮粮：沼气作为一种环境气体调制剂，用于果品、蔬菜的保鲜贮藏和粮食、种子的灭虫贮藏，是一项简便易行，投资少，经济效益显著的实用技术。

2）沼肥利用

应用厌氧发酵生产沼气的研究历史已近百年。在我国，随着沼气建设的发展，20世纪80年代，厌氧消化物（沼渣、沼液）的再利用已成为人们普遍关注的问题。例如：尝试直接利用沼液浸种、沼液育菇、沼液喷施果树和蔬菜，进而试用沼液养鱼、喂猪，配置优质沼肥和生化农药等。实践证明，沼渣液功能的多样性、经济价值逐步被人们广泛认可，一定范围内得到推广和应用。但上述应用仅限于农户沼气池产生出的沼渣液利用，对其机理的深入研究、规模化、规范化尚欠不足。

改革30年来，农村产业结构调整，规模化集约化养殖业的迅猛发展，生态农业模式的建立，农村商品经济格局的形成，促使农业生产向高产、优质、高效方向大踏步迈进。在此形势下，大型养殖场粪水综合处理与利用的着力点不再单是开发利用可再生沼气能源，而更多的考虑是生态环境的保护、优化与资源全方位高效整合利用。因此，沼渣液深层次的加工、开发与利用已迫不及待的提到议事日程上来。

当然，工业高浓度有机废水（如淀粉厂、酿酒厂、糖厂乃至造纸厂）厌氧处理工程也在加速兴建，为避免二次污染环境，其沼渣液的处理也急需寻求更加科学合理的方法和途径予以解决。

4 应用前景

〔1〕传统生物质燃气应用

生物燃气包括沼气、合成气和氢气。目前只有沼气具有成本优势。在欧洲，垃圾填埋气主要以发电上网形式利用，工业污水处理产生的沼气主要以热的形式由工厂内部使用。而市政污水处理厂、农场、固体废弃物处理沼气工程主要以热电联供形式利用，电上网，余热用于厌氧消化加温。欧洲沼气工程装备已达到了设计标准化、产品系列化、生产工业化，质量得到有效控制。工程装备的组装技术也达到模块化、规范化。

对于工业废水如糖加工废水、淀粉加工废水、造纸废水、啤酒废水等，主要采用上流式污泥床（UASB）、膨胀颗粒床（EGSB）和内循环厌氧反应器（IC）等高效厌氧反应器。以污泥为原料的沼气工程采用完全混合式厌氧反应器（CSTR）。农场沼气工程则采用完全混合式厌氧反应器、推流式反应器或其组合工艺。能源植物的原料VS（挥发性固体）产CH_4率0.33米^3/千克；能源植物与粪便混合原料VS产CH_4率0.45米^3/千克；能源植物、畜禽粪便与有机废弃物混合原料VS产CH_4率0.32米^3/千克。

垃圾填埋气发电主要有三种方式：一是直接利用垃圾填埋过程中产生的气体发电，也就是干发酵；二是利用垃圾填埋的渗滤液厌氧发酵产生沼气发电；三是将垃圾粉碎之后直接进行厌氧发酵产生沼气发电。目前国外已经开展了将垃圾粉碎之后直接进行厌氧发酵技术的应用，但是这种处理方式要对垃圾进行很好的前处理，如垃圾分类和粉碎，而且对前处理设备和厌氧消化器材料的耐腐蚀性和耐磨损性要求很高。德国、丹麦、奥地利、美国的纯燃沼气发电机组比较先进，气耗率约0.5米^3/千瓦时（沼气热值≥25兆焦/米^3）。欧洲的沼气发电内燃机多数单机容量在0.4～2兆瓦，沼气的发电效率约为1.68～2.3千瓦时/米^3。

〔2〕先进生物质燃气技术发展前景设想

生物质气化综合利用技术是未来极具发展潜力的一项生物质规模化利用技术。大力推进生物质气化技术的发展及其产业良性发展是社会各界的共同期盼。生物质气化技术相对于其他生物质规模化利用技术具有独特的优势：一次性投资少，转化效率高，应用灵活方便，深受广大缺能少电地区的推广应用，可有效提高农村用能水平。

中国幅员辽阔，生物质气化技术及其产业的发展应考虑不同的限制条件，这些外部限制条件包括：经济发展水平、地域、气候和不同的生物质资源分布情况等。要根据当地的实际情况因地制宜选择一种生物质气化应用技术，立项之前要做好调查研究和科学论证，避免盲目性。

生物质气化合成燃料是先将生物质气化，气相产物经净化和组分调整成为合成气（$CO+H_2$）之后，再经增压选择催化合成，得到可作为化石燃料替代品的过程。产品包括合成汽油、煤油、柴油（费托合成）及含氧化合物液体燃料（甲醇、二甲醚）。目前，合成气费托合成工艺较为成熟，德国Choren公司在2002年完成了年产1000吨合成柴油的试验示范工程的运行和考核。该公司在2005年建成年产量达1万吨的工业示范工程，德国鲁奇公司也拥有类似的技术；荷兰应用技术研究院（TNO）已建成生物质/煤气化费托合成联合发电系统； 瑞典建成1000吨燃料级甲醇/天的BAL-Fuels 示范工程；日本MHI完成了生物质气化合成甲醇的系统工程；瑞典的Bio-Meet Project集成生物质气化、燃气净化与重整等技术联产电力、二甲醚、甲醇，其系统总体效率达到42%。生物质气化合成二甲醚主要是用作喷雾剂，将其用作发动机燃料的研究还处于起步阶段。目前，工业上主要是甲醇脱水技术生产二甲醚，合成气一步法合成二甲醚的工业化仍在研究开发中。

【3】沼气纯化

随着全球经济的高速增长，能源和环保问题日益突出。在我国现有能源供给的约束条件下，我国面临着能源供需结构性矛盾、能源自给安全压力以及巨大的环保压力。发展替代能源，实现传统能源之间、传统能源和新能源之间的替代是解决我国能源供需瓶颈，供需结构性矛盾以及减轻环境压力的有效途径。开发并生产各种可再生能源，替代煤炭、石油和天然气等化石燃料是世界今后解决能源紧缺的一种有效手段，尤其是发达国家都在致力开发高效、无污染的生物质能利用技术，保护本国的矿物能源资源，为实现国家经济的可持续发展提供保障。

在强调可持续发展的大背景下，大力推广沼气工程与脱碳提纯利用技术显得尤为重要。一项工程技术要得到推广应用，其技术的先进性和适用性，以及工程的投入产出关系必须得到市场的认可，因此提高沼气利用技术水平，提高沼气系统工程经济效益就成为沼气工程能否得到大量推广应用的关键。

沼气是一种具有较高热值的可燃气体，根据实际需要，利用化学吸附法将沼气脱碳提纯，可以变成品位更高的无硫天然气，直接并入供气管网或者是经过加压、液化后成为压缩、液化天然气，具有更好的经济效益。沼气脱碳提纯技术在沼气工程中的引入，不但提升了沼气工程整体技术水平，而且可以通过脱碳提纯后出售天然气带来较高的资金回报。根据国内具有一定规模的实例工程运行情况来看，无论燃气外售还是内部消化，均能获得较好的经济效益。

沼气工程及其脱碳提纯利用技术是治理有机废弃物环境污染、转化有机废弃物为纯净高热值天燃气、获取绿色能源等可利用物质的十分有效的技术和更为经济、实用的手段。从我国沼气产量潜力、利用技术水平、市场需求和政策导向的发展趋势来看，沼气利用的产业化将有突破性进展。

沼气中成分较复杂，通常含有氨、氮、氧、硫、烷、酸、苯等的氧化物、盐类或其衍生物，以及固体微粒，在应用过程中会造成比较大的影响。因此，在应用中往往需要增加一套气体处理系统，将其中的部分有害物质在一定程度上分离出来，满足工艺、环境、安全或者经济的需要。

我国天然气较缺乏，天然气远远供不应求。在一定条件下，采用比较经济可靠的工艺实现沼气的天然气化，无疑是一个好的方法。目前，国内已有几个项目在前期运作或处于施工阶段，必将带来良好的经济效益、环保效益与社会效益。

三、生物质能液化技术发展展望

1 技术描述

生物液体燃料是指从生物中获得的生物燃料，主要是指能够直接使用或掺入汽油、柴油等液体燃料混合使用于发动机或燃烧的燃料，目前主要有燃料乙醇、生物原油和生物柴油。生物液体燃料与矿物燃油相比具有可再生、可生物降解、无毒的特性，对环境无害并可从广泛的可再生资源（例如粮食、含油植物、糖类作物以及其他植物）中提取。随着全球农业科技水平的不断发展和农作物产量的不断增长，世界生物液体燃料生产规模迅速扩大，正在成为矿物燃油的替代燃料。

【1】燃料乙醇

燃料乙醇指以生物物质为原料通过生物发酵等途径获得的可作为燃料用的乙醇。燃料乙醇经变性后与汽油按一定比例混合可制车用乙醇汽油。

燃料乙醇生产技术主要有第一代和第二代两种。第一代燃料乙醇技术是以糖质和淀粉质作物为原料生产乙醇。其工艺流程一般分为五个阶段，即液化、糖化、发酵、蒸馏、脱水。第二代燃料乙醇技术是以木质纤维素质为原料生产乙醇。与第一代技术相比，第二代燃料乙醇技术首先要进行预处理，即脱去木质素，增加原料的疏松性以加强各种酶与纤维素的接触，提高酶效率。待原料分解为可发酵糖类后，再进入发酵、蒸馏和脱水。

目前用于生产燃料乙醇的原料基本上都是淀粉和糖类等原料，如巴西的主要原料为甘蔗，美国95%的原料来自玉米，欧洲以小麦、甜菜为原料。我国燃料乙醇的原料主要是陈化粮。

以木质纤维素为原料的第二代燃料乙醇越来越引起世界各国的关注。目前，全世界已经有几十套纤维质原料经纤维素酶水解成单糖的中试生产线或小试生产线，大部分是以乙醇为最终主产品。这些试验或试生产机构包括美国陆军 Natick 研究发展中心、美国加州大学劳伦斯伯克利实验室、美国阿肯色大学生物量研究中心、美国宾夕法尼亚大学、加拿大Iogen公司、加拿大Forintek公司、法国石油研究院、日本石油替代品发展研究协会、瑞典林产品研究实验室、瑞典隆德大学、奥地利格拉兹大学、芬兰技术研究中心、印度理工学院等。在国外，第二代燃料乙醇正逐步走向一个技术成熟的阶段。

1) 发展历程

20世纪60年代，由于备战和石油短缺，乙醇一度也在部分地区作为汽油的替代品使用，但由政府组织研究开发推广和应用是在20世纪末期。20世纪90年代中期，中国已从石油净出口变为净进口国，且进口数量保持较高增长速度，石油资源匮乏和能源安全问题已引起国家的高度重视。随着技术进步和农业生产快速发展，粮食产品相对过剩，库存增高，国家在粮食生产和储备方面的负担日益加重，粮食价格逐年下滑，农民收入增幅趋缓。随着交通基础设施的完善，中国汽车工业快速发展，汽车保有量逐年增多，尾气污染日益严重，环境保护压力日渐加大。为了统筹解决中国经济社会发展中存在的上述问题，中国借鉴欧美等发达国家的成功经验，有组织地进行了燃料乙醇和车用乙醇汽油的研究和应用。国家政府各部门携手联动，推动车用乙醇汽油在中国的研究开发应用工作。为了统筹燃料乙醇和车用乙醇汽油的发展和推广应用，国家发展和改革委员会制定了《车用乙醇汽油"十五"专项规划》和《燃料乙醇及车用乙醇汽油"十五"发展专项规划》。

2002年3月八部委下发《车用乙醇汽油使用试点方案》和《车用乙醇汽油使用试点工作实施细则》，并于2002年6月30日开始在河南省郑州、洛阳、南阳和黑龙江省哈尔滨、肇东5个城市进行车用乙醇汽油使用试点，试点取得成功经验后，在全国有条件的地区进行推广应用。经过一年多的试点，证明车用乙醇汽油无论在技术上还是管理上都是可行的，且环境效应良好，社会经济效益显著。实验试点的结论是"车用乙醇有较好的社会效益和环境效益，对整个经济的可持续发展、社会的进步及环境质量的改善有很大的促进作用"。

由于目前中国的燃料乙醇生产成本较高，企业不能完全通过生产燃料乙醇来盈利，更多的要靠国家各环节的补贴。为鼓励燃料乙醇推广，国家对于批准生产的燃料乙醇企业有如下优惠：免征用于调配车用乙醇汽油的变性燃料乙醇5%的消费税；企业生产调配车用乙醇汽油用变性燃料乙醇的增值税实行先征后返；企业生产调配车用乙醇汽油用变性燃料乙醇所使用的陈化粮享受陈化粮补贴政策；变性燃料乙醇生产和变性燃料乙醇在调配、销售过程中发生的亏损，实行定额补贴。2004年6月，《财政部关于燃料乙醇亏损补贴政策的通知》分年度明确了补贴标准，企业生产和销售变性燃料乙醇发生的亏损，依据保本微利的原则，由中央财政给予定额补贴。

2）技术现状

①常见原料：目前国内常用的乙醇生产原料分类见图3-38。

```
                          燃料乙醇生产原料
        ┌──────────────────────┼──────────────────────┐
        ▼                      ▼                      ▼
      淀粉类                  糖蜜类                 纤维素类
   ┌───┬───┬───┬───┐      ┌───┬───┬───┐       ┌───┬───┬───┐
```

| 薯类：甘薯、马铃薯、木薯等 | 粮谷类：玉米、高粱、麦类、稻谷类等 | 野生植物类：系指橡子、金刚头、土茯苓、芭蕉竽等 | 农产品加工副产品：主要有米糠、麸皮、各种粉渣等 | 甘蔗糖蜜：我国南方地区糖厂生产的废糖蜜 | 甜高粱：利用甜高粱茎秆中的糖分 | 甜菜糖蜜：我国北方地区甜菜糖厂的一种副产品 | 农作物秸秆：各种农业有机废弃物 | 林业：林业加工废弃物 | 城市垃圾：城市有机垃圾 |

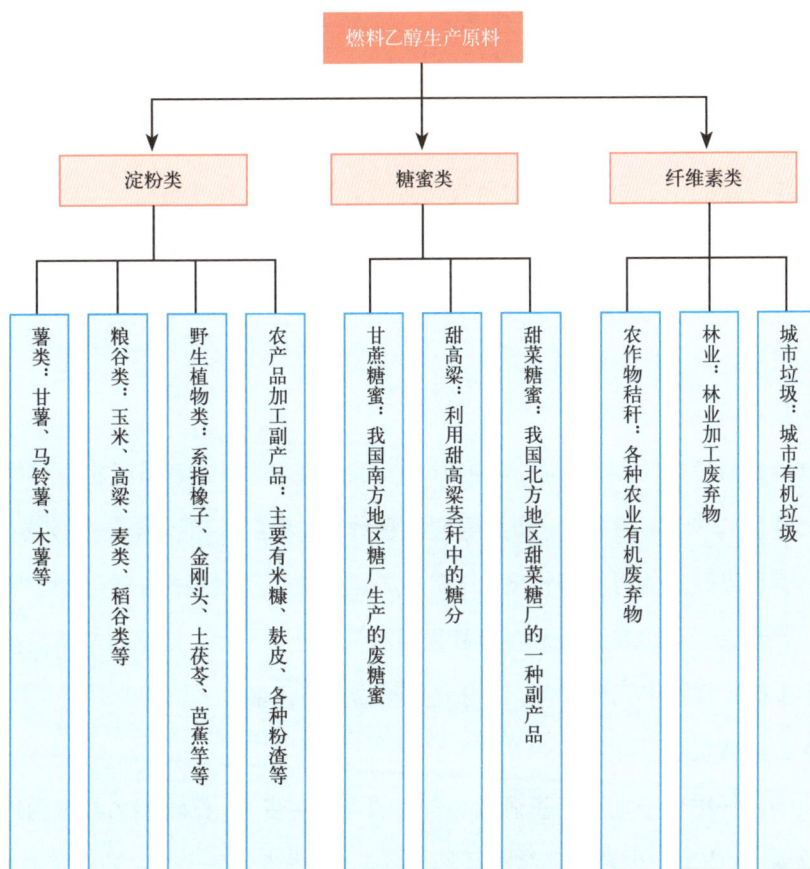

图3-38 我国燃料乙醇生产常用原料分类

● 淀粉类

淀粉是由葡萄糖基组成的高分子物质，广泛存在于植物种子（如玉米、麦、大米、高粱等）、块根（如甘薯、木薯等），块茎（如马铃薯）里。淀粉是由直链淀粉、支链淀粉与少量的矿物质和脂肪酸等混合形成颗粒状的淀粉颗粒。

植物生长成熟后，各种植物中淀粉的含量因品种、气候、土质以及其他生长条件的不同而不同，即使是在同一块地里生长同一品种的不同植株，其所含淀粉量也不一定相同。

● 糖蜜类

糖蜜是甘蔗或甜菜糖厂的一种副产品，又称废糖蜜，或者通过农业种植专门的糖蜜类能源作物，如甜高粱、甜菜等高含糖作物。糖厂废糖蜜含糖量较高，因其本身就含有相当数量的可发酵性糖，只需添加酵母便可直接发酵生产乙醇，是大规模工业生产制造乙醇的良好原料。随着我国制糖工业的发展，糖蜜的产量日益增加，我国不少糖厂都附设乙醇车间，综合利用糖蜜生产乙醇。

● 纤维素类

生物质纤维素是地球上资源最为丰富的可再生资源。纤维素主要是由纤维素、半纤维素、木质素和少量的可溶性固形物组成。纤维素大分子是由葡萄糖脱水，通过 $\beta-1,4$ 葡萄糖苷键连接而成的直链聚合体。在常温下不发生水解，高温下水解也很缓慢。只有在催化剂的作用下，纤维素的水解反应才显著进行。常用的催化剂是无机酸或纤维素酶，由此分别形成了酸水解和酶水解工艺。半纤维素是由不同的多聚糖构

成的混合物。这些多聚糖由不同单糖聚合而成,有直链也有支链,上面连接有不同数量的乙酰基和甲基。半纤维素的水解产物主要有己糖、葡萄糖、半乳糖、甘露糖、戊糖和阿拉伯糖等几种不同的糖。半纤维素的聚合度较低,相对比较容易降解成单糖。

②生产工艺简介

● 发酵法

乙醇工业的生产方法可分为发酵法和化学合成法两大类。

所谓发酵法,就是利用微生物——酵母菌在无氧条件下将糖转化为乙醇的生产方法。发酵法又分为固态发酵法、半固态发酵法和液态发酵法三种。目前,固态发酵法和半固态发酵法在我国主要是用于生产白酒。一般产量较小,生产工艺较传统,劳动强度大。而在现代大生产中,都采用液态发酵法生产乙醇,它与固态发酵法相比,具有生产成本低、生产周期短、连续化、设备自动化程度高以及大大减轻工人劳动强度等优点。

固态、半固态、液态发酵法是利用淀粉做原料,经过微生物发酵转化为糖,或直接以糖蜜为原料,再由糖转化为乙醇,在转化过程中发生一系列极其复杂的生化反应。

转化时原料中的可溶性淀粉在糖化酶的作用下,将可溶性淀粉转化为可发酵的糖,再在酒化酶作用下,将糖水解成乙醇并放出二氧化碳。

● 化学合成法

随着近代有机工业的发展,可利用石油裂解所得乙烯来合成乙醇。化学合成法生产乙醇是利用炼焦炭、裂解石油的废气为原料,经化学合成反应而制成乙醇。生产方法又可分为间接水合法和直接水合法两种,目前工业上普遍采用后者。

间接水合法又称硫酸水合法,它的生产过程是将乙烯与硫酸经加成作用生成硫酸氢乙酯,再进行水解,生成乙醇和硫酸。此法的缺点是对设备腐蚀严重,酸消耗较多,优点是对原料气体的纯度要求不高。

直接水合法是指乙烯与水蒸气在有磷酸催化剂存在下,经高温、高压作用、可直接发生加成反应生成乙醇。此法要求乙烯纯度在98%以上的原料气,采用特别的方法分离裂解其中各种组分,对设备、材料都提出了较高的要求,此法步骤简单,无腐蚀问题。

在工业生产上,主要用发酵法或合成法来制取乙醇,在我国约有95%以上的工厂,都采用发酵法生产乙醇。

③原料处理

● 淀粉类原料处理设备

此流程主要是说明用淀粉质原料生产乙醇时,投产前必须先把块状或粒状的原料磨碎成粉末状态后,经过高压蒸煮和糖化作用,然后再进行发酵,最后经蒸馏得到成品乙醇,现简要叙述如下:

原料粉碎

连续蒸煮的乙醇厂原料出库后,先经过粉碎,然后投入生产。几乎大多数乙醇厂都采用了锤式粉碎机把原料磨成粉。很多生产厂都采用二次粉碎法,在进入锤碎机前先经过粗碎,把大块原料初步打碎成小块原料,再经过锤碎机,将小块原料打碎成较细的粉末原料,这样便于连续蒸煮。

蒸煮糊化

把磨碎后的粉末原料先行拌水预热,使原料升温,为连续蒸煮作好预煮准备。原料内的淀粉颗粒经高压蒸煮后逐步破裂,趋于溶解状态,蒸煮醪液成糊状。

曲霉糖化

经蒸煮糊化后的醪液通过曲霉菌的淀粉酶进行糖化作用。曲霉菌生成的淀粉酶,能把原料内含有的淀粉转变为可发酵性糖,供酵母菌利用。曲霉菌是属于好气性的微生物,故在繁殖和生长过程中要给以充分的空气,同时,淀粉酶的形成也取决于所供给的空气量。

● 糖蜜类原料处理设备

从糖蜜乙醇发酵的特点，可清楚看到糖蜜干物质浓度很大，糖分高，产酸细菌多，灰分与胶体物质很多，如果不预先进行处理，酵母是无法直接进行发酵的。因此必须进行预处理，糖蜜的处理程序包括稀释、酸化、灭菌、澄清和添加营养盐等过程。

● 纤维类原料处理工艺设备

纤维素与淀粉和糖蜜类相比其转换乙醇的工艺及技术较为复杂，也很难以一种工艺技术概括目前常用的推广应用技术，下面仅根据纤维乙醇生产工序列出工艺流程。纤维乙醇转换工艺主要由四个工序组成：原料处理→糖化→发酵→蒸馏；每道工序又有多种技术可以选择，作为完整的生产工艺流程可能有多种组合，具体选择哪种技术要考虑本地区的经济基础、技术条件、能源价格、原料价格、辅助原料价格等因素。纤维乙醇生产工序流程见图3-38。

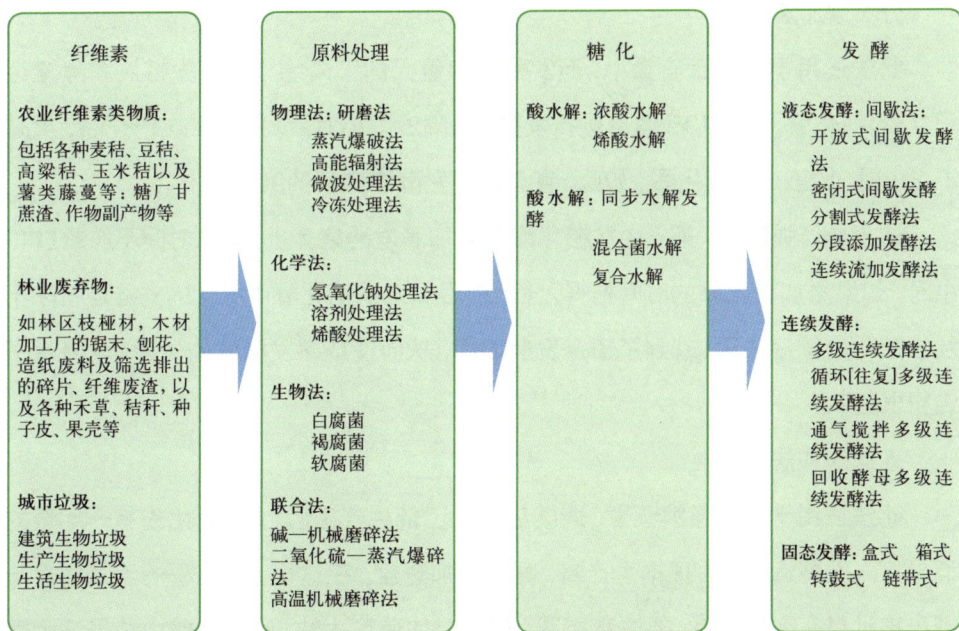

图3-38　纤维乙醇生产工序流程图

由于木质素、半纤维素对纤维素的保护作用以及纤维素本身的结晶结构,天然的木质纤维素直接进行酶水解时,其水解程度是很低的,即纤维素水解成糖的百分率很低。一般只有10%~20%左右。因此,为了提高水解率,对木质纤维素进行预处理是必要的。通过预处理来理解除木质素和半纤维素等对纤维素的保护作用和破坏纤维素的结晶结构,增加其表面积,以达到提高水解率的目的。

④淀粉类发酵工艺流程

● 间歇式发酵法

间歇式发酵法是指全部发酵过程始终在一个发酵罐中进行。由于发酵罐容量和工艺操作不同,在间歇发酵工艺中,又可分为如下几种方法:

一次加满法:

此法是将糖化醪冷却到27~30℃后,接入糖化醪量10%的酒母,混合均匀后,经60~72小时发酵,即成熟。此法适用于糖化锅与发酵罐容积相等的小型乙醇厂。其优点是操作简便,易于管理,缺点是酒母用量大。

分次添加法:

此法适用于糖化锅容量小,而发酵罐容量大的工厂。生产时,先打入发酵罐容积1/3的糖化醪,接入10%酒母进行发酵,再隔2~3小时后,加第二次糖化醪,再隔2~3小时,加第三次糖化醪。如此,直至加到发酵罐容积的90%为止。

这里应当强调,从第一次加糖化醪直至加满发酵罐为止,其总时间不应超过10小时。如果添加糖化醪的时间拖得太长,则后加入的糖化醪中所含的支链淀粉来不及被糖化酶彻底作用,就到了预定发酵时间,从而使成熟发酵醪的残糖高,降低了淀粉出酒率。

连续添加法:

此法适用于采用连续蒸煮、连续糖化的乙醇生产工厂。生产开始先将一定量的酒母打入发酵罐,然后根据生产量,确定流加速度。在这里,糖化醪的流加速度与酒母接种量有密切关系,要注意控制。如果流加速度太快,则发酵醪中酵母细胞数太少,不能造成酵母繁殖的优势,易被杂菌所污染。如果流量太慢,也会造成后加入的糖化醪中的支链淀粉不能被彻底利用。一般从接种酵母后,应于6~8小时将罐装满。

连续流加糖化醪的方式可以在几个罐同时进行,但要注意各罐流量情况,符合各罐发酵速度。

连续添加法的发酵总时间自加满罐时算起,约需60~72小时发酵即结束。

● **半连续发酵法**

半连续发酵是指在主发酵阶段采用连续发酵,而后发酵则采用间歇发酵的方式。在半连续发酵中,由于醪液的流加方式不同,又可分为两种:

一种是将一组数个发酵罐连接起来,使前三个罐保持连续发酵状态。开始投产时,在第一只罐接入酒母后,使该罐始终处于主发酵状态的情况下,连续流加糖化醪。待第一罐加满后,流入第二罐,此时可分别向第一、第二个罐流加糖化醪,并保持两罐始终处于主发酵状态。待第二罐流加满后,自然流入第三罐。第三罐流加满后,流入第四罐。第四罐施加满后,则由第三罐改流至第五罐,第五罐满后改流至第六罐,依次类推。第四、第五罐发酵结束后,送去蒸馏。洗刷罐体后再重复以上操作。

此法特点是使前三罐处于连续主发酵状态,而后面则处于后发酵状态。

第二种方法是由7、8个罐组成一组罐,各罐用管道从上部通入下罐底部相串连。投产时,先制备1/3体积的酒母,加入第一只发酵罐,随后在保持主发酵状态下,流加糖化醪。满罐后,流入第二罐,待第二罐醪液加至1/3容积时,糖化醪转流加至第二罐。第二罐加满后,流入第三罐,然后重复第二罐操作,直至末罐。最后从首罐至末罐逐个将发酵成熟醪蒸馏。

上述半连续发酵方式的优点是省去了酒母制作,但无菌操作要求高。

● **连续发酵**

淀粉质原料生产乙醇的连续发酵在国内外早有研究,由于杂菌污染问题没能很好解决,未能普遍推广和应用。近年来,由于发酵理论研究有所进展,尤其是在淀粉质原料生产乙醇的过程中采用了连续蒸煮、连续糖化和液体曲新工艺,给连续发酵创造了条件,因此,连续发酵引起了人们的普通重视,也取得了很大成绩。国内乙醇厂曾探索过淀粉质原料生产乙醇的连续发酵,在原有糖蜜原料连续发酵生产乙醇的基础上,进行淀粉质原料连续发酵生产乙醇实验获得成功。之后又采用了"液体曲酒母"和"全封闭自流式连续发酵"的新工艺,使淀粉质原科连续发酵法生产乙醇工艺日趋完善,操作更加简便,取得了更显著的成绩。

⑤糖蜜类发酵方法

糖蜜乙醇的发酵方法很多,基本上可分为间歇法与连续法两大类。目前我国大多数糖蜜乙醇工厂都采用连续发酵法,生产技术管理比较完善,而且有些厂仪表自动化程度也比较高,而产量较少的糖蜜乙醇工厂仍采用间歇发酵法。

糖蜜乙醇连续发酵是在间歇法分批发酵的基础上发展起来的,但连续发酵的控制与分批发酵的控制有较大的差别。为了使糖蜜乙醇连续发酵获得较高的发酵效率,必须首先认识在糖蜜乙醇连续发酵过程中酵母生命活动的特点,其次要了解糖蜜乙醇连续发酵的变化规律,要创造一个适宜于酵母糖蜜乙醇连续发酵稳定状态的工艺条件。这些稳定状态是建立在动态平衡的基础上。如果糖蜜乙醇连续发酵出现不稳定性的问题,这不仅降低发酵率,同时会引起杂菌的污染和酵母菌种的变

异、退化，甚至破坏正常连续发酵的进行。

　　正确设计糖蜜乙醇连续发酵的工艺设备流程，首先要了解连续发酵过程中酵母的生长速度与发酵基质浓度，代谢产物浓度以及发酵基质流加速度，代谢产物形成速度的辩证关系，同时也要明确连续发酵的类型，合理选择发酵罐设备的大小、容量和数量；其次选择适宜的稀释度、进料速度、营养浓度和pH值等工艺参数，力求连续发酵在动态平衡相对稳定的状态下进行。

　　糖蜜乙醇连续发酵的类型大多是属于恒流速多级均质连续发酵系统，要认识恒流速多级均质连续发酵的变化规律，首先应分析最简单的连续发酵过程。从理论上仔细分析这一较简单的动态变化，并建立数学关系式，通过数学关系式的理论推导，就不难看出连续发酵处于动态平衡相对稳定工艺参数之间的辩证关系。

　　⑥蒸馏工艺技术

　　蒸馏流程的确定应根据成品质量的要求与发酵成熟醪的组成。在保证产品质量的前提下要尽可能地节省设备投资与生产费用，并要求管道布置简单，工作操作方便。

　　燃料乙醇的生产方法很多，燃料乙醇的大规模生产主要采用恒沸精馏、萃取蒸馏和现代分子筛三种方法。这三种大规模生产方法各有利弊。传统的恒沸精馏燃料乙醇生产工艺，产量大、质量好、生产稳定、技术成熟，其能耗低于萃取蒸馏法，比目前推广应用的分子筛制取法操作成本更低。其缺点主要是能耗仍然不太理想，且夹带剂在生产操作不当时会引起环境污染。

● **热泵恒沸精馏工艺技术**

热泵恒沸精馏工艺技术是在传统恒沸精馏工艺基础上,结合热泵技术发展而成的。热泵恒沸精馏生产燃料乙醇新工艺将蒸馏塔的塔顶蒸汽加压升温后直接用作塔底再沸器的热源,不需要塔顶冷凝器,也不需要锅炉供热系统以及循环泵等公用工程,整个物流系统全封闭操作,生产成本大大降低,工程总投资费用降低,还可以副产原料乙醇的水分实现零排放,达到了经济→节省→环保三重效益。

● **复合萃取一步法精馏工艺**

目前国内外生产无水乙醇有精馏法和吸收法,较多采用萃取精馏和溶盐精馏工艺。加盐萃取精馏提高了萃取精馏中溶剂的分离效果,同时使液体溶剂易于循环操作,是工业上理想的工艺。为进一步提高工艺水平和技术指标,研究"复合萃取乙醇一步法精馏",即将目前由9%乙醇做到95%的无水乙醇,再从95%提纯到99.5%的两步法工艺改进为,使含9%乙醇的发酵液进入初馏塔,再由气相进入萃取精馏塔,从精馏塔塔顶可获得99.5%~99.8%的无水乙醇,而且脱水后的溶剂可循环使用。一步法比两步法蒸馏的生产效率有所提高,蒸馏设备投资额度降低30%;蒸馏过程能耗减少30%,最后生产符合国家标准的燃料乙醇。

● **分子筛床法生产无水乙醇工艺**

渗透蒸发或称渗透汽化(Pervaporation,简称PV),包括蒸汽渗透(Vapor Permeation,简称VP)是一种新型膜分离技术。该技术的优点是能够以低的能耗实现蒸馏、萃取、吸附等传统的方法难以完成的分离任务。它特别适于传统精馏方法难以分离或不能分离的近沸点、恒沸点混合物以及同分异构体的分离;对有机溶剂及混合溶剂中微量水的脱除及废水中少量有机污染物的分离具有明显的技术上和经济上的优势;还可以同生物及化学反应耦合,将反应生成物不断脱除,使反应转化率明显提高。所以,渗透蒸发技术在石油化工、医药、食品、环保等工业领域中具有广阔的应用前景及市场,国际学术界的专家们称之为21世纪最有前途的高技术之一。

〖2〗 生物柴油

生物柴油是生物质能的一种。它是生物质利用热裂解等技术得到的一种长链脂肪酸的单烷基酯。生物柴油是含氧量极高的复杂有机成分的混合物。这些混合物主要是一些分子量大的有机物，几乎包括所有种类的含氧有机物，如醚、酯、醛、酮、酚、有机酸、醇等。

生物柴油基本不含硫和芳烃，十六烷值高达52.9，它的高含氧CN值十分有利于压燃机的正常燃烧，从而降低尾气有害物质排放，所以被称为低污染燃料。

与柴油相比，生物柴油有较好的发动机低温启动性能，无添加剂时冷凝点达-20℃；有较好的润滑性能，可降低喷油泵、发动机缸和连杆的磨损率，延长其使用寿命；有较好的安全性能，闪点高，不属于危险品；含氧量高，十六烷值高，燃烧性优于普通柴油；生物柴油的生物降解性高达98%，降解速率是普通柴油的2倍，对土壤和水的污染较少，可以降低90%的空气毒性和降低94%的致癌率；生物柴油开口闪点高，储存、使用、运输都非常安全，不在危险品之列；硫含量低，二氧化硫和硫化物的排放低；具有可再生性，作为一种可再生能源，资源不会枯竭。

另外使用生物柴油的发动机即可使用普通柴油的发动机（对有些机型仅需换密封圈和滤芯），无需作任何改动，生物柴油可与普通柴油在油箱中以任何比例相混。生物柴油生产过程中产生的甘油、油酸、卵磷脂等一些副产品的市场用途也是非常广泛的。

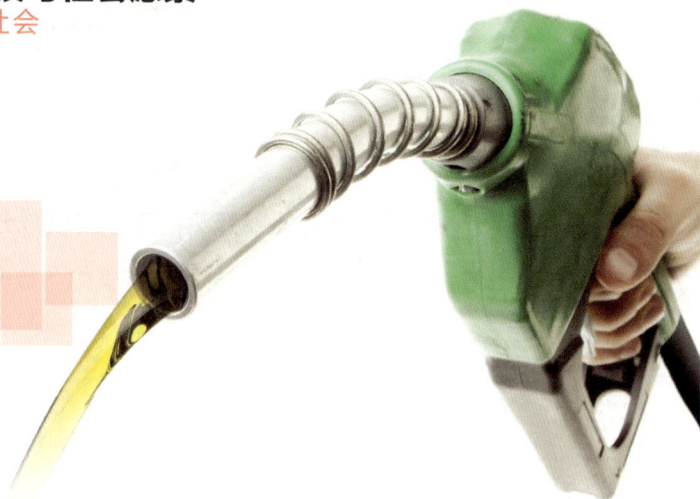

● 生物柴油技术

工业化生产生物柴油的工艺仍然以传统的液体酸碱催化反应为主，超临界反应、酶催化反应已经步入工业化试验，使用固体催化剂、有机碱催化剂等催化剂的反应过程还未达到大规模应用水平。生物柴油的商业化生产一般采用甲醇与油脂在低温常压下反应，由于受甲醇沸点限制，反应温度不超过60℃。原料油通过干燥、中和除杂、脱色等步骤将水分和游离酸降低到所要求的水平，反应时甲醇用量通常高于理论量的10%～80%，碱催化剂用量为油脂量的0.1%～1%。连续酯交换反应工艺出现很早，通常工业上采用在常压60～70℃条件下的流动搅拌釜反应器。代表性的工艺有德国Lurgi工艺，见表3-28，还有德国Sket工艺、德国Connemann工艺和加拿大的BIOX工艺等，其中德国Lurgi工艺占世界生物柴油产量的60%以上。

表3-28　德国Lurgi生物柴油生产工艺技术参数

1000 kg干燥、脱胶、脱酸的菜籽油可产出：		生产1吨菜籽油甲酯过程消耗（不包括甘油蒸馏和漂白）	
生物柴油　约1000 kg		蒸汽	约320 kg
		冷却水（温差10℃）	约25 m³
粗甘油　约125 kg		电力	约12 kWh
药用甘油　约90 kg		甲醇	约96 kg
		甲醇钠催化剂	约5 kg
工业甘油　约5 kg		盐酸	约10 kg
		苛性钠	约1.5 kg
		氮气	约1 NM³
		过程水	约200 kg

为了保证酯交换反应的转化率，通常使用过量甲醇，最常见的比例是醇油摩尔比6∶1，但过量甲醇的回收会使生物柴油的生产成本升高。很多流程中采用两步酯交换法来降低反应中甲醇用量，如Lurgi公司的两段反应沉降工艺，从热力学来讲反应更容易达到更高的转化率。Jan Cvengros在两步法酯交换中，以过量40%醇油比进行预反应，分离甘油和皂后再进行第二次酯交换。德国CIMBRIA SKET公司近来推出了300 t/d的生产工艺，采用KOH为催化剂进行两段连续酯交换反应。

原料供给是制约生物柴油产业化的关键因素。微藻种类繁多、光合作用效率高、生长繁殖快和自身合成油脂能力强是制备生物柴油的重要生物原料。微藻油脂生产和利用关键技术包括产油微藻选育、产油微藻代谢调控和微藻规模化培养。在过去的几十年里，研究者们已经对数千种微藻进行了筛选，但微藻生物柴油在目前的技术水平下还难以实现经济化运行。

● **生物质热化学液化及生物油提质**

快速热解液化是目前相对成熟的生物质热化学液化制备生物油技术。在隔绝空气条件下，采用超高加热速率（102~104K/s）、超短产物停留时间及适中的裂解温度，使生物质中的有机高聚物分子迅速断裂为短链分子，使焦炭和气体产物降到最低限度，从而最大限度获得生物油。

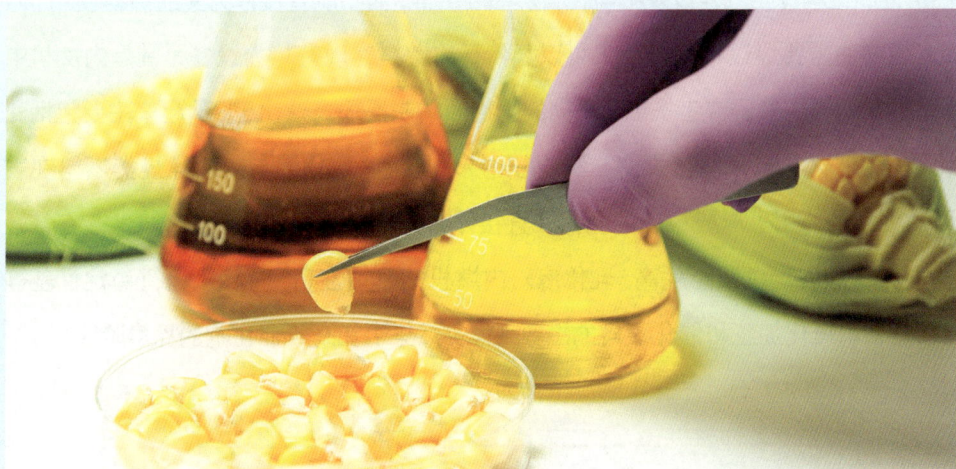

生物质热化学液化技术还包括加压液化、催化液化、微波热解液化、超临界液化和共液化等，见表3-29。其中，催化液化也是现代液化方法中研究较多且比较成熟的方法，选择什么样的催化剂和液化剂是该种液化方法的核心技术。催化剂的种类很多，有无机酸、有机酸、碱金属氧化物、Pa/C等，溶剂则以苯酚或者多元醇为主。

表3-29　新型生物质热化学液化技术

生物油制备技术	特性
加压液化	生物质在有合适催化剂、介质存在下，在反应温度200~400℃、反应压力5~25MPa、反应时间为2min至数小时条件下进行液化。以水为反应介质的直接液化方法—水热液化尤其适合微藻等高水分含量的原料
催化液化	采用催化剂和液化剂，在常压和中温下实现生物质快速液化，转化为相对分子质量分布广泛的液态混合物的工艺技术，适合微藻等高水分含量的原料
微波热解液化	利用微波辐射热能，在无氧或缺氧条件下切断生物质大分子中的化学键，使之转变为低分子物质，然后快速冷却分别得到气、液、固混合物的工艺，微波加热较常规加热效率更高
超临界液化	超临界流体技术是利用二氧化碳、乙醇、丙酮或水等在超临界状态下作为溶剂或反应物进行化学反应的加工工艺，利用超临界流体良好的渗透能力、溶解能力和传递特性而进行液化
共液化	共液化主要是指木质素与煤或高分子塑料的共液化

生物质热解油中水分含量和氧含量高、热值和挥发性低，具有酸性和腐蚀性、热稳定性和化学稳定性差以及不与化石燃油互溶等，而不能直接作为交通燃料使用。因此，生物油需要经过精制加工才可以替代石油燃料在现有热力设备尤其是内燃机中使用。虽然国内外研究者提出了不同的生物油精制提质方法，但归纳起来主要包括乳化技术、催化加氢和催化裂解三种。乳化技术是指将生物油与柴油等烃类燃料在表面活性剂的作用下形成稳定的乳化液直接作为内燃机燃料使用，但该技术存在着乳化剂成本和乳化过程能耗高、乳化液对内燃机的腐蚀性高、内燃机运行稳定性差等缺点。目前催化加氢和催化裂解的主要工作仍然集中在高效催化剂的探索阶段。

2 发展现状

[1] 燃料乙醇

燃料乙醇有两种使用方法。一是按照一定比例与汽油混合使用(称为车用乙醇汽油)。在中国,乙醇的体积混合量一般为10.0%,称为E10;二是使用纯乙醇代替汽油,国际上称为E100。燃料乙醇的热值比汽油的热值低,车用乙醇汽油加入10%的乙醇,其热值理论上降低了3%,会使汽车的动力性能下降。但乙醇中含氧,使汽油中含氧量增加3.5%,将汽油中原不能完全燃烧的部分充分燃烧,提高了燃烧效率,提高了动力性能,从而减少了油耗,两者相抵,总体油耗持平或略有下降。目前中国执行的燃料乙醇标准就是E10,其优势是不需要对发动机做任何改动,更换使用燃料的时候,只需要清洗油路,防止油管内的杂质等堵塞油路。和E10相仿的M15的国家标准还没颁布,M15和E10一样不需要改动发动机直接使用。添加10%的燃料乙醇,可以减少汽车尾气CO排放量的30%,烃类排放量的40%,同时减少CO_2和氮氧化合物的排放。

燃料乙醇按照原料的不同可分为粮食基燃料乙醇和非粮燃料乙醇。

1) 粮食基燃料乙醇

目前,中国燃料乙醇的实际生产能力已经达到170万吨。中国以小麦、玉米等陈化粮开始燃料乙醇试点,生产成本较高。受汽油销售价格的影响,燃料乙醇的销售价格偏低,必须依靠政府的补贴才能够保本/盈利。目前,由于陈化粮消耗殆尽,中国批准的四家定点燃料乙醇企业主要靠收购新粮维持生产。近几年,由于以粮食为原料的燃料乙醇产业的规模化运行,推动了国内玉米主产区收购价格的持续攀升,反过来也导致燃料乙醇生产成本的进一步上扬,国家玉米储备数量逐年下降。这种"以缺代缺"的产业模式造成粮食的紧缺,这种恶性循环不仅阻碍了燃料乙醇发展进程,而且可能引发国家粮食安全问题。2006年12月18日,国家发展和改革委员会下发了《关于加强玉米加工项目建设管理的紧急通知》,明确提出中国将"坚持非粮为主,积极稳妥推动生物燃料乙醇产业发展"。国家《可再生能源中长期发展规划》也明确提出,中国将不再增加以粮食为原料的燃料乙醇生产能力,合理利用非粮生物质原料生产燃料乙醇。

2007年，作为生物燃料乙醇向"非粮"发展的转折点，国家有关部门批准中粮与中国石化合资在广西北海建设年产20万吨木薯燃料乙醇示范工程，并配套建设相应的木薯原料种植基地。

根据国家发展和改革委员会关于调整变性燃料乙醇结算价格的通知，调整变性燃料乙醇结算价格。新的变性燃料乙醇结算价格自2011年3月1日零时起执行。2011年3月1日前，按照国家发展和改革委员会等8部委联合下发的《车用燃料乙醇汽油扩大试点方案》的规定，此次结算价格调整，2011年3~12月每吨燃料乙醇结算价格较原标准上调了约394元/吨。

2）非粮燃料乙醇

中国粮食和土地都处于"紧平衡"状态，目前国内重点发展的"非粮"燃料乙醇主要以木薯、甜高粱、甘薯、甘蔗等为原料。2011年国家发展和改革委员会正式核准了以甜高粱茎秆为原料的燃料乙醇生产工艺路线，表明中国正在向多元化非粮燃料乙醇的方向发展。

①木薯燃料乙醇

木薯是热带和亚热带多年生、温带一年生薯属灌木，原产于南美洲，根粗而长，呈柱形或纺锤形，块根是其主要利用部位。适宜在年均气温25~29℃、无霜期8个月以上、年均降水量1000~1500毫米的低纬度热带地区种植。鲜木薯淀粉含量达到25%~30%，原料的乙醇得率为15.2%。在谷物类和块根类作物中，木薯是碳水化合物产量最高的作物。木薯耐旱、耐贫瘠、病虫害少、易栽培，可以在酸性和贫瘠土地里种植，不必占用粮食生产土地。木薯加工性能好，易粉碎，蒸煮时间短、糊化温度低，因而能耗较低，已被世界公认为是一种很有发展潜力的燃料乙醇原料资源。

中国种植木薯的省份有广东、广西、海南、福建和云南、贵州、四川等省区，广西是中国种植木薯的最大省份，种植面积和产量均占全国的70%以上，其他的种植地区有海南、广东、福建、云南、贵州、四川等，年产量占全国的30%。2010年全国木薯种植面积保持在50万公顷水平，鲜木薯产量约850万吨。中国已培育出华南5

号、华南6号、华南7号、华南8号、华南9号等具有高产、高淀粉含量、高抗逆性特点的华南系列木薯新品种，以及具有区域特色的GR891、GR911和南植199等新品种，这些新品种的推广应用将产生巨大的经济和社会效益。粗放型种植的木薯品种鲜薯亩产量为1.2~1.3吨，如果引进推广优良新品种以及配套的栽培管理技术，亩产可达3~5吨，约7.5吨鲜薯可生产1吨燃料乙醇。

目前，中国木薯燃料乙醇技术基本成熟，已实现了工业化生产。2007年12月，中粮集团投资的国内第一个用木薯生产，年产20万吨燃料乙醇项目已在广西投产，实现了国内清洁汽油生产以非粮作物为原料的首次突破，广东首条以木薯做原料的燃料乙醇生产线也在2007年6月落户广东清远。

②甘薯燃料乙醇

甘薯是旋花科甘薯属的一个栽培种，地下部块根是主要经济器官，具有生物产量高、抗逆性强、适应性广等特点。中国甘薯种植面积广泛，2010年甘薯种植面积维持在433~467万公顷，单产水平在107.2千克/公顷，总产仍保持在1.0亿吨左右。甘薯种植比较集中，面积较大的省份有四川、河南、重庆、山东、广东及河北等，种植面积约占总面积的60%以上。甘薯主要用于食品加工、饲料和乙醇工业原料。甘薯亩产鲜薯约2~5吨，淀粉含量在18%~30%，约8吨甘薯可生产1吨燃料乙醇。甘薯的收获季节在秋冬季，含水量约70%，易冻伤和腐烂，每年因腐烂及其他原因损失的甘薯约占总产量的30%~50%。目前，中国甘薯种植面积呈缓慢下降趋势。

中国甘薯每公顷平均产量为21.3吨，试验产量已有每公顷超过75吨的报道，大面积每公顷平均产量获得45吨是比较容易的，按照30%干物率计算，每公顷可生产薯干13.5吨。据有关资料统计，2.8~2.9吨甘薯干可生产1吨乙醇，而生产同样数量的乙醇需要玉米3.2吨，小麦3.3吨。

中石油集团与江苏省盐城市政府已经签订了生物能源产业发展合作框架协议，重点支持在盐城市发展甘薯燃料乙醇项目，拟建设年产10万吨的甘薯燃料乙醇项目，年甘薯需求量约90万吨。四川省编制的生物质能源发展规划中提出，到2012年要建设40.2万公顷高淀粉品种原料基地和数家甘薯燃料乙醇生产线，全省要达到年产60万吨甘薯燃料乙醇的生产规模。

③甜高粱燃料乙醇

甜高粱是禾本科高粱属粒用高粱的一个变种，具有光合效率高、生物常量高和抗逆性强、适应性广等特点，由于甜高粱具有若干特有的生理学和农学特征，使它有着更广泛的地理分布范围，只要选择适当的品种，10℃以上积温2600~4500℃的地区（从海南岛至黑龙江）均可栽培甜高粱。最适宜栽培的地区是东北、华北、西北和黄淮河流域部分地区。东北地区包括黑龙江、吉林、辽宁和内蒙古的非高寒地区；华北地区包括北京、天津、山西、河北、山东、河南、湖北；西北地区包括陕西、宁夏、青海、甘肃以及新疆南部地区；黄淮河流域包括江苏、安徽等地。

目前，甜高粱在中国种植规模还不大，相对比较分散，以北方为主。目前，中国已培育出"醇甜系列""原甜系列""辽甜系列"等甜高粱品种，适于边际土地种植。甜高粱除获得亩产250~300公斤粮食外，还亩产茎秆4吨左右，汁液含糖量16%~20%左右，利用甜高粱茎秆富含的糖分，经过发酵可用来生产燃料乙醇，每16~18吨茎秆可生产1吨燃料乙醇。

目前，中国自主开发了以甜高粱茎秆为原料生产燃料乙醇的技术（称为甜高粱乙醇），并已在黑龙江、内蒙古、山东、新疆和天津等地开展了燃料乙醇生产试点，黑龙江桦川试点项目已达到年产乙醇5000吨。

日前，国内首家以甜高粱为原料年产10万吨燃料乙醇项目获国家发展和改革委员会和财政部核准，该项目建设地点选在土地盐碱化严重的内蒙古五原地区，由中兴能源公司负责前期建设和后期运行管理。该项目的实施为燃料乙醇生产原料的多元化发展起到了很好的引导作用。

④甘蔗燃料乙醇

中国南方大部分地区都种植甘蔗,但由于中国食用糖的需求量较大及国际糖价较高等因素,企业直接生产蔗糖的利润高于生产燃料乙醇,所以甘蔗主要用来生产蔗糖。如果大量的甘蔗用来生产燃料乙醇,国内蔗糖市场必然会失衡,无法保证食糖的正常供应。目前国内主要采用生产蔗糖的副产品——糖蜜来生产燃料乙醇,产量较小。

由于中国"非粮"燃料乙醇生产技术基本成熟,但均处于试点探索阶段,亟须要对其成本效益、能源和环境效益等进行综合评估,对能源作物的土地供应潜力进行预测分析,下面章节将对其进行详细探讨。

⑤纤维素乙醇

为避免对粮食生产的威胁,我国发展燃料乙醇也正在从粮食为主的原料路线向非粮转变,当然,作为调节粮食供需余缺的手段,玉米燃料乙醇仍将保持适度的规模。2010年,我国可再生能源在能源结构中的比例将提高到10%,到2020年将达到16%左右。到2020年,我国需要在新能源领域的投资达8000亿元左右,致力于发展新能源将带来巨大商机。目前很多企业盲目上马新项目,已经涉及粮食安全问题,从大方向来看,不能再用粮食做燃料乙醇。用非粮物质替代石油将是长远的方向。我国农村劳动力丰富,在田头地角都可以种植纤维素原料植物,更有条件发展。

基于粮食安全为题,人们开始寻找新的出路,把希望寄托在第二代、第三代生物燃料。

第二代生物燃料以生物质为原料,它们不再需要用粮食制造,转而采用不可食用的纤维素,比如用麦秆、玉米秆生产乙醇。但目前的主要问题在于用来分解纤维素的酶成本太高,造成整个生产成本太高。随着科技进步和关键技术的突破,第二代生物燃料将会进入产业化阶段。

第三代生物燃料主要包括从海藻中提取油脂。种植海藻不需要占用土地和淡水资源。美国能源部估计,如果要全部用海藻燃料代替化石燃料,需3.8万平方千米的海面。布朗葡萄藻和小球藻比较容易种植,但它们的油脂很难提炼。作为第三代生物燃料项目,从海藻中提炼生物燃料的研究正处于实验室阶段,我国也在研究,但距离实现商业化阶段还有一定的距离。

纤维乙醇主要是以农林业废弃物为原料,合理的开发利用这一资源,可有效地增加农民的收入,将农林业废弃物变废为宝,即增加了农林业生产的价值,又起到了保护生态环境作用,符合循环经济运行模式,对解决中国"三农"问题具有较大贡献。纤维素乙醇的生产工艺为绿色工艺,其中产生的几乎每一种副产品或废物都可以被再利用,相对于化石能源的生产对环境造成的污染和危害来说,纤维素乙醇项目属于环境友好型工业。

【2】生物柴油

中国是世界第三大生物液体燃料生产国。2007年中国政府出于粮食安全的考虑,紧急出台政策限制玉米燃料乙醇生产,林业生物柴油成了未来生物液体燃料发展的重点方向之一。如国家林业局已经编制了《全国能源林建设规划》和《林业生物柴油原料林基地"十一五"建设方案》,在"十一五"期间,中国发展生物柴油能源林83万公顷,到2020年定向培育能源林1330万公顷,满足年产600万吨生物柴油生产的原料需要。

为了促进生物柴油产业发展,中国政府专门制定了生物柴油产业发展优惠政策。2006年政府颁布了《关于发展生物质能源和生物化工财税扶持政策的实施意见》,明确规定对生物能源与生物化工行业实施建立风险基金制度、实施弹性亏损补贴;原料基地补助;对具有重大意义的技术产业化企业的示范补助及税收扶持4大财税优惠政策。2007年9月《生物能源和生物化工农业原料基地补助资金管理暂行办法》正式出台,规定对林业原料基地给予3000元/公顷补助。

我国生物柴油的研究与开发起步较晚,系统研究始于"八五"期间,利用废弃植物油制取生物柴油,同时进行燃料油植物资源的调查及栽培技术研究。"九五"期间,生物柴油产业发展速度加快,各方面的研究都取得了阶段性成果,一部分科研成果已达到国际先进水平。研究内容涉及油脂植物的分布、选择、培育、遗传改良及其加工工艺和设备。目前国内很多公司都已开发出拥有自主知识产权的技术,相继建成了规模超过万吨的生产厂,标志着生物柴油这一高新技术产业已在中国大地上诞生。

3 经济成本

[1] 燃料乙醇

目前我国生物燃料产品与其他发达国家如美国、德国、日本、欧洲国家、巴西相比还不具备竞争优势，存在的主要问题是：

1）生物燃料产品能耗和生产成本高

目前国内最好生产水平是吉林燃料乙醇厂，全部采用国外先进技术设备，在乙醇生产技术、污水处理以及节能环保方面已做到吨燃料乙醇原料消耗3.1吨，耗能0.5~0.6吨（折标煤），耗水8吨左右。但与美国相比差距还很大，如美国吨乙醇能耗约为0.4吨标煤。生产成本我国约在5836元/吨，与燃料乙醇生产成本最低的巴西（1881元/吨）相比，存在着巨大的差距。

2）产品生产数量不具竞争优势

虽然我国生物燃料产量居世界第三位，但目前乙醇产量不足170万吨，生物柴油不足20万吨；距第一和第二位的产量差距较大，如巴西乙醇产量约为3653万吨，美国乙醇产量约为3192万吨；

3）土地资源不具优势

根据2006年9月国土资源部公布的数据，我国人均耕地面积已下降到约933米^2。美国人均耕地7000米^2，是世界人均耕地（2300米^2）的2.9倍，巴西人均耕地面积为20000米^2，加拿大人均耕地是我们的18倍，印度是我们的20倍。目前我国已经有664个市县的人均耕地在联合国确定的人均耕地约533米^{2}的警戒线以下。基于这种耕地资源和人口发展现状，近50~100年，以粮食为原料生产燃料乙醇是不现实，也是不可能长久持续的。所以，我国不应盲目效仿美国和巴西发展燃料乙醇的经验，而应该分析我国国情，从实际出发，寻找可持续发展的资源。从土地资源方面看，我国不具备赶美国和巴西的发展模式。

【2】 生物柴油

1）生物柴油生产成本

①提高技术水平，降低生产成本

目前生物柴油应用范围有限，最主要的原因是生产生物柴油的成本过高，而生物柴油原料油成本占生物柴油总成本的75%，因此原料价格对生物柴油的经济性起着第一位的作用。要降低生产生物柴油的原料成本，在短期内应利用现有的各种废油脂和含油脚料生产生物柴油，如餐饮业废油，皮革、橡胶产业等工业废油，油脚料等。从长远看来，必须从生产生物柴油的含油动植物上考虑降低其成本。首先，所选用的含油植物尽可能不要同食用油的来源冲突；其次，它的生产量要大，生产周期要短。

另外提高技术水平，根据不同的原料，采取不同的工艺，也可以提高生物柴油的收率与质量。例如，对于含磷脂等胶质多的回收油，可用适量水与硫酸处理，以脱除胶质与混杂物，然后脱水，再用作生物柴油原料。对于含饼渣，泥浆等机械杂质为主的回收油，可用蒸汽直接加热至100℃左右，静置，破乳后，分出透明油，易于脱水，然后制取生物柴油。对于含碱性皂、乳状物的回收油，可用适量无机酸煮（pH3~4），然后静置、分出水与乳状物，上层油可做原料。

总之，对于不同来源的回收油，应先了解其中的主要成分与杂质，再采用有针对性脱除杂质的有效方法进行适当预处理。

油脂和生物柴油的许多生产工艺可以结合起来。例如食用油目前国内提倡使用榨出工艺，而生产生物柴油的原料油则可以使用廉价的浸出工艺；食用油的后期需要精炼，而生物柴油的原料油则可以除去此过程；浸出溶剂可以考虑用甲醇或乙醇，这样就可以结合超临界流体技术生产生物柴油。如果把两种工艺结合起来，可以大大减少多余的工艺过程，降低生物柴油的生产成本。

②副产物联产，开展综合利用

对于大部分废动、植物油原料，可以利用醇解反应，使其中的甘油酯转化为甲酯与甘油，在醇解反应后下层水液中富含甘油，经过适当技术分离与提纯，可以获得工业甘油。此外，粗制甲酯往往经过减压蒸馏才能获得优质生物柴油，馏出物为主产品——生物柴油，剩余物又称"植物沥青"，可以进一步制成铸造黏结剂，建筑防水涂料。对于富含植物甾醇的原料油（如玉米油、米糠油等），此蒸馏剩余物中富含植物甾醇（通常大于5%），可以作为制取甾醇的原料，植物甾醇在制药、化妆品、食品等行业有广泛用途。我国甘油一直处于供不应求的状况，尤其是高纯度（>99.5%）的甘油几乎全部依靠进口。因此，在开发生物柴油的同时，联产高纯度天然甘油有重要意义。甘油是生物柴油生产过程中的一个主要的副产物，生物柴油生产过程中主要的化学反应是酯交换反应，通过甲醇将油脂中的三羧酸甘油酯的甘油基取代下来，形成长链脂肪酸的甲酯和甘油。

1吨油菜籽可制取约160千克生物柴油，同时可副产16千克甘油。而纯度高达99.7%的特级甘油价格为2000美元/吨。因此，制取生物柴油与精致甘油工艺联产，将能取得较为理想的经济效益。生物柴油的生产过程中，如果同时兼顾副产物甘油的生产，甘油的产量也是很高的。这样做一方面缓解了甘油供不应求的现状，同时又降低了生物柴油的生产成本，提高附加值，有利于生物柴油的推广。

2）生物柴油的规模化生产

生物柴油的商业化和规模化应用是一项系统工程，原料的规模生产、收集、原料运输与加工、燃料油成品加工、运输、销售等都是重要的环节。中国要实现生物柴油产业化，需要农、林业、油脂加工业、石油化工等相互配合并实现相互技术支撑。目前我国生物柴油产业发展主要存在着成本过高，原料资源不足；规模小，副产物综合利用率差，经济效益不高；政策支持力度不够；生物柴油产业还存在与科研结合不紧密，在生产技术上存在着能耗高、工艺复杂和二次污染等问题。

生物柴油生产成本的75%来自于原材料，如何获得丰富、廉价、可作为能源用途的植物油料资源是生物柴油产业化必须解决的关键问题。目前，我国现有生物柴油企业的主要原材料来源均取自于植物油下脚料或城市地沟油、泔水油，但下脚料资源总量有限，远远不能满足生物柴油产业快速发展对原料的需要，并且面临与日化行业争抢原材料资源的问题。另外，由于下脚料等废弃油脂资源成分复杂，来源不稳定，导致以其为原料生产的生物柴油产品质量不稳定。由于我国人口多，人均耕地少，人均消耗可食用油脂数只相当于发达国家的1/3，食用的植物油需要大量进口，我国不能像欧盟国家和北美国家一样直接采用食用植物油做生物柴油的原材料。研究、开发和利用新型燃料油植物资源，是生物柴油产业发展所面临的核心问题。

生物柴油生产规模的大小直接关系到企业的经济效益，生产线规模的设计不仅要考虑到可提供原料来源，而且还要考虑到生产工艺设备条件等因素，从表3-30、表3-31可以看出，不同规模生产线生产生物柴油的成本不同，专家建议目前采用生产规模在10万吨/年生物柴油生产线比较适合我国国情。另外，生物柴油生产会产生甘油等副产物，经过进一步提纯深加工等可以开发出附加值高的药用级甘油、环氧树脂材料、水性油墨、1，3-丙二醇等产品，从而增加生物柴油生产企业的收入。目前我国生物柴油生产线几乎没有开展副产物的深加工综合利用，因此经济效益不显著。

表3-30 不同规模的资金投入

	规模			
规模（万吨/年）	0.5	3	10	30
所需资金（亿元）	0.49	1.7	2.8	7.8
所需原料（万吨）	1.8	8.4	30	110
产量（万吨/年）	0.5	3	10	30

表3-31 不同规模及不同原材料价格所产生物柴油成本

产品（元/升）　规模（万吨/年）　原料（元/千克）	0.5	3	10	30
2	3.9	3.66	3.2	3.1
3	4.6	4	3.6	3.6
4	5.6	4.5	4.2	4.2
5	6.18	5.4	5.2	5.2

此外,我国生物柴油产业还存在与科研结合不紧密的情况,产品质量不高,质量标准不健全,企业拥有自主知识产权的成果、新技术不多,生物柴油产业化开发应用利用技术单一等问题。生产仍然是常规工艺和技术,存在能耗高、工艺复杂、成本高和二次污染严重的问题,尽快开发高效、低能耗、低成本和无公害转化技术。一方面,企业没有自己的科研实验平台与研发团队;另一方面,科研单位没有自己的技术成果转化平台,不能及时将自己的研究成果转化成生产力。

4 应用前景设想

(1) 燃料乙醇发展前景

我国是一个石油净进口国,石油储量又很有限,大量进口石油对能源安全构成威胁。因此,发展生物燃料对我国来说就更有现实意义。而且,与石油、煤炭等燃料相比,生物燃料具有可再生、清洁和安全等优势。

专家指出,从全球范围来看,因利用粮食作物生产生物燃料而对全球粮食危机的影响很小,有些利用粮食作物生产生物燃料刚刚起步,把粮食价格上涨归罪于生物燃料显然欠妥。巴西不但发展了生物燃料工业,而且而同时成为全球效率最高、产量最大和出口最多的粮食大国。目前,巴西生物燃料已经取代了一半汽车所需的化石燃料。美国种植的玉米目前有1/3用来提取乙醇,美国市场上销售的汽油至少含有3%的乙醇。利用玉米等农产品生产生物燃料,或许会对粮食安全不利,而利用不可食用的生物原料生产生物燃料,不与粮食生产形成矛盾,相反还有很大的潜力可发掘。

为避免对粮食构成威胁,我国燃料乙醇的发展也正从以粮食为主的原料路线向非粮转变。2007年底国家发展和改革委员会批准在广西北海建设以木薯为原料年产20万吨乙醇项目,并于2007年底正式投产运营。所以,生物燃料不是该不该发展的问题,而是如何发展的问题,从长远看,对国家经济发展有利。

我国生物能源替代石油的中长期发展目标是,到2020年,生物燃料生产规模达到2000万吨,其中生物乙醇1500万吨、生物柴油500万吨。如果进展顺利,到2020年,达到3000万吨以上。目前我国石油对外依存度已经超过50%,预计到2020年进口3亿吨。通过各方努力有可能实现在2020年以前把我国石油的对外依存度控制在50%以下，提高我国能源安全。

为避免对粮食生产威胁，我国发展燃料乙醇也正在从粮食为主的原料路线向非粮转变，当然，作为调节粮食供需余缺的手段，玉米燃料乙醇仍将保持适度的规模。到2020年我国可再生能源在能源结构中的比例将提高到16%。到2020年，我国需要在新能源领域的投资达8000亿元，致力于发展新能源将带来巨大商机。目前很多企业盲目上马新项目，已经涉及粮食安全问题，从大方向来看，不能再用粮食做燃料乙醇。基于粮食安全为题，人们开始寻找新的出路，把希望寄托在第二代、第三代生物燃料。

第二代生物燃料以生物质为原料，它们不再需要用粮食制造，转而采用不可食用的纤维素，比如用麦秆、玉米秆生产乙醇。但目前的主要问题在于用来分解纤维素的酶成本太高，造成整个生产成本太高。随着科技进步和关键技术的突破，第二代生物燃料将会进入产业化阶段。

第三代生物燃料主要包括从海藻中提取油脂。种植海藻不需要占用土地和淡水资源。美国能源部估计，如果要全部用海藻燃料代替化石燃料，需3.8万平方千米的海面。布朗葡萄藻和小球藻比较容易种植，但它们的油脂很难提炼。作为第三代生物燃料项目，从海藻中提炼生物燃料的研究正处于实验室阶段，我国也在研究，但距离实现商业化阶段还有一定的距离。

【2】生物柴油发展前景

随着我国机动车保有量和化石柴油的供应不能满足需求，提供了生物柴油发展的广阔市场前景。统计数据显示，中国人均石油资源占有量目前仅为世界平均水平的1/10，属于人均占有油气资源相对贫乏的国家。据测算到2020年我国石油的需求量将达到4.1亿~5.5亿吨，到时候中国石油对外依存度将达60%。据介绍，柴油的供需平衡问题将是我国未来较长时间内的焦点问题之一。预计到2015年市场需求量将达到1.3亿吨左右。近年来，我国炼化企业的柴油产量不断提高，但仍不能满足消费需求。巨大的市场空间为生物柴油产业提供了广阔的发展空间。

生产和推广应用生物柴油的优越性是显而易见的：①原料易得且价廉。用油菜籽和甲醇为生产原料,可以从根本上摆脱对石油制取燃油的依赖。②有利于土壤优化。种植油菜可与其他作物轮种,改善土壤状况,调整平衡土壤养分,挖掘土壤增产潜力。③副产品具有经济价值。生产过程中产生的甘油、油酸、卵磷脂等一些副产品市场前景较好。④环保效益显著。生物质燃烧时不排放二氧化硫,排出的有害气体比石油柴油减少70%左右,且可获得充分降解,有利于生态环境保护。

1)生物柴油的竞争力不断提高

从世界范围来看,目前世界上含硫原油(含硫量0.5%~2.0%)和高硫原油(含硫量在2.0%以上)的产量已占世界原油总产量的75%以上,其中含硫量在1%以上的原油占世界原油总产量的55%以上,含硫量在2%以上的原油也占30%以上。炼油厂要在现有基础上,使柴油含硫量低、有良好的安定性及润滑性、较高的十六烷值和清净性,必须在装置调整上投入大量资金,并由此带来油品生产成本的提高,在这方面,各发达国家的炼厂均投入了重金。

随着生物柴油生产工艺的改进,使用生物柴油的发动机即可使用普通柴油的发动机,无需作任何改动,生物柴油可与普通柴油在油箱中以任何比例相混,并对驾驶动力无任何影响,驾驶者根本无法区分两者的驾驶动力差别。加之柴油替代燃料所用原料随着规模种植价格日趋低廉,使柴油替代燃料的生产成本逐步下降,因而,与常规柴油的价格正在缩小。

2)汽车车型柴油化的趋势加快

在欧洲,柴油车在新车中的比例2004年为45%,到2012年上升至53%。我国柴油汽车生产比例1990年为15%,目前约为26%,2020年将上升至30%。因此,我国柴油车产量的增长趋势还将继续下去,汽车柴油化是中国汽车工业的一个发展方向。

汽车车型柴油化趋势的加快主要是由于现代柴油机采用了电控发动机控制系统、高压燃油直喷式燃烧系统以及废气排放控制装置,已完全克服了传统柴油机的缺点,能够满足现行的国际排放标准,而这些装置和技术要求柴油含硫量低,有良好的安定性及润滑性,较高的十六烷值和清净性等。随着现代柴油机使用生物柴油燃料技术的成熟,目前在世界范围内出现的这种汽车车型柴油化趋势会进一步加快。

第五节
地热利用技术发展展望

地热是本土资源，对它开发利用的时间、规模和分布容易控制，不必担心卷入运输或主权的争端，而且，我国地热资源的潜力可以满足长期发展的需要。因此，地热资源的开发利用有利于提高我国能源系统的独立性和安全性。对于大型地热电站的硫氧化物和二氧化碳排放量只有燃煤电站的百分之几，基本上不产生氮氧化物，而且采用回灌技术可以避免土壤和地面水体受污染。因此，地热能作为替代能源不论是用于发电还是直接热利用，都能大幅度削减温室气体排放量，减轻对环境的不利影响。

随着地热能开发利用的技术的不断发展，新的技术发展可望降低

地热能的开发费用,增进地热能生产的稳定性和长期性。

到2020年全国利用浅层地热能的供暖和制冷面积将达到1亿米^2,换热功率达到5000兆瓦。到2030年,全国利用浅层地热能的供暖和制冷面积将达到2亿米^2,换热功率达到10000兆瓦。到2049年,全国利用浅层地热能的供暖和制冷面积将达到5亿米^2,换热功率达到25000兆瓦。

今后20到30年内地热发电将会有快速的发展,经预测,到2049年全球地热发电装机容量可达到140×10^{3}兆瓦。

用于高温钻井的测试和定向控制系统以及固井技术等,采用水压爆裂法、爆炸法或热应力法等建造人工储留层,利用循环井组开展高温岩体地热开采试验,进而建立我国第一个干热岩发电厂。到2020年,高温地热发电和干热岩发电装机容量达到75兆瓦。到2030年,高温地热发电和干热岩发电装机容量达到200兆瓦。到2049年,高温地热发电和干热岩发电装机容量达到500兆瓦。各种地热利用技术的成熟度和未来发展展望见图3-39。

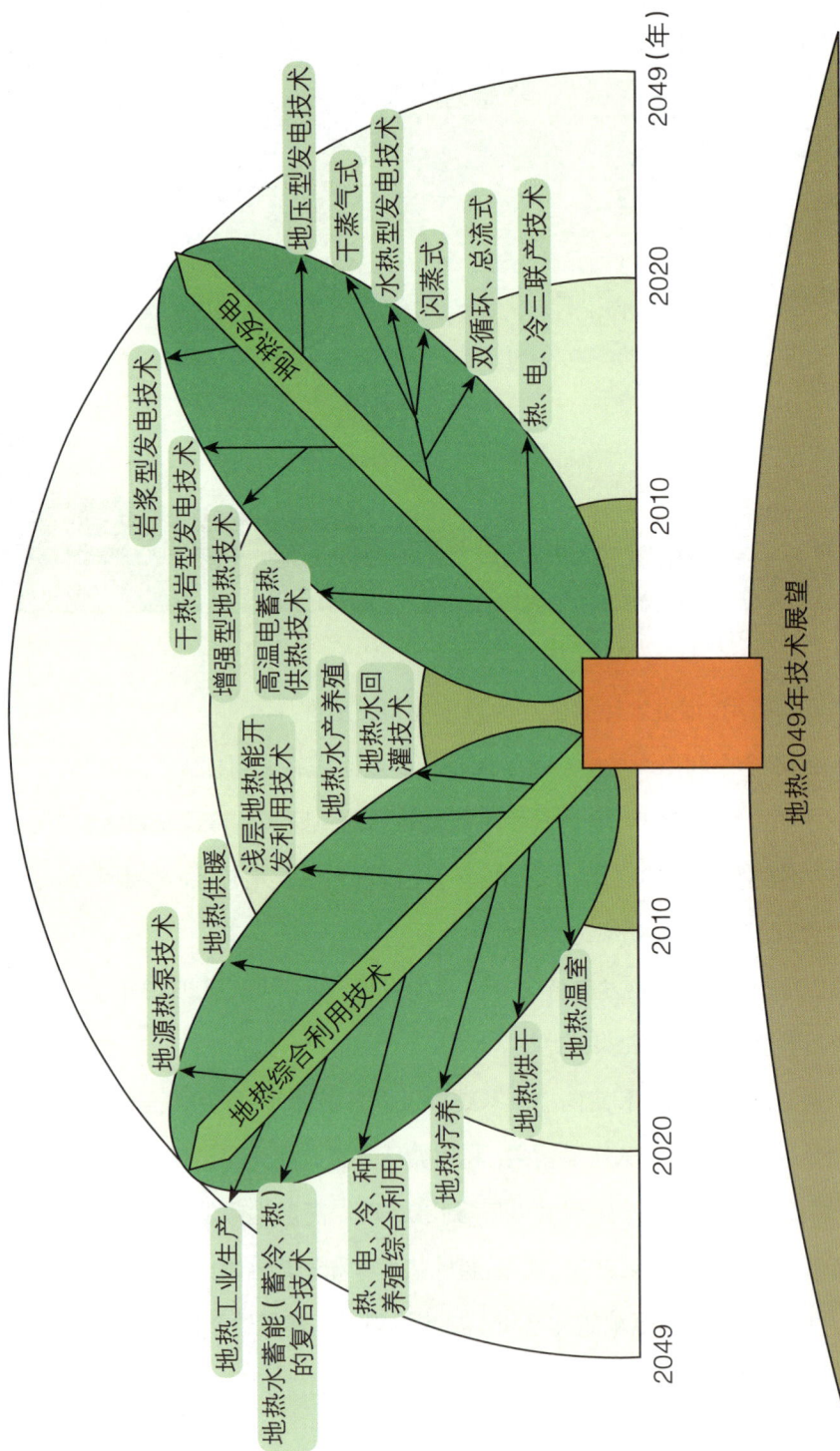

图3-39 地热利用技术发展展望

地热2049年技术展望

2049（年）

2020

2010

2010

2020

2049

发电

综合利用

地压型发电技术
干蒸气式
水热型发电技术
闪蒸式
双循环、总流式
热、电、冷三联产技术

岩浆型发电技术
干热岩型发电技术
增强型地热技术
高温电蓄热供热技术
地热水产养殖
地热水回灌技术

地源热泵技术
地热供暖
浅层地热能开发利用技术

地热综合利用技术
地热温室
地热烘干
地热疗养
热、电、冷、种养殖综合利用

地热工业生产
地热水蓄能（蓄冷、热）的复合技术

一、地热发电技术发展展望

1 技术描述

地热能是地球内部所蕴藏的天然热能。这种能量起源于地球内部的熔融岩浆和放射性物质衰变，以热能形式存在。

地热能资源按照其储存形式可以分为以下4种类型：

（1）水热型：即地球浅处（地下100~4500米）所见的热水和蒸汽；

（2）地压型：即在某些大型沉积盆地深处（地下3000~6000米）存在的高温、高压流体；

（3）干热岩型：埋藏于距地表2000~6000米深处，温度在150~650℃之间，不含水或蒸汽的热岩体；

（4）岩浆型：即储存在高温700~1200℃熔融岩浆体中的巨大热能。

受技术发展水平的制约，目前只有水热型地热资源得到商业开发利用，地压型和干热岩型的开发利用处于试验研究阶段，而岩浆型的利用尚处于概念研究阶段。

水热型地热资源按其温度可分为：

（1）高温地热资源（≥150℃），主要用于发电，发电后排出的热水可逐级利用；

（2）中温地热资源（90~150℃），用于双循环发电，供暖、制冷、工业干燥及脱水等；

（3）低温地热资源（<90℃），以直接利用为主，用于采暖、干燥、旅游及日常生活等。

247

水热型地热资源存在必须同时具备两个必要的条件：一是热，二是水，这客观上决定了水热型地热资源在全球的存量、分布及开发利用状况。

根据国际地热协会（IGA）的统计，2010年世界地热发电设备总容量为10715兆瓦，发电量约为67246吉瓦时；地热直接利用设备容量达到50583兆瓦，能量利用量达到438071太焦/年。从这些统计数据我们可以得出一个重要的结论，对于水热型地热资源，开发利用最多份额最大的是地热的直接利用（热利用），这是水热型地热资源开发利用的现状，也是未来的发展趋势。随着未来热制冷技术的进步，水热型地热资源的直接利用，包括地源热泵的应用会加速发展逐渐普及。直接利用是常规水热型地热能开发利用的主要方向。

2 发展现状

地热发电是转换效率高终端品质好的地热能开发利用方式。但是，在全球范围内的水热型地热资源中，适合于发电利用的高温或中高温地热资源。这类资源数量少，局限于一些特定的地区。地热发电的历史、现在以及地域分布忠实反映了资源分布的规律特点，相信未来也将仍然按照这样的规律发展下去。

世界各地大量分布的水热型地热资源，绝大多数是以（中）低温形式存在的。（中）低温地热资源温度较低，其发电的热效率和发电能力存在理论上限。与煤电机组40%左右的热效率相比较，地热发电的热效率要低得多，单位热水发电量较小也限制了地热发电的单机容量，这些均是水热型地热资源实现规模化、经济性发电的重要制约因素。

我国的地热资源虽然总体上比较丰富，但绝大多数为中低温地热资源，高温地热资源十分有限。根据我国地质调查结果，在全国已经发现3200多处地热异常，其中高温地热系统仅为255处，不足8%，其余均为中低温地热系统。这一部分有限的高温地热资源中基本都局限于西藏和云南腾冲地区，迄今也尚未探测到易于发电开发的干热蒸气地热资源以及浅层年青酸性侵入体有关的地热系统。这是我国地热发电规模有限，多年进展不大的根本原因。表3-32给出了我国地热发电的情况。

表3-32 我国地热电站情况汇总

电站名称 （地点）	建成 时间	功率 （kW）	类型 （工质）	地热水 温度（℃）	运行 状态
丰顺地热试验电站 （广东省丰顺县邓屋）	1970年12月	1号机组：86	闪蒸（水）	91	停运
	1978年12月	2号机组：300	双循环（异丁烷）	91	停运
	1984年4月	3号机组：300	闪蒸（水）	91	运行
温汤地热试验电站 （江西省宜春市温汤）	1971年7月	50	双循环（氯乙烷）	67	拆除
怀来地热试验站 （河北省怀来县后窑）	1971年9月	200	双循环（氯乙烷）	85	拆除
灰汤地热试验电站 （湖南省宁乡县灰汤）	1975年1月	300	闪蒸（水）	90	间断
熊岳地热试验电站 （辽宁省营口市熊岳）	1977年9月	100	双循环（正丁烷）	84	运行
招远地热试验电站 （山东省招远县）	1973年	200	闪蒸（水）	91	拆除
象州地热试验电站 （广西省象州县）	1975年月	200	——	76	拆除
羊八井地热电站 （西藏羊八井）	1977年1月	1号机组：1000	闪蒸（水）	145~172	停运
	1981年11月	2号机组：3000	闪蒸（水）		
	1982年11月	3号机组：3000	闪蒸（水）		
	1985年9月	4号机组：3000	闪蒸（水）		
	1986年3月	5号机组：3000	闪蒸（水）		
	1988年12月	6号机组：3000	闪蒸（水）		
	1989年2月	7号机组：3000	闪蒸（水）		
	1990年12月	8号机组：3000	闪蒸（水）		
	1991年12月	9号机组：3000	闪蒸（水）		
朗久地热电站 （西藏阿里地区朗久）	1987年1月	2000（实际最 高300kW）	闪蒸（水）	104	运行
那曲地热电站 （西藏那曲镇）	1993年11月	1000	双循环（异戊烷）	110	停运
清水地热试验电站 （台湾省清水）	1981年9月	3000	闪蒸（水）	226	停运
土场地热试验电站 （台湾省土场）	1985年	300	双循环	173	停运

据估计，在现有技术水平下，我国地热发电的经济性开发潜力为42太瓦时/年，不到2011年全国发电量的1%。受高温常规地热资源存量和分布的限制以及目前地热发电技术水平的制约，我国地热发电在一定时期内不可能有大规模的发展。片面过分强调地热发电的发展既无必要也不现实，且不经济。

地热发电技术方式分为地热干蒸气发电、闪蒸蒸气发电、有机朗肯循环发电以及联合循环发电。其中干蒸气发电主要适用于具有一定过热度的高温过热蒸汽地热资源或高温干蒸气地热资源。闪蒸蒸气发电也称"扩容"发电，主要适用于具有一定压力的高温或中高温湿蒸气地热资源。有机朗肯循环发电主要适用于中低温热水地热资源。而联合循环发电是将各种发电技术进行组合改进，提高发电效率，减少排放污染。

上述地热发电技术方式中，干蒸气发电和闪蒸蒸气发电基本上是完全成熟的技术，除回灌，腐蚀、结垢，专用发电设备效率、可靠性等工程技术问题外，商业化应用不存在任何问题。而这些工程技术问题，随着技术的发展进步，只要有足够的市场机会，完全可以得到有效缓解，甚至彻底解决。而有机朗肯循环发电及联合循环发电，国外已经开始从试验研究走向商业应用，我国在这方面还只停留于试验研究阶段，与国外相比存在一定的差距。但是，无论是国外还是国内，技术的成熟完善不会成为制约其大规模商业应用的障碍。制约其发展的是其定位的应用目标市场。如果这类技术定位的未来应用推广目标仍然是规模和前景受资源限制的中低温水热地热资源，由于技术复杂不可避免地带来的相对高昂成本，这种技术的应用前景是不容乐观的。从热力学原理上讲，强行开发利用存量大分布广泛的中低温热水地热资源并不合适。事实上，近几年有机工质循环及联合循环发电技术的持续研究，主要面向的是未来干热岩发电。未来干热岩由于规模和品质上的原因，有可能使这类技术成本上变得相对便宜可接受，为这类技术的规模化商业应用扫清障碍。

3 经济成本

水热型地热资源开发利用未来的发展方向主要还是直接利用，随着技术的成熟完善，成本的降低，包括地温能在内的地热直接利用将得到普及。未来10~20年，城市、大型社区等的供暖制冷能源消耗大部分将由地热能替代。地热发电方面，技术会完全成熟，工程问题会得到有效缓解和彻底解决，能够并适合用于发电的水热型资源会开发殆尽。但是由于资源自然禀赋特点的限制，在未来的能源结构中地热发电只会作为一种补充占据较小的份额，不可能成为未来能源供应举足轻重的角色。未来的热能开发利用，特别是发电应用的主角是以干热岩为代表的增强型地热系统（EGS），它极有可能给未来的能源供应带来革命性的变革。

未来地热能发展的方向——增强型地热系统（EGS）

增强型地热系统（Enhanced Geothermal Systems）是美国在对地下深层高温岩体储藏热能进行开发利用实验之后，对这些项目新开发的系统统称。美国能源部给EGS系统下了一个概括性定义：增强型地热系统是为了从低渗透性或低孔隙率的热量源提取具有一定经济数额的热能而创造的人工地下储水热交换系统。

现阶段EGS系统主要是指地下干热岩发电。其基本思想是在高温但不含水或极低渗透率的热岩体中，通过水压裂等方法制造出一个人工热储，将地面冷水注入地下深处以获取热能，然后将热水导出地面进行发电。

与其他可再生能源发电以及水热型地热发电相比较，干热岩发电主要有以下几个方面的优势：

（1）地理分布广泛：干热岩资源几乎不受地理位置的限制，可以在任何地理位置进行开采，有可能在电力负荷中心附近建设大型基本负荷或调峰负荷电厂。

（2）蕴藏量十分丰富：储存于干热岩中的地热能是十分巨大的。有资料以燃烧世界所有的煤炭获得的热量为基数进行估计，干热岩地热能的资源量大约是它的1.7亿倍，而石油则仅为其0.08亿倍，核燃料仅为其0.15亿倍。我国大陆3000~10000米深处的干热岩总资源达到$2.5×107$艾焦，相当于860万吨标准煤，是我国年度能源消耗总量的26万倍。

（3）环境污染小：基本上可以达到零排放，对环境不产生或很少产生影响。

（4）安全可靠：干热岩热能开发系统安全，没有爆炸危险，更不会引起灾难性事故或伤害性污染。

（5）稳定性好：资源稳定可靠，电能转换技术成熟，所发电能品质良好，调峰性能很好。

（6）利用成本低：随着技术的不断成熟，规模化开发建设成本可能降到合理的范围。

（7）技术可行：美国、英国、法国、日本等国先期所进行的大量研究及试验工作已经证明了干热岩发电技术的可行性，发达国家经过多年的不断探索研究和试验开发，已逐渐掌握了干热岩发电技术的基本环节。

4 应用前景

(1) "十二五"规划的地热发展目标

《中国可再生能源"十二五"发展规划》中规划了合理开发利用地热能：统筹规划和有序开展地热直接利用，加快浅层地温能资源开发，适度发展各类地热能发电。规划的指标是：到2015年各类地热能开发利用总量达到1500万吨标准煤，其中，地热发电装机容量争取达到100兆瓦，浅层地温能建筑供热制冷面积达到5亿米^2。

(2) 展望

中国工程院主持的《中国能源中长期（2030，2050）发展战略研究》指出我国能源战略应将年能源消耗限制在40亿吨标准煤的水平，必须大力发展可再生能源，非水能的可再生能源的战略定位，2010年前后是补充能源，相当于6百万吨标煤，占全国能源需求的2%±；2020年前后成为替代能源，相当于180百万~330百万吨标煤，占全国能源需求的5%~10%；2030年前后成为主流能源之一，相当于400百万~800百万吨标煤，占全国能源需求的10%~19%；2050年前后成为主导能源之一，相当于880百万~1710百万吨标煤，占全国能源需求的17%~34%。在该《战略研究》中对地热发展的战略目标如表3-33所列。

表3-33　中国地热能中长期发展战略目标汇总表

利用项目		2013现状	2020年	2030年	2049年
发电利用 MWe	高温地热发电 *	25.18	75	200	500
	中低温地热发电 *	0.6	2.5	20	100
	干热岩地热发电 *	无	试验	25	200
直接利用 MWt	中低温地热直接利用	3239	4000	6500	10000
	浅层地热能利用	3000	14000	25000	50000

* 这是指依靠国家政策加强支持力度的情况，如按现状政策估计各值减半

1）地热资源开发有不受气候和季节影响、地热电力稳定和高效等优势，但是也有受地热地质条件限止、勘探和资源评价周期长、地热钻井成本高等缺点。西藏羊易地热田早就完成了勘探和资源评价，因此"十二五"建成32兆瓦地热发电是现实的，但西藏其他高温地热田尚未完成勘探阶段，国土资源部现已令中国地质调查局安排部分重点地热田的勘探，但要想在完成勘探后再地热发电，则时间进度不现实。

2）作为西藏地热发电的特例，国家发展和改革委员会已给予国电龙源2兆瓦地热发电的上网电价补贴，此事开始有了转机，江西华电决定投资建设羊易地热电厂，由此可望"十二五"我国地热发电达到60兆瓦装机容量，并能以此作为示范样板，引导今后地热发电的健康和加速发展。

3）浅层地热能利用由于资源普遍、技术相对简易，又有地方补贴政策，因此发展迅猛，如果继续保持30%的年增长率，则"十二五"的5亿米^{2}建筑应用可望实现。

4）作为当前世界前瞻性的干热岩技术研究，科学技术部和国土资源部均已安排下达了相关科研项目，在"十二五"开始了实质性研究。美国2007年称其在10~15年内可望实现商业化，我们现在开始投入研究，积极参与国际合作，至少可望在2030年前实现零的突破，实现中国工程院《中国能源中长期（2030，2050）发展战略研究》的地热能目标。

二、地热供热发展展望

1 技术描述

地源热泵是一种利用地下浅层地热资源（也称地能，包括地下水、土壤或地表水等）的既可供热又可制冷的高效节能空调系统。地源热泵通过输入少量的高品位能源（如电能），实现低温位热能向高温位转移。地能分别在冬季作为热泵供暖的热源和夏季空调的冷源，即在冬季，把地能中的热量"取"出来，提高温度后，供给室内采暖；在夏季，把室内的热量取出来，释放到地能中去。热泵机组的能量流动是利用其所消耗的能量（如电能）将吸取的全部热能（即电能+吸收的热能）一起排输至高温热源。而其所耗能量的作用是使制冷剂氟利昂压缩至高温高压状态，从而达到吸收低温热源中热能的作用。

过去对于10~15℃的温度是无法利用作为供暖热源的，但是依靠地源热泵方式可以开采地下水和土壤中如此低温的浅层地热能用于供暖，还可以兼用于夏季的制冷。地源热泵的高效节能和减排CO_2引起世界的特别重视，20多年来北美、北欧和西欧发达国家快速发展，在2000年前后引进我国后以惊人的速度发展，2005年我国的地源热泵发展接近世界前10名。至2010年我国的地源热泵工程应用装机和用能已发展至世界第二位。国家"十二五"可再生能源发展规划提出地源热泵的发展要达到3.5亿米^2，这既是地源热泵产业的一盘巨大蛋糕（有估价700亿元），也是在现有状态下（如果不作努力适应）难以达到的目标，需要在政府政策下行业企业努力适应，来维持可持续的高速发展。

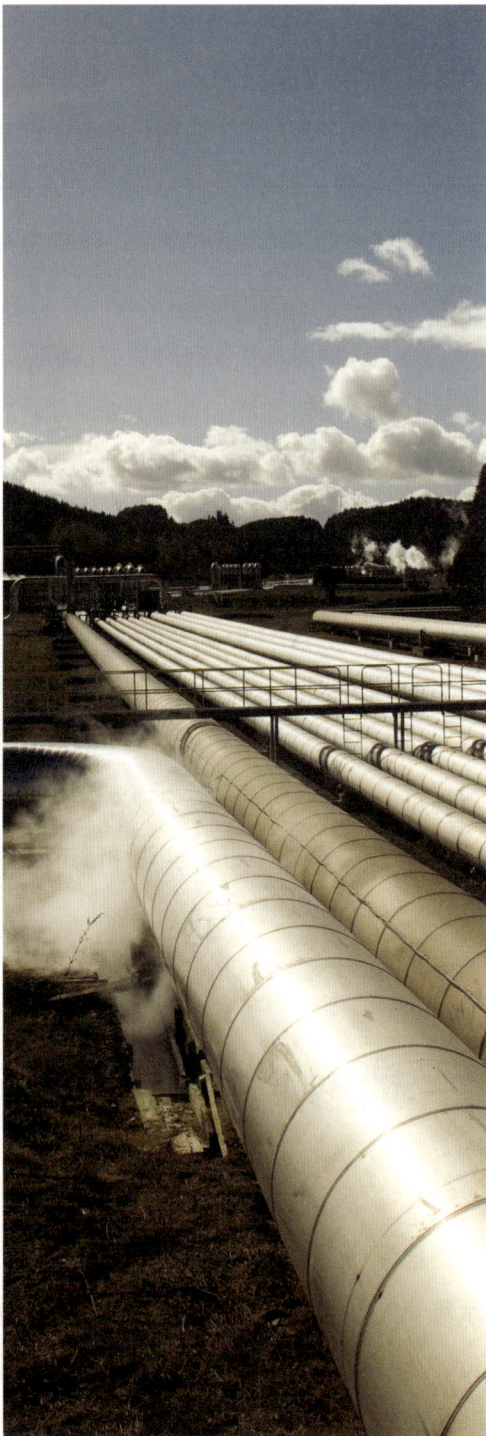

2 发展现状

我国最初的地源热泵工程应用,以北京起步最早,发展最快,2006年北京市地源热泵工程应用面积738万米²,居全国之首。此后北京虽然每年增长300万~500万米²,但沈阳市的地源热泵应用后来居上,2007年跃居全国第一,并保持至今。北京和沈阳市的发展带动了全国。全国各省、市、自治区全都出现了地源热泵工程应用,包括边远的西藏和新疆。

近些年来,我国地源热泵工程应用每年的扩展面积极大,2007年增长了近1800万米²;2008年增长了2400万米²;2009年更增长了3870万米²,使全国地源热泵总利用面积达1.007亿米²。这个数字在2010年的世界地热大会上,已经使中国地源热泵在世界上的排名跃升至世界第二位。2010年以来,全国地源热泵工程应用的发展格局略有调整,沈阳和北京两市的发展速度略显放慢,但在国内中东部地区出现了高速发展。河南全省多地近年地源热泵应用大发展,现总数已超过2192万米²,仅次于沈阳和北京,居全国第3位。江苏省在计划经济时代没有房屋冬季供暖的福利,现在经济富裕,人民生活水平提高,开发商建设地源热泵供暖的商品房大受欢迎,开发商获得了更多收益,也带动了更多的后来者,使地源热泵行业得到了快速发展。2011年底全国地源热泵总利用面积超过1.6亿米²,其利用浅层地热能的功率约5800MWt。中国地源热泵近年的平均年增长率超过40%,这个速度远远超过了世界地源热泵近10年来保持的近20%年增长率。

3 经济成本

通常地源热泵消耗1千瓦的能量,用户可以得到5千瓦以上的热量或4千瓦以上冷量,所以我们将其称为节能型空调系统。

(1) 初投资比较

初投资中包括了从冷热源到管网以及室内终端的所有投资项。热泵的初投资高于锅炉,但从总初投资看,由于地源热泵可供暖供冷,一机两用,一次投资全年使用,节省了冬季供暖的投资,因此地源热泵的初投资要低于锅炉加空调系统的总投资。

(2) 供暖成本比较

煤锅炉供暖成本最低，其次是地源热泵、天然气锅炉，油锅炉最高。以地源热泵为基准比较各方案供暖成本，煤锅炉比地源热泵低30%，而天然气锅炉要高40%，油锅炉要高70%。

(3) 空调成本比较

地源热泵的空调运行成本要低于单冷空调，低约30%左右。

(4) 与锅炉（电、燃料）和空气源热泵的供热系统比较

锅炉供热只能将90%~98%的电能或70%~90%的燃料内能转化为热量，供用户使用，因此地源热泵要比电锅炉加热节省2/3以上的电能，比燃料锅炉节省1/2以上的能量；由于水源热泵的热源温度全年较为稳定，一般为10~25℃，其制冷、制热系数可达3.5~4.4，与传统的空气源热泵相比，要高出40%，其运行费用为普通中央空调的50%~60%。

1）地热采暖经济成本

按上面提出的三种地热热泵供热方案和两类地热资源——地热利用后的尾水或新钻地热井，作供暖基本热源加热泵调峰进行供热。进行方案技术经济参数计算和分析的依据是北京某工程的实际参数：地热供水温度55℃，流量80吨/小时；采暖回水温度按35℃计算；采暖面积5万米^2，按建筑节能要求，采暖热指标为50瓦/米^2。当地能源价格为：电价0.136元/千瓦时，地热水费0.13元/吨，自来水水费0.17元/散热器应合理选择。计算发现，对55℃以下的低温采暖，如采用常规暖气散热器，所需要的散热器面积至少要增加50%，相应投资也将增加50%。目前一种新兴的地板辐射散热器正在兴起和使用，地板辐射散热器埋在房间地板下，散热方式是由下向上辐射散热，适合人的身体和生活需要。这一特点，即使是降低它的供回水温度，如采用50℃/35℃，对它的散热效果也没有太大影响。这使得地板辐射散热器在低温采暖中有很强的竞争力。因此，可结合建筑实际情况，终端可采用暖气散热器，或采用地板辐射散热器。根据上面所提到的条件和参数，对三种地热热泵供热方案进行具体的计算，结果见表3-34、表3-35。表3-35列出了不同采暖终端，新钻地热井系统的投资和单位运行成本的计算结果。从3种地热供热方案看，方案1的投资低，供暖成本也低，但没有生活热水供应。综合比较，方案3既有供暖，又有生活热水供应，同时还兼顾夏季空调，运行成本最低，投资费用处在方案1和方案2之间，可作为优选方案。表3-35列出了计入和不计地热井时的经济参数计算结果。不计入地热井时，系统只有热泵、管网和采暖终端，没有地热井的投资和运行费用，其供暖成本只有计入地热井系统的55%左右。

表3-34　地热热泵供热方案经济参数估算

采暖终端	地热供热方案	地热井管网终端投资（万元）	热泵初投资（万元）	热泵单位耗电费（元/米²）	供暖单位成本（元/米²）	生活热水初投资（万元）	供水单位成本（元/米²）	初投资总计（万元）
暖气散热器	1	600	124	0.70	18.02	/		724.0
	2	600	169	1.22	19.55	46	1.35	815.0
	3	600	67		17.60	46	1.35	713
地板散热器	1	890	124	0.70	19.24	/	/	1014.0
	2	890	169	1.22	20.78	46	1.35	1105.0
	3	890	67		18.82	46	1.35	1003.0
暖气增加投资	1	460	124	0.70	15.83			584.0
	2	460	169	1.22	17.37	46	1.35	675.0
	3	460	67		15.41	46	1.35	573.0

表3-35　地热热泵供热与锅炉供热的比较

项　目	供热方案	供暖系统初投资（万元）	供暖单位成本（元/米²）	生活热水系统投资（万元）	供水单位成本（元/米²）	初投资总计（万元）
计入地热井费用	地热热泵供热方案1	584	15.83	/	/	584
	地热热泵供热方案2	629	17.37	46	1.35	675
	地热热泵供热方案3	527	15.41	46	1.35	573
地板散热器	地热热泵供热方案1	334	8.28	/	/	334
	地热热泵供热方案2	379	9.66	46	1.35	425
	地热热泵供热方案3	277	7.70	46	1.35	323
锅炉	燃煤锅炉供热	215	13.65	70	4.50	285
	燃煤锅炉供热	240	26.76	105	11.32	345

2) 地热热泵供热与锅炉供热的比较

通常用户比较关心的是地热热泵供热能否与传统锅炉供热相竞争,为此计算了燃煤、燃气锅炉供暖及生活热水供应的初投资和单位成本,见表3-37,并将地热热泵供热方案(有无地热井费用两种情况)与锅炉供热二者进行投资和成本比较。

由表3-37可见,燃煤锅炉的供暖单位成本为13165元/米^2,地热热泵调峰供暖方案3的供暖单位成本为15141元/米^2,比锅炉高13%,不计地热井时供暖成本为7170元/米^2,约只有锅炉的56%。但燃气锅炉的供暖成本已超过了供暖收费标准20元/米^2。比较生活热水供应成本,地热只有1135元/吨,低于燃煤锅炉4150元/吨,低于燃气锅炉11132元/吨。

应当说明,当地热与锅炉供热方案进行对比时,占地面积引起的经济效益差别不能忽视。锅炉房要包括煤、灰场和运输通道,通常地热井方案占地可能只及锅炉房方案的1/5左右。

3) 地热热泵供热的节能环保效益

与传统锅炉供热相比,采用地热热泵供热可以取得节水和节煤效益。如按生活热水供应量200吨/日计算,年供水量为73000吨,采用地热供应生活热水取代锅炉加热自来水方式,则年节水量为73000吨,这不仅节约水费约5万元,更主要的是节省了清洁水,这对缺水地区是非常有意义的。

按5万米^{2}的建筑采暖,年单位耗煤量21153千克/米^{2}计算,采用地热热泵供暖替代锅炉供暖,每个采暖季可节省耗煤量1077吨。另外按生活热水供应量73000吨/年,如采用锅炉加热,计算出年耗煤量为817吨/年。这样可以计算出采用地热供热替代锅炉供热,每年可节煤1894吨,按煤价230元/吨计算,相当于节省4315万元。

替代燃煤锅炉供热,年节煤1894吨所减少的对空气污染量,可计算出相应治理污染量所需的费用约1417万元。按上述所计算的替代燃煤锅炉供热所达到的节水、节煤和环保效益,可以得出一个总的效益值:5万元(节水)+4315万元(节煤)+1417万元(环保)=6312万元/年,这是地热热泵供热替代燃煤锅炉供热所取得的间接效益。

4 应用前景与展望

近十几年来，尤其是近5年来，地源热泵空调系统在北美，如美国、加拿大及法国、瑞士、瑞典等国家取得了较快的发展，中国的地源热泵市场也日趋活跃，可以预计，该项技术将会成为21世纪最有效的供热和供冷空调技术。

依靠地源热泵技术开发浅层地热能替代过去传统的锅炉供暖，减少二氧化碳和粉尘排放，创造了极好的环境效益。伴随地源热泵工程应用的快速增长，为适应市场急速膨胀的巨大需求，国内地源热泵生产企业的发展成为行业发展的另一个特点。我国生产热泵机组的厂商由21世纪初的几家，现已发展至超过200家，分布在山东、北京、深圳、大连、杭州、苏州、广州等地。

中国地源热泵行业的大发展依赖于国家政府的政策和资金支持以及这些年来用户对地源热泵技术的市场认可。国家政府的支持，一方面是政策性的扶持，各地给地源热泵的应用给予政策性补助；另一方面是公益性的扶持，国土资源部布置各地开展浅层地热能的资源评价，划出地源热泵的适宜开发区和较适宜开发区，避免用户的风险损失。

用户市场的认可在地源热泵的发展中也起到重要作用。地源热泵的初期主要应用是在政府办公楼、学校、医院等公共建筑，偏重于国家投入为主；或作为大型国企为职工谋福利，基本上不属于用户掏钱。后来的形势已发生变化，现在南京市等过去没有集中供暖设施的城市，开发商建住宅小区应用地源热泵为各户提供供暖，虽然提高了建设成本，但受到用户欢迎，因为供暖的舒适成为吸引，地源热泵的性能效果也已历经考验而得到了市场的认可。

第六节
海洋发电技术发展展望

21世纪被称为海洋的世纪,是因为面对世界人口急剧膨胀、陆上资源日渐枯竭、环境条件不断恶化这三大问题,人类则将未来发展的希望寄托于尚未得到充分开发的海洋中。海洋占地球表面积的70%以上,水量占地球上总水量的97%。海洋中蕴含着极其丰富的资源,具有重要的战略价值。

随着人类社会发展与陆上资源环境的变化,人类将大规模向沿海地区集中,海岸地带的人口密度激增,海岛、海上人工岛及基于超大型浮体结构的海上城市建设将成为人类活动的另一重要场所,海上移动式资源综合补给平台将为人类的海上生产生活提供补给,海洋油气资源的开发将成为化石能源开发的主战场。各种海洋能利用技术的成熟度和未来发展展望见图3-40。

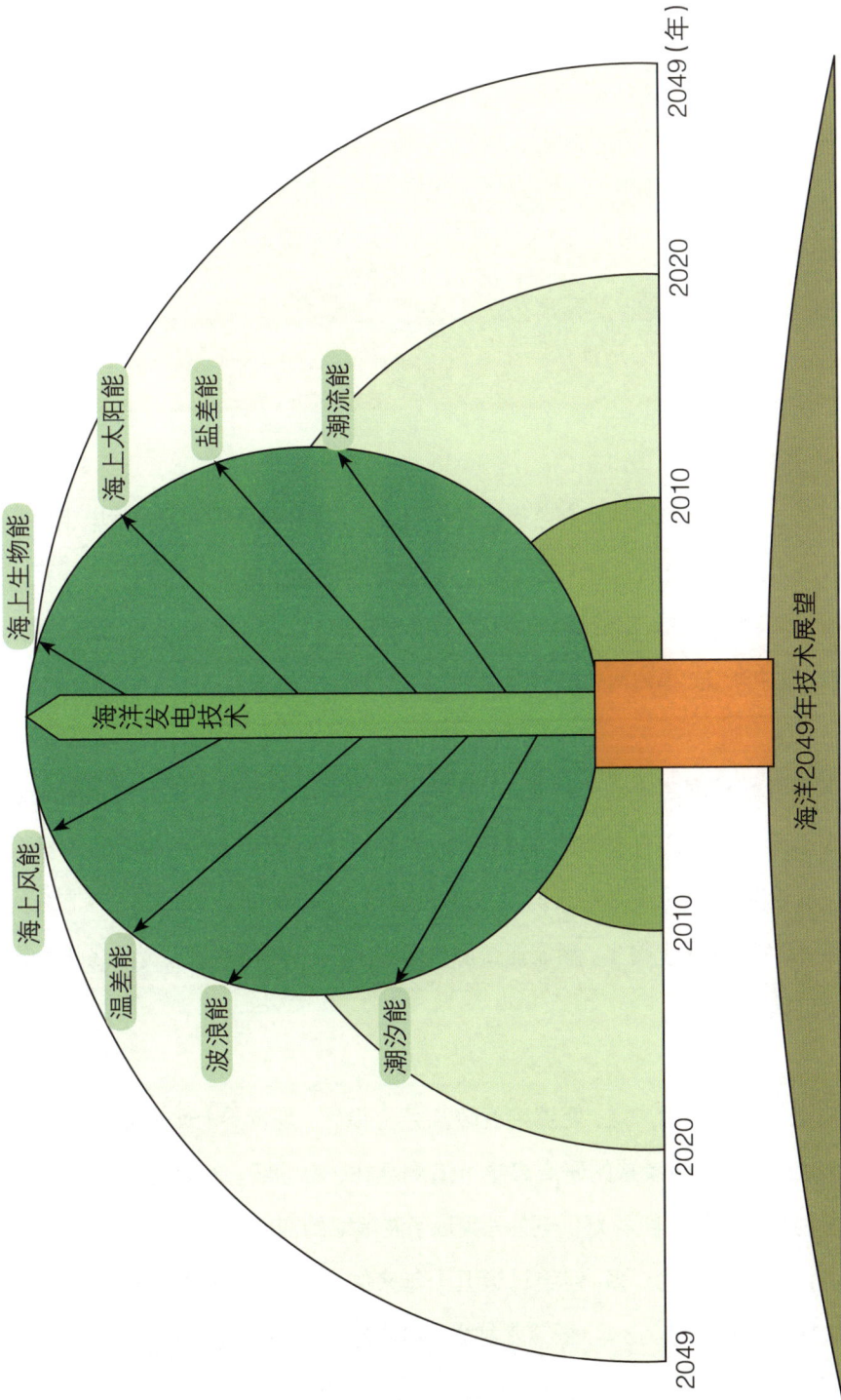

图3-40 海洋能利用技术发展展望

2049（年）

2020

2010

潮流能
盐差能
海上太阳能
海上生物能
海上风能
温差能
波浪能
潮汐能

海洋发电技术

海洋2049年技术展望

2010

2020

2049

一、技术描述

海洋能通常是指海水中蕴藏的可再生自然能源，主要包括潮汐能、波浪能、海流能（潮流能）、温差能及盐差能等。广义上的海洋能还包括海上风能、海上太阳能及海洋生物质能。从总体来看，我国海洋能资源储量巨大，分布不均匀，能量密度适中，开发潜力巨大，其中潮汐能可开发量为2100万千瓦，波浪能理论平均功率为1285万千瓦，海流能理论平均功率可达1395万千瓦，海上风能可开发储量为7.5亿千瓦，开发前景非常可观。

1 潮汐能

潮汐能是指海水潮涨和潮落形成的水的势能，其利用原理和水力发电相似，是目前技术上最为成熟的海洋能门类。中国潮汐能的理论蕴藏量达到1.1亿千瓦，在中国沿海，特别是东南沿海有很多能量密度较高，平均潮差4~5米，最大潮差7~8米。其中浙江、福建两省蕴藏量最大，约占全国的80.9%。

2 潮流能

潮流能是指海水流动的动能，主要是指海底水道和海峡中较为稳定的流动以及由于潮汐导致的有规律的海水流动。海流能的能量与流速的平方和流量成正比。潮流随潮汐的涨落每天两次改变大小和方向，相对波浪而言，海流能的变化要平稳且有规律得多。潮流能资源较好的地区一般集中在岸边、岛屿之间的水道或湾口。

3 波浪能

波浪能分布最为广泛、能流密度较高且不稳定，是世界上研究最多的海洋能种类之一。波浪能装置的研究最早可追溯至18、19世纪。20世纪60年代日本研究者利用波浪能为航标灯供电首先实现了波浪能的商业化开发。

波浪能利用方式众多，但经过近几十年来的发展，目前其基本利用方式从能量转换角度可归结为3类：振荡水柱式、聚波越浪式和机械液压式。

4 温差能

海洋温差能是指表层海水与深层海水之间水温差的热能。美国、日本及法国在该领域内处于领先地位。温差能最早利用是由法国科学家在19世纪提出的。

温差能是储量最大的海洋能，全球海洋温差能的理论储量估计为100亿千瓦。海洋温差能被国际社会普遍认为海洋温差能的转换是最具开发利用价值和潜力的海洋能资源。我国南海地区的温差能资源极为丰富，南海资源的开发将为温差能在该地区的发展提供最有力的推动。

综上所述，海洋能的发展潜力主要体现在以下几个方面：

（1）海洋能资源储量巨大，分布广泛，开发前景可观；

（2）海洋能装置可灵活布置、不存在间歇、受昼夜和季节影响小、不占用岸线和土地资源等其他新能源所不具备的特点；

（3）海洋能开发利用技术发展迅速，关键技术瓶颈有望短时期内得以突破，具备了规模化开发利用的基本条件；

（4）在人类走向海洋这一不可逆转的趋势变革中，海洋能将成为海洋资源开发与利用中最重要的能源支撑体系；

（5）随着偏远海岛、深海资源开发，"海电海用"与"陆电海送"相比将具有不可比拟的优势与潜力。

二、发展现状 ▶▶▶

1 国外研究现状

　　欧美国家在对海洋能开发利用选址、经济技术和环境影响等全面评估基础上，已经提出了不同类型的原型设计，并在试验室或海上开展了试验研究，部分装置已经并网发电开始商业化运营。

(1) 波浪能

　　波浪能开发的主要形式为波力发电，其能量转换主要包含两个过程：能量一次转换过程是利用波浪能装置将波浪能量转换为发电机可利用的机械能，能量二次转换过程则利用传统方式将机械能转换为电能，并完成从波浪能到电能的转换。按照能量一次转换机械能的特征，波浪能装置可分为三类：振荡水柱型（机械能为空气动能）、聚波越浪型（机械能为低水头产生的流体动能）和机械液压型（机械能形式为液压缸压力或机械传动力）。

　　1）振荡水柱型（Oscillating Water Column，简称OWC）：

　　振荡水柱装置由于结构简单、无水下活动部件、造价低、可靠性高而成为世界上应用最为广泛的波能发电形式。目前各国投入商业化并网运行的岸式波能发电装置多为振荡水柱式：①"巨鲸号"波能发电船（Mighty Whale）是由日本海洋科学技术中心继20世纪70年代和80年代的"海明号"（Kaimei）之后开发的最新海上波能发电试验平台。其波能发电的基本原理与"海明号"相同，利用波浪进入气室后产生的振荡水柱，推动空气带动透平发电机组工作。"巨鲸号"长50米、宽30米，外形像一条巨鲸，见图3–41。"巨鲸号"的嘴是海浪的进口，其腹中前部并排设有3个气室。不同的是，"海明号"的8台发电机是纵向排列的，这样排在前面的浪大发电能力就大，越到后面就越小。"巨鲸号"改变了这一设计，采用了并排设

图3-41 "巨鲸号"波能发电船（Mighty Whale）

置，提高了波能利用率。其背部可提供用于养殖的平静海面，并为进一步研究提供海上试验平台。

②复合振荡水柱装置（Multiple Oscillating Water Column）是由英国开发的波能转换装置，见图3-42。该装置包含6个气室，不同于传统振荡水柱工作模式的一点是，气室被调节为对应不同的波浪频率。这样可以适应多个入射波浪频率，从而达到增加波能俘获率和整体波能转换效率的目的。输出的流动空气可带动特别设计的自适应空气透平发电机组工作。为降低应用成本和可靠性，该装置主要被应用于近海的天然气和石油钻井平台。

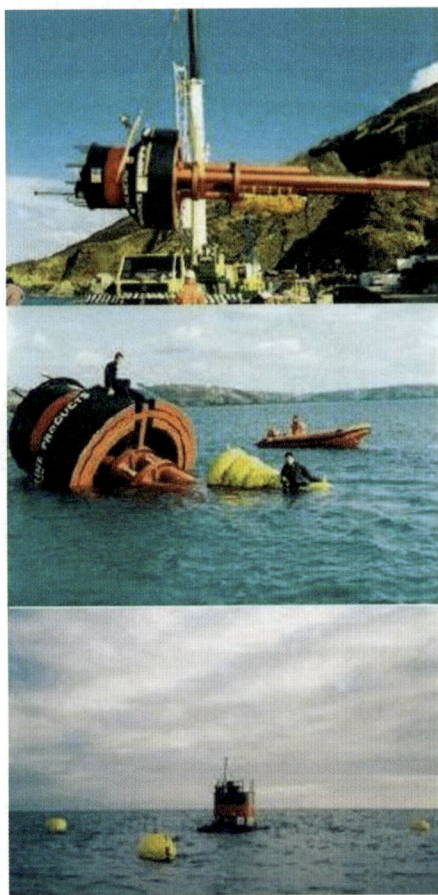

图3-42 复合振荡水柱装置（MOWC）

③奥斯普瑞波能装置（OSPREY）：意为海洋涌浪动力可再生能源（Ocean Swell Powered Renewable Energy）装置，如图3-43所示。该装置为波—风能两用近岸装置。1995年英国制造了第一座OSPREY，称为OSPREY I，为2兆瓦沉箱式波（OWC）—风力电站。计划置于15~20米水深，距海岸1千米之内。波能装置为振荡水柱式，具有一个气室，两个直立气管。该装置1995建造完毕，但下水时受到损坏，九个沉箱中的两个破损，加之遇到恶劣海况，致使装置下沉，无法上浮。最后只能将装置上的透平及其余设备拆除，而装置主体则于1995年8月27日破坏沉没。OSPREY I沉没之后，英国又开始研建OSPREY 2000，装机容量仍为2兆瓦。采用低成本的钢—混凝土标准件结构元件，可以迅速安装和拆卸，尽量减小对环境的冲击，结构寿命为60年，机电设备更新寿命为20年。由于吸收了OSPREY I的教训，新OSPREY 2000采用的是组合结构和更好的安装程序，使海上安装时间缩短到最小。

(a) OSPREY I　　　　　　(b) OSPREY 2000

图3-43　奥斯普瑞波能装置

④葡萄牙PICO岛500兆瓦岸式波能电站：采用振荡水柱模式，建于葡萄牙亚速尔群岛的皮考（Pico）岛。如图3-44所示，气室尺寸为12米×12米，气室建造采用现场施工方法。采用2.3米直径的威尔斯（Wells）透平。透平年平均功率为124千瓦，最大瞬间功率为525千瓦，转速在750~1500rpm之间。该电站于1999年开始试运行，目前仍在并网发电。

⑤英国500千瓦岸式波能装置（LIMPET 500）：英国波能公司在欧洲共同体资助下，与英国女王大学合作，在其20世纪90年代开发的75千瓦的岸式波能装置

基础上,于2000年在苏格兰的伊斯莱(Islay)岛建设了500千瓦的振荡水柱式的波力电站LIMPET500,见图3-45(Land-Installed-Marine-Powered Energy Transformer)。站址选择在已有岸线的陡峭岸壁处,钢筋混凝土的前壁结构伸入水面以下,气室的底部与海水相连,顶部为空气柱。平均波能密度为15~25千瓦/米,并装备有两台功率为250千瓦的威尔斯透平发电机组,目前已进入商业化运营阶段,电力可供400户居民使用。

图3-44　葡萄牙500千瓦岸式波能装置

(a) 开工建设前的海岸原貌　　　　(b) 建成后的电站

图3-45　英国500千瓦岸式波能装置(LIMPET 500)

图3-46　澳大利亚岸式波能装置(Energetech)

⑥澳大利亚岸式波能装置：是由澳大利亚能量科技（Energetech）公司开发的一种新型振荡水柱式波能转换装置，见图3-47。该公司宣称他们设计的抛物线形反射面可有效聚集波浪，波峰能够沿抛物面中轴线向气室运动，其独特设计的空气透平具有转速低，扭矩高的特点。此外，透平工作时的噪声与传统透平相比也较低。该装置可与海岸建筑及港口防波堤配套建设，但对工作水深和岸线长度有较高的要求。

2）聚波越浪型（Overtopping Type）：该装置利用聚波结构，通过聚集波浪并翻越至低水头水库，形成高于平均海平面水头的水体，在返回大海过程中带动水轮发电机完成能量转换。渐缩水道式装置（TAPCHAN）：渐缩水道式装置是基于聚波理论的一种波能转换装置，工作原理类似于传统的低水头电站。建设要求在海边设置一个高水位的蓄水池，而无需进行额外爆破和水坝工程。如图3-47（a）所示，渐缩水道由一个喇叭形的聚波器和一个通向蓄水池的渐缩楔形导槽构成。当波浪进入导槽宽阔的一端向里传播时，波高不断放大，直至波峰溢过边墙，将波浪能转换成势能。蓄水池中的水通过水轮机房流回大海，发电采用常规水轮机组。挪威波能公司（Norwave A.S.）于1986年挪威MOWC电站附近建造了一座装机容量为350千瓦的采用渐缩水道的聚波水库电站，如图3-47（b）所示。该装置的优点在于波能的转换没有活动部件，可靠性好，建设及维护费用低且出力稳定。但不足之处在于，该装置要求的平均波能较高，潮差不能高于1米，而且对地形要求过于严格，不易于进行推广。

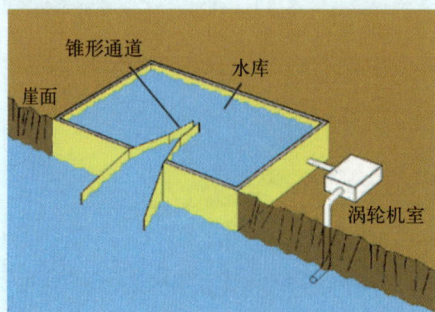

(a) 装置原理示意图　　　　　　　　(b) 挪威聚波水库电站

图3-47　渐缩水道式装置（TAPCHAN）

3）机械液压型：振荡浮子式装置在欧洲被称为第三代装置，由于结构与波浪直接接触获能，因此能量转换效率较高，可在不同水深条件（特别是超过40米的深水区）下工作。但由于与第一代波能装置相比，结构部件较多，锚固系统较复杂，因此在近年来才得到较大发展。

【2】潮（海）流能

潮流发电水轮机作为从海洋潮流能中获得水流动能转换为电能的能量转换装置，是潮流能发电系统的核心组成部分之一，其换能能力的强弱是评价整个发电系统性能优劣的重要指标，目前国外有关潮流发电的一级换能装置主要有水轮机和摆动装置。现分述如下：

1）轴流水轮机

轴的安装方向与水流方向平行，一般用于水深大于25米的流层。如MCT公司制造的水轮机"SeaGen"。如图3-48所示，中间立柱桩固于海底，单个转子旋转直径18米，在流速3米/秒工况下，发电功率达2.5兆瓦。叶片采用180°范围内变倾角系统，以适应双向海流。为方便安装和维护，升降系统可以把转子和两翼托出水面。"SeaGen"采用双转子结构，减弱了单转子与立柱共线布置引起的紊流，提高了获能系数，升降系统使维护成本降低，但露水部分妨碍水上交通，立柱桩固于海底，能够抵御波浪等恶劣环境的冲击，但水下作业技术难度大，成本高且回收困难。为不妨碍水上交通，MCT计划下一步设计一种六转子水流发电装置"2nd generation"，装置完全淹没于水中，性能成本和"SeaGen"相差不多，其可靠性需要进一步验证。

图3-48 "SeaGen"水轮机　　　　图3-49 "TidEL"水轮机

英国SMD Hydrovision设计的一种锚泊式水轮机TidEL，如图3-49所示，单个转子旋转直径18.5米，在流速2.3米/秒的工况下，发电功率1兆瓦，该系统采用海底的两个锚固定在一定范围内悬浮，翼形室和转子的浮力提供张力，使锚泊系统张紧，而且可以释放到水面。变速恒频技术使TidEL在各流速段均能达到最佳水动力性能；叶片定倾角系统使结构简化，成本降低；机械密封使翼形室内保持空气环境，使用价格相对便宜的部件成为可能；锚泊固定方式，使整套装置柔性增强，易装易挪，且可以完全淹没于水中，克服了"SeaGen"露出水面的缺点，但抵御海洋恶劣环境的能力不够。

"SeaGen"和"TidEL"均采用双叶片转子，结构简单，运输方便，但相对同种结构的多叶片转子，其获能能力较低，转子交汇部受力均衡性差，应力集中明显。Lunar Energy公司设计的Rotech Tidal Turbine（RTT）采用多叶片转子，克服了上述两种转子的缺点，重力基固定方式，易安装回收，如图3-51所示。目前正在设计制作中的RTT2000高32米，长30米，重2500吨，重力基占了大部分质量。在3.1米/秒流速下，RTT输出2兆瓦、11千伏、50~60赫兹的三相交流电。工作时水轮机带动水泵，水泵驱动液压马达，马达驱动发电机发出电能。在结构上，RTT采用了双向管状聚流装置，使流体能更加集中，相同工况和发电量下减小了转子尺寸，聚流装置能够改变流体流向，如图3-50所示，确保流体垂直流经转子，减小转子所受侧向力，在流向多变的工况下可提高获能效率。

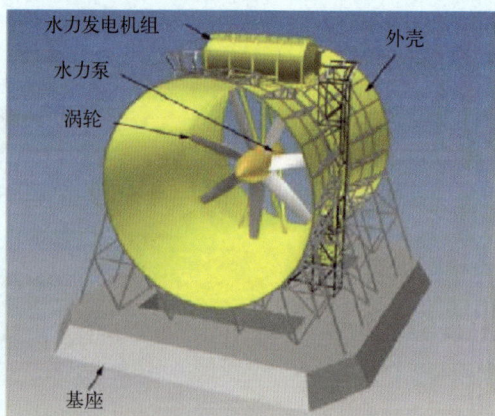

图3-50　Rotech水轮机

2) 混流水轮机

轴的安装方向与水流方向垂直。如意大利阿基米德 (Ponte di Archimede) 公司设计的三叶片Kobold水轮机, 转向与水流方向无关, 如图3-51所示, 转子直径6米, 叶片长5米, 叶片弦长0.4米, 在2米/秒流速下最大发电功率40千瓦。3个叶片由3对放射状横臂支撑。实验和数值模拟证实, Kobold四叶片水轮机性能最好, 考虑到整个结构的应力特性和成本, 最终采用三叶片方式。叶片定倾角固定方式使转子结构简化, 但效率降低, 平均获能效率约23%左右。实验和海试时, 水轮机轴上转矩是重点监测数据之一, Kobold采用非接触式同轴转矩表和信号自动采集系统监测记录转子轴上实时转矩和转速信号, 如图3-52所示。目前, Ponte di Archimede公司正与中国、菲律宾、印度尼西亚开展合作关系, 共同开发这些国家潮流能丰富的海域和水道。

在结构上类似于Kobold的另一种水轮机Gorlov Helical Turbine (GHT), 由美国GCK公司设计, 转子直径1米, 长2米, 叶片呈螺旋状, 起转流速0.5米/秒, 工作时叶片线速度约为水流速度的2倍, 在1.5米/秒流速下额定发电功率1.5千瓦, 平均获能效率33%。这种转子的转动方向由安装方式决定与流向无关, 适用于流向多变的水况下, 可采用竖轴或横轴安装方式, 柔性强。但叶片形状复杂, 最佳尺寸参数难以选取, 且叶片加工工艺复杂。

图3-51 Kobold水轮机

图3-52 转矩测量装置

上述两种混流式水轮机均采用叶片定倾角控制方式，能量转换效率低、自起动能力差、易产生气穴现象。近几年，混流式变倾角水轮机逐渐发展起来。有关数据显示，变倾角水轮机比固定倾角水轮机在正常工作且同等水况下效率高28%，电力成本低20%。

类似装置如英国DTI设计的垂直轴变倾角水轮机，如图3-53所示，叶片与转子通过铰链连接，绕转子轴旋转的同时自转，适当的自转控制方式可以使叶片在各位置角所受圆周切向力最大，产生最大转矩，提高能量转换效率。已知的一种叶片变倾角控制系统如伦敦大学机械工程学院。

设计的液压机械控制系统，转子发出的电能作为动力来源，驱动液压控制系统工作。实验结果证实，他们采用的叶片倾角余弦控制方式使获能系数有很大提高，转子起转能力也得到改善。

图3-53 直叶片变倾角水轮机

3）摆动发电装置

摆动方式分为上下震荡型和拨动型。它们共同特点是往复运动的水翼，代替了旋转叶片。典型装置如英国Engineering Business设计的上下震荡获能装置"Stingray"，如图3-54所示，该装置在2.4米/秒流速下，额定功率150千瓦，采用液压传动系统，摆臂由主副两段组成，为防止过多的升力损失，主摆臂摆角范围一般控制在35°以内。与水翼相连的副摆臂受PLC和dSPACE算法控制，使得水翼在主臂摆动的任何一个位置都有一个合适的攻角，获取最大潮流能。在水翼力分析中，升力系数和阻力系数与攻角有关，一般从经验中获得。受单个周期的长短对"Stingray"性能影响很大，增加摆臂的长度，可以使旋转中心受到转矩增大，但也引起整个摆动装置惯性增加，不一定能缩短循环周期。"Stingray"发电功率的大小由多个参数共同决定，这就需要一个复杂的监控系统，这种监控系统的设计制作大大提高了电力成本。目前Engineering Business公司正从技术上缩短"Stingray"的循环周期，寻找一个周期内的最佳控制路径，并在实际操作中论证"Stingray"的商业化。他们计划下一步设计第二代500千瓦"Stingray"发电装置，该装置装有3个水翼，单个水翼展长27.7米，弦长1.77米，如图3-55所示工作时水翼由原来绕定点摆动变为上下震荡，单个循环周期20秒，预计第二代"Stingray"规模化后电力成本降低为原来的1/3。

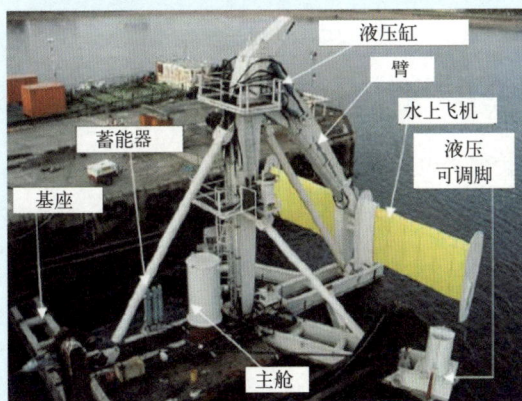

图3-54 上下振荡发电装置"Stingray"

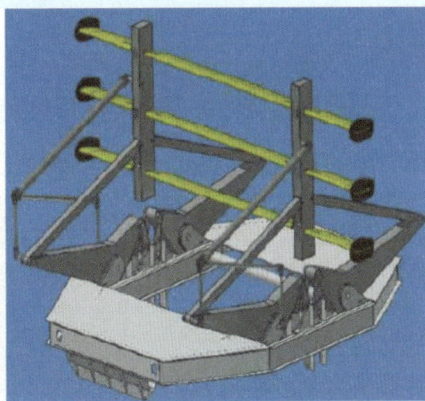

图3-55 第二代"Stingray"

发电装置的安装固定也是潮流发电关键技术之一，主要方式有重力基、海打桩（包括单立柱和双立柱型）和锚泊式，在水深小于40米的情况下一般采用力基型和单立柱型，水深大于40米时采用双立柱型和锚泊式。这些安装方式中，重力基型硕大笨重，运输困难；海底打桩和锚泊式涉及深水作业，安装回收成本高。目前出现了一种新的安装固定装置，克服了上述固定方式缺点。由英国Robert Gorden大学设计的"Sea Snail"，如图3-56所示，利用水翼在流场中的升力效应，这种向下的升力使装有四个锯齿状脚座的"Sea Snail"紧贴于海底，不会滑动或翻转。

图3-56 Sea Snail

【3】 潮汐能

国外潮汐电站的开发是从19世纪开始的。1912年德国在胡苏兴姆建成了世界上第一座潮汐电站，从此开始了将潮汐能转变为电能的历史。

到了20世纪20年代，一批潮汐电站的设计方案陆续提出，如阿倍尔·富拉克潮汐电站（法国，1924年）、弗列涅潮汐电站（法国，1925年）、圣·河塞潮汐电站（阿根廷，1928年）、克渥吉潮汐电站（美国，1935年）、布祖姆潮汐电站（德国，1940年）、基斯洛湾潮汐电站（俄罗斯，1939—1940年）等，但真正付诸实施的并不多。

直到1967年，世界上第一座大型潮汐电站——朗斯潮汐电站在法国投入商业运行。该电站装机24×1万千瓦。1968年前苏联建成基斯洛湾潮汐电站，装机

1×400万千瓦。1984年加拿大建成芬迪湾安纳波利斯中间实验潮汐电站,采用单库单向发电方式,安装1台容量为2万千瓦全贯流式水轮发电机组,转轮直径7.6米,额定水头5.5米。这是目前世界上单机容量最大的潮汐发电机组。1980年中国江厦潮汐试验电站第一台机组建成发电,电站总装机3200千瓦(1×500千瓦,1×600千瓦,3×700千瓦),其装机规模目前排名世界第三。韩国已建成的始华湖潮汐电站,装机26万千瓦,共有6台机组发电。

(4) 温差能

1881年法国物理学家德尔松瓦首次提出了海洋温差发电的构想,1930年古巴在曼坦萨斯建成了第一座22千瓦的开式温差能发电装置。1964年美国安德森提出利用闭式循环,将蒸发器和冷凝器沉入海水中,发电站采用半潜式。这样既可减少系统自用电耗,还可避免风暴破坏。20世纪70年代以来,美国、日本、西欧、北欧诸国的研究工作几乎全部集中在闭式循环发电系统中。

1979年美国在夏威夷州海面一艘驳船上成功运转了一艘MINI-OTEC的闭式发电机组,见图3-57。1993年美国在夏威夷建成了海洋温差能转换实验电厂,见图3-58。系统发出50千瓦的电力,净输出功率15千瓦。1981年日本在瑙鲁建成了世界上第一座功率为100千瓦的岸式试验系统,此外还在其国内建成了九州德元岛50千瓦工程。

图3-57 MINI-OTEC的闭式发电机组   图3-58 美国夏威夷海洋温差能转换实验电厂

温差能发电系统可在制氢后将氢气输送回大陆，解决了以往海上电力铺设投资巨大的问题，随着能源紧缺及对可再生能源的重视，加之氢能源需求的日益加大，针对海洋温差能的研究又重新活跃起来，美国、日本、印度继续加大对海洋温差能的研究和资金投入。

佐贺大学海洋能源研究中心于2002年被"21世纪COH计划"选中后，在2003年建成了新的实验据点——伊万里附属设施。目前正在利用30千瓦的发电装置进行实证性实验。若再配备海水淡化装置的话，在发电的同时还可得到淡水和深层水，可直接作为矿泉水饮用。电解后还能得到燃料电池用氢。富有养分的深层水回灌海洋后能形成新的渔场。海洋温差发电的优点是不仅能发电，在经济上还能带动很多相关产业。图3-59是印度Kavaratti岛海水温差淡水生产设备图。

图3-59　印度Kavaratti岛海水温差淡水生产设备

日本的日立造船和里见产业还在印度试验海水温差发电，拟于试验成功后推广用于发动机冷却水和海水的温差发电，为船舶用电设备供电。该方式不产生CO_2，大型化后使成本可达核电水平，是较有前途的发电方式。由于此技术适于在表层海水温度较高的地区实施，印度政府在有关水域建设1000千瓦级发电试验，进而为发展2万~5万千瓦机组打下基础，日立造船提供有关设备，总投资为10亿日元，若规模达10万千瓦时，可比火电成本低，而与核电水平相当。2009年与美国海军研究用温差能解决关岛海军陆战队用电和淡水的问题。

随着国外海洋温差能技术的发展，海洋温差能研究的重点主要集中在闭式循环系统。关键技术和设备开发以提高海洋温差能的发电效率为目的，围绕热力循环和高效蒸发器、冷凝器、氨透平等设备进行研制。

【5】盐差能

海洋盐差能是指海水和淡水

之间或两种含盐浓度不同的海水之间的化学电位差能。主要存在于河海交接处。盐差能是海洋能中能量密度最大的一种可再生能源。通常，海水（35‰盐度）和河水之间的化学电位差有相当于240米水头差的能量密度。这种位差可以利用半渗透膜（水能通过，盐不能通过）在盐水和淡水交接处实现。利用这一水位差就可以直接由水轮发电机发电。盐差能的利用主要是发电。其基本方式是将不同盐浓度的海水之间的化学电位差能转换成水的势能，再利用水轮机发电，具体主要有渗透压式、蒸气压式和机械—化学式等，其中渗透压式方案最受重视。

目前，盐差能利用的核心技术仍未突破，还没有试验装置研发成功，距离海试与产业化仍很遥远。

2 国内研究现状

（1）波浪能

我国波浪能利用的研究始于20世纪70年代末，80年代以后获得了较大的发展，微型波力发电技术已经成熟，小型波浪发电技术已经进入世界先进行列。在政府的持续支持下，目前已建造了多座波能示范电站。"八五"期间科学技术部支持研究建造了20千瓦岸式振荡水柱波能装置、5千瓦漂浮式振荡水柱波能装置和8千瓦摆式波能装置各一座，其中20千瓦岸式振荡水柱波能装置可以与柴油发电机并联发电；"九五"期间科学技术部、中国科学院和地方政府共同支持研究建造100千瓦岸式振荡水柱装置和30千瓦摆式装置各一座，其中100千瓦岸式振荡水柱装置发电并入电网，30千瓦摆式装置与风能装置并联发电，为岛上居民供电，上述装置目前都未能进行长期运行。

（2）潮（海）流能

国内进行潮流能研究的单位主要有哈尔滨工程大学、浙江大学、东北师范大学和中国海洋大学几家单位。哈尔滨工程大学从20世纪80年代开始一直从事这方面的研究，先后研制了"万向I"70千瓦和"万向II"40千瓦等竖直轴海流能水轮机发电装置，目前正在承担国家科技支撑计划项目"150千瓦潮流能电站技术研究与示范"。东北师范大学曾研制出1千瓦和2千瓦的水下漂浮式水平轴潮流能装置，目前正在研制20千瓦的海流能水轮机样机。浙江大学前期研制过5千瓦和25千瓦的水平轴海流能水轮机的样机。

中国海洋大学在前期承担的国家863计划项目"海洋潮流能驱动的柔性叶片发电设备研究"（2006AA05Z428）中曾研制出了5千瓦级的潮流能发电装置样机，如图3-60所示，并在青岛胶南斋堂岛水道成功进行了海试和运行，已于2009年11月顺利通过科技部组织的验收。通过项目的研究与实践，搭建了潮流能水轮机水槽模型试验平台和水动力学性能测试方法；对潮流能资源状况和试验海区的海洋环境要素有了较全面的了解和认知；在潮流能发电装置的设计、制造、安装、海上施工和运行维护等方面取得了一定的经验；在涉及的密封、防腐、防污关键技术方面获得了较好的解决方案；在发电机组检测控制系统研制和电力的储存、传输与变换技术方面取得了一定的进展；为潮流能发电的规模化开发利用奠定了良好的基础。

图3-60　海试中的5kW潮流能发电装置

【3】潮汐能

我国自1958年开始研究开发利用潮汐能,于20世纪60年代开始建设潮汐电站,至1985年先后建成沙山、岳浦、江厦等约40余座潮汐电站。由于种种原因,大部分已经关闭,目前还在运行的仅有3座潮汐电站,其中2座位于浙江省境内,如表3-36所示。

表3-36 国内目前正在运行的潮汐电站

站名		江厦	海山	白沙口
所在地		浙江温岭	浙江玉环	山东乳山
装机容量 (kW)	现有	3200	250	640
	设计	3000	150	960
平均潮差(米)		5.08	4.91	2.36
水库面积(公顷)		137		320
投产年月		1908.5	1975.12	1978.8

自1985年江厦潮汐试验电站全部建成发电至今20年,我国潮汐能的开发利用处于停滞状态,不仅没有兴建新的潮汐电站,已建的潮汐电站有的因机组失修而报废停运,有的因大电网延伸到沿海边远地区,与大电网相比电价过高而退出竞争市场,有的因经营困难而关闭。

【4】温差能

我国台湾于20世纪80年代开始开展温差能方面的研究,并对热电厂温排水和海水温差发电进行了可行性研究。1985年中国科学院广州能源研究所开始对"雾滴提升循环"方法进行研究。1989年,该所还对开式循环过程进行了实验室研究,分别建造了两座容量为10瓦和60瓦的实验台。2004—2005年,天津大学对闭式和混合式系统进行了理论研究,并对200瓦氨饱和蒸汽透平进行了开发研究。国家海洋局第一海洋研究所在"十一五"期间重点开展了15千瓦闭式海洋温差能系统的整机研究。

三、经济成本

1 技术成熟度

【1】 波浪能

波浪能利用技术发展迅猛，新技术不断出现，正逐渐走向成熟。振荡水柱波能发电技术是较为成熟的波浪能技术，目前该类型装置的数量最多，欧洲仍在并网发电的岸式波浪能电站均采用该技术。其技术优点是转动机构不与海水接触，防腐性好，安全可靠，维护方便。其缺点是能量转换效率较低，且造价较高。值得一提的是，中国海洋大学研究团队目前在国家自然科学基金国际合作项目及中交第一航务工程局有限公司、中交第三航务工程局有限公司及中建筑港集团有限公司的支持下，开展了大型沉箱式海岸结构兼作岸式振荡水柱波能发电装置的研究，已取得突破性进展。

聚波越浪技术也是较为成熟的技术。该技术避免发电系统受到波浪的直接冲击，避免了大浪对发电系统的破坏，在设计波况条件下即可实现满负载稳定发电，具有较好的经济效益。其缺点在于波浪较小的情况下效率较低，甚至无法发电。代表性装置为丹麦的波龙装置和中国碟型越浪式装置。

机械液压技术是目前的研究热点，世界各国都在加紧研究步伐，具有代表性的装置是英国"Pelamis"海蛇波能电站。该技术采用机械传动结构与波浪直接接触并俘获波浪能，能量转换效率最高。欧洲主要的研究力量均已聚焦于该类装置，但我国由于波浪能资源状况与欧洲差距较大，无法照搬欧洲的成熟装备，需针对中国的环境动力特点，加强自主创新与自主研发。

【2】 潮（海）流能

该类装置的核心技术已基本突破，近年来发展迅速，正逐渐走向成熟。采用水平轴、垂直轴、水平翼技术研建的一些海流能发电装置正在进行示范运行。英国SeaGen装置已开始并网运行，随着安装维护、电力输送、防腐、海洋环境动力荷载与安全保障等关键技术问题的解决，海流能技术将有希望取得重大突破，并形成规模化应用。

【3】 潮汐能

潮汐能的核心技术已成熟，目前除了韩国的始华湖潮汐电站为新建之外，其他的仍在运行且最晚建设的潮汐能电站即为我国20世纪80年代初期兴建的江厦电站，世界上各国的潮汐能电站开发均已停滞，制约其发展的主要因素包括以下几点：

1）潮汐电站是在潮差较大的海湾或河口筑坝，利用坝内外水位差发电。单位千瓦投资大、上网电价高是潮汐电站发展缓慢的重要原因。

2）建设潮汐电站通常要在海水中筑坝、建厂房和充水闸等海工建筑物，并且时常遇到软弱地基，不仅工程量巨大，而且施工难度大，工期长，更加大了工程投资。

3）潮汐电站的水轮机及其附属设备的水下部分和上述海工建筑物，浸泡在海水中，长期受到海水的腐蚀和海生物的污损，需要采取防治措施，平时需要经常维护和检修。与水电站相比建设投资和运行费用增大较多。

4）潮汐电站的发电出力虽然年际、月际之间变化不大，但月内和日内变化较大，需进行优化调度，提高电站的出力。

5）泥沙淤积与生态环境问题仍然困扰着潮汐电站，曾经有过因淤积严重而无法运行潮汐电站。有的电站虽然采取清淤措施能够维持正常运行，但每年的清淤费用大负担过重。

【4】 温差能

温差能利用还处于研究阶段。借助于已有的热能技术，海洋温差发电技术的研究在热动力循环的方式、高效紧凑型热交换器、工质选择以及海洋工程技术等方面均取得了长足的发展。目前的主要技术障碍在于施工问题、防腐问题、密封问题、低品位热源利用问题。

2 经济性

【1】 波浪能

欧洲波浪能资源丰富，能流密度是世界上最高的区域，发电成本较低。近年来，欧盟加大了研究投入，波浪能发电技术进步显著，相继出现了一批著名的大型波浪能的发电装置，使波浪能发电的电价有了大幅度的下降，平均值达到10欧分/千瓦时之下，已接近于4欧分/千瓦时的欧盟平均电价。由现在波浪能发电技术进步的趋势来看，可以预计在不久的将来，欧洲的波浪能发电成本可以下降至火电成本之下。

我国的波能能流密度较小，仅为欧洲波浪能能流密度的1/10~1/5。因此，波能发电成本较高，为2~3元/千瓦时。但上述发电成本已经低于离岸30海里左右的岛屿柴油发电成本。因此，我国近期的波浪能开发应聚焦于离岸岛屿，待技术发展，波能发电成本有显著的下降时，再逐渐推广。

【2】 潮（海）流能

由于目前商业化运行的海流能装置仍然较少，因此评价该种装置的发电成本与其他能源的竞争力将非常困难。但总的来说，海流能利用的技术难度低于波浪能，其发电的经济性应不会低于波浪能。

我国的舟山群岛一带有世界上最好的海流能。一旦该领域的技术发展成熟，形成一定规模，据估算其发电成本可能降低至0.80元/千瓦时，同样可在孤立离岸岛屿上开展应用，开发相应的市场。

【3】 潮汐能

潮汐能发电目前主要着眼于大功率并网发电，因此其经济性需要与常规能源发电相比较。从建造成本上来看，潮汐电站明显高于火电站。但从建成后的效益来看，潮汐电站生产成本较低，对有害气体的减排所产生的社会环境效益难以用经济指标衡量。

【4】 温差能

若对温差能电站的基本建设投资和单位电能的成本进行计算后可发现，温差能发电技术将具有较好的经济前景。温差能电站的运行与维护保养费用低，工作寿命长，一旦建造费用降低至一定水平，其发电成本便可降低至市场可接受的范围。

四、应用前景

1 发展潜力

【1】 波浪能

波浪能技术目前还存在着效率较低、稳定性差、可靠性差、建造成本高等问题。其主要发展潜力在于提高转换效率、提高稳定性与可靠性，降低建造成本。需要注意的是，提高转换效率与提高稳定性和可靠性及建造成本往往是矛盾的。目前，为特殊用户开发特殊的波浪能装置将是重要的发展潜力，这些特殊的波浪能装置可为海上浮标、海岛军民、海上钻井平台等供电，并为海水淡化提供能量。

【2】 潮（海）流能

海流能目前还存在着建造成本高、可靠性差等问题，这是因为一些技术尚未成熟，仍需时日进行完善。技术成熟后，规模化的海流能开发将可以明显降低建造成本。另外同样的，海流能装备也可以为水下潜标、海岛军民供电，并为海水淡化提供能量。

【3】 潮汐能

潮汐能技术比较成熟，主要发展潜力在于提高效率和降低成本。从目前的研究来看，采用全贯流水轮机可以降低建造成本10%～30%，并可提高转换效率。另外，将潮汐能利用与海水淡化相结合也将是其主要技术发展潜力之一。

【4】 温差能

温差能理论和技术是成熟的，但工程上还存在着许多难题，如设备尺寸大导致的施工问题，施工环境恶劣导致的密封问题，海洋气候下的腐蚀问题、台风问题，能流的低品位导致的效率与成本问题。研究潜力主要在于提出更合理的施工方法、工艺,并解决上述技术难题。

2 发展思路

从海洋能开发区域上来看,应当先沿海、后近海,最后开发远海资源;从规模上看,应当从小型到大型、从单体到群体,最后达到规模化开发;在能源种类的开发顺序上,"十二五"期间以潮汐能重大项目为牵引,积极大力发展波浪能、潮流能,兼顾温差能、盐差能。

海洋能开发利用要面向需求,着眼未来,以实现多能互补,综合利用,规模化开发,保护生态环境,改善能源结构,为海岛建设、海洋开发、海防建设提供能源。当前应以科技攻关、降低开发成本为重点,大力发展我国的海洋能利用技术。

发展思路总的说来是从近到远、从小到大、从易到难、从点到面,既即符合我国海洋能利用的战略需求,又符合海洋能技术的科学发展观。采用科学的方法,获得创新的成果。

3 战略目标

"十二五"期间,以技术最成熟的潮汐能开发为主,开始建造10兆瓦潮汐能电站,并开展波浪能、海流能装置示范,总装机容量达到10兆瓦。到2020年再建成3个10兆瓦级潮汐电站;波浪能和潮流能各建成1个兆瓦级发电场(群),并实现并网发电,可以实现战略目标。

目前解决我国减排压力是当务之急,从潮汐能开发着手可以迅速增加海洋能发电总量,目标具有战略性。波浪能和海流能总量巨大,能流密度高,可以成为海洋开发、海防建设的重要能源,也可以成为未来海洋能开发的主力。在开发潮汐能的同时,开展波浪能、海流能技术示范,保障海洋能的持续稳定开发,具有前瞻性。

4 发展路线图

根据海洋能技术发展基本思路和发展战略,海洋能2012—2049年技术发展路线图为:

2020年前,重点开发沿海及海岛海洋能资源,以实现区域供电和商业化装置为目标,进行研究和试验,开发总装机容量达到40兆瓦,年发电量12000万千瓦时,实现替代2.82万吨原油/年或3.96万吨标准煤/年,减排12.1万吨二氧化碳/年和792吨二氧化硫/年。(1万千瓦时电=3.3吨标准煤,每吨煤=3.06吨二氧化碳=20千克二氧化硫)。

到2035年,将研发海洋开发专用海洋能装置,为海洋开发提供电力;潮汐能电站总装机容量达到200兆瓦,建成兆瓦级波浪能发电场20座,兆瓦级海流能发电场20座,百千瓦级温差能试验电站20座,年产淡水40万吨。

到2049年研发执行特别任务的海洋能机器人;潮汐能电站总装机容量达到1000兆瓦,波浪能发电场总装机容量1000兆瓦,海流能发电场总装机容量800兆瓦,温差能发电场总装机容量5000兆瓦,年发电量达到20千瓦时,年产淡水200万吨。

第七节
氢能技术发展展望

氢能在未来能源供给的多样性，以及限制二氧化碳排放方面的作用值得期待，同时，氢能发展潜力和燃料电池在未来能源市场的地位不容忽视。要真正进入市场，氢能和燃料电池还需要实现重大的技术突破，在降低成本的同时还需要政府的政策扶持。

对车用氢能的生产、存储、运输、销售和燃料电池的不同类型，以及终端产品，其中存在着复杂的技术和工艺过程。据专家推测，到2050年，全球30%的车辆将会以氢能燃料电池驱动，相当于那时全球油品需求的13%或5%的全球主要能源需求。各种氢能利用技术的成熟度和未来发展展望见图3-61。

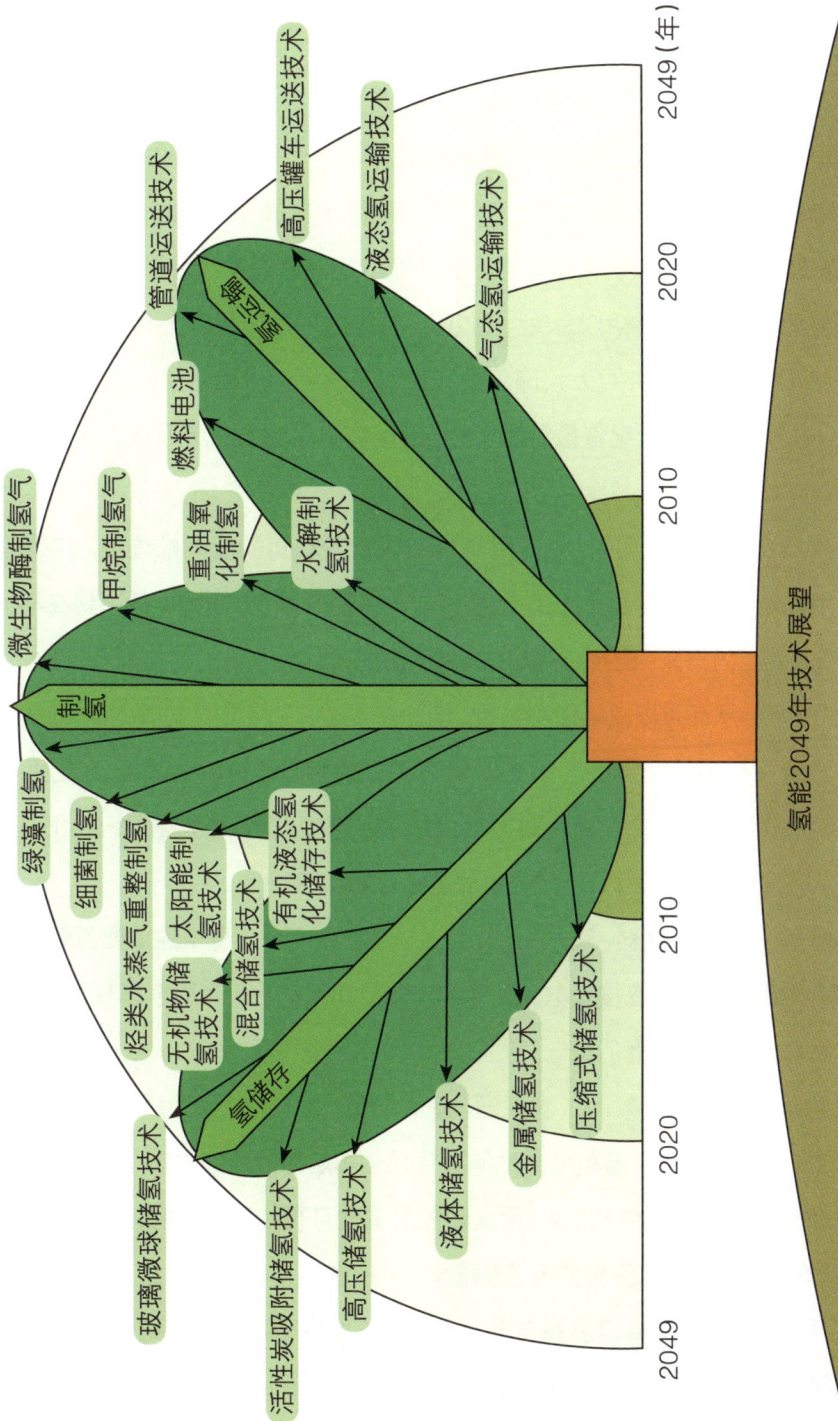

图3-61 氢能利用技术的成熟度和未来发展展望

制氢

微生物酶制氢气

甲烷制氢气

重油氧化制氢

水解制氢技术

燃料电池

管道运送技术

高压罐车运送技术

液态氢运输技术

气态氢运输技术

氢运输

2049（年）

2020

2010

2010

绿藻制氢

细菌制氢

烃类水蒸气重整制氢

太阳能制氢技术

有机液态氢化储存技术

混合储氢技术

无机物储氢技术

氢储存

玻璃微球储氢技术

活性炭吸附储氢技术

高压储氢技术

液体储氢技术

金属储氢技术

压缩式储氢技术

2020

2049

氢能2049年技术展望

287

一、技术描述

氢能作为一种无污染的清洁能源及能源载体，近年来其开发和利用技术在工业化国家得到高度重视，投入了大量财力开展研究工作，如日本的"阳光计划"制定了氢能发展规划；加拿大利用丰富的水利资源电解制氢开发利用氢能；欧洲利用核能发展氢能技术；美国利用太阳能，到2020年规划可建成供30万辆燃料电池汽车使用的城市供氢系统，并可大大降低汽车能耗。氢能的应用可望在21世纪得到飞速发展。有人预言：21世纪将是氢能世纪，人类将告别化石能源而进入氢能经济时代。

早在第二次世界大战期间，氢即用作A-2火箭发动机的液体推进剂。1960年液氢首次用作航天动力燃料，到现在氢已经成为火箭领域的常用燃料了。现在科学家正在研究一种"固态氢"的宇宙飞船，这种固态氢既作为飞船的结构材料，又作为飞船的动力燃料，从而可以减轻燃料自重，增加有效载荷。

在超声速飞机和远程洲际客机上以氢为动力燃料的研究已经进行多年，目前已进入样机和试飞阶段。在交通运输方面，美、法、德、日等汽车大国早已推出以氢作燃料的示范汽车，并进行了几十万千米的道路运行实验。

氢不但是一种优质燃料，还是石油、化工、化肥和冶金工业中的重要原料和物料。用氢制成燃料电池可直接发电，采用燃料电池和氢气-蒸汽联合循环发电，其能量转换效率将远高于现有的火电厂。

氢能是理想的清洁高效的二次能源。随着制氢、氢能储运及燃料电池技术的发展，氢能将成为其他新能源和可再生能源替代化石能源的最佳载体。氢能系统由氢的生产、储运和利用三部分组成。用太阳能或其他可再生能源制氢，用储氢材料储氢，用氢燃料电池发电，将构成近"零排放"可持续利用的氢能系统，可作为广泛分布式电源。近期质子交换膜燃料电池（PEMFC）取得了突破，可用于驱动交通工具，使氢能替代液体、气体燃料成为可能。

氢作为能源有以下特点：

（1）资源丰富：氢是自然界存在最普遍的元素，据估计它构成了宇宙质量的75%，除空气中的氢气之外，它主要以化合物的形式存在于水中，而水又是地球上最广泛的物质。

（2）氢燃烧产生的热量大：除核燃料外，氢的发热值是所有化石然燃料、化工燃料和生物燃料中最高的，为142351kJ/kg，是汽油发热值的3倍。

（3）氢燃烧性能好：氢燃烧点燃快，与空气混和燃烧范围广，燃点高，燃烧速度快。

（4）氢能环保效益好：氢能与其他燃料相比是最清洁的燃料，除生成水和少量氮化物之外没有其他污染物质，且燃烧产物——水可以循环使用。

（5）制氢方法很多（文后详述）。

（6）具有较高的经济效益：氢目前主要来源于提炼石油的副产品、煤的气化和水的分解，将来可以利用太阳能、核能等廉价能源大量制氢，进一步降低成本，使氢能价格可与化石燃料相比。

（7）易于储存和运输，但是氢的储运仍需发展。

（8）用途广泛：氢既可以作为燃料，又可以作为化学原料和其他燃料的原料。

（9）由海水制氢，解决了能源问题，同时氢气使用后又生成淡水，解决了水资源的部分问题。

二、发展现状

1 制氢与输氢技术

制氢的主要目标是开发出低成本高效率的氢气制造技术。氢气既可来源于化石燃料，也可来源于可再生能源。其研究重点主要为：降低天然气、生物质及电解水制氢的成本；开发太阳能集热驱动的高温热–化学循环制氢技术；开发先进的可再生光电化学和生物产氢技术；氢的分离与纯化也是制氢系统中的关键技术之一，作为分布式及集中式制氢系统的重要组成部分，需开发不同的膜分离技术；还需开展制氢催化剂和藻类或其他生物制氢等基础研究。

输氢的主要目标在于发展氢气运输技术，保证氢气能够应用于交通运输和固定式电站中。其研究重点主要为：降低压缩、储存氢气和在加氢站或固定能源设施处加氢的成本；降低将氢气由集中式或半集中式生产基地运至加氢站和其他终端用户处的运输成本；降低将氢气由生产点运至汽车使用点或固定式电力单元处的运输成本。解决材料氢脆问题；开发输氢管道用新材料；开发新型液态和固态载氢技术；改进氢的压缩和批量储存技术；改进氢气液化方法。

对于制氢技术，煤制氢是近期可用的重要技术方案。煤制氢主要用于集中式制氢，到2016年底，煤制氢效率达到60%，实现近零排放、成本与现有煤基技术相比降低25%，达到2~3美元/每加仑汽油当量[1]；到2014年底，使用现有的燃料供应基础设施，采用富氢液体和/或替代天然气（SNG）重整制氢技术进行分布式供氢，通过将各种高价值煤基化合物和/或碳材料整合使用到集中制氢或替代制氢系统中，来获得利润。

其他制氢方法的成本，如煤制高含氢量液体和煤制天然气重整制氢成本预计将从2004年的\$4.60/gge和 \$3.80/gge下降至2015年的\$2.80/gge和\$2.70/gge。根据最新的研究，DOE[Designated Operational Entity，指定经营实体，是CDM

---

[1]gge全称为gallons of gaso line equivalent，指每加仑汽油当量，下文中用缩写gge标示。

（清洁发展机制）中的第三方独立审核机构]调整2020年制氢成本为$2~4/gge。

采用清洁能源制氢是制氢技术发展的重要方向，也是实现2049年底二氧化碳排放目标的重要手段。利用可再生能源制氢，也是利用氢能弥补可再生能源不足的重要手段。氢能是解决不连续发电和连续用电之间矛盾，平抑发电/用电高峰与低谷的桥梁。作为重要的可再生能源，利用太阳能和风能制氢是重要的选择。

太阳能风能通过水电解制氢面临的难题是太阳能和风能的电价过高，导致氢的价格过高，不能推广应用。尽管风能是增长最快的技术，但仍然面临初期建设投资高、地处偏远地区及非连续发电问题。初步分析表明，电价是导致氢价格高的主要原因。

电解制氢通常是基于高压电网的，需要发展特殊的能量控制和控制设备以应对太阳能和风能固有的不连续性。资金投入、系统效率、电力输出、与可再生能源整合、电价是影响太阳能和风能电解制氢的主要因素。

太阳能集热系统目前为热化学（水分解）制氢[Thermochemical（Water Splitting）Hydrogen Production]提供了可能。热化学制氢技术处于早期研究阶段，难以判断其氢气价格。目前从150多个潜在的化学反应循环中选择了3种，与太阳能集热系统进行联试研究。其研究重点为：研发高效廉价的热化学制氢循环反应；为化学制氢反应提供高温源的太阳能集热器和/或热系统研发；研发低成本的、可适应严酷化学和热环境的材料。

直接光电化学制氢为高效低成本太阳能制氢提供了可能。目前该技术还处于发展的初期阶段。

光生物制氢还处于非常早期的技术发展阶段。

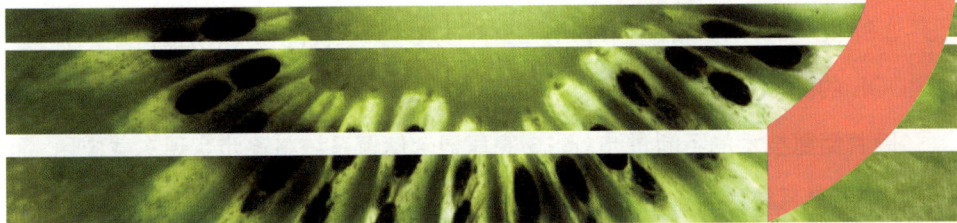

2 储氢技术

储氢技术的发展是实现氢经济的重要环节。储氢的目标是开发和示范满足交通运输和固定式应用的储氢技术，重点是开发和确定可用于交通运输的车用储氢系统，可能的选择有高压轻质复合材料储氢罐和固态储氢。

材料的储氢率要大于系统的储氢率。储氢材料主要有三大类：金属氢化物（Metal Hydride）；化学氢化物（Chemical Hydride）和氢气吸收剂（Hydrogen Absorbents）。为加速确定和发展最具有潜力的储氢材料，不断缩小储氢材料范围。不同的储氢材料标记为可继续研究/不再继续研究/待定（GO/Non-Go/TBD）三种状态。针对金属氢化物，分别于2007年和2009年进行了两次这样的选择。针对化学氢化物，分别于2008年和2009年进行了两次这样的选择。针对氢气吸收剂，目前进行了一次选择。

车用储氢器是储氢技术应用的重要方面。储氢系统必须同时满足重量储氢率、体积储氢率、系统成本、寿命和操作性、充放氢速率、燃料纯度、环境、健康和安全性等众多要求。DOE最近更新了燃料电池轻型机车的车用储氢器的标准。2015年系统的储氢量目标是5.5wt%和40g-H_2/L，对应的储氢材料的目标是至少7.5wt%和~60g-H_2/L。金属氢化物材料不能满足DOE的目标，目前未进行评价。氢气吸附剂材料，为多孔材料，通常需要在低温下（-350.15℃~-173.15℃）储氢。对活性炭AX-21和具有高重量和体积储氢率的有机多孔材料（the metal organic framework，MOF）MOF-177的评价测试显示在同等条件下，它们都没有超过低温压缩储氢的储氢能力。化学储氢材料目前也没有达到DOE的目标。含70%固态AlH_3/矿物油浆可得到4.3wt%和50g-H_2/L的储氢率，接近DOE的目标。物理储氢，高压储氢器（350bar/700bar）在相应压力下的重量储氢率和体积储氢率分别为2.8~3.8/2.5~4.4wt%和17~18/18~25g-H_2/L。第三代的低温高压储氢预计可以达到DOE的目标。

随着储氢技术的不断进步，固态/高压混合储氢系统将逐步实现车载应用，而车载固态储氢系统的商业化应用还需有赖于轻质高容量储氢材料的突破。

3 燃料电池

　　燃料电池是氢能应用的主要方面。经过几十年的发展，在成本、寿命、效率、性能等方面都取得了长足的进步，已经进入商业化、市场化的前期。市场的认可度不断提高，市场不断扩大。

　　据2011年美国能源部报告，铂载量大约为0.15～0.25毫克/厘米^2，2011年燃料电池成本进一步降至每千瓦49美元，但仍未达到能源部2010年的目标（每千瓦45美元），最近，又将目标改定为2017年达到每千瓦30美元，而不是原来的2015年。

　　2005—2009年，质子交换膜燃料电池的铂载量下降了80%多，有效降低了燃料电池成本，低铂载量膜电极的性能和寿命也都有显著提高，燃料电池堆用催化剂铂载量达到了能源部2010年的目标。3M公司的纳米结构催化层（nanostructured thin film，NSTF），其催化剂用量降至0.15毫克/厘米^2，0.19克/千瓦。2005—2009年燃料电池堆中贵金属含量见图3-62。

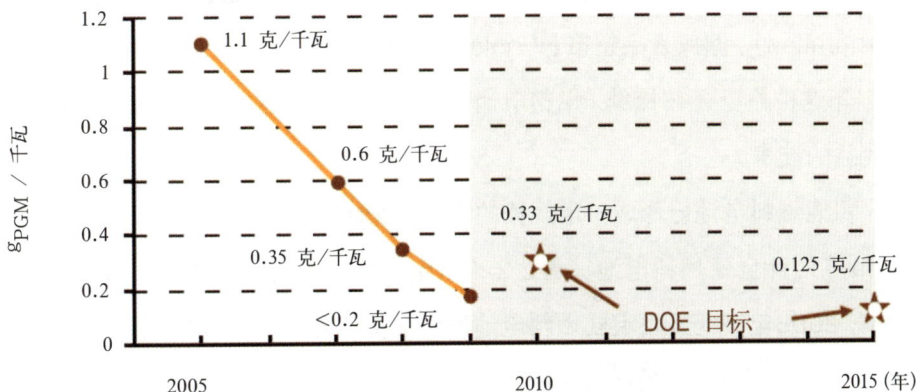

图3-62　2005—2009年燃料电池堆中贵金属含量

　　预计2012年燃料电池汽车的燃料消耗（0.0154gge per mile）将比汽油内燃机（0.0357gge per mile）降低超过50%。

　　根据美国能源部2009年报告，预计2030年卡车用燃料电池辅助电力系统（APU）一年将节约7亿加仑的柴油，减少780万吨二氧化碳的排放。

2011年关于燃料电池的商业应用报告指出，38家公司利用燃料电池节约了资金、燃料、时间，增加了稳定性和效率，提升了公司形象，减少了碳指数（carbon footprint）。2010年，34家公司购买和使用了250多个燃料电池固定式电站，达到30+兆瓦，包括来自于新用户的12.5兆瓦；240多个用于电信的燃料电池；多于1030个燃料电池叉车。回头用户包括：美国电话电报公司（AT&T）、可口可乐公司（Coca-Cola）、考克斯（Cox Enterprises）、普赖斯超泊超市（Price Chopper）、西斯科食品批发公司（Sysco Corporation）、健康食品超市（Whole Foods Market）和沃尔玛（Walmart）。2011年这种趋势还在持续。燃料电池已成为商家感兴趣的、能增加其经济和环境利益的技术。

氢能燃料电池已形成一定规模的市场。2009年，今日燃料电池（Fuel Cell Today）估计全球燃料电池销售达22000套，比2008年增长40%。以亚太地区为例，2008年该地区固定式燃料电池发电设备年度安装总量为34.6兆瓦，销售收入达到1.4亿美元；预计2015年将增加到681.6兆瓦，销售收入将达到18.9亿美元。

经济中氢与燃料电池国际合作伙伴（International Partnership for Hydrogy and Fuel Cells in the Economy, IPHE）总结2010年氢和燃料电池全球商业化状况，认为对兆瓦级燃料电池的需求在上升；燃料电池汽车的市场化在持续增长；零售商和制造商已经看到燃料电池热电联供系统的价值，日本快速采用燃料电池热电联供系统为家庭供电供热；备用电源和偏远地区能源供应是燃料电池的早期市场；政府主导的燃料电池叉车应用取得成功，其销售迅速扩张至商业设施；能量储存方面，氢能成为能量储存的选择，尤其针对储存用电低峰时电力，可再生能源如风能发电与储氢结合。

另外，示范项目不断验证氢和燃料电池技术，最新的道路测试结果，丰田汉兰达燃料电池混合动力（Highlander Fuel CellHybrid Vehicle）汽车单次加氢续驶里程达到693.6千米，平均燃料经济性达到109.9千米/gge。gge为gallon of gasoline equivalent。技术的进步使世界范围的汽车厂商和政府预测燃料电池汽车和氢基础设施将在2015年进入市场。加氢站的数目持续快速增长，目前加氢站总数已达212个，德国、日本、韩国预计在2015~2017年有超过300座加氢站投入使用。可再生能源制氢持续发展，每年示范设施不断增加。

在交通运输方面，燃料电池汽车扮演了重要角色，IEA认为在2030年后，在低碳模式下，电动汽车、混合动力汽车及燃料电池汽车将主导市场。2049年将完全由电动汽车、混合动力汽车及燃料电池汽车主导。轻型机车在基准模式和低碳模式下的发展预测见图3-63。

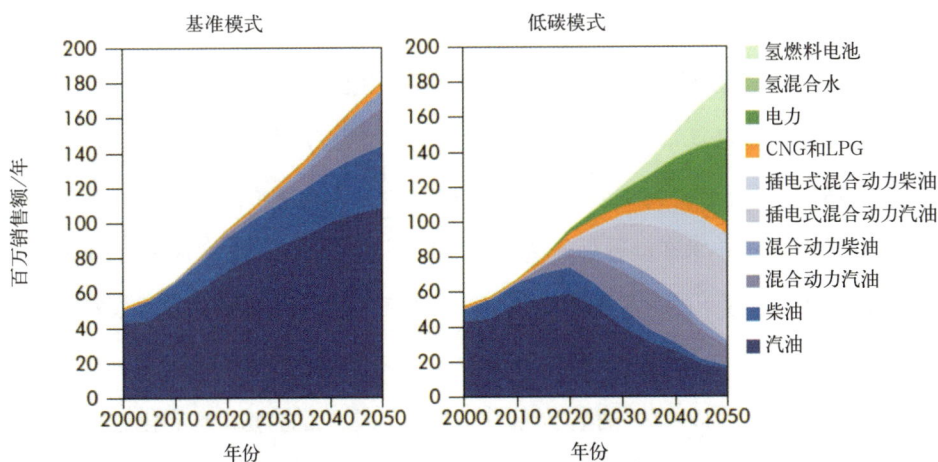

关键点

在低碳模式方案中，2030年后像插电式混合动力车，电动汽车、燃料电池汽车这样的高技术汽车主导销售

图3-63　轻型机车在基准模式和低碳模式下的发展预测

三、经济成本

氢作为清洁高效的燃料和取代化石燃料的有效选择，从20世纪70年代以来，世界各国已开展广泛研究。在氢能生产方法研究方面，采用不同的工艺技术，分别进行了大量的探索，主要有以下的方法：

1 电解水制氢

可再生能源在2049年将占到世界能源的50%以上，中国的比例也会大致如此。因此可再生能源发电–电解水制氢将广泛应用。

水电解制氢是目前应用较广且比较成熟的方法之一。和国际一样，目前，我国4%的氢气来自电解水。电解水制氢的效率一般在75%~85%，其工艺过程简单，无污染，但消耗电量大，一般每立方米氢气电耗为4~4.5千瓦时。利用水力发电，或太阳能（风能）发电、电解水制氢已经没有技术障碍。我国水力资源丰富，太阳能取之不尽，随着太阳能电池转换能量效率的提高、成本的降低及使用寿命的延长，其应用于制氢的前景不可估量。同时，太阳能、风能及海洋能等也可以通过电解制得氢气，并以氢作为中间载能体来调节、贮存转化能量。供电系统在低谷时富余电能也可以用来电解水制氢，达到储能目的。

如果用峰谷电（0.30元/千瓦时），则氢气价格为3元/标准立方米氢气，与汽油的价格相当。

我国电解槽技术在世界处于先进水平，可以制造1000立方米氢气/小时的设备，压力达到数十帕。发展方向为进一步提高效率、降低成本，减少对环境的污染。

光化学制氢是以水为原料，光催化分解制取氢气的方法。光催化过程是指含有催化剂的反应体系，在光照下由于催化剂的作用，促使水分解制取氢气。该方法目前处于基础研究阶段。但是到2049年，我国开发的直接光照海水制氢将产业化、规模化。

2 矿物燃料制氢

到2049年仍将有重要地位。因为清洁煤的第一步，即是煤炭气化制氢。因此高效、清洁、廉价的能源制氢技术仍然需要发展。

3 热化学制氢及其他制氢方法

这种方法是通过外加高温热使水起化学分解反应来获取氢气。到目前为止，虽有多种热化学制氢方法，但总效率不高，仅为20%~50%，而且还有许多工艺问题需要解决。依靠这种方法来大规模制氢还有待进一步研究。随着新能源的兴起，以水为原料利用核能和太阳能来大规模制氢已成为世界各国努力的目标。其中太阳能制氢最具吸引力，也最有现实意义。目前正在探索的太阳能制氢技术有：

（1）太阳热分解水制氢

热分解制氢有两种方法：直接热分解和热化学分解。前者需要把水或蒸气加热到2726.85℃以上，水中的氢和氧才能分解。后者需要加入催化剂，使水中氢和氧的分解温度降低到626.85~926.85℃，催化剂可以再生循环利用，此种方法制氢效率已达50%。

（2）太阳能电解水制氢

这种方法首先将太阳能转换成电能，然后利用电能电解水制氢。

(3) **太阳能光化学分解水制氢**

基于把水先分解为氢离子和氢氧离子,再生成氢和氧的原理,先进行光化学反应,再进行热化学反应,最后再进行电化学反应即可在较低温度下获得氢和氧。在上述三个步骤中可分别利用太阳能的光化学作用、光热作用和光电作用。此种技术关键在于寻求光解效率高、性能稳定、价格低廉的光敏催化剂。

(4) **太阳能光电化学分解水制氢**

利用特殊的化学电池,这种电池的电极在太阳光的照射下能够维持恒定的电流,并将水离解获取氢气。

(5) **模拟植物光合作用分解水制氢**

自从在叶绿素上发现光合作用过程的半导体电化学机理后,科学家就试图利用所谓"半导体隔片光化学电池"来实现可见光直接电解水制氢的目的。

(6) **光合微生物制氢**

利用生物质和有机废料中的碳素材料与溴及水在250℃下作用,形成氢溴酸和二氧化碳溶液,然后再将氢溴酸水溶液电解成氢和溴,溴循环利用。

(7) **核能制氢**

采用核能制氢发电,建立核能–电能–氢能系统。

氢能开发利用首要解决的就是廉价的氢源问题。我国能源结构以煤为主,随着经济的发展,煤的燃烧量日益增多,造成严重的环境污染,破坏生态平衡。从能源长期发展战略高度来看,我国必须寻求一条可持续发展的能源道路。我国具有丰富的新能源和可再生能源:水能可开发资源为3.78亿千瓦,在我国约600万平方公里的国土上太阳能年总辐射量超过60万焦/厘米^2,风能资源总量为16亿千瓦,海洋能资源亦十分丰富,可开发的潮汐能就有2000万千瓦以上。综合来看我们目前可以大力发展以煤、石油、天然气等化石燃料为原料的制氢工艺,发展零排放的清洁能源。从长远来看,为符合可持续发展的需要,我们应该发展从非化石燃料中制氢,综合利用各种能源,这方面电解水制氢已具备规模化生产能力,研究低制氢电耗有关的问题是推广电解水制氢的关键。光解水制氢其能量可取自太阳能,适用于海水及淡水,资源丰富,是一种很有前途的制氢方法。

四、应用前景与展望

1 应用前景

有84%的二氧化碳排放和65%的温室气体是与能源的供应和消耗相关。IPCC（The United Nations Intergovernmental Panel on Climate Change）2007年的研究结论表明：2049年全球的二氧化碳排放与2000年水平相比必须减少50%～85%才可能使全球平均温度上升控制在2.0～2.4℃。而2009年的研究则进一步认为全球气候变暖甚至比原来预期的要快，2049年二氧化碳减排50%有可能还不足以阻止危及地球安全的温度上升。国际能源署（The Internation Energy Agency, IEA）2009年世界能源展望（World Energy Outlook 2009, WEO2009）认为晚一年采取行动要多增加5000亿美元的投资才可控制全球气候变暖。再延迟几年采取行动将无法实现全球温升控制在2℃以内的目标。因而迫切需要发展低碳社会和低碳经济。

中国作为主要的发展中国家，近年来经济的迅猛发展对能源提出了强劲需求，二氧化碳排放量随之增长，环境污染严重，能源安全问题日益突显。中国已经超过美国，成为第一大二氧化碳排放国。

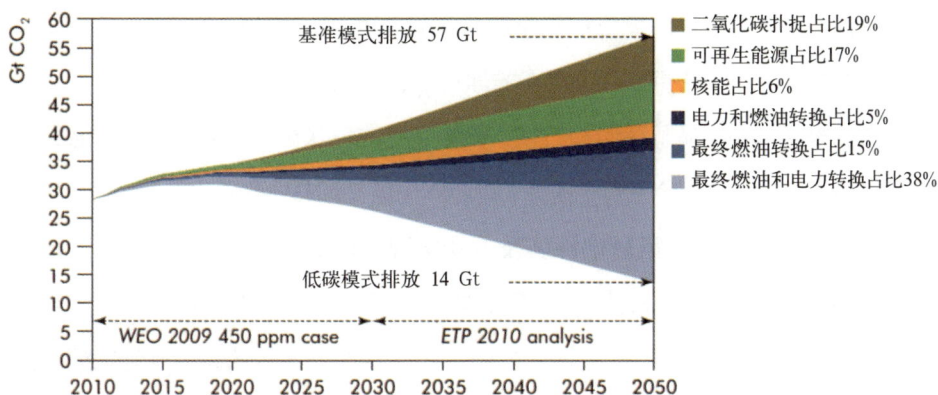

- 二氧化碳扑捉占比19%
- 可再生能源占比17%
- 核能占比6%
- 电力和燃油转换占比5%
- 最终燃油转换占比15%
- 最终燃油和电力转换占比38%

基准模式排放 57 Gt

低碳模式排放 14 Gt

WEO 2009 450 ppm case   ETP 2010 analysis

关键点

大范围技术本质上有必要减少与二氧化碳排放相关的能源。

图3-64　降低二氧化碳排放的关键技术

　　根据IEA的《2010年能源技术展望》预测分析，要想显著降低二氧化碳排放，必须广泛采用各种技术，图3-65给出了各种降低二氧化碳排放的关键技术及它们将发挥作用的大致比例，由图可见，可再生能源将在其中扮演重要角色。

　　由高碳燃料向低碳燃料的转变在降低二氧化碳减排中扮演着重要角色。在建筑、工业和交通方面，向低碳燃料的转变将贡献21%的二氧化碳减排。使用电力而不使用化石燃料也有重要影响。2049年后电力的来源将主要来自可再生能源水力、风力、太阳能、生物质能（biomass）发电以及核能发电，从而实现去碳化。

　　虽然在整体的二氧化碳减排技术中，氢能所占的比例似乎不高，然而，作为零碳排放的燃料，氢能发挥着不可替代的作用，尤其是在建筑和交通运输方面。氢能将与人们的生活息息相关，不仅对经济的发展及其发展模式发生重要影响，也可能改变人们的生活方式。

　　IEA预计氢能将在2030年开始发挥重要的作用。例如，在电力生产方面，通过增加水-气转换器，可附加产生氢气，并且一氧化碳可转化为二氧化碳，二氧化碳可利用CCS技术吸收和储存，这使得IGCC（Integrated Gasification Combined Cycle，整体煤气化联合循环）技术重新获得重视；在工业应用方面，目前处于评价和优化阶段的氢冶炼技术，如果实验室研究成功，可能在15至20年后开始示范；在建筑方面，氢与燃料电池热电联供系统也将发挥重要的作用；在交通运输方面，尤其在轻型机车方面，氢和燃料电池将发挥不可替代的重要作用。

　　氢能是洁净的、易于存储和转换、来源广泛的二次能源。美国提出向氢经济转变，并将这一转变过程分为四个阶段，即商业化前期阶段、市场化转变阶段、市场扩展阶段及全国范围建设氢基础设施及成功实现向氢经济的转变。这依赖于技术的进步，即氢气的制造与运输技术、氢气的储存技术以及燃料电池技术的进步和政府的强力支持。政府的倡导、政策法规的制定和标准的制定等将为商业化发展构建框架，政府机构在向氢经济的转变上发挥重要作用。

2 氢能与燃料电池发展展望

氢能与其他低碳技术紧密相关,将在2020年后进入市场,在2030年后开始发挥重要的作用。氢开启了使用多种初级能源的可能性,包括化石燃料、核能和正在不断增长的再生能源(例如风能、太阳能、海洋能和生物质)。因此氢作为能量载体的可用性和成本将比任何单一能源更加稳定。除电能外,引入氢能量载体,根据地区特点,将能够开发最适合地区使用的资源。

氢和电能一起代表了实现可持续能量供应的最有潜力的方法,同时燃料电池提供了将氢和其他可能燃料转化为电能的最高效的转化设备。氢和燃料电池开启了一条迈向集成"开发的能源系统"之路,同时解决了所有主要的能源和环境挑战,大量采用可再生能源提供氢时,氢能将表现出极大的灵活性,这可能将始于2030年。

通过受控的、智能型电网,氢和电能也具有平衡集中型和分散型电力的灵活性,向偏远地区输送电力(例如海岛和高山地区)。分散型电力不但在保证电力质量以满足特殊客户需要方面具有吸引力,而且适用预防恐怖袭击。氢比电更容易存储,有助于平衡负载和均衡再生能源的间断特性,氢也是能够将再生能源引入运输系统的少数能量载体之一。

可用无碳或者碳中性能源或者采用CO_2捕获和存储技术的化石燃料制氢,使用氢可以从根本上降低来自能源领域的温室气体排放。燃料电池提供了可用多种燃料高效和清洁发电的方法,在距离最终用户较近的地方选址,可充分利用过程中所产生的热量。

氢能是实现低碳社会的重要环节,不可或缺。图3-65给出了基于欧盟的氢能发展路线图。与美国的氢能发展路线图虽然略有差异,但总体的时间框架是相同的。

近年,我国燃料电池汽车取得长足进步,目前已有200余辆燃料电池电动车示范运行,累计运行里程十余万公里,性能与国际水平接近,但成本、耐久性等亟待改善。先后建成了北京永丰加氢站和上海安亭加氢站等4座加氢站及移动加氢车,并实现了长时间的无故障运行。图3-66给出了IEA对中国轻型机车的发展预测,表现出了和世界轻型机车相似的发展模式。

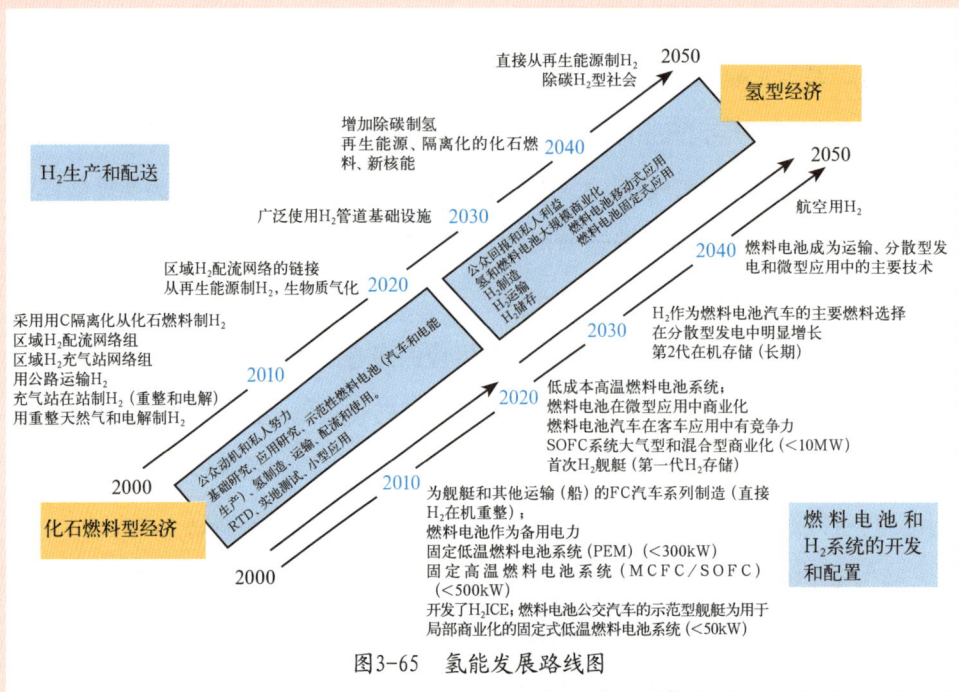

图3-65　氢能发展路线图

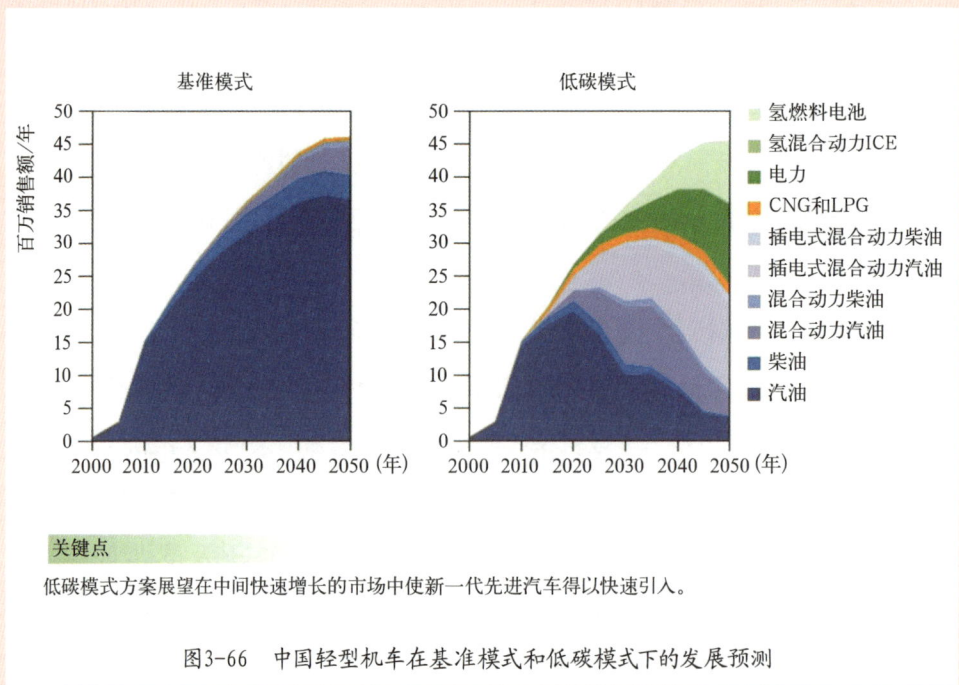

基准模式　　　　低碳模式

图例:
- 氢燃料电池
- 氢混合动力ICE
- 电力
- CNG和LPG
- 插电式混合动力柴油
- 插电式混合动力汽油
- 混合动力柴油
- 混合动力汽油
- 柴油
- 汽油

关键点

低碳模式方案展望在中间快速增长的市场中使新一代先进汽车得以快速引入。

图3-66　中国轻型机车在基准模式和低碳模式下的发展预测

作为重要的发展中国家，通过国家的大力支持，中国的燃料电池技术紧跟世界的发展，然而仍有一定差距。根据IEA的预测，中国开始广泛使用燃料电池技术将比发达国家晚5~10年，将会始于2025年。至2049年，氢能和燃料电池将和发达国家一样，得到广泛的应用。

我国氢能发展是一个长期的发展战略，大致可以分为三阶段完成，即示范及市场化前阶段（2025年前）、市场介入及发展阶段（2025—2049年）和氢能经济阶段（2049年后）。我国将成为世界氢能开发的重要成员。

氢的制造运输技术、氢储存技术以及燃料电池技术，虽然仍然面临一些困难，然而其商业化发展的趋势已经不可阻挡。燃料电池技术的进一步发展，应用范围的不断扩大和深入，将进一步推动氢基础设施的建设、氢的制造运输技术、氢储存技术的发展。各项技术的综合发展和相互促进，使实现氢能的商业化应用成为可能，使实现氢经济成为可能。

2049年氢能将与电能一样成为中国能源的重要载体。

氢气作为巨量能源的储能体，作用日益发挥。全国形成电力和氢气两大能源载体网络。

由于输电技术的改进，大量太阳能光伏发电和风电可被电网吸纳，全国大约20%的光伏发电和风电，需采用光伏（风）发电——电解水制氢——氢气传输——车辆燃料或发电。

预计2049年，制氢技术将有重大突破，主要突破在可再生能源制氢方面。

（1）海洋能制氢，利用海水温差发电，电解水制氢将是全天候工作系统。该系统与太阳能、风能的间歇式运行完全不同。

（2）光解水制氢市场化、规模化。

（3）生物制氢市场化。

（4）化石能源气化制氢再利用，做到二氧化碳收集与利用（CCU）的清洁煤路线。

2049年大规模输氢方式将有突破：

(1) 西北光伏+超导输电的同时+输送液氢到东部发达地区

(2) 用有机苯类化合物+氢，然后远距离输送，用氢现场脱氢

(3) 南海的海洋能温差发电+液氢+船运到中国发达地区

(4) 耐压塑料管将氢气输送到万千家庭

车用氢：

氢燃料汽车：全国60%汽车用氢燃料代替石油、天然气。2049年全国汽车保有量大于5亿辆，超过美国，成为世界第一大汽车保有量国家。估计将有4亿辆车为氢能源汽车。如果氢能发展不理想，也会到2亿辆氢能汽车，其中70%为氢燃料电池汽车，30%为氢内燃机汽车。

飞机和船舶：50%以上采用氢能做燃料。按照每辆车每天耗氢气2公斤。每年600公斤，全国4亿辆车，年用氢2.4亿吨。考虑船、飞机等，则需4亿吨氢气。

民居用氢气做饭：2049年，80%民居将采用氢气代替天然气做饭，氢气管道很普通，如同今天的煤气管道。预计届时有4亿家庭使用氢气做饭、取暖、分布式发电。每户每月用氢气200立方米，0.25吨氢气/年。全国民居需1亿吨氢气。

分布式电站，将提供全国40%的电力，改变大电网一统天下的局面。在煤的清洁利用中，首先气化为一氧化碳和氢气的合成气。进一步转化反应，生成二氧化碳和氢气。将二氧化碳捕获、利用。氢气用于大规模发电。无碳炼钢，用氢气代替焦炭。2049年，取消焦炭炼铁工艺，氢气全部代替焦炭用于钢铁工业。上述工业估计需氢气大于10亿吨。

大规模氢气的利用，还部分解决淡水资源问题。因为利用海水制成氢气和氧气。在氢气使用过程中，生成水是淡水。2049年全国消耗氢气15亿吨，产生淡水135亿吨。

第八节
储能技术发展展望

在史前社会,当人们通过搬运石块到高处用以攻击入侵者时,便产生了储能的最基本的特征;人类有目的地储存能量。

18世纪末期,随着第一块电池——"伏特电堆"的出现,人们第一次把储能与"电"联系在一起。第二次工业革命后,电力在人们生产生活中被广泛应用,人们对电能依赖的不断增强,能够储存电能的电池成为人们便捷的电力来源。

20世纪大规模电力系统发展后,伴随可再生能源的开发利用和智能电网的推广,大规模储能技术的开发和利用渐渐进入人们的视野。伴随着可再生能源的大比例提高,储能系统在稳定电网、提高可再生能源利用效能方面将起着重要作用。储能技术发展展望见图3-67。

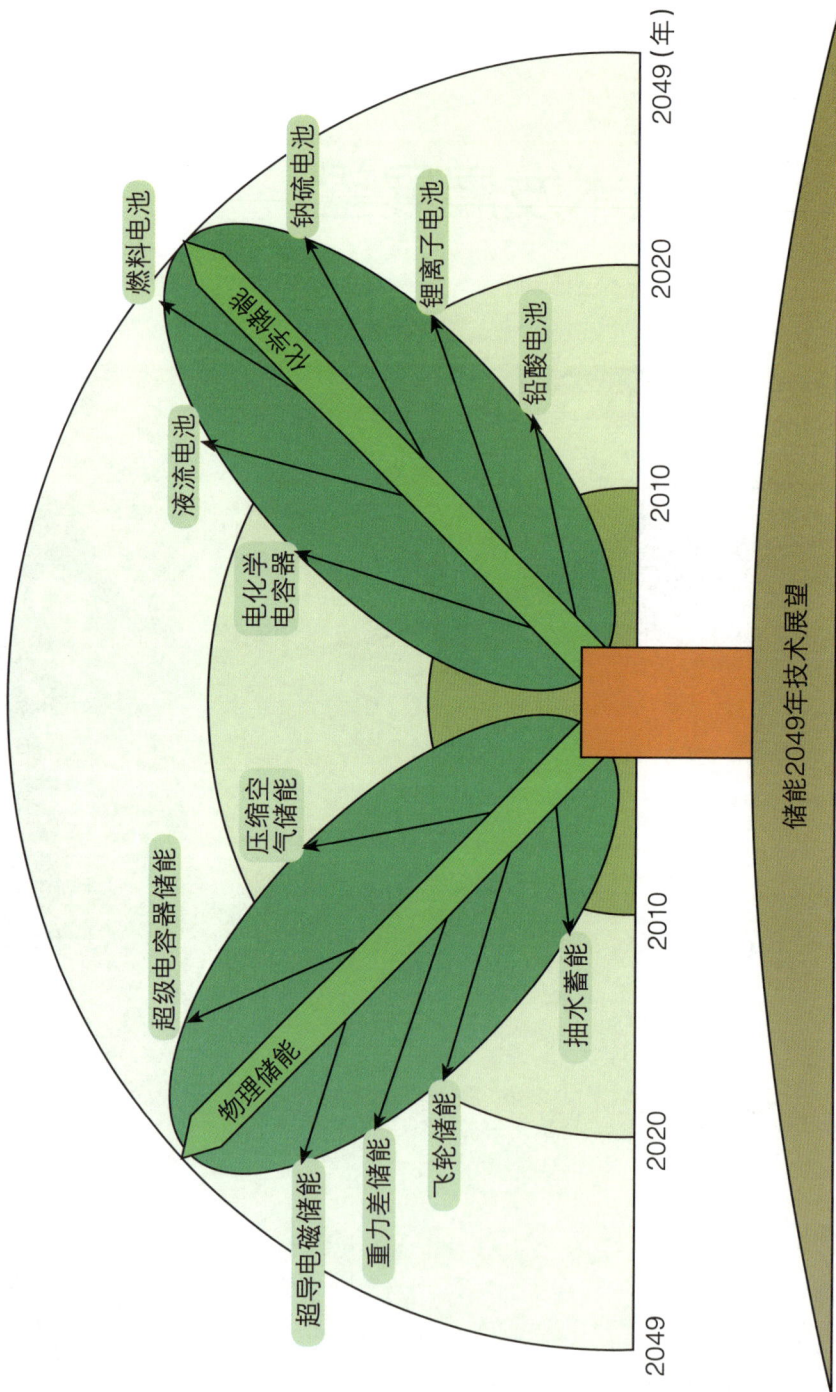

燃料电池

钠硫电池

锂离子电池

化学储能

液流电池

铅酸电池

电化学电容器

压缩空气储能

超级电容器储能

抽水蓄能

物理储能

超导电磁储能

重力差储能

飞轮储能

2049（年）

2020

2010

2010

2020

2049

储能2049年技术展望

图3-67　储能技术发展展望

一、技术描述

从广义上讲，储能即能量存储，是指通过一种介质或者设备，把一种能量形式用同一种或者转换成另一种能量形式存储起来，基于未来应用需要以特定能量形式释放出来的循环过程。

从狭义上讲，针对电能的存储，储能是指利用化学或者物理的方法将产生的能量存储起来的一系列技术和措施。

储能技术主要可分为物理储能、化学储能、其他储能等。物理储能方式主要有抽水蓄能、压缩空气储能和飞轮储能；化学储能主要有铅酸电池、锂离子电池、液流电池、熔融盐电池、镍氢电池；其他储能主要包括电化学电容器、超导储能、燃料电池、金属–空气电池等。全球储能技术分类及特点见表3–37。

表3-37 全球储能技术分类及特点

工艺类型		优点	缺点
物理储能	抽水蓄能	容量大、响应快、工作时间长	建设受场地影响大、需考虑环保问题、建设成本高
	压缩空气储能	容量大、响应快、工作时间长	建设受地质条件制约
化学储能	飞轮储能	功率密度高、寿命长、运行维护需求低、环保	自放电严重、能量型应用价格高
	铅酸电池	传统铅酸电池成本低、产业成熟 新型铅酸电池充放电速度、功率密度、寿命都得到很到高	传统铅酸电池充电速度慢、能量密度低、污染环境 新型铅酸电池还存在关键技术挑战
	锂离子电池	钴酸锂产业成熟 锰酸锂成本低、性能高 磷酸铁锂寿命长、成本低、安全性好	钴酸锂安全性低、锰酸锂循环性、稳定性差、磷酸铁锂导电性差、能量密度低、材料制备困难
	液流电池	全钒液流电池寿命长、易于检测充放电状态、配置灵活 锌溴电池质量体积比能量高、寿命长、配置灵活、环保	全钒液流电池能量密度低、体积大、成本高 锌溴电池还存在关键技术挑战
	熔融盐电池	钠硫电池能量密度高、功率特性好、原材料丰富廉价、寿命长、环保 ZEBRA电池能量密度高、功率密度高、能量转换率高、可快速充电、寿命长、安全性好、性能与环境温度无关、环保	钠硫电池运行条件要求高、具有安全隐患、启停时间长 ZEBRA电池仍有关键技术挑战
	镍氢电池	具有成本优势	充放电倍率性能较差、体积比能量不占优、功率性能较差
其他储能	电化学电容器	功率密度高、充放电速度快、寿命长、环保	能量密度低、容量型应用时价格高
	超导储能	功率大、响应快、控制方便、转换率高、使用灵活、寿命长	系统昂贵、维护费用高
物理储能	燃料电池	能量转化率高、适用范围广、相应快、环保	价格高、氢气供应系统建设缓慢、可靠性差
	锌-空气电池	自放电率底、能量密度高、成组容易、安全性高、原材料成本低、环保	充电只能机械式、运行费用高

二、发展现状

储能的传统方式——蓄电池已被大量应用于电子产品、电动工具等领域。但随着规模蓄电和动力电池领域的研究和发展，储能产品与技术在电力系统、电动汽车、轨道交通、UPS等领域的应用也逐渐受到广泛关注。

储能在电力系统方面的应用可分为功率型应用和能量型应用。功率型应用需要储能设备有较高的功率输出和较快的响应速度，比如辅助服务里的调频服务就是功率型应用；能量型应用要求储能设备有较大的能量储存能力，比如发电系统削峰填谷就是此类应用。考虑储能设备适合何种应用时，输出功率和放电时间是非常重要的两个参数。储能在电力系统中可以应用于以下几个方面：发电系统、辅助服务、电网应用、用户端、可再生能源并网，如表3-38所示。

此外，储能还可以应用于分布式发电和微网，相对于大规模集中储能，分布式储能更加灵活，对于大部分大规模储能适用的应用，分布式储能都可以实现，比如调压、延缓输电系统堵塞、延缓输配电系统扩容等。

表3-38　储能在电力系统中的应用

应 用 领 域	应 用 名 称
发电系统	削峰填谷
	发电容量
辅助服务	负荷跟踪
	调频
	备用容量
	电压支持
电网应用	输电系统支持
	缓解输电系统阻塞
	延缓输配电系统的扩容
	变电站电源
用户端	分时电价电费管理
	容量费用管理
	供电可靠性
	电能质量
可再生能源并网	可再生能源移峰
	可再生能源的稳定输出
	风力发电并网

三、经济成本

　　各种大规模储能技术在全球尚处于产业化初期阶段。在各自技术领域，出现了一些技术领先的公司，拥有成熟产品并具有规模生产能力，并致力于参与到更多的示范项目中并开始探索商业化运作之路，但目前没有统一的技术标准，且经济成本差异也较大。储能技术简介见表3-39。

表3-39　储能技术简介

名　称		功率等级与连续发电时间		储能周期		成　本		
		功率等级	持续发电时间	能量自耗散率	合适的储能期限	美元/千瓦	美元/千瓦时	美元/(千瓦·单次循环)
抽水蓄能		100~5000 MW	1~24小时	极低	小时-月	600~2000	5~100	0.1~1.4
压缩空气蓄能		5~300MW	1~24小时	低	小时-月	400~800	2~50	2~4
飞轮储能		0~250kW	毫秒~15分钟	100%	秒-分钟	250~350	1000~5000	3~25
铅酸电池		0~20MW	秒~小时	0.1%~0.3%	分钟-天	300~600	200~400	20~100
锂电池		0~100kW	分钟~小时	0.1%~0.3%	分钟-天	1200~4000	600~2500	15~100
液流电池	全钒液流电池	30kW~3MW	秒~10小时	低	小时-月	600~1500	150~1000	5~80
	锌溴液流电池	50kW~2MW	秒~10小时	低	小时-月	700~2500	150~1000	5~80
	多硫化钠/溴液流电池	1~15MW	秒~10小时	低	小时-月	700~2500	150~1000	5~80
钠硫电池		50kW~8MW	秒~小时	~20%	秒-小时	1000~3000	300~500	8~20
超级电容		0~300kW	毫秒~60分钟	20%~40%	秒-小时	100~300	300~2000	2~20
燃料电池		0~50MW	秒~24小时	接近零	小时-月	10000以上		6000~20000
金属-空气电池		0~10kW	秒~24小时	极低	小时-月	100~250	10~60	
超导储能		100kW~10MW	毫秒~8秒	10%~15%	分钟-小时	200~300	1000~10000	

资料来源：中国科学院工程热物理研究所，储能技术分析报告。

四、应用前景

储能是未来电网的一个必要组成部分。由于需求与供给之间不可能存在理想状态的时时平衡，因此存储是每一个物流体系中必不可少的一个组成部分。特别是在传统的电力系统中没有储能的加入，发、输、配、用要求瞬间完成并且时时平衡，因此有人把储能比喻成电力系统中"缺失"的一个组分。储能的应用将从时间和空间上有效地隔离电能的生产和使用，从而彻底改变传统电力系统中电能的生产、输送、使用同步进行的模式，将有利于促进：

>>>

1 可再生能源的大规模应用

随着化石能源的日渐枯竭以及化石能源使用所产生的环境压力和可再生能源技术的不断进步，风能和太阳能等可再生能源发电技术将成为未来社会主要的能源供应方式。受日本福岛事件的影响，2011年7月，德国联邦议会通过议案，到2020年关闭德国全部的核电站。按计划，德国可再生能源的发电量将从2010年的17%上升到2020年的40%左右，德国将成为世界上第一个进入可再生能源时代的主要工业国家。与此同时，包括我国在内的许多国家都已经开展或正在开展2050年高比例可再生能源供应体系的研究。

在高比例使用可再生能源的未来，可再生能源发电特有的间歇性和波动性，将对电网造成很大的冲击，并对传统电力系统模式提出挑战。由此，储能技术可以有效地平滑可再生能源的输出，同时调控可再生能源发电所引起的电网电压、频率及相位变化，提高电力质量，进而实现可再生能源大规模且安全并网。此外，利用储能移峰，即将电网电力需求少的时候产生多余的可再生能源电量存储起来，在电力需求高而可再生能源电量供应不足时释放，可以使得可再生能源能够更多、更好的被利用，减少资料浪费。

2 削峰填谷，减少或延缓电力建设的投资，节约资源

我国昼夜用电量差异较大，白天有一个长达十几小时的高"峰"，夜间有一个数小时的深"谷"。我国又多为传统火力发电，为维持发电设备的正常运行，夜间用电低谷时大量电能需要放空，有相当多的能量变成热量散失掉了。如果在电网内安装一部分储能装置，能将晚上用电低谷期的电力储存起来，配套在白天使用，既能够满足白天的用电需求，又能减少晚上电力损失，可以有效消除昼夜峰谷差，提高资源的利用效率，节约资源。

电网是国家能源安全和国民经济的重要支撑，电网安全对整个社会实现可持续健康发展、缓解能源资源对经济社会发展的制约至关重要。为了保证电网的安全运行，国家每年投资上万亿元用于电力系统基础设备的建设，而这些投资中很大部分仅仅是为了满足每年极端时间的尖峰负荷，投资回报率极低。以上海为例，2004—2006年，为解决全市每年只有183.25小时的尖峰负荷，仅对电网侧的投资每年都超过200亿元，而为此形成的输配电能力的年平均利用率不到2%。如果在电网内安装一部分储能装置，将用电低谷时的电力存储起来，配套在极端尖峰负荷时使用，从而可以减少建造峰值电站、延缓输配电扩容等电力基础设施建设，提高输配电系统的使用效率，达到节约资源的目的。

3 提高突发事故的应对能力，保证电力系统安全运行

当今社会经济对电力可靠供应和电网安全稳定的依赖已经越来越明显，任何意外事故都会给电网带来威胁，进而对社会民生造成严重影响。例如：2012年7月30日，印度爆发了东南亚国家11年来最严重的大规模停电事故。停电事故覆盖了印度一半以上的国土，直接影响6亿多人的生活，经济损失达到十几亿美元，对当地的航空、陆路交通、正常的生产和居民生活造成了严重影响，甚至引发人们恐慌心理。

随着我国经济的持续快速发展，电力供应持续增长，储能系统由于响应速度迅速，其所释放的能量可以瞬间取代各种原因造成的电源掉网。规模化储能应用在电网中可以协助电网快速从紧急状态恢复到正常运行状态，尽可能地减少扰动对系统可靠性的影响，从而提高电网抵御扰动和维持稳定的能力，保证电力系统安全稳定的运行。

第四章
可再生能源与
低碳型社会

>>>

第一节
可再生能源对经济的影响

一、发展低碳经济的条件

1 低炭与经济增长

在2009年联合国哥本哈根气候变化大会前夕，中国政府公布了控制温室气体排放的行动目标，即到2020年单位国内生产总值（单位GDP）的CO_2排放量比2005年下降40%~45%。这彰显了中国作为发展中国家积极参与国际温室气体减排行动的决心。中国碳排放强度控制目标实现的可行性及其最佳途径，可以从观察世界主要国家碳排放强度的长期变化趋势及其主要影响因素得到启示。

有关碳排放量的评价多从碳排放量峰值的预测、人均CO_2排放量的决定因素、CO_2排放量与GDP的相互关系，以及碳排放强度等多种角度切入。"碳排放强度"的概念在不同的文献中有相近或类似的概念和定义，如"世界生产总值（Gross WorldProduct, GWP）的碳强度"指化石燃料使用和水泥生产的排放量与世界生产总值（GWP）的比值，以衡量在全球尺度上单位经济活动产出的CO_2排放量；"CO_2排放强度"是指CO_2排放量与GDP的比率（8%~10%）；"经济的碳强度"定义为与能源相关的CO_2排放量与GDP的比值；"碳排放强度"是衡量单位货币产出的碳排放量。本文所指的碳排放强度是指单位GDP的CO_2排放量。碳排放强度由一个国家或地区的经济技术水平、富裕程度、能源结构、经济结构、人口结构等众多因素共同影响，是评价碳排放水平的一个关键指标。

317

主要工业化发达国家的碳排放强度随时间呈现出先增加而后逐渐减小的过程。随着时间的推进，碳排放强度呈现出趋同的态势，且工业化进程开始的时间越早，达到峰值的时间越早，相应的峰值也较高；主要新兴经济体国家的碳排放强度随时间呈波动性变化，印度、巴西和墨西哥三国的碳排放强度呈小幅增加趋势，但碳排放强度值较低。中国和南非两国的碳排放强度随时间先增加后快速降低，至近年来又有上升的趋势。主要工业化发达国家和新兴经济体国家碳排放强度趋势呈现不同的变化特点源于以下两面原因：

（1）工业化进程与低碳发展

工业化发达国家的经济发展过程一般是由工业化和城市化向现代化递进的过程。随着人均GDP或者GNP的增加，产业结构也进行相应的调整和升级。第一产业所占比重逐渐减小，第二产业所占比重先增加后减小，第三产业所占比重逐渐增加。此外，工业化发达国家的工业化进程遵循先轻工业化、后重工业化、再高加工组合化的规律。而新兴经济体国家的工业化进程显著缩短，呈现出一种压缩型的工业化发展模式，并且借鉴工业化发达国家工业化进程的经验和教训，尽量克服工业化的不利影响，使其发展特征不同于工业化发达国家在工业化进程中所体现出的规律。

（2）工业化进程与温室气体排放

工业化发达国家的工业化进程开始时间较早，由于不涉及排放空间稀缺性问题，工业化过程以大量消耗能源与资源来完成其原始积累过程，其碳排放强度的变化趋势更多地反映了经济发展的自然规律。而新兴经济体国家的工业化进程开始时间普遍较晚，在工业化、城市化进程快速发展和尚未完成之时，其发展环境明显"恶化"，即遇到了温室气体减排的压力和排放空间受到限制的硬约束。由于需要遏制碳排放量和降低单位GDP碳排放强度，导致单位GDP碳排放强度的变化趋势与工业化发达国家的排放轨迹不相同。

2 实现低碳的经济基础

一般而言，一个国家的工业化进程开始的时间越早，单位GDP 碳排放强度的峰值年出现的就越早，且碳排放强度的峰值都较大，在2~3kg CO_2 /IntGK \$。如英国的峰值年为1883年，碳排放强度峰值为2.54kg CO_2 /Int GK \$[1]；美国的峰值年为1917年，碳排放强度峰值为3.06kg CO_2 /Int GK \$；德国的峰值年为1917年，碳排放强度峰值为2.70kg CO_2 /Int GK \$。这些主要工业化发达国家单位GDP碳排放强度下降最快10年的年均降幅在2.33%~4.20%，10年降幅在23.3%~42%。

根据国际、国内相关研究机构的数据推测，我国GDP发展变化见表4-1。

表4-1　我国GDP发展变化趋势

年 份	2010	2020	2030	2049
GDP %	8	6.4	5.4	4.3

国内外很多机构对我国未来能源总需求进行过深入研究和预测。如按照国家在《我国国民经济和社会发展"十二五"规划纲要》中提出"十二五"期间国内生产总值年均增长7%、单位国内生产总值能耗降低16%的具体目标简单推算，2015年的一次能源消费总量为38亿吨标准煤左右；如在"十三五"期间，能够保持国内生产总值年均增长7%和单位国内生产总值能耗降低16%的水平，2020年的能源消费总量可控制在45亿吨标准煤左右；如2010—2020年，单位GDP能耗降速仍保持16%，GDP增速超出预期达到了8%或9%，2020年的能源消费总量会达到49.5亿吨标准煤或54.3亿吨标准煤。

[1] 国际元，又称吉尔里——哈米斯元，由罗伊·C·吉尔里于1958年提出，萨利姆·汉纳·哈米斯于1970—1972年发展而成。国际元是基于通货购买力平价（PPP）与日常用品国际平均价格的双生概念，在特定时间与美元有相同购买力的假设通货单位，常用1990年或2000年的数值作基准，与其他年份作比较。

根据国内外诸多研究，我国能源需求在中期（2020年）和远期（2030年和2049年）仍将有较大幅度的增长，并且总量存在较大的不确定性。研究表明，在较高的经济增长速度下，我国2020年能源需求将可能超过理想化的能源供应和需求的平衡点，即45亿吨标准煤，从而达到近50亿吨标准煤，2030年和2049年可能达到60亿吨标准煤和70亿吨标准煤。同时，所有预测分析都认为，能源消费将受到供应能力的制约，现在的增长速度难以持续。因此，也有研究情景认为，如果经济速度不要过高，加上强化节能或强调低碳发展，也有可能使一次能源需求在2020年、2030年和2049年的一次能源需求分别控制在42亿、45亿和55亿吨标准煤左右。

二、可再生能源与低碳经济

可再生能源泛指多种取之不竭的能源，它包括风能、太阳能、生物质能、水能、地热能、海洋能等，具有资源分布广、利用潜力大、环境污染小、可永续利用等特点。它是有利于人与自然和谐发展的重要能源。从战略高度看，开发环境友好的可再生能源，并使其在保障能源供应中扮演重要角色，已经成为我国可持续的能源战略的必然选择。积极开发可再生能源，降低对化石能源的依赖，建立多元化的新型能源消费结构，提高资源循环利用和集约化水平，对调整和优化能源结构、强化能源节约和高效利用、减少温室气体排放、发展循环经济和低碳经济以及全面贯彻落实科学发展观，加快我国经济发展方式转变都具有重要现实意义。

低碳经济是以低能耗、低污染、低排放为基础的经济模式，是人类社会继农业文明、工业文明之后的又一次重大进步。低碳经济实质是能源高效利用、清洁能源开发、追求绿色GDP的问题，其核心是能源技术和减排技术创新、产业结构和制度创新以及人类生存发展观念的根本性转变。从长远来看，发展低碳经济是全球的必然选择，也是中国建设生态节约型、环境友好型社会，实现可持续发展的根本要求。其意义在于：发展低碳经济提高了资源、能源的利用效率，降低经济的碳强度，能有效促进我国经济结构调整和工业结构优化升级。发展低碳经济,提高可再生能源比重,可以有效地降低一次性能源消费的碳排放。

三、可再生能源是低碳经济的重要选择

1 可再生能源是必然的选择

可再生能源转换不仅仅是我们的最优选择,也是我们的唯一选择。今天我们生产和使用能源的方式并不是可持续的。我们的主要化石燃料资源——石油,煤和天然气——是有限的自然资源,我们正在快速将其耗尽,而且它们是气候变化的首要原因。对最后剩余的"便宜"化石资源的角逐引发了多起自然环境灾难。可再生能源可实现能源的可持续供应,是保证所有人安全用能、避免环境灾难的唯一途径。

能源是经济社会发展的重要基础,也是生产力发展的动力源泉。人类社会有史以来,每一次社会发展的转折点都是以开发利用能源引发的技术创新为契机的,同时,能源也是社会进步程度的重要标志。经济社会越发达,消费的能源就越多。在过去的100多年里,不足世界人口15%的发达国家先后完成了工业化,消耗了地球上大量的能源资源,目前仍在消费全球60%以上的能源。随着经济的发展和社会的进步,全球能源需求必将持续增长。目前,世界人均能源消费量约为2500千克标准煤,而经济发达国家的人均能源消费在6000千克标准煤以上,美国的人均能源消费达1.2万千克标准煤。如果世界各国都实现工业化,按目前的人口数量和技术水平测算,全球年消费能源将达40万亿千克标准煤,按目前探明的化石能源资源看,最多可使用100年的时间。即使不考虑温室气体排放对气候变化的影响,这种主要依赖化石能源的经济和社会体系也不能持续,开发利用可再生的能源资源势在必行。我国是发展中大国,目前,我国人均能源消费水平还比较低,约为2300千克标准煤,大大低于发达国家水平。随着经济发展和全面建设小康社会进程的推进,我国能源需求必将持续增长。从目前情况来看,到2020年,我国能源消费量将达到4.5万亿千克标准煤以上，经济发展面临的能源资源和环境压力很大。中国能源供应前景堪忧，主要表现在：能源资源总量少，人均占有量低。中国能源资源总量约为世界的10%，人均资源量仅为世界的40%；优质资源少，保证程度低，煤炭剩余储量的保证程度不足100年，石油剩余储量的保证程度不足15年，天然气剩余储量的保证程度不足30年，而世界平均水平分别为230年、45年和61年。必须指出的是，能源资源保证程度是以中国目前能源消费量计算的，若按照2020年中国的能源需求预测量估算的话，煤炭、石油和天然气的资源保证程度，则分别下降到30年、5年和10年。

可再生能源是取之不尽、用之不竭的清洁替代能源，也是发展低碳经济的重要基础。如果没有可再生能源，发展低碳经济将无从谈起。我国的可再生能源资源很丰富，能够满足开发利用的需求。

2 可再生能源是低碳经济发展的有效保障

发展低碳经济旨在减少环境污染，实现减排减碳。实现这个目标，开发可再生能源是有效保障。化石能源除了排放二氧化碳，还可能造成二氧化硫、粉尘、氮氧化合物、重金属等污染，即使实施环保技术也只能实现减量排放，不可能实现微量排放乃至零排放。正因为如此，我国在碳排放方面遭受越来越大的国际压力，而且据估算，中国每年因环境问题造成的经济损失约占GDP的8%。与传统能源相比，可再生能源的环境负荷非常低。可再生能源具有污染少、环保好特点。

从经济方面来看，逐步做到完全采用可再生能源电力供应的观点是有说服力的。当我们考虑到环境、社会的成本和效益，情况就更是毋庸置疑的了。目前的挑战是克服追求短期效益的呼声，要充分认识到可再生能源低碳经济的长期效益。

发展可再生能源，对我国能源结构的低碳化、清洁化、减排二氧化碳等温室气体的贡献最大、最直接。

第二节
可再生能源对能源的影响

一、能源形势

1 能源需求量快速增长

改革开放30多年来，我国能源供应持续增长，为经济社会的高速发展提供了重要支撑。我国目前已跃居成为世界最大的能源生产国和消费国。1978年我国的能源消费量仅为5.7亿吨标准煤，到2010年能源消费总量已达32.5亿吨标准煤。特别是在"十五"期间（2001—2005年），我国的能源需求出现了井喷式增长态势。5年的能源消费增量超过了改革开放20年（1981—2000年）的总和。尽管我国能源消费增长较快，但整体仍未摆脱高投入、高污染、低效益的传统工业化模式，人均能源消费水平还很低，远远落后于世界发达国家水平，在经济社会发展取得丰硕成果的同时，也付出了较大的资源和环境代价，因此，以可持续的能源发展模式支持经济社会的可持续发展将是一项长期而艰巨的任务。从2000年开始，中国能源消费年均增长速度接近10%，是1980—2000年期间年均增速的两倍。2006年中国政府开始实施降低GDP能源消费强度的措施，提出了2010年单位GDP能源消费比2005年降低20%的目标，并付诸行动。虽然政府提出的目标基本实现，但是能源消费总量仍持续增加，2010年能源消费总量为32亿吨标准煤，比2005年增加了10亿吨标准煤，已经超过了国内外多家机构对我国2020年能源需求的预测值。更为重要的是，在一次能源构成中，化石能源仍然占据了我国一次能源消费的90%，是我国能源消费的主体。

2 化石能源供应面临诸多挑战

我国化石能源储量在世界上属于中等水平，但人均化石能源拥有量远低于世界平均水平。我国化石能源的产量受制于化石能源的科学产能潜力、可持续发展能力和合理的能源进口量。中国工程院《中国能源中长期（2030、2050）发展战略研究（综合卷）》的研究结果显示，2020年化石能源的合理产能应控制在36亿吨标准煤以内，其中包括煤炭的合理生产能力22亿~24亿吨标准煤，油气的合理生产能力6.5亿吨标准煤以及进口石油的合理生产能力4.2亿吨标准煤和天然气的合理生产能力1.3亿吨标准煤。虽然依靠增加非化石能源的产量来满足能源需求的代价将加大，但依靠化石能源必然导致煤炭消费大幅度超出科学产能的实际能力，使我国资源、环境和能源安全突破承受的极限。

3 能源安全问题日益突出

发展可再生能源是提升我国能源安全水平的必然选择。目前，我国石油、天然气资源有限，石油对外依存度已超过50%。到2020年将增加到60%，能源安全问题凸现，单纯依靠化石能源难以实现经济、社会和环境的协调发展。在大力推进节能、提高能效的同时，有效增加能源供应、保障能源安全的途径有三个：一是立足国内，大力开发包括水能、煤炭、石油、天然气等在内的传统能源；二是扩大国际合作，充分和有效地利用国际资源作为重要补充；三是大力开发利用核能和可再生能源。因此，大力开发利用可再生能源，增加本地化的清洁能源供应，是调整能源结构、保护生态环境的客观要求，也是增加能源供应、保障能源安全的重要措施之一。

4 气候变化压力日益增大

我国长期以来以煤为主的能源消费结构，导致我国在减少二氧化碳排放和应对气候变化方面受到了越来越大的国际压力。虽然我国人均二氧化碳排放量低，排放量的累积值不高，但是由于总量第一和人均排放量已经超过全球平均水平，在应对气候变化方面可以周旋的政治空间日渐狭窄。

按照现在我国的发展目标,到2020年GDP翻两番,能源消费翻一番,15%非化石能源比例,温室气体的排放至少增加60%~70%。根据IEA的统计,2010年,我国温室气体的排放为75亿吨,占全球温室气体排放的24.6%,如果再增长60%~70%,将会达到120亿吨以上,约占全球温室气体排放的40%。作为一个负责任的大国,发生这种情况是很难想象的。因而,我国控制化石能源消费、发展低碳能源既是自身转变发展方式、实现可持续发展的需要,也是对国际社会负责任的表现,在"十二五"和未来更长的时间,必须采取严格、可行的措施控制温室气体排放。

二、可再生能源是实现可持续发展的必然选择

1 可再生能源是建设资源节约型环境友好型社会的需要

总体而言,随着应对气候变化、实现可持续发展观念不断深入,大力发展可再生能源清洁的低碳能源已经成为全球社会的共识。我国经济社会正处于快速发展时期,能源供应与经济社会发展和环境保护的矛盾十分突出。作为当前最大的发展中国家,我国以化石能源为主的能源结构受到资源和环境的制约,具有明显的不可持续性。要从根本上解决我国的能源问题,除大力提高能源效率、充分利用国外资源外,加快开发利用可再生能源资源是重要的战略选择,也是落实科学发展观、建设资源节约型、环境友好型社会的基本要求。

2 可再生能源是调整能源结构和保障能源安全的需要

我国是一个以煤炭资源为主的能源生产和消费大国,目前煤炭在一次能源消费结构中的比重超过了70%。目前,煤炭资源的大量开采和消费已成为环境污染的重要原因,严重影响可持续发展战略的实施。优化能源结构是能源可持续发展的重要任务。我国石油、天然气资源有限,石油对外依存度从2008年开始超过50%,

目前达到54%左右，大力开发利用非化石能源，增加本地化的清洁能源供应，是调整能源结构、保护生态环境的客观要求，也是增加能源供应、保障能源安全的重要措施之一。

3 可再生能源是保护生态环境和减少温室气体排放的需要

我国以煤为主的能源结构对环境保护带来了极大的压力。据中国工程院统计，我国二氧化硫的90%、氮氧化物排放量的67%、烟尘排放量的70%都来自于燃煤。同时，燃烧化石燃料排放的CO_2是产生温室效应的主要气体。全球气候变化已成为人类共同面对的威胁，采取措施减少温室气体排放、应对气候变化和减缓气候变化的影响已成为国际共识。积极开发清洁的可再生能源，不仅可以显著减轻本地的环境污染，减少温室气体排放，而且为应对我国减缓全球气候变化做出贡献，为将来可能面临的温室气体减排压力打下基础，更重要的是，发展可再生能源的行动和决心，也是我国在温室气体减排方面树立良好国际形象的主要标志之一。

4 可再生能源是新的经济增长领域、可促进经济稳定发展

可再生能源具有产业链长、跨领域广、学科跨度大等特点，对增加社会就业机会，带动当地经济的发展作用明显。特别是对于可再生能源，其开发不同于对资源争夺激烈的化石能源，它必须立足于现代装备制造技术，才能将风力、太阳能等自然资源转化为可用及可控的能源。可以预计，对可再生能源技术的争夺，将是新一轮国际能源领域竞争的焦点，谁掌握了可再生能源的装备技术，谁就拥有了未来开发利用可再生能源的主动权。毫无疑问，当前全球正处于一个新产业布局竞争的关键时期。我国作为一个发展中的大国，大力发展新兴的清洁能源，既是满足自身转变经济发展方式、走可持续发展道路的需要，也是应对气候变化、履行大国责任的要求，更是从长远角度出发，培养建立具有国际竞争力的产业体系，从战略上抢占未来技术发展制高点，从而为新一轮的经济增长积蓄力量。

第三节
可再生能源对环境改善的影响

一、对减排二氧化碳的贡献

二氧化碳作为最主要的一种温室气体（占排放总量的80%以上）主要来源于化石燃料的燃烧，它与能源的生产与利用密切相关。据估算，二氧化碳排放量中约50%来自能源加工转换部门，约35%来自终端工业部门，约15%来自农业、交通、服务业与居民生活。

因此，降低我国二氧化碳排放强度、减缓二氧化碳排放的对策就应该分别是：调整产业结构和产品结构、节能和提高能源效率、用天然气/煤层气替代煤、发展核能和可再生能源等。

发展可再生能源不仅可以缓解化石能源的供应压力、优化能源供应结构、改善区域环境，也可以起到减缓碳排放的重要作用。通过加强农村小水电开发，并支持在农村、边远地区和条件适宜地区开发利用生物质能、太阳能、地热、风能等可再生能源。我国目前正处于工业化发展阶段，随着经济发展和社会进步、人口的增加、城市化水平与人民生活水平的提高，我国的能源消费和相应的二氧化碳排放在今后几十年乃至更长时期内还将持续增长。我国将在可持续发展的框架下考虑上述大量的与优化产业结构、优化能源结构、保障能源供给、改善区域环境、减轻社会压力相一致的碳减排对策与措施，在发展中注重经济与环境的协调，注重经济增长的质量和资源利用效率的提高，以尽可能少的物质消耗和相应较低的碳排放实现现代化的发展目标，为减缓全球气候变化不断做出努力和贡献。

在哥本哈根气候大会召开前夕,我国政府承诺2020年单位GDP在2005年的基础上下降能耗40%～45%,非石化能源占一次能源消费的比重达到15%左右。为了达到这个目标,我们还需要付出艰辛的努力。发展可再生能源、推进低碳经济,建设低碳城市,普及低碳的生活模式是我们必然的选择。

二、对环境的改善

伴随着社会经济的高速发展,能源短缺以及因过度消耗常规能源而引发的环境危机,已成为制约我国经济和社会能否可持续发展的障碍。为有效应对和化解这一难题,政府选择了两条腿走路的战略:一方面,强化能源节约,提高能源利用效率;另一方面,积极促进新能源与可再生能源的开发利用。

1 可再生能源对生态环境的促进作用

可再生能源开发利用与环境资源保护有着密不可分的关系。然而,因受惯性思维的影响,在可再生能源的开发利用与环境资源保护的关系方面,人们的认识往往存在误区或片面化倾向。从世界各国的发展经历看,发展初期还不能充分认识可再生能源与生态环境的关系,并不能最大限度的从提高效率、保护生态环境方面考虑开发利用的重要性,使所有开发利用者能够从保护生态环境出发,合理地开发利用可再生能源资源。化石能源的利用对生态环境、自然资源所造成的诸多负面影响,如大气污染、废水污染、采矿或燃煤的固体废物和污染物等诸多问题。不顾及生态、环境保护、资源可持续性的利用方式,不仅会导致环境污染和环境破坏严重、资源枯竭、社会发展停滞、人类的生存环境日益恶化等不良后果,而且也会导致能源供给无法持续满足经济的高速增长需求。与此相对应,可再生能源的利用与化石能源相比,具有保护生态、环境友好、资源可再生等特点。将能源开发利用与环境资源保护割裂的惯性思维,在可再生能源开发利用领域并没有消除。

在一定经济和技术条件下，自然界中可以被人类利用的物质和能量，如土地、阳光、水、空气、草原、森林、野生动植物、矿藏等，被称为自然资源。无论是常规能源还是可再生能源，均来自于环境，是自然资源的构成部分。因此，与常规能源一样，可再生能源的开发利用也必然受制于特定的环境和资源状况。第一，并非所有的可再生能源都是取之不竭、用之不尽的无限资源。资源短缺依然是制约部分可再生能源开发利用的关键因素，这一点在生物质能的开发利用中表现得尤为突出。目前，燃料乙醇、沼气、生物柴油等是生物质能开发利用的主要形式，但是作为生物质能原料的粮食、秸秆及生产这些原料的土地等资源依然短缺，特别是当一种原料存在多种竞争性用途的情形下，可再生能源开发利用中的原料短缺以及因此而引发的能源生产成本过高的问题更加突出。总之，可再生能源的开发利用，同样是一个从环境中攫取资源的过程。在资源有限，特别是当一种资源有多种处于竞争关系的用途情形下，如何高效利用有限的资源且不至于损害生态系统，则是可再生能源开发利用不得不慎重对待的问题。

2 可再生能源发展的驱动力

一是在常规能源日益枯竭而社会经济快速发展又急需增加能源供给的情况下，为解决能源供给短缺而开发利用新能源。在此情形下，新能源作为常规能源的替代品而出现；二是在常规能源的开发利用造成严重的环境危机情形下，为应对日益严重的环境危机，可再生能源被视为清洁能源而加以开发利用。就此而言，可再生能源的开发利用本身，被视为人类应对环境危机的有效措施之一。如此，环境保护成了人们支持可再生能源开发利用的重要理由之一。《中华人民共和国能源法》规定："国家积极优化能源结构，鼓励发展新能源和可再生能源，支持清洁、低碳能源开发利用，推进能源替代，促进能源清洁利用，有效应对气候变化，促进能源开发利用与生态环境保护协调发展。"若单纯从可再生能源最终产品的使用过程所排放的污染物如二氧化碳、硫化物等而言，与煤炭、石油等常规能源相比较，可再生能源的确是清洁能源或污染很小的能源。不过，须强调的是，在探讨可再生能源开发利用对环境资源的危害时，不应当仅仅局限于最终产品的使用环节，而应当运用系统论的思维关注新能源开发利用过程的每一个环节。实践证明，与常规能源相比较，虽然新能源的最终产品是清洁的或污染小得多的产品，但是，可再生能源产品的产业过程，也会排放大量的污染物，对生态环境构成威胁。例如，作为最终产品的生物质能，在缓解空气污染、治理有机废弃物、保护生态环境方面具有明显效果。但是，生物质产品的生产过程本身，却存在着很大的污染风险，如生产燃料乙醇不但要消耗大量的水资源，其生产过程还会产生大量废气、废渣和废液，如果直接排放，不仅会对环境造成极大的污染，同时也会造成资源上的极大浪费。再比如，太阳能电池制造过程中会排放有害物质、地热能利用中温泉水中溶有有害物质等。所以，在可再生能源开发利用过程中要注重对生态环境的影响。

人类面临的环境危机不限于环境污染，环境破坏同样不可忽视。基于人类与环境资源之间的复杂关系，人类所面临的环境问题主要分为两类：一是投入性损害或污染型损害，简称环境污染，即由于人类不适当地向环境中排入、投入污染物或其他物质、能量所造成的对环境、人类的不利影响和危害；二是取出性损害或开发性损害，简称环境破坏或生态破坏，即由于人类不适当地从环境中取出或开发某种物质、能源对环境和人类所造成的不利影响和危害，如滥伐森林、滥采矿产资源。因此，在考察可再生能源开发利用可能引发的环境问题时，不能仅仅局限于环境污染，也应关注可再生能源开发利用的每一个环节可能对环境造成的破坏。就此而言，几乎所有可再生能源的开发利用过程，均需要从自然界攫取各种资源，包括原料如生产生物质能的粮食、秸秆和土地、水以及其他能源设备材料等。这些资源的攫取和利用以及可再生能源项目工程建设等都可能造成资源短缺、各种资源环境功能的丧失和生态系统的破坏。就此而言，可以说可再生能源的开发利用与常规能源没有多大的差异。

3 可再生能源与生态环境的协调发展

〔1〕目标

一般认为，可再生能源的开发利用，追求保障能源供给和改善环境资源的双重目标。一般情况下，与常规能源相比较，可再生能源是一种较优的能源供给方式，其本身顺应了环境资源保护的时代潮流。但是，并非在任何情况下皆如此。若就某一特定类型可再生能源的开发利用

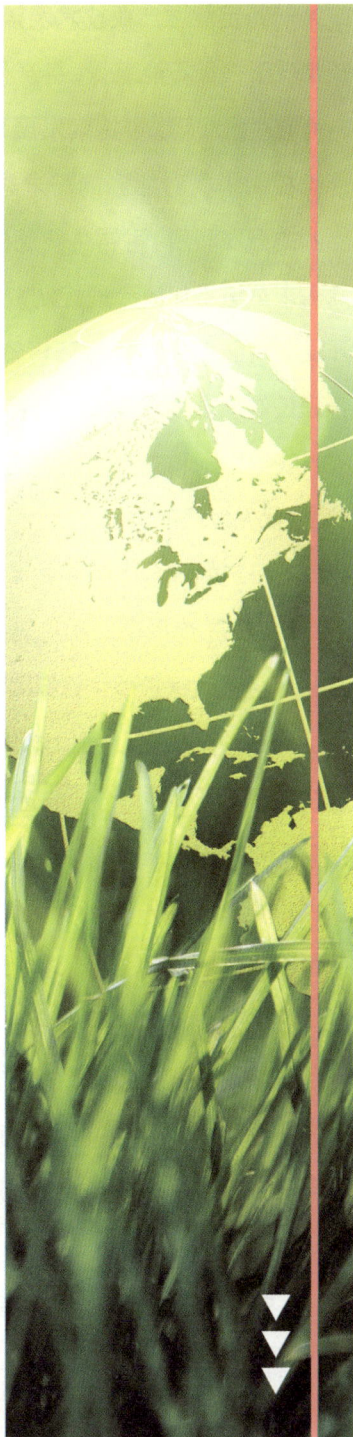

或某一特定能源产业技术及流程而言，能源供给与环境资源保护这两个目标，在有些情况下往往不能兼得，甚至是冲突的，需要权衡取舍。此等权衡取舍，应当从以下方面着手：为实现可持续发展和保护环境资源，人类对能源的需求必须有所节制，合理控制人类对能源的需求总量，不宜在放纵能源需求总量的前提下鼓励可再生能源的开发利用。可再生能源的开发利用对环境资源而言并非完全无害，若在对能源需求总量不加以合理控制、对常规能源不加以限制的情况下，鼓励可再生能源的开发利用必然会加重对环境资源的危害。换言之，从环境资源保护的角度考虑，在合理控制能源需求总量的前提下，可再生能源的开发利用作为常规能源的替代选项应当获得鼓励和支持。

【2】 优先发展的选择

在一定的社会生活和技术条件下，当存在许多种类的可再生能源可供开发利用时，存在优先选择哪一种可再生能源开发利用的问题。在这一选择过程中，能源供给和环境资源保护两个目标同样是需要考虑的关键因素。单纯就这两个目标而言，最优的选项无疑是能源供给量最大且对环境资源危害最小的可再生能源品种，但这往往是不可能的。可行的选择往往是只能以某一目标为主，最大限度地兼顾另一目标。具体而言，当能源供给严重不足，已经威胁到社会生产生活的基本秩序时，能源供给量最大的一类可再生能源往往会被优先选择；当合理的能源需求尚能得到基本满足，但环境危机比较突出时，环境资源危害较小的一类新能源或可再生能源应当被优先选择。

当然，在能源供应严重短缺、社会生产生活对能源的基本需求无法获得满足的情况下，即使某一种可再生能源的开发利用对环境资源有很大危害，若要不使人类社会陷入绝境，该种可再生能源的开发利用就是必然的选择，如此只能暂时选择牺牲环境了。

第四节
可再生能源
对人们行为方式的影响

为了积极应对工业文明带来的全球性石油、天然气与煤炭等能源资源枯竭以及由这类化石能源高碳排放造成的气候环境危机，促进可再生能源发展和低碳社会建设，已成为当代各国政府的新型职能。随着这种新型职能的履行，人们的行为也正在发生变化。人们的行为在不影响其内在质量的前提下，必须建立起明确的符合可再生能源利用的行为规范以及追求可持续发展的价值观，树立新的低碳生活理念，以积极的态度应对可再生能源的开发利用，同时还要接受因可再生能源利用带来的标准规范和约束。

一、对衣、食、住的影响

1 生活

生活方式是人们在一定的社会条件制约下和价值观念指导下，形成的满足自身需要的生活活动形式和行为特征的总和。由于在社会主义市场经济的环境下，人的自身需求的满足主要是通过消费的形式实现的，所以消费方式是生活方式中非常重要的内容，生活方式通过消费方式来体现。

消费行为是那些具有认知和选择差异消费者选择购买商品的过程。在购买选择的过程中会受到诸多因素的影响。可再生能源消费的社会意识直接作用于消费者身上，间接影响消费者的日常决策。随着社会上对可再生能源利用深入宣传的力度

加大，消费者在购买产品的时候或多或少会接触到可再生能源产品。但是消费者在购买产品的时候，还是会有意识或无意识的遵守自身的消费惯性，放弃选择可再生能源的产品。此外，消费者的个体特征影响因素也很重要。

从消费者个体统计角度来看，消费者个体特征（如消费者的性别、年龄、职业、收入、教育水平等）是消费者做出利用可再生能源选择的基础条件之一。消费者生存环境会对消费是否能导致可持续消费行为产生间接影响。

消费者个体特征对行为有着直接的影响。比如说收入水平在可再生能源产品消费方面起制约作用。由于可再生能源产品的价格相对较高，如带有太阳能、地热辅助采暖的房屋、具有太阳能集热的衣物、太阳能温室大棚的食品和利用可再生能源进行炊事等，对于那些"价格因素"大于"能源环保因素"的消费者而言，实用意识会占上风。一项调查表明，家庭月收入在8000元以上的人愿意接受可再生能源产品，绿色消费水平比例最高。又如教育可以改变人的观念和行为方式，受过良好教育的人可以更正确地认知人与自然的关系，更容易理解和接受可再生能源，认识到可再生能源的利用不仅仅是节约常规能源、保护环境，更多的是改变生活的质量。研究表明，年轻、受过良好教育、政治上比较自由的人群比其他人群更关心环境。研究也表明,教育水平高的人群较教育水平较低的人群绿色能源消费意识强。

消费者的生存环境限制着消费者的生存空间,形成了消费者生活的文化背景,通过影响行为理念间接影响行为规范,并最终影响行为意向和行动。所以,能够深刻体会环境恶化的人们,更容易接受绿色能源的思想,绿色消费社会意识对他们的生活影响更大,在消费者个体特征相似的情况下,他们做出绿色消费选择的可能性更大。

为了达到促进"绿色消费"的目的,首先要使可再生能源的消费观念成为人文社会的主流,扩大社会消费文化的内容。让"绿色能源消费文化"被大多数消费者所接受,使得绿色消费社会意识转化成为个人消费意识的一种。

其次,提高个体环境素养。提高个体的环境知识,包括对环境问题的认知和这种认知下所表现出的行为。再次,提高"绿色能源消费"社会文化强度,建立"绿色消费"的氛围。改变社会舆论导向,让消费者真正认识了解"绿色能源消费",改变个体价值观念,使得"绿色消费意识"成为个人消费意识的一部分。

2 居住

衣、食、住、行是人类最基本的生活需求,也是人类发展永恒的主题。建筑物解决了人们"住"的问题,提供给人们舒适的生活环境和工作环境。但由于建筑能耗的日益增加,建筑环境的日益破坏,也给人们生活的环境带来了巨大的危机。建筑与环境问题将是值得人类思考的重大问题。我们必须认识到这些严重的问题,在今后的发展中吸取教训,不断创新,大力投入可再生能源的开发与利用,走可持续发展之路。

数据显示,我国每年城乡建设新建房屋建筑面积近20亿平方米,其中80%以上为高能耗建筑。现有建筑近400亿平方米,95%以上是高能耗建筑。建筑能耗占全国总能耗的比例也将从27.6%上升到33%。建筑节能形势严峻,每年新增建筑约65%为居住建筑,建筑物的耗能65%来自空调,因此降低居住建筑的空调能耗就显得非常紧迫和必要。

国家财政部、建设部颁布《关于推进可再生能源在建筑中应用的实施意见》以及《可再生能源建筑应用专项资金管理暂行办法》,明确指出到2020年,可再生能源应用面积占新建建筑面积比例为50%以上，利用可再生能源改善居住环境，提高生活质量，大力推广可再生能源在居民建筑中的应用已势在必行。

可再生能源建筑是指利用太阳能、风能、生物质能、浅层地能等可再生能源，以部分解决居住建筑与公共建筑中的采暖空调、热水供应、电力照明等能源需求问题，我们也把这类建筑誉为"绿色建筑"。可再生能源在建筑中的应用主要包括以下几种类型：

（1）太阳能光热建筑一体化应用；

（2）太阳能采暖空调；

（3）土壤源热泵技术应用、地下水源热泵技术应用、地表水源热泵技术应用、污水源热泵技术应用；

（4）太阳能光热与地源热泵结合系统应用；

采用可再生能源技术是建造低能耗建筑的重要途径。利用可再生能源可减少或完全代替常规能源，从而达到节能减排的效果。在设计时要因地制宜，结合当地可再生资源特点，从全寿命周期角度出发，充分考虑地理环境、地区的气候特点、建筑特性以及各项技术的适应性等因素，最大限度地将可再生能源融入建筑建设。

二、对出行方式的影响

1 绿色出行

随着我国城乡居民私家汽车拥有量的大幅增长，来自交通领域的碳排放和能源消耗日益显著。该领域企业的职责是发展和提供可再生能源和碳排放低的交通工具以及帮助城市设计、实施绿色交通方案。

私人汽车是最主要的交通耗能工具。随着人们收入水平的提高，对出行质量和数量的要求也不断增加，私人汽车用能将不可避免地增加。目前，国际和国内相关研究机构已经对中国未来机动车的发展态势进行过许多研究。多数研究结果表明，到2020年,中国的机动车拥有量在9000万~1.8亿辆,2030年在1.2亿~2.5亿辆,2050年4亿~5亿辆。实际上在2010年,中国机动车保有量已经达到7800万辆,比2009年净增1520万辆。如果按照该速度增加,到2015年将达到1.54亿辆,2020年达到2.3亿辆,2030年达到3.8亿辆,2050年达到6.8亿辆。如果延续这一态势,中国公路交通用油将不可避免地快速增加。

因此,倡导绿色出行,需要减缓私家车保有量的增速,引导居民选择低碳出行方式。通过经济和行政手段,包括征收燃油税、拥堵费等手段,引导居民减少私家车的行驶距离,鼓励个人选择公共交通出行等,同时与汽车行业规划相协调,促进新型燃料汽车的发展,推广混合动力汽车和电动汽车等。

2 选择绿色公交

根据城市发展相关研究和规划,未来我国城市分布将走向大型化,2049年将有超过150个人口200万以上的大型城市,承担人口超过5.4亿人。实践表明,大力发展地铁、轻轨、快速公交系统等公共交通系统,是发达国家交通节能的重要途径。发达国家大城市的公共交通比重超过60%。中国要实现低碳交通,在500万人口以上的城市形成以轨道交通、快速公交系统交通为主,百万人口级的城市以公共交通为主,小城市以个体交通为主的交通模式。特别是要通过合理规划城市布局,减少不必要的交通流量。

　　随着经济水平的快速发展，生活出行能源消费领域能耗也会迅速增加，从而形成对整个社会能源供给的巨大压力。倡导城市能源消费领域尽可能多地采用可再生能源，改善城市居民生活水平，实现绿色能源消费和低排放，是我国建设资源可持续型、环境友好型社会的重要组成部分，也将为实现我国向国际社会做出的减排承诺做出重大贡献。在我国仍然处于快速城市化进程的背景下，从我国国情出发，限制需求与提高可再生能源的比例在城市消费领域中同等重要。因此，我们必须从个人做起，重视每次出行消费的选择，要认识到转变不可持续生活模式的必要性和紧迫性，引导人们形成绿色能源的生活和消费模式。

➡️ 第五节

可再生能源对社会发展
的影响和贡献

伴随经济的高速增长,我国社会经济发展将面临更为严重的能源问题。解决能源问题的途径是多方面的,其中,开发利用可再生能源资源,提高可再生能源在能源结构中的比例将是一个重要的选择。我国有丰富的可再生能源,具有巨大的发展潜力。经过多年的发展,已经形成了一定规模。发展可再生能源,利在社会,意在长远。在目前没有完全反映"资源、环保、持续"的能源价格体系下,可再生能源很难与常规能源在市场上竞争,还需通过特殊的政策手段和一系列行之有效的发展机制,促进其发展。

目前许多最有前途的可再生能源利用技术与使用化石燃料相比成本较高。只有通过技术研发、示范和推广才会减少这些成本,且技术才会表现出经济性。因此,政府和工业行业需要通过并行和相互关联的若干途径进行能源技术创新。大多数新技术在某个阶段都需要研发和示范的"推动力"和市场推广的"拉动力"。可再生能源技术发展路线示意图见图4-1。

可再生能源是经济和社会发展的重要物质基础。随着世界范围内的能源短缺以及各国对环境保护的日益重视,开发和研究可再生能源代替被过度开采和使用的不可再生能源,已是各国政府在资源利用方面共同的发展方向。

20世纪70年代以来,可持续发展思想逐步成为共识,可再生能源的开发和利用受到政府的高度重视,国家也将可再生能源的发展作为能源战略的重要组成部分,

成熟技术
（能源效率，
工业热电联产）

4.通过解决市场障碍促进应用
建筑规范，效率标准，宣传活动

低成本差距
（某些市场的陆上风能，
生物质能发电）

1.开发和基础
设施规划
研发和示范融
资，大规模示范
成本资本支持

高成本差距
（太阳能聚热发电，
太阳能光伏发电，
混合动力汽车）

3.技术中性但下滑的支持
绿色证书，温室气体交易

原型和示范阶段
（如燃料电池，第二代生物燃料，
电动汽车，CCS）

2.稳定的针对具体技术的奖励措施
上网电价，税收抵免，贷款担保

市场推广

时间

1.技术开发和示范 ⟶ 2.利基市场 ⟶ 3.实现竞争力 ⟶ 4.大众市场

图4-1　可再生能源技术发展路线示意图

纷纷提出明确的发展目标，制定颁布了相关政策与法律法规，使可持续能源产业在近年来得到迅速发展。可再生能源产业，如光伏发电、风能、太阳能、生物质能等技术的开发应用已成为各类能源中发展最为快速的热点领域。

党的十八大报告明确提出转变发展方式以及建设生态文明等多个方面的战略目标，可再生能源的战略对实现我国未来各项经济社会建设目标具有重大意义。开发利用可再生资源成为我国政府近年重点扶持的项目。随着可再生能源相关法律法规的相继出台以及地方政府和民营企业的推动，整个社会对新能源的认识不断发生改变。

发展可再生能源，可以充分利用我国的土地资源、调整能源结构，有利于服务三农产业，调整我国农作物结构，为农民开辟增收途径，促进农业的发展，还可促进新兴工业的生产和发展。可见，在我国扩大可再生能源产业，可加快社会主义新农村建设并产生巨大的社会效益和经济效益。

一、运输

随着世界范围的能源短缺以及人们对环境保护的日益重视，开发和研究可再生能源以替代不断枯竭的化石能源已迫在眉睫。我国可再生能源发展潜力巨大、前景广阔，但是技术和产业的发展方面还存在诸多障碍，不仅需要政府的积极扶持，还需要产业、研究机构等社会各界的共同努力。

据联合国报道，"国际可再生能源机构"发布的《道路交通：可再生能源解决方案的成本》报告对交通部门，尤其是道路交通利用可再生能源前景进行了分析，认为随着用于交通运输的可再生能源成本不断下降，到2020年化石燃料"独霸"交通运输的状况将发生改变。

交通运输部门约占能源消耗量的20%，这一比例还在不断上升，但是与所有其他能源消耗部门相比，交通运输业利用可再生能源的比例是最低的，仅为2.5%。然而，到2020年交通运输部门利用可再生能源的前景非常可观。高级生物燃料的生产以及插电式混合动力汽车和纯电动车的生产，已经完成示范。2020年以后，高级生物燃料和电动汽车的生产成本都将下降，预计其竞争力会不断增强，促使交通运输部门利用可再生能源的比例大幅提高。

目前的能源供应和消费趋势在经济、环境和社会方面显然无法持续。如果不采取果断行动，能源相关的二氧化碳排放到2049年将增加一倍以上，而且，石油需求增加将加剧对供应安全的关注。我们能够而且必须改变当前的发展道路。可持续发展的能源技术将会在实现这一变革所需的能源革命中发挥关键作用。要有效减少温室气体排放，减少对化石能源的依赖，新的能源替代技术需要得到广泛推广。

将可再生能源用于运输领域还有许多工作要做，首先确定中长期发展规划，以实现可再生能源在交通运输领域的替代目标，并制订切合实际的行动计划，确保形成有效的标准，通过对生物燃料和充电基础设施投资以及对于符合条件的电动汽车、混合动力车或氢燃料电池汽车提供购车价格补助金，来促进可再生能源运输车辆市场的发展。

目前生物燃料占交通运输燃料总量低于1%，但新技术可以为未来数十年的增长提供巨大的潜力。按照IEA测算，到2050年全球生物燃料消耗量将达到32艾焦，占全世界交通运输燃料的27%。除了可以大量减少交通运输行业的温室气体，生物燃料还可为能源安全和社会经济发展做出巨大贡献。为实现这一愿景，需要强有力且均衡的政策努力，创建一个稳定的投资环境，促进高级生物燃料技术的商业化，效率提升和不同生物燃料生产链上进一步成本削减。良好的可持续性要求，对于确保生物燃料在不伤及粮食安全、生物多样性或社会的情况下带来大量的温室气体减排至关重要。

二、 公共交通领域的绿色能源转型

交通领域消费的化石燃料占化石燃料总消费量的约1/3，而且目前交通领域几乎完全依赖于化石燃料。因此，在2049年之前，交通领域必须经历根本性的变革。由于目前还没有可以在技术和价格上与化石燃料竞争的替代技术，交通领域的转变将广泛依赖于国际范围内该领域的技术进步。现在已经出现了几种有潜力的技术，例如生物质液体燃料和电力。同时，替代性交通技术已经出现了显著的成本下降趋势。

短期看，起重要作用的方面包括：更多利用生物燃油，而且传统燃机的燃料效率会提高。长期看，在交通领域摆脱对化石燃料依赖的转型很可能需要依靠电力。而且，由于电机效率远高于燃机效率，使用电力将意味着增加效率。

交通领域的转型首先需要建立制度和政策框架体系以及基础设施加以推动，这些将保证转型的顺利启动，还可以积累丰富的经验。当技术和价格足够成熟，接下来的转型就是要为更广泛的技术应用和大规模的转型铺平道路。这项建立政策框架和基础设施的工作在我国已经顺利开展。例如，政府从2000年开始已在全国的10个省份推广使用车用乙醇汽油。我国政府希望通过推广使用车用乙醇汽油，10%的添加量可减少对原油的依赖以及减少一氧化碳排放25%~30%，减少二氧化碳排放约10%。从2008年开始，北京奥运行动中，北京公交集团推出了50辆纯电动公交车，这批纯电动公交车充电时间为两小时，一次充电能行驶150千米左右，到目前为止，在北京道路上行驶的纯电动公交车为200辆。

交通运输行业目前占到能源相关的二氧化碳排放量的23%。面对不断恶化的气候和环境，交通运输领域必须转变发展方式，实施交通低碳化是必然趋势。中国在实行交通低碳化中，发展新能源汽车和电气轨道交通已成为发展交通的新亮点。考虑各种出行方式都有增加，特别是轻型汽车和飞机，到2049年实现二氧化碳深度减排将依赖于通过提高能源效率、减缓交通运输燃料使用的上升和增加可再生燃料份额。同时鼓励旅客和运输商更多使用公共交通工具，减少使用私家汽车、卡车和飞机。

积极发展可再生能源汽车是交通低碳化的重要途径。目前可再生能源汽车主要包括混合动力汽车、纯电动汽车、氢能和燃料电池汽车、乙醇燃料汽车、生物柴油汽车、天然气汽车、二甲醚汽车等类型。努力发展电气轨道交通是绿色交通的又一重要途径。电气轨道交通是以电气为动力，以轨道为走行线路的客运交通工具，已成为理想的低碳运输方式。城市电气轨道交通分为城市电气铁道、地下铁道、单轨、导向轨、轻轨、有轨电车等多种形式。

通过提高内燃机效率、实现车用动力混合化、使用插电式混合动力电动汽车、电动汽车和燃料电池汽车等措施来减少化石燃料使用和二氧化碳排放量，其前景看好。实际上，低碳情景下所有汽油和柴油汽车的增量效率提高都会带来汽车寿命期内的燃料节省。目前都具有严格的燃油经济性标准，我国已经宣布要更广泛地使用电动汽车和插电式混合动力电动汽车。到2020年，这些承诺总计会使超过500万辆的电动汽车和插电式混合动力电动汽车上路。

低碳情景下，2049年生物燃料、电力和氢气总计会占交通运输行业使用燃料总量的50%，会替代汽油和柴油。由于电力和氢燃料的大量使用，轻型内燃机汽车对生物燃料的需求2030年后开始下降。相比之下，至2049年期间，卡车、船只和航空使用的生物燃料迅速上升，取代了中间馏分石油燃料。

为配合低碳发展目标，需要推出交通运输行业二氧化碳减排政策，还需要更多努力来增加研发、示范和推广经费，提高运输行业协作水平，特别是要更快地削减可再生能源先进技术的成本。此外，要更加关注激励消费者采用脱离能源密集型、以化石燃料为主的交通运输系统所需的技术、生活方式。

三、商业和住宅建筑

商业和住宅建筑的能源使用约占当前能源消费的35%；工业用能占32%；交通占26%。在这些领域内，都可以通过使用可获得的最好技术、新潮材料和/或新的工艺和系统实现节能。而多数情况下，这些材料和技术都可以在市场上获得，而且净成本降低（通常投资成本较高而运行成本较低）。

建筑领域的可再生能源利用主要包括建筑表面和阳热材料、照明和家用电器、供暖和空调系统。从长期看，可以通过制定新建和翻修标准获得最大的利用潜力。而短期内，可以通过提高可再生能源的终端利用来实现。

建筑行业直接产生的二氧化碳排放量占排放量10%；加上本行业电力使用产生的间接二氧化碳排放，这个份额达到将近30%。从能源角度来看，建筑物是由围护结构和保温、空间供暖和制冷系统、热水系统、照明系统、家电和消费类产品以及商用设备组成的复杂系统。

大部分建筑寿命久远，这意味着目前超过一半的建筑在2049年会仍然存在，也意味着利用可再生能源替代常规能源，可以达到建筑节能和减排二氧化碳的目的。如果农村城镇化速度加快，还会有更多的新建筑将会迅速增多，有机会通过提高新建筑效率标准来确保相当快速而大幅地利用可再生能源。

落实目前可获得的低成本高效低碳可选方案对短期内实现具有成本效益的二氧化碳减排至关重要。这将换来时间来开发和应用不太成熟、目前较昂贵但可在长期会发挥重要作用的技术。对于空间供暖和水加热来说，这些技术包括地源和空气源热泵、太阳能热系统和使用氢燃料电池的热电联供系统。

近年来显示了一些令人鼓舞的迹象，消费者倾向于使用可减少二氧化碳排放的新技术。热泵销售在欧洲主要市场显示了双位数的增长。对太阳能热系统的需求也迅速增长，太阳能热系统可进行低温热冷却和/或取暖和水加热。

1 太阳光热利用与建筑

建筑节能与国民经济的发展和生活环境的提高密切相关，在建筑节能中充分利用好太阳能有着重要而现实的意义。太阳能技术的利用及研究一定要适合国情，一方面是我国南北地域温度差别较大，东西地区水资源差别较大，可发展不同的太阳能利用系统。

（1）直接受益式。这是通过增大南向玻璃窗，增加太阳能射入房间的热量。由于窗户是利用太阳能的关键部位，所以它的设计非常重要。严寒地区应该采用双层玻璃结构，或者采用透明蜂窝隔热材料作为窗体。窗体尺度大，有利于采光，夜晚它的散热也大，所以应该有一定的保温措施。同时在夏天要防止过多的太阳能进入室内，可以考虑加置遮阳板，遮挡夏季阳光进入室内。

（2）集热蓄热墙式。这种是利用南向垂直集热蓄热墙吸收穿过玻璃采光面的阳光，把热量传送至室内。近年来有关建筑物墙体蓄能已经受到普遍关注，利用蓄能墙体调节日夜能量负荷可以充分地节约能源。墙体变色涂料研究也已经取得初步突破，这也为建筑节能的发展提供了新的途径。

（3）主动式太阳房。主动式太阳房与被动式太阳房一样，它的围护结构应具有良好的保温隔热性能。对于太阳能供暖系统来说，应考虑采用热煤温度尽可能低的采暖方式，所以地板辐射采暖最适宜于太阳能供暖。

2 太阳光电与建筑

太阳能光伏—建筑一体化（BIPV）是应用太阳能发电的一种新概念，在建筑围护结构外表面上铺设光伏阵列提供电力。采用BIPV系统，可就地发电、就地使用，具有诸多优点：节省了电网投资和减少了输送损失；彩色光伏模块可取代昂贵的外饰材料；缓解电力需求；改善室内热环境，它将使太阳能发电得到大规模的应用。

在推行光伏—建筑一体化技术中有两种类型可以采用：一种是光伏建材一体型，一种是光伏建材型。光伏建材一体型太阳电池是生产厂预先把太阳电池安装在普通房屋围护的建材上，然后同普通房屋围护建材施工一样安装在住宅上。寿命和防水性能等也同普通围护建材一样，只是在材料利用上有重复。光伏建材型太阳电池是让钢化玻璃和铝合金框架构成的太阳电池组件本身具有建材的功能，要求防水性能良好，能直接代替建材使用。另外，为了便于维护，要求光伏建材型太阳电池的寿命与周围的建材相匹配。从发展趋势看，光伏建材型将会成为主流。

国外对太阳能光伏—建筑一体化系统的研究已有较长时间，但目前还处于建造实验房的阶段。国内也进行了该方面的研究，试制了太阳能光伏屋顶一体化系统，建造了生态能源房。太阳能光伏—建筑一体化系统成本较高，短时期内在建筑中难以接受。由于它的高额成本来源主要是光电转换系统价格较高。从我国目前状况来看，对这种太阳能利用的方式的研究也应保持以小规模为主。

3 居住和低碳建筑

据统计，中国公共建筑面积2010年为69亿平方米，到2020年将增加到146亿平方米，2049年将增加到340亿平方米，加上用能服务水平的上升，公共建筑用能将大幅度增加。

要降低公共建筑用能水平，首先需要控制公共建筑面积的快速增长，其次需要逐年提高建筑节能标准。比如新建建筑物普遍实施节能65%和75%的节能建筑标准；应用先进的采暖和制冷技术；推广节能节水电器和节能灯；推广可再生能源技术在建筑领域的应用。

我国建筑能耗在能源总消耗量中占很大部分，建筑行业全面节能势在必行，而建筑设计是其中一个很重要的环节。建筑设计应结合当地的事实条件，比如地理环境、气候条件，按照国家的节能政策和节能标准的规定，在传统民居中吸取营养，充分地

利用地方材料,从建筑的整体及外部环境、单体设计、围护结构的整体及细部构造设计等方面全方位进行节能设计。我国作为世界能耗大国,对于发展可持续发展的生态建筑,减少建筑能耗更是刻不容缓。

当前我国建筑业发展迅猛,把可再生能源技术、节能、绿色环保、生态技术应用于工程是建筑发展的必然趋势。太阳能、风能、地热能等新型能源在建筑上的有效应用,不仅可以代替资源有限的传统能源,而且可以减少污染物的排放,保护生态环境,它的开发和利用具有广阔的前景和深远的意义。预计可再生能源必将在我国建筑事业中发挥巨大的作用。

4 地热与商业空调

随着我国社会经济的发展及人民生活水平的不断提高,改善商业建筑热舒适条件已成为一个比较突出的要求。然而,随着空调设备的日益普及,建筑耗能量势必将迅猛增加,对大气环境的污染也将日趋严重。如何在建筑热舒适条件得到改善的条件下把建筑耗能量减下来,减轻对大气环境的污染,成了暖通界要解决的问题。现阶段,在保证使用功能不降低的情况下,应采取各种有效的技术和管理措施,把新建房屋建筑的能耗较大幅度地降下来,对原有建筑物有计划地进行改造,达到充分利用可再生能源、保护环境和提高商务质量的目的。地源热泵作为一种有益环境、节约能源和经济可行的建筑物供暖及制冷新技术越来越受到关注。它是利用地下相对稳定的土壤温度,通过媒介质来获取土壤内冷(热)能量的新型装置,可一年四季方便地调节建筑内的温度。由于该制冷供热方式不存在能量形式的转换,几乎是一种能量的"搬运"过程,因而其能量转换效率高、运营成本低。

地源热泵系统为改善夏热冬冷地区建筑热条件这个世界性难题提供了很好的解决办法。考虑到季节性的变化,地源热泵系统可以充分发挥地下蓄能的特点,进行能量季节迁移,用最少的能耗获得最大的受益。

根据国内的发展情景和地源热泵系统自身的特点,随着地下水热泵工程技术改进和规范化,由于其突出的节能和保护大气环境的功能,存在着巨大的潜在市场。

第五章
关键技术及未来情景

本报告在前面介绍了可再生能源具有分散、能量低、间歇性和转化困难等特点。不同形式可再生能源的开发利用，遇到的问题也不相同，本章讨论的关键技术，是指可再生能源在大规模推广应用过程可能遇到的关键技术瓶颈，只有当这一技术瓶颈被突破后，可再生能源的稳定、持续、大规模供应才有可能实现。

无论何种形式的可再生能源都是以电力、燃料、热能提供给使用者。能源需求可分为以下部门：工业，交通，建筑和服务。对于每一个部门，有不同的能源需求特点，一旦能源需求按载体类型所确定，在特定年份各种供应选择就会按优先次序利用，来满足达到其实际可用潜力的需求。因此应当根据其发展阶段选择用哪些技术是必要的。智能电网、储能技术、生物燃料和热岩技术等发展可有效地拓展可再生能源的发展空间。

我国可再生能源资源丰富地区主要在西部、北部和东北部，而电力负荷在中部以及东部和南部，大量可再生能源电力必须从资源丰富地区输送到中部和东南部高电力负荷地区，如果不能统筹协调可再生能源并网、传输和消纳工作，则电力的合理调配问题必然成为可再生能源发电的最大瓶颈。如电网并网和调配瓶颈造成许多地区或者企业被迫放缓风电开发速度，许多已建成的风电场无法将全部电量输入电网，而且风电并网和调配问题造成的负面效应也传导到设备制造业。值得注意的是，随着最近两年太阳能发电装机量的扩大，太阳能发电并网问题，是弃风及并网问题之后又出现的性能问题，随着光伏装机规模的不断扩大可再生能源上网形势变得更为严重。

储能是智能电网、可再生能源接入、分布式发电、微网及电动汽车发展必不可少的支撑技术，随着风能、太阳能等可再生能源的普及应用、智能电网的发展及各种储能技术成为万众瞩目的焦点。大规模储能技术作为支撑可再生能源普及的战略性新兴技术，得到了广泛关注与高度重视，储能技术存在巨大的市场潜力。

生物燃料关键技术的突破可以与电动汽车、氢燃料电池汽车等技术相互配合，实现利用可再生能源替代部分传统方式的交通运输，通过试点示范经验，逐步扩大可再生能源在交通运输领域的覆盖面，使交通能源可持续发展。

第一节
智能电网技术

大力发展风力发电和光伏发电,对环境保护和能源节约都有着重要的意义。风力发电和光伏发电是一类特殊的电力,具有许多不同于常规能源发电的特点,由于受资源情况的制约其并入电网的电能波动性较大,当较大规模的风电和光电并网时,会对电网的安全稳定、运行调度等诸多方面带来一定影响。随着风力发电和光伏发电规模的不断扩大,并网的影响成为风电及光电规模发展的严重障碍。风电和光电供电可靠性受气象环境、负荷等因素影响很大,其供电稳定性也相对较差。另外,风电和光电资源丰富的地区不一定能够完全消化所发电能,电能的有效、合理传输也成为解决弃风、弃光的最有效解决途径之一。为了更加充分地利用好可开发的风力和太阳能资源,大规模风力发电和光伏发电的推广应用除了要有并网技术,智能电网关键技术更是必不可少的。

一、技术简介

1 技术特点

智能电网是当前全球电力工业关注的热点,是引领电网的未来发展方向,涉及从发电到用户的整个能源转换和输送链。目前智能电网技术还是在不断地探索研究中,还没有普遍运用到生活中,还有着很多的挑战在等着智能电网技术。

智能电网将纳入能够自动监测用电量的实时变化,从而减少能源浪费的传感器和控制新技术。此外，电网运营商能及时发现可能会导致级联中断的相关问题。智能电网技术还能在电力输出实时变化的情况下保持电网稳定，从而使能源公司纳入更多像风电、光电这样的间歇性可再生能源电力。

对于消费者来说，智能电网也意味着将彻底改变他们支付电费的方式。消费者不再按照统一费率支付电费，而是要在高峰期间支付更多的费用，以鼓励他们在这些时段减少能源使用。一些电气公司正在研发新型冰箱、干衣机及其他家用电器，这些电器设备可对来自公用部门的电力信号自动作出反应，在用电高峰期切断电源或减少能源消耗，从而使消费者避免支付峰值电价。此策略也可使公用事业部门推迟建设用来满足用电高峰的新输电线路和发电机组。

目前，工业和商业用电客户已实行了每天不同时段不同价格的可变电价，他们具有专门知识和必要的资源及能力来寻求处理方法，但普通消费者则不具备这样的优势。事实上可变电价会对那些无法避开用电高峰的消费者（如需要昼夜运行电动医疗设备的消费者）造成影响。因为某些好处很难衡量，电网升级还可能面临来自监管部门的阻力。监管部门负责确保公用事业部门做出可抑制电价的明智投资，但效率和可靠性的提高是不容易量化的。除了电力成本外，监管部门还必须开始考虑长期社会效益。最终，监管部门还需证明该系统将可实现预期利益。

消费者目前还没有做好改变自己的准备，可变电价的实施也许还需要10年的时间。同时，电网的改造必须以不直接影响消费者的方式进行，如减少从发电机组到消费者之间的能源浪费量；通常的损耗率为7%~10%，而在高峰需求期间这个数字能达到20%~30%。另外，可执行可变电价的智能电表和设备的技术开发将耗资数十亿美元，并可能需要10年的安装时间。

有许多智能电网技术领域，每个领域都由多套单项技术组成，这些技术横跨整个电网，从发电到输电和配电到各类电力消费者。一些技术正得到积极推广，在开发和应用方面都被认为是成熟的，而其他技术则要求进一步开发和示范，见图5-1。然而，并非需要安装所有技术才能增加电网的"智能性"。

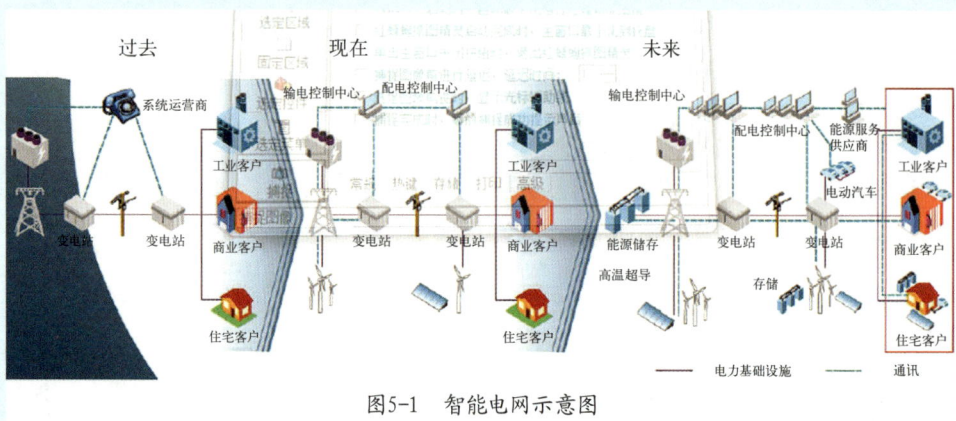

图5-1　智能电网示意图

2　智能电网的关键技术

我国数字化电网建设涵盖了发电、调度、输变电、配电和用户各个环节，包括：信息化平台、调度自动化系统、稳定控制系统、柔性交流输电、变电站自动化系统、微机继电保护、配网自动化系统、用电管理采集系统等。实际上，目前我国数字化电网建设可以算是智能电网的雏形。

〔1〕参考量测技术

参数量测技术是智能电网基本的组成部件，先进的参数量测技术获得数据并将其转换成数据信息，以供智能电网的各个方面使用。它们评估电网设备的健康状况和电网的完整性，进行表计的读取、消除电费估计以及防止窃电、缓减电网阻塞以及与用户的沟通。

未来的智能电网将取消所有的电磁表及其读取系统，取而代之的是可以使电力公司与用户进行双向通信的智能固态表计。基于微处理器的智能表计将有更多的功能，除了可以计量每天不同时段电力的使用和电费外，还有储存电力公司下达的高峰电力价格信号及电费费率,并通知用户实施什么样的费率政策。更高级的功能有用户自行根据费率政策,编制时间表,自动控制用户内部电力使用的策略。

对于电力公司来说,参数量测技术给电力系统运行人员和规划人员提供更多的数据支持,包括功率因数、电能质量、相位关系(WAMS)、设备健康状况和能力、表计的损坏、故障定位、变压器和线路负荷、关键元件的温度、停电确认、电能消费和预测等数据。新的软件系统将收集、储存、分析和处理这些数据,为电力公司的其他业务所用。

未来的数字保护将嵌入计算机代理程序,极大地提高可靠性。计算机代理程序是一个自治和交互的自适应软件模块。广域监测系统、保护和控制方案将集成数字保护、先进的通信技术以及计算机代理程序。在这样一个集成的分布式保护系统中,保护元件能够自适应地相互通信,这样的灵活性和自适应能力极大地提高可靠性,因为即使部分系统出现了故障,其他的带有计算机代理程序的保护元件仍然能够保护系统。

【(2)】智能电网通信技术

建立高速、双向、实时、集成的通信系统是实现智能电网的基础,没有这样的通信系统,任何智能电网的特征都无法实现。因为智能电网的数据获取、保护和控制都需要这样的通信系统的支持,因此建立这样的通信系统是迈向智能电网的第一步。同时通信系统要和电网一样深入到千家万户,这样就形成了两张紧密联系的网络——电网和通信网络,只有这样才能实现智能电网的目标。高速、双向、实时、集成的通信系统使智能电网成为一个动态的、实时信息和电力交换互动的大型的基础设施。当这样的通信系统建成后,它可以提高电网的供电可靠性和资产的利用率,繁荣电力市场,抵御电网受到的攻击,从而提高电网价值。

适用于智能电网的通信技术需具备以下特征:一是具备双向性、实时性、可靠性特征,出于安全性考虑理论上应是与公网隔离的电力通信专网;二是具备技术先进性,能够承载智能电网现有业务和未来扩展业务;三是最好具备自主知识产权,可具有面向电力智能电网业务的定制开发和业务升级能力。

电力客户用电信息采集系统是智能电网的重要组成部分,信通公司积极参与其中与信息通信专业相关的研究,向国家电网公司提交通信专题技术报告。同时,积极推进产业化进程,进一步完善用电信息采集主站软件平台和基于电力线宽带通信技术的采集器等产品。

智能电网客户服务是智能电网用电环节的重要组成部分,是实现电网与客户之间实时交互响应,增强电网综合服务能力,满足互动营销需求,提升服务水平的重要手段。

【3】 信息管理系统

智能电网中的信息管理系统主要包括采集与处理、分析、集成、显示、信息安全等5个功能。1)信息采集与处理。主要包括详尽的实时数据采集系统、分布式的数据采集和处理服务、智能电子设备(Intelligent Electronic Device, IED)资源的动态共享、大容量高速存取、冗余备用、精确数据对时等。2)信息分析。对经过采集、处理和集成后的信息进行业务分析,是开展电网相关业务的重要辅助工具。纵向包括"发电–输电–配电–需求侧"四级产业链业务分析和"国家–大区–省级–地县"四级电网信息分析。横向包括发电计划、停电管理、资产管理、维护管理、生产优化、风险管理、市场运作、负荷管理、客户关系管理、财务管理、人力资源管理等业务模块分析。3)信息集成。智能电网的信息系统在纵向上要实现产业链信息集成和电网信息集成,横向上要实现各级电网企业内部业务的信息集成。4)信息显示。为各类型用户提供个性化的可视化界面,需要合理运用平面显示、三维动画、语音识别、触摸屏、地理信息系统(GIS)等视频和音频技术。5)信息安全。智能电网必须明确各利益主体的保密程度和权限,并保护其资料和经济利益。因此,必须研究复杂大系统下的网络生存、主动实时防护、安全存储、网络病毒防范、恶意攻击防范、网络信任体系与新的密码等技术。

【4】 智能调度技术

智能调度是智能电网建设中的重要环节,智能电网调度技术支持系统则是智能调度研究与建设的核心,是全面提升调度系统驾驭大电网和进行资源优化配置的能力、纵深风险防御能力、科学决策管理能力、灵活高效调控能力和公平友好市场调配能力的技术基础。

现有的调度自动化系统面临着许多问题，包括非自动、信息的杂乱、控制过程不安全、集中式控制方法缺乏、事故决策困难等。为适应大电网、特高压以及智能电网的建设运行管理要求，实现调度业务的科学决策、电网运行的高效管理、电网异常及事故的快速响应，必须对智能调度加以分析研究。

(5) 高级电力电子技术

电力电子技术是利用电力电子器件对电能进行变换及控制的一种现代技术，节能效果可达10%～40%，可以减少机电设备的体积并能够实现最佳工作效率。目前，半导体功率元器件向高压化、大容量化发展，电力电子产业出现了以SVC为代表的柔性交流输电技术、以高压直流输电为代表的新型超高压输电技术、以高压变频为代表的电气传动技术、以智能开关为代表的同步开断技术以及以静止无功发生器、动态电压恢复器为代表的用户电力技术等。柔性交流输电技术是新能源、清洁能源的大规模接入电网系统的关键技术之一，它将电力电子技术与现代控制技术相结合，通过对电力系统参数的连续调节控制，从而大幅降低输电损耗、提高输电线路输送能力和保证电力系统稳定水平。

高压直流输电技术对于远距离输电、高压直流输电拥有独特的优势。其中，轻型直流输电系统采用GTO、IGBT等可关断的器件组成换流器，使中型的直流输电工程在较短输送距离也具有竞争力。此外，可关断器件组成的换流器，还可用于向海上石油平台、海岛等孤立小系统供电，未来还可用于城市配电系统，接入燃料电池、光伏发电等分布式电源。轻型直流输电系统更有助于解决清洁能源上网稳定性问题。

高压变频技术最大的优点是节电率一般可达30%左右，其缺点是成本高，并产生高次谐波污染电网。同步开断（智能开关）技术是在电压或电流的指定相位完成电路的断开或闭合。目前，高压开关大都是机械开关，开断时间长、分散性大，难以实现准确地定相开断。实现同步开断的根本出路在于用电子开关取代机械开关。

（6）分布式能源接入技术

智能电网的核心在于构建具备智能判断与自适应调节能力的多种能源统一入网和分布式管理的智能化网络系统，可对电网与用户用电信息进行实时监控和采集，且采用最经济与最安全的输配电方式将电能输送给终端用户，实现对电能的最优配置与利用，提高电网运营的可靠性和能源利用效率。

分布式电源（DER）的种类很多，包括小水电、风力发电、光伏电源、燃料电池和储能装置（如飞轮、超级电容器、超导磁能存储、液流电池和钠硫蓄电池等）。一般来说，其容量从1千瓦到10兆瓦。配电网中的DER由于靠近负荷中心，降低了对电网扩展的需要，提高了供电可靠性，因此得到广泛采用。特别是有助于减轻温室效应的分布式可再生能源，在许多国家政府政策的大力支持下，迅速增长。目前，在北欧的几个国家，DER已拥有30%以上的发电量份额。在美国DER目前只占总容量的7%，而预期到2020年时这一份额将达25%。

大量的分布式电源并于中压或低压配电网上运行，彻底改变了传统的配电系统单向潮流的特点，要求系统使用新的保护方案、电压控制和仪表来满足双向潮流的需要。然而，通过高级的自动化系统把这些分布式电源无缝集成到电网中来并协调运行，将可带来巨大的效益。除了节省对输电网的投资外，它可提高全系统的可靠性和效率，提供对电网的紧急功率和峰荷电力支持以及其他一些辅助服务功能，如无功支持、电能质量改善等；同时，它也为系统运行提供了巨大的灵活性。如在风暴和冰雪天气下，当大电网遭到严重破坏时，这些分布式电源可自行形成孤岛或微网向医院、交通枢纽和广播电视等重要用户提供应急供电。

二、应用领域

在联网和大范围地区，智能电网可实时监测和显示电力系统部件和性能，帮助系统运营商了解和优化电力系统的部件、行为和性能。先进的系统运行工具可以避免停电和有利波动性可再生能源并网。监测和控制技术以及先进的系统分析能力——包括广域情景知晓（WASA），广域监测系统（WAMS），广域自适应保护、控制和自动化（WAAPCA）——可提供资料，为决策提供信息，减缓广域扰乱并改善输电容量和可靠性。智能电网技术领域见图5-2。

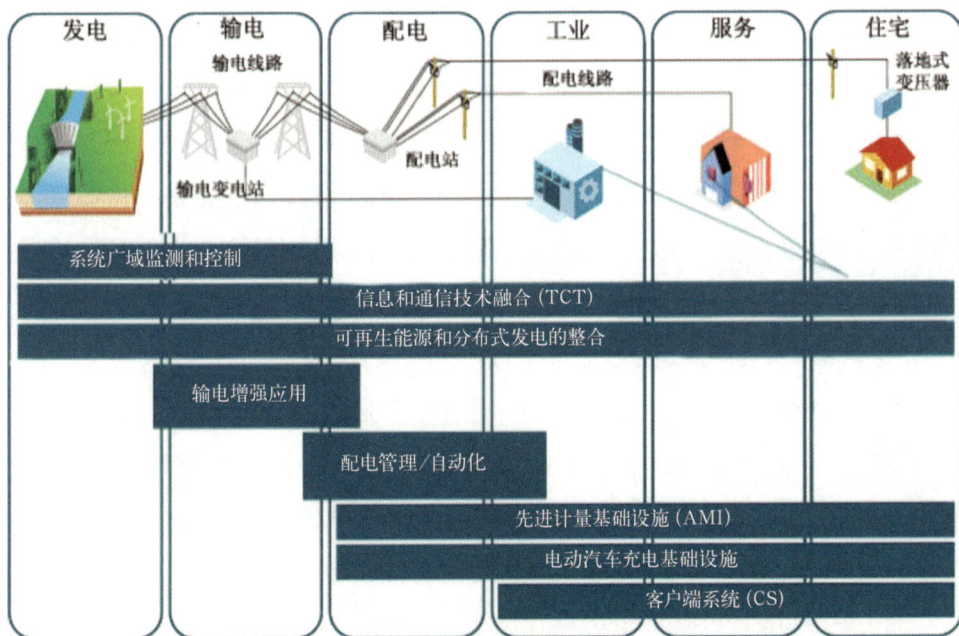

图5-2 智能电网技术领域

可持续能源服务与创新公司的情景分析提出，要尽可能地使用清洁和可再生能源的电力来取代化石燃料和核燃料。目前的情况是，电能所提供的能量占总能源需求量的比例不到1/5。到2049年，根据可持续能源服务与创新公司情景分析，电力会占接近一半。小轿车和火车将全部用电作为动力，而其他能源（如建筑采暖的燃料）的使用量会很少。

更多使用可再生电力可能会面临着诸多挑战。要生产电能意味着，要在对环境造成最小影响的情况下，大规模地增加我们使用可再生资源生产电力的能力，尤其是通过风能、太阳能和地热能技术生产电力的能力。我们需要更多大规模的可再生能源电站，还要在当地生产更多的电力，如使用太阳能光伏（PV）屋顶瓦片、水轮机和单个风机。

我们需要大量的投入来扩大并现代化我们的输电网，满足不断增长的负荷和不同的发电来源。我们要高效地从海上风机、沙漠太阳电站或者遥远的地热电站向城市中心传输电力，同时尽量减少新电力线路和地下光缆的影响。高效的国际电网也有助于平衡不同地区的各种可再生能源。例如：在欧洲，来自北海地区的风电和海洋电力可以补充阿尔卑斯的水电和地中海甚至北非太阳能电力的不足。

太阳能和风能具有提供高效和不竭电力的巨大潜力，但这受到输电网容量的限制。我们现有的输电网基础设施只能容纳有限的这类易受资源供应影响且电量处于波动的电力。电网要保持电压和频率的稳定，避免危险的电力浪涌，并且需要满足峰荷。目前，我们有一些电站，主要是煤和核电站，24小时不停地运行来不间断供电（或者称"基荷"）。即使可再生能源的电力供应量很大，这些电站也不能一下子关闭，这意味着有些能量是会被浪费掉的。

可持续能源服务与创新公司情景分析估计，工业化国家的电网在不进一步现代化的情况下可传输波动电力为总电量的20%~30%。保守估计，随着科技和电网管理的进步，到2049年，这一比例将会提高到60%。剩余的40%来自水力发电、生物质能、地热电力以及配有储能的聚光太阳能发电（CSP）。

超大电网和智能电网的组合是关键所在。电力公司和消费者会得到能源供应和价格的信息以助于需求侧管理。简单地说，当有风和日照时，使用洗衣机就会更便宜。当能源供应充足时，住户、办公室和工厂通过编程控制智能电表，运行指定设备或者设定自动程序运行。电网公司可以通过调整恒温器的温度调整电流，以应对电力负荷的突然增长。当电力供应量超过需要量的时候，我们可以用来给汽车电池充电以及用来生产氢气燃料。

与此同时，我们要把电输送给那些无法用上网电的人，特别是发展中国家的乡村地区。我们可以通过延长现有电网，或者给住户或社区建造太阳能、小水电、风电和小型生物质能电站。从现在到2030年，每年为14亿用不上电的人口大致提供50~100千瓦时的供电量需要250亿欧元的投资额，占全球GDP总量的0.05%。为全世界供电的电网是20世纪伟大的工程杰作之一。在接下来的几十年中，我们为使其现代化所要做的工作将会是21世纪伟大功绩之一。

三、愿景展望

到2049年，智能电网是融合若干技术、消费者互动和决策点的复杂系统。这一复杂性使其难以定义详细的开发和推广情景。全球都在开发智能电网技术，所以，多数研发与示范可以放在全球背景中讨论，但推广需要在地区层面讨论，在这一层面，一些重要因素，比如基础设施年龄、需求增长、发电构成、监管和市场结构差异很大。

第二节
储能技术

　　可再生能源的波动性是它致命的弱点,要想将这种不稳定的能源,转换成能够持续不断、稳定供应的能源,储能技术是首选的方法之一。这不仅是发展和利用可再生能源的需要,也是提高整个能源系统效率的要求。由于能源系统在生产、输送和用户等环节的复杂性,其对储能技术的需求也是多样的,这就要求从不同层次和不同角度对储能技术提出要求。

　　储能技术使得可再生能源(如风能、太阳能等)的高效利用成为可能。可再生能源发电的时间、电量存在很大的不确定性,直接使用无论对电网还是对用电设备都会造成很大冲击,进而阻碍可再生能源并网发电以及向用电设备供电。储能技术为汽车、内燃机驱动的重型动力设备等温室气体排放的污染源提供相对清洁的动力来源或者通过混合动力的方式提高能效,以降低温室气体排放。

一、技术简介

1 技术特点

　　随着可再生能源体系和技术发展的不断成熟,越来越多风电、太阳能光伏发电正在接入电力系统,这对电网的安全稳定运营造成影响。那么,如何平衡电力供需? 如何解决发电侧间歇式的问题? 发展更多的储能技术是一种很好的解决办法。研究结果表明,风能与太阳能等可再生能源的应用比例占能源总量20%以上时,必须应用储能技术。目前，我国的风电已经存在严重的弃风问题。有记录表明2010年上半年，我国因风电无法上网而导致的弃风达27.76亿千瓦时。我国风能和太阳能发电，2015年的目标分别是150吉瓦和20吉瓦。2020年，可再生能源在全部能源消费中将达到15%，风电装机容量将达到1.5亿千瓦。

有研究表明，单一的储能技术很难同时满足能量密度、功率密度、储能效率、使用寿命、成本等性能指标，如果将两种或两种以上性能互补性强的储能技术结合，可以取得较好的技术经济性能。

近年来，随着我国电网运营面临用电负荷持续增加、间歇式能源接入占比扩大、调峰手段有限等诸多手段，储能技术尤其是调峰电源得到了空前发展。据介绍，储能技术主要有物理储能（如抽水蓄能、压缩空气储能、飞轮储能等）、化学储能（如各类蓄电池、可再生燃料电池、液流电池、超级电容器等）和电磁储能（如超导电磁储能等）等。这些储能技术的技术水平、发展趋势、应用前景各不相同。

目前，我国正在建设的坚强智能电网以可再生能源的大规模利用和智能化为主要特征，发电形式是大型集中式发电和分布式发电相结合，电力系统中的储能系统也将分为大规模集中式储能系统和大规模分布式储能系统。因此，没有任何一种储能技术可以全面满足智能电网接纳分布式能源的需求。为适应智能电网的发展，我国除发展抽水蓄能外，还应大力发展布置灵活的电池储能技术，如锂离子电池、钠硫电池以及超级电容器、超导和先进储能技术等。

2 储能关键技术

储能是指通过介质或设备把能量存储起来,在需要时再释放的过程。广义的储能包括煤、石油、天然气等化石能源以及电力、热、氢、成品油等二次能源的存储。狭义的储能一般指储电和储热。18世纪末期,随着第一块电池"伏特电堆"的出现,人们第一次把储能与"电"联系到了一起。19世纪的铅酸电池揭开了工业储能的序幕。进入20世纪后,伴随着电力行业的发展、消费电子产品的普及与可再生能源的大规模应用,各种新型储能技术层出不穷,其应用也逐渐向大型化能源工业发展。

储能技术的应用领域广泛,包括电网调峰、调频及系统备用,可再生能源发电出力平滑,分布式发电和微电网,工矿企业、商业中心等大型负荷中心应急电源、无电地区和通讯基站供电、电动汽车等场合。特别在近年来在智能电网和可再生能源发电规模快速发展的带动下,储能技术越来越成为多个国家能源科技创新和产业支持的焦点。

我国的储能产业虽然起步较晚,但在政府的支持下,近几年的发展速度也令人瞩目。为发展分布式发电和促进可再生能源利用,我国强调储能在分布式电源和微电网建设以及分布式可再生能源发电自发自用中的作用,并通过建设风电、光伏、储能等示范项目,探索提高间歇性能源并网的途径。储能技术的规模化应用也从传统的抽水蓄能逐渐向可再生能源并网、电动汽车等新兴领域延伸。

【1】 大规模储能技术应用潜力

储能技术可分为物理储能、化学储能、电磁储能及相变储能4大类。物理储能主要包括抽水蓄能、压缩空气和飞轮储能。化学储能主要包括锂离子电池、铅酸电池、液流电池和钠硫电池等电池储能技术。电磁储能包括超导储能和超级电容储能。相变储能主要指通过利用水等相变材料将电能转变为热的储能方式。根据各种应用场合对储能功率和储能容量的不同要求,各种储能技术都有其适宜的应用领域。总的来看,适合于大规模储能的技术主要有抽水蓄能、压缩空气和钠硫电池技术。近几年来,随着锂离子电池技术的快速进步,锂离子电池逐步向用于分散储能及规模储能领域渗透。

【2】 物理储能

抽水蓄能(Hydro Pump Energy Storage)是目前唯一成熟的大规模储能方式,也是目前经济最优的储能方式。抽水蓄能电站在电力负荷低谷期将水从低水位水库抽到高水位水库,将电能转化成重力势能储存起来,在电网负荷高峰期通过释放高水位水库中的水来发电。由于抽水蓄能具有单位储电成本低、调节能力强、运行寿命长等特点,目前被广泛应用于电力系统调峰、调频和应急备用等领域。然而,抽水储能电站的选址受到地理因素和水资源的制约,项目建设工期长,并伴有移民及生态破坏等问题,影响了其进一步大规模应用。

压缩空气储能(Compressed Air Energy Storage)是在电力负荷较低时,通过吸收电网中富余的电能来进行空气压缩,并将其存储在高压容器(如岩洞、深井)中,在负荷高峰时对其释放以驱动燃气轮机发电。压缩空气储能周期长,效率高,单位投资成本较低。但压缩空气储能需要同燃气轮机配套使用。此外,压缩空气与抽水蓄能类似,对地理条件的要求较高。

飞轮储能(Flywheel Energy Storage)是一种利用高速旋转的飞轮存储能量的储能技术。典型的飞轮储能装置包括高速旋转飞轮、封闭壳体和轴承系统、电源转换和控制系统等。飞轮储能功率密度高,能量转换率高,但大型飞轮储能系统所需的高速低损耗轴承、散热及真空技术仍有待提高。

【3】 电磁储能

超导储能（Superconducting Magnetic Energy Storage）利用超导线圈将电力通过励磁转化为磁场能存储，需要时再反输电网。超导储能的优点包括能量转化率高、响应速度快等。但超导储能成本高，能量密度低，且运行稳定性和安全性仍有待提高。

超级电容（Super Capacitor Energy Storage）通过双层电极将电解液中异性离子吸附于极板表面，从而形成双电层电容。由于电荷层间距非常小（5mm以下），且极板由特殊材料制成以增加其表面积，从而大幅增加了其储电能力。超级电容结构简单，过充、过放性能好，但能量密度低，充放电存在一定的效率损失，且设备成本高。电磁储能主要应用在UPS、电能质量调节、提高电网稳定性等灵活响应要求高、充放电频繁的领域。

【4】 化学储能

化学储能，即电池储能，主要通过电池正负极的氧化还原反应来进行充放电。电池系统通常由电池、交直流逆变器及控制辅助装置组成，目前在小型分布式发电系统中应用广泛。

作为技术相对成熟的化学储能技术，铅酸电池（Lead Acid Battery）具有价格低廉、可靠性高等优点，被广泛应用于车用电池、分布式发电及微电网系统。然而，目前铅酸电池的发展遇到循环寿命短、不可深度放电、运行和维护费用高和失效后的回收难题，使得铅酸电池在电网级规模储能领域仍然颇具争议。

钠硫电池（Sodium Sulfur Battery）以钠和硫分别用作阳极和阴极。氧化铝陶瓷同时起隔膜和电解质的双重作用。在一定的工作温度下，钠离子透过电解质隔膜与硫之间发生的可逆反应，形成能量的释放和储存。钠硫电池最大的特点是：比能量密度高，是铅酸电池的3~4倍；可大电流、高功率放电；充放电效率高，硫和钠的原料资源储量丰富，便于电池的量化生产。钠硫电池的不足之处在于其运行温度高达300~350℃，需要附加供热设备来维持温度，且其正、负极活性物质的强腐蚀性，对电池材料、电池结构及运行条件的要求苛刻。此外，由于钠硫电池仅在高温下运行，造成启动时间很长，这在一定程度上制约了其在风电、光伏等间歇性能源发电并网领域的应用。

液流电池（Redox Flow Battery）是电池的正负极或某一极活性物质为液态流体氧化还原电对的一种电池。根据活性物质的不同，主要的液流电池种类包括锌溴电池、多硫化钠/溴电池及全钒液流电池3种，其中全钒液流电池被认为是较具应用前景的液流储能电池技术。全钒液流储能电池具有循环寿命长、蓄电容量大、能量转换效率高、选址自由、可深度放电、系统设计灵活、安全环保、维护费用低等优点。在输出功率为数千瓦至数十兆瓦，储能容量数小时以上级的规模化固定储能场合，液流电池储能具有明显优势，是可再生能源大规模储能的理想方式。液流电池的主要缺点为能量密度及功率密度较低，且成本较高。液流电池的大规模应用依赖批量化生产技术开发，必须通过进一步降低成本、提升性能才能满足液流电池商业化的需要。

锂离子电池（Lithium-ion Battery）分为液态锂离子电池（LIB）和聚合物锂离子电池（PLB）两类。液态锂离子电池是指锂离子嵌入化合物为正、负极的二次电池。电池正极采用锂化合物，如钴酸锂（$LiCoO_2$）或锰酸锂（$LiMn_2O_4$）等，负极采用锂—碳层间化合物。锂离子电池具有比能量和能量密度高、额定电压高、放电功率高、产业基础好等优点。但锂离子电池耐过充/放电性能差，组合及保护电路复杂，电池充电状态很难精确测量。此外，锂电池成本相对于铅酸电池等传统蓄电池偏高，单体电池一致性及安全性仍无法完全满足目前电力系统大规模储能的需要。

二、应用领域

从欧美日实施的储能项目和发展规划来看，多个国家都将支持开发适合本国能源特点的储能技术，通过示范项目累计实际经验，推动储能产业的技术创新、研发和应用，并以此为基础开展储能经济性研究，促进储能商业化和市场化发展。

我国近年来大力发展可再生能源和分布式发电，鼓励新能源电源并网。近期我国以建设储能示范项目为依托，检验储能技术对可再生能源发电并网、电力系统调频、调峰及电力系统备用的效果。相关科技发展规划则专注于储能材料和储能技术在分布式、可再生能源发电项目中的系统集成技术。在我国现行的能源政策和电力市场框架下，近期的储能扶持政策仍将主要围绕在智能电网、可再生能源发电、分布式发电及微电网、农村电网升级改造及电动汽车领域。我国现行的上网端峰谷电价对储能发展的激励作用有限，而大工业用户的两部制电价鼓励用户错峰用电的电力管理需求，一定程度上激励了储能产业的发展。

随着储能技术地位和作用的凸显，储能技术的研究逐渐引起重视。从世界范围来看，由于可再生和新能源智能电网的发展，储能技术受到前所未有的关注。目前的储能技术在世界范围内都还没有胜出者。在储能领域，各国都处于产业应用的初级阶段,欧盟、韩国、日本等也都设立专项经费支持储能技术的研究与开发。我国与国际先进水平差别不大,加大储能技术的研发力度有助于我国在未来的国际竞争中占据有利地位。

储能是一个产业链很长的产业。储能产业的发展需要国家在关键材料,低成本、高性能的双极板材料及离子交换膜材料工程化技术上进行研究开发及储能电池系统的应用示范。

随着国民经济的发展,人们对能源的需求越来越高,而化石能源资源却越来越少,人们将会越来越重视对水能、风能、太阳能等可再生能源及核能的开发和利用。从电力的稳定供应、节能、CO减排的角度考虑,高效的新型储能(电)技术的开发和应用已成为当务之急。化学储能和超导磁技术是将能量直接以电的形式储存,扬水储能和压缩空气储能是将电能转变为势能储存,飞轮储能是将电能转化为动能储存。各种储能技术应用展望见图5-3。

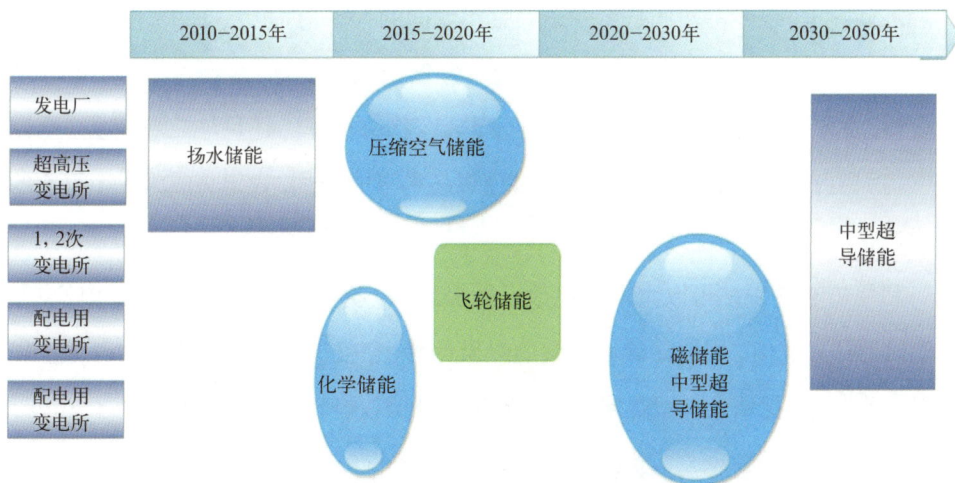

图5-3 各种储能技术应用展望

扬水储能、压缩空气储能及大型超导储能主要用于发电厂调峰，即将夜间（用电低谷）时的电力储存，在用电高峰时供电，稳定电网，平衡负载。各种化学储能技术主要用于终端电网和与太阳能发电、风能发电配套，是一种高效的储能技术。从技术发展水平看，扬水储能和压缩空气储能技术已经实用化。对于化学储能技术，铅酸电池、小型二次电池早已普遍实用化，氧化还原液流储能电池已经达到了商业演示运行水平，而超导储能和飞轮储能技术离应用还有相当大的距离。太阳能、风能发电系统的功率规模多在百千瓦至兆瓦级。作为与其配套的储能系统，氧化还原液流电池由于有成本低、效率高、寿命长等优势，市场前景较为广阔。从适用化的角度考虑，氧化还原液流储能电池的研究今后将主要集中在高性能、低成本、耐久性好的离子交换膜材料、电极材料及高浓度、高导电性、高稳定性的电解液方面。

三、愿景展望

根据我国可再生能源推广应用的经验，风电和光伏电过剩的时间将会越来越长，到2049年，过剩的时间甚至会达到全年时间的43%；而风光电的发电成本却持续下降，未来（特别是2030年之后）的成本会低于燃煤发电。氢既可作为热电联供的燃料，亦可作为燃料电池汽车和氢气发动机汽车的燃料，还可与二氧化碳结合制备甲烷。因此，通过多余电力电解氢，并通过各种形式应用，肯定将成为一个重要的储能产业。

利用热电联供站可以大规模地建设蓄热罐，以便根据电力交易市场的电价，在高电价时段多发电，用蓄热罐将多余的热量存储，在低电价却需要热力的时候少发电甚至不发电。把原来按以热定电的运行模式改为以电定电的运行模式。

第三节
生物燃料技术

　　生物燃料是利用农作物秸秆、林木废弃物、食用菌渣、畜禽粪便及一切可燃性生物质为原料转换为液态或气态的能源。

　　生物质燃气有两种：一种是用生物质为原料的，在高温缺氧条件下使生物质发生不完全燃烧和热解，产生可燃气体；另一种是用生物质为原料的，在厌氧条件下被厌氧菌利用产生的沼气。这两种燃气都因纯度和热值低而无法与天然气相比，严重地限制了生物燃气的应用范围。如通过燃气提纯技术、调变获得高质量的合成气，这种燃气可以替代天然气，最大限度地拓展了生物燃气的应用领域。

生物液体燃料是重要的交通替代燃料。相对于其他替代燃料，生物燃料具有与现有基础设施兼容性好、能量密度高、清洁低碳、资源可再生且资源基础广阔等优点，而且已具有规模化生产应用的实际经验，可望成为重型卡车、航运和航空等长途交通工具的最经济可行的清洁替代燃料。

一、技术简介

1 生物燃气提纯技术

〔1〕沼气

生物燃气的可持续发展性以及其具备的绿色、清洁、环保等特性，就使用技术而言，使用厌氧发酵技术将农业和畜禽养殖业废弃物、城市固体垃圾等转化成富含甲烷的沼气。到2049年，通过科技进步，可以将生物燃气通过现代技术设备转化为高效清洁的，可为工商业及居民提供集中或分散发电、供热、供气的生物燃气或生物燃料。

未来的技术水平能够实现对原料（比如有机废物、动物粪便和污水污泥）进行厌氧消化生产沼气，或者利用专用绿色能源作物（比如玉米、草和小麦）生产。沼气通常用于生产热力和电力，也可以通过除去二氧化碳和硫化氢（H_2S）升级为生物质甲烷，注入天然气管网中。生物质甲烷也可用作天然气车辆中的燃料。

【2】 **生物合成气**

生物合成气是通过热工艺从生物质中提取的生物质甲烷。相比液体燃料来讲,氢气和甲烷作为气体更容易分离,会大大降低生物能源的生产和分离成本。因此,利用生物质生产氢气和甲烷具有良好的工业应用前景。利用生物质进行生物燃气的生产加工主要有热化学和生物转化两种方法。生物厌氧转化过程相比热化学方法有更低的能量消耗需求,相反的是,富能的最终产物氢气或者甲烷被生产,被称为"双重能量效益"。

天然气车辆(NGV)的推广已经开始迅速增长,这些车辆也可以使用生物质厌氧消化或气化制取的生物质甲烷。国际能源署(IEA)近日发布的《交通用生物燃料技术路线图》指出,生物质能将在全球范围内广泛应用,预计2049年生物燃料占交通运输燃料总量的27%。

未来的几十年里,针对生物质燃气热值低、利用范围窄,经济性差等突出问题,研制关键技术装备,集成综合利用技术装备,拓展生物燃气综合利用空间。实现沼气等生物质气体净化提纯压缩,实现生物质燃气商品化和常规燃料的替代。核心技术的优先次序首先考虑技术的赢利能力,其次考虑技术的产业化时间,具体见图5-4。

	先进生物燃料			常规生物燃料
	基础研发和应用研发	示范	早期商业化	商业化
生物甲烷		生物合成气		沼气(厌氧消化)
氢能	所有其他的新颖路线	重整气化　沼气重整		

图5-4　低碳高效生物质液体燃料转化利用技术展望

在我国广大农村地区，提高了农林废弃物和沼气发电在热电联产中的比例；而交通部门大力推广生物液体燃料的应用，并将沼气纳入现有天然气管网和存储设施，以替换对石油和天然气的需求。

2 生物液体燃料技术

如今的常规和先进生物燃料转化技术种类繁多。图5-5总结了当前生物燃料生产的各种技术和方案。常规生物燃料工艺虽然已经可以进行商业应用，但其效率和经济指标还会继续改善。先进转化路线正在进入示范阶段或已经进入示范阶段。

核心技术的优先次序首先考虑技术的赢利能力，其次考虑技术的产业化时间，具体见图5-5。

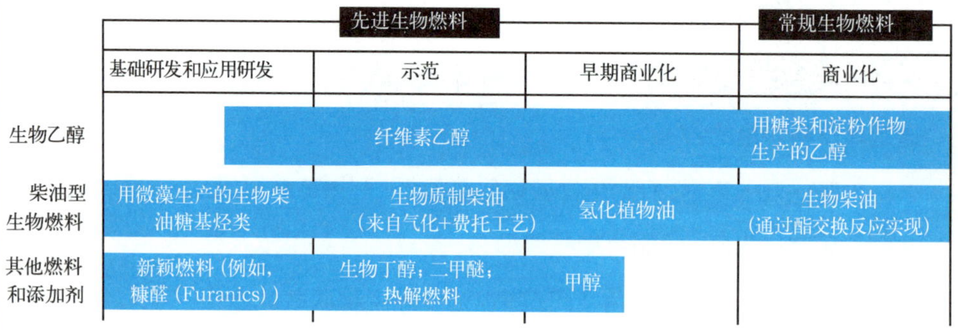

先进生物燃料			常规生物燃料
基础研发和应用研发	示范	早期商业化	商业化
生物乙醇	纤维素乙醇		用糖类和淀粉作物生产的乙醇
柴油型生物燃料 用微藻生产的生物柴油糖基烃类	生物质制柴油（来自气化+费托工艺）	氢化植物油	生物柴油（通过酯交换反应实现）
其他燃料和添加剂 新颖燃料（例如，糠醛（Furanics））	生物丁醇；二甲醚；热解燃料	甲醇	

图5-5　低碳高效生物质液体燃料转化利用技术展望

目前正在进行的常规和先进生物液体燃料技术开发，有希望促进生物燃料可持续生产和降低生产成本。氢化植物油、纤维素乙醇、生物柴油先进转化的关键是要在未来5~10年内集成国内已有技术科研成果，吸收国外先进技术，联合国内生物液体燃料科研单位和生产企业，针对技术难点和关键技术进行攻关，完成适应不同原料的新型生物反应器，液体燃料清洁生产技术及装备，高效乙醇分离浓缩技术及设备，高效热交换、热回收技术与设备，污水处理技术与设备，副产物资源化利用技术装备，醇电联产装备。在未来35年实现常规生物燃料总体环境性能，示范藻类生物燃料和其他新颖转化路线，实现成套技术装备的工程技术创新及商业规模生产。

【1】 常规生物燃料

常规生物燃料相对成熟，但通过减少经济、环境和社会影响可以进一步改善该技术的总体可持续性。转化效率改进不只是可以带来更好的经济效益，而且可以增加土地使用效率和改善常规生物燃料的环境性能。

对于常规生物柴油，关键改进领域包括更高效的催化剂回收、改善联产品甘油的提纯和增强原料灵活性。对于常规乙醇，开发新型更高效的酶、改善干酒糟及可溶物的营养价值，提高能效可以提升转化效率和减少生产成本。

通过最大化增值的联产品解决方案和更好地整合上下游工艺可以进一步改进成本。在生物炼油厂生产常规和/或先进生物燃料将会促进生物质更高效的使用，并带来相关的成本和环境好处。

【2】 先进生物燃料

几种当前处于技术开发关键阶段的先进生物燃料需要达到商业规模并广泛推广。和常规生物燃料一样，需要改进先进生物燃料技术的转化效率，还需要策略减少资本要求。这些策略需要涵盖整个供应链上（即从生物质原料到交通用生物燃料）不同的工艺步骤，以示范该工艺的有效性能和可靠性。这应该包括使用核心技术部件，比如其他工业（例如化学工业）的无焦油合成气生产或（半）纤维素到糖的转化。

为了获得经济效益良好的生产工艺，需要解决具体研发需求问题，证明该转化路线的工业可靠性以及技术性能和可操作性。需要针对上述领域提供周到的科学支持，开展建模和监测工作，以从当前试点和示范活动中获得最大的学习和进步。

交通运输部门的无碳技术选择现已经被证明比在发电部门更具挑战性。取自植物原料的乙醇具有很好地燃烧质量，是非常有吸引力的燃料。它能同汽油达到最普通的混合比例（10%的乙醇和90%的汽油）。

生物能源是目前唯一适合取代化石燃料的能源。航空、海运和长途运输需要高能量密度的生物液体燃料，从目前的技术和加油设施来看，这些部门不可能用电或氢作为动力。一些工业流程，如炼钢，需要的燃料不仅是作为能源，而且是作为生产必须的具有指定物料特性的原料。到2049年，工业燃料、工业供热和建筑物供暖，都离不开生物燃料。同时为了与其他可再生能源技术保持平衡，在电力结构（约13%）中仍然需要发挥某些生物能的作用。

二、应用领域

生物质气化气和沼气的应用可以补充、替代天然气的不足，是国家发展可再生能源的主要方向之一。生物质气化气和沼气是一种低热值气体，还含有其他不可燃和污染成分，使用范围极其有限，且效率低，目前常用于家庭炊事或发电。而经纯化后则可去除杂物，提高其成分中甲烷的相对含量，增加其热值。纯化后的生物气直接可用管网供气或作为机动车燃料，其用途更加广泛，更加清洁和高效。

目前几种处于技术开发关键阶段的先进生物燃气技术，需要进行商业规模推广。和常规生物液体燃料一样，需要改进先进生物燃气技术的转化效率和降低生产成本。这些策略需要涵盖整个供应链上（即从生物质原料到交通用生物燃料）不同的工艺步骤，以示范该工艺的有效性能和可靠性。这应该包括使用核心技术部件，比如其他工业（例如化学工业）的无焦油合成气生产。为了获得经济效益良好的生产工艺，需要解决具体研发需求问题，证明该转化路线的工业可靠性以及技术性能和可操作性。

生物液体燃料是从有机质中提取的清洁燃料，可在减少交通运输行业二氧化碳排放和增强能源安全方面发挥重要作用。到2049年，生物燃料可占到交通运输燃料总量的27%，尤其可在替代柴油、煤油和航油方面做出贡献。生物燃料的使用，每吨可减排二氧化碳3吨。

为实现这一愿景，多数常规生物液体燃料技术的转化效率、成本和总体可持续性都需要不断的优化。此外，需要对先进生物燃料进行商业推广，这需要在研发与示范（RD&D）方面进一步大量投资，为商业规模的先进生物燃料工厂提供具体支持。

配套政策应为在生命周期温室气体排放方面最高效的生物燃料提供激励，应得到一个强有力的政策框架支持。该框架要确保粮食安全和生物多样性不会受到损害，并确保其社会影响是积极的。这包括可持续的用地管理和认证制度以及可以促进"低风险"原料和高效加工技术发展的配套措施。

三、愿景展望

为减少对石油的依赖，为交通运输行业不断加强的去碳化努力做出贡献，生物燃料提供了一种向低碳、非石油燃料过渡的方式，通常只需对现有车辆和配送基础设施做少量改变。尽管提高车辆效率是交通运输行业减少二氧化碳排放迄今最有效的低成本方法，但生物燃料需要在取代适用于飞机、海洋船舶和其他无法电气化的重型交通模式的液体化石燃料方面发挥重大作用。生物燃料的生产和使用也可通过减少对石油进口的依赖和减少石油价格的波动从而带来好处，比如增加能源安全。此外，生物燃料能够通过给农村地区创造新的收入来源，支持经济发展。

随着许多一系列终端的应用和提供生物燃料的新转化技术的成熟，用于汽车运输的生物燃料用量将从当前增长状况开始加速，其中包括航空燃料。到2049年，能够把生物燃料在交通运输能源总量中的占比从如今的2%增加到27%，实现把温室气体排放减半的目标，从而为减排做出巨大贡献。该愿景表明，所要求的生物燃料数量的大部分将来自目前还尚未进行商业推广的高级生物燃料技术。

第四节
热岩技术

2009—2011年，国土资源部在系统收集中国基础地质、地热地质、水文地质、城市地质、石油地质等已有资料的基础上，对287个地级以上城市浅层地温能、12个主要沉积盆地地热资源、2562处温泉区隆起山地地热资源、3000~10000米的干热岩资源潜力进行了重新评价。

这一最新评价认为，中国浅层地温能资源量相当于95亿吨标准煤。每年浅层地温能可利用资源量相当于3.5亿吨标准煤。如全部有效开发利用则每年可节约标准煤2.5亿吨，减少二氧化碳排放5亿吨；全国沉积盆地地热资源储量折合标准煤8530亿吨；每年可利用的常规地热资源总量相当于6.4亿吨标准煤，每年可减少CO_2排放13亿吨。中国大陆3000~10000米深处干热岩资源总计相当于860万亿吨标准煤，是中国目前年度能源消耗总量的26万倍。

地热能是一种具有广泛潜力且清洁、零碳排放资源。人们较熟悉的浅层地温能，是地球浅表层数百米内的土壤砂石和地下水中蕴藏的一种低温热能。而在当今钻井工艺可及的深度上，温度高得多的深层地热能或热岩资源储量惊人。与风能、太阳能等可再生能源的不稳定不同，地球内部从未片刻停止过灼烧。

一、技术简介

与风力或太阳能相比，地热发电可以不分昼夜地工作，源源不断提供电力。而与传统化石燃料或核电相比，地热发电对环境的影响又要小得多。因此，地热能近年来日益受到重视。地热传统开发模式主要靠人工勘查，寻找天然存在的地下蒸气或温泉区，这使地热利用受到诸多限制。为此，一项名为"热岩"发电的新技术应运而生。简单来说，就是通过地下热岩碎裂、注水循环、产生蒸气推动涡轮发电。专家称此举可使地热利用潜能拓展"好几个数量级"。

随着人类对能源需求的不断增长，大规模地燃烧化石能源已对大气环境和生态环境造成了严重影响，人们越来越担心大量使用传统化石能源所带来的资源枯竭和环境污染问题。在这种情况下，地热能等可再生的清洁新能源越来越受到世界各国的重视。发达国家试验研究表明，利用增强型地热系统（干热岩）发电，几乎不受外界环境影响，几乎不对人类环境产生污染和破坏。而且干热岩这种能源非常丰富，被证明是对人类十分友好的洁净新能源。

干热岩是一种普遍埋藏于距地表2~6千米深处、温度为150~650℃的、没有水或蒸汽气的热岩体。干热岩的热能赋存于各种变质岩或结晶岩类岩体中，较常见的岩石有黑云母片麻岩、花岗岩、花岗闪长岩等，一般干热岩上覆盖有沉积岩或土等隔热层。干热岩的分布几乎遍及全球，它是无处不在的资源。不过，干热岩开发利用潜力最大的地方，还是那些新的火山活动区或地壳已经变薄的地区，这些地区主要位于全球板块或构造地块的边缘。

增强型地热系统
(Enhanced Geothermal Systems, EGS)通过注入井注入水在地下实现循环,进入人工产生的、张开的连通裂隙带,水与岩体接触被加热,然后通过生产井返回地面,形成一个闭式回路(见图5-6)。

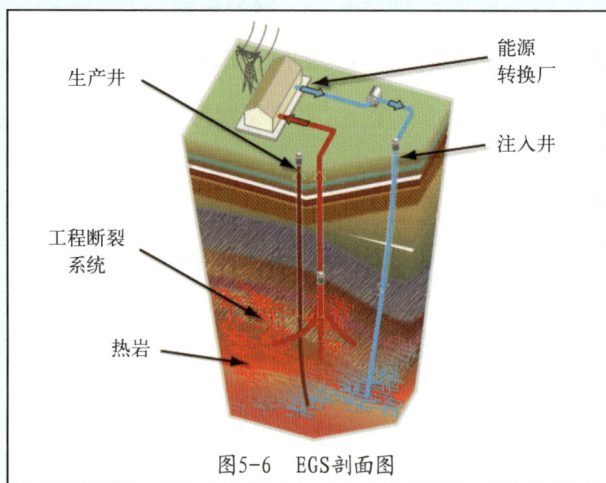

图5-6　EGS剖面图

EGS与传统地热相比较而言有其特有的优点。传统地热对地质状况的要求非常高,必须在易于接近的地热水源附近,这就限制了其应用的范围。EGS技术则适应在不同的地理区域内进行地热发电。地热能量用于加热经过特别设计、处理的蓄热地层,地层内的热量可取出用于发电。另外,EGS与传统地热系统不同的是,它可以挖掘地下较深位置(约3.6~9千米)的地热。如果将地热用作发电,与传统化石燃料相比,它不会产生温室气体(CO_2)与二氧化硫(SO_2)等污染物,与风能、太阳能系统相比,地热发电厂又不受气候和时间的影响,可以日夜工作,提供不中断的电力。所以,如果EGS达到普及,这就意味着地热能可以在大范围内得到应用。

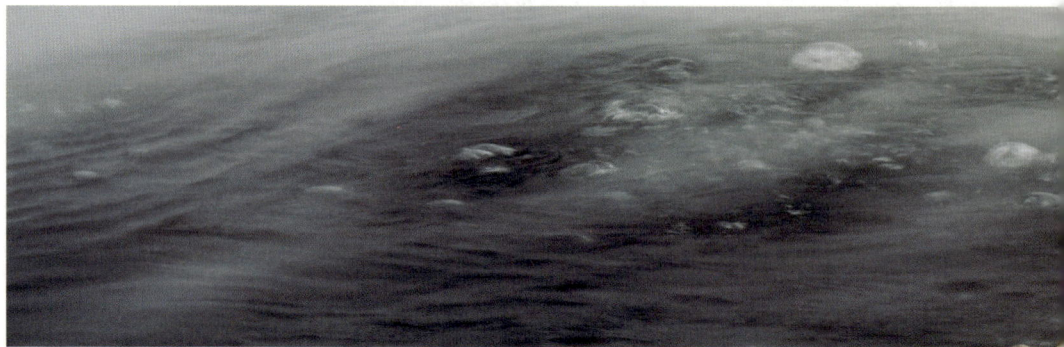

二、应用领域

由于地球表层导热性能差，地球外壳的放射性元素辐射产生出的热都聚集在地下岩石里。利用地壳下面的热能为楼房供暖和制冷，未来有可能1/3以上的建筑物供暖将来自于地热。当地热水温度够高的时候，可以用于发电和局部供热、制冷。与受天气影响的风能和太阳能不同，地热能可以持续稳定供应。 近些年地热发电装机容量每年都以5%的速度增长，这个增长率至少可以提高一倍左右。

与其他能源相比，浅层地热能具有分布广泛、可循环再生、储量巨大、可就近利用等优点，是一种清洁能源。目前，我国主要采取水源热泵和地源热泵采集浅层地热能，地下岩层、地下水、海水、污水、江河水、再生水等均可利用热泵方式提取地热。

地热资源是蕴藏在地球内部的一种巨大的能源，也是一种很重要的可再生能源。合理地开发和利用这种资源，可以减少煤炭的使用，对节能减排意义重大。有关数据显示，若用地热发电替代燃煤发电，预计到2049年，有望每年减少二氧化碳排放10亿吨，若替代天然气发电则可每年减少二氧化碳排放5亿吨。

在未来的地热应用技术发展过程，我国将加大地热勘探及发电技术、换热（制冷）器、热泵压缩机等关键技术研发力度；积极推广浅层地热能开发；在城镇新建建筑或既有建筑节能改造中推广热泵系统；完善地热能产业服务体系，形成"勘探、钻井、抽井、回灌"的标准规范。

三、愿景展望

作为减缓气候变化的措施之一,有人提出了一种以CO_2替代水作为传热流体的新型EGS,并可收到地质封存的CO_2效用。为此研究了CO_2的热物理性质并进行了数值模拟,以探讨这种工程地热储中的流体动力学和热传递问题。研究表明,在裂隙介质中,CO_2可较水从岩石中提取更多的热量。同时,CO_2具有良好的水力学特性,由于其具有更大的压缩系数和膨胀率,使得浮力增加,从而降低流体循环系统的能耗。CO_2—EGS在热和水力学方面具有优点,但在水岩相互作用方面存在不确定性,仍需进一步研究。目前还没有关于EGS中CO_2质量流量因各种机制损失进入储层中比例的报道,损失比例应与具体EGS储层的渗透率、孔隙率、水化学和矿物组成有关,尽管如此,CO_2—EGS具有实现大量封存CO_2的潜力。

我国常规直接利用地热资源居世界首位。然而,我国对地热资源的利用多局限于地热点、地热田的利用,对开发利用潜力巨大的干热岩却没有足够重视。由于资源分布、技术储备等原因,我国的地热发电规模一直不大。为了应对全球气候变暖,减少二氧化碳的排放量,我国也逐渐重视对地热资源的开发。

到2015年,我国地热发电装机容量规划达到10万千瓦,地热能年使用量达2000万吨标准煤。到2020年,地热能开发使用量达5000万吨标准煤,构成完善的地热能开发使用技能和工业体系。

到2049年,地热也可以提供工业用热需求的5%。当然利用地热资源无疑将影响周围的环境和居住在当地的居民,EGS技术可提供100GW的电力负荷,将来随着投资增加,装机容量将大幅度增加;EGS技术是增强型地热系统,或称工程型地热系统(EGS),是指在干热岩(Hot Dry Rock)技术基础上提出来的。

地热源热泵可为建筑物和工业生产提供大量的热能,到2049年,有条件的区域,1/3以上的建筑物供暖将来自于地热。当地热温度够高时,可以进行梯级利用,先用于发电,然后供热,与受天气影响的风能和太阳能不同,地热能可以很方便地实现持续地供电和供热。

第五节

氢能技术

氢在地球上主要以化合态的形式出现,是宇宙中分布最广泛的物质,它构成了宇宙质量的75%,是二次能源。氢能在21世纪有可能在世界能源舞台上成为一种举足轻重的能源,氢的制取、储存、运输、应用技术也将成为21世纪备受关注的焦点。氢具有燃烧热值高的特点,是汽油的3倍,酒精的3.9倍,焦炭的4.5倍。氢燃烧的产物是水,是世界上最干净的能源。资源丰富,可持续发展。

一、技术简介

氢能是利用氢气的燃烧反应放热提供能量,即:

$$H_2 + 1/2O_2 = H_2O + 284 \text{ kJ}$$

氢能是最理想的清洁能源之一。氢气燃烧的唯一产物是水, 无环境污染问题。氢能是一种二次能源。自然界不存在纯氢,必须从含氢的物质中制得,氢作为水的组成,可以说资源丰富。氢能是可以利用其他能源(如热能、电能、太阳能和核能等) 来制取的二次可再生能源。氢作为能源放出的能量远远大于煤、石油、天然气等能源。

氢是有潜力的能源载体,燃料电池的氢或其他燃料的动力,可以达到很高的效率和有各种移动和固定应用的可能用途。在所有的情况下,氢燃料电池车减少当地的环境污染,作为唯一的排放是水蒸气。现在大部分的氢技术基本上比传统的同行更昂贵。然而,氢和燃料电池可能在未来的能源市场中,降低技术成本。

二、应用领域

目前,氢能作为二次能源,其用途主要有以下几个方面:液氢作为一种高能燃料用于航天飞机、火箭及城市公共汽车中,世界上一些发达国家早已开发出以液氢为燃料的城市公共汽车;除了作能源外,氢的用途十分广泛,可以作为保护气应用于电子工业中,如在集成电路、电子管、显像管等的制备过程中,都是用氢作为保护气的;在炼油工业中用氢气对石脑油、燃料油、粗柴油、重油等进行加氢精制,提高产品的质量及除去产品中的有害物质如硫、氮及重金属,还可以对不饱和烃进行加氢精制;氢气在冶金工业中可以作为还原剂将金属氧化物还原为金属,在金属高温加工过程中可以作为保护气;在食品工业中,食用的色拉油就是对植物油进行加氢处理的产物,植物油加氢处理后性能稳定、易存放,且有抵抗细菌生长、易被人体吸收的功效;在精细有机合成工业中,氢气也是重要的合成原料之一;在合成氨工业中氢气是重要的原料之一。

值得着重说明的是,近十几年发展起来的氢燃料电池可直接应用于航天航海和陆地交通运输,氢能作为未来最有前途的新能源地位已初见端倪。氢能是21世纪解决化石能源危机和缓解环境污染问题的绿色能源。实现氢能的利用,氢的储运是目前要解决的关键问题。

大型电站,无论是水电、火电或核电,都是把发出的电送往电网,由电网输送给用户。但由于各用电户的负荷不同,电网有时呈现为高峰,有时则呈现为低谷,这就会导致停电或电压不稳。另外,传统的火力发电站的燃烧能量大约有70%要消耗在锅炉和汽轮发电机这些庞大的设备上,燃烧时还会消耗大量的能源和排放大量的有害物质。而使用氢燃料电池发电,是将燃料的化学能直接转换为电能,不需要进行燃烧,能量转换率可达60%~80%,而且污染少、噪音小,装置可大可小,非常灵活。

氢燃料电池车通过氢与氧结合,经由燃料电池产生电力来为汽车提供动力,其最大特点是行驶中完全没有碳排放和其他污染。根据目前的材料显示,氢燃料电池车行驶里程可以达到500~600公里,而燃料加注仅需3分钟。与目前国内市场主流的锂电池汽车相比,氢能源汽车具有如下优点:氢燃料电池能做到真正无污染;单次行驶里程数是锂电池车3~5倍;成本更低,氢能源取之不尽;应用领域范围更广等。

三、愿景展望

目前，我国的能源结构主要是煤，还有石油、天然气、核能等，这些能源都是一次不可再生且污染环境的能源，研究和开发清洁而又用之不竭的能源是未来发展的首要任务。科学家预测氢能将是未来21世纪最理想的低碳能源。

在"十一五"期间，用于制造燃料电池核心材料磺酸树脂离子膜的年产500吨的生产装置已经建成投产，解决了氢燃料电池生产的重大瓶颈，中国由此成为世界上第二个拥有该项技术和产业化能力的国家。

"十二五"期间，我国将继续开展燃料电池汽车运行示范，提高燃料电池系统的可靠性和耐久性，带动氢的制备、储运和加注技术发展，使我国燃料电池汽车、车用氢能源产业与国际同步发展。

在接下来的几十年中，氢气的成本需要降低3~10倍，燃料电池成本降10~50倍。在最有利的条件下，氢燃料电池车将在2025年左右进入市场。由于燃料电池的效率是燃烧发动机的两倍，到2049年，氢和其他新兴技术的共同作用可减少全球二氧化碳排放量的一半。

从长远来看，可切实使交通运输部门脱碳。但是制氢要求巨额的基础设施建设投资。另外，虽然近几年氢燃料电池技术有长足的进步，但仍然是非常昂贵的。在所有快速发展的新技术情景中估计交通运输部门生物燃料的使用可降低6%左右二氧化碳的排放。氢在其中所起的作用是很小的。而技术附加情景则认为在2049年氢和生物燃料占交通运输部门总的终端能源需求的35%。

到2049年，我国的小汽车、货车和火车都应该能够使用多种能源作为动力。我们要有立法、投资和激励措施，以鼓励制造商和消费者改用电动车。电池技术的进步、高效燃料电池的出现能让我们开上电动卡车，甚至可能是轮船，从而减少我们对生物燃料的依赖。这是一个长期的目标，但是现在就需要我们对此进行研究和开发，并向这一目标努力。

第六章
政策建议

第一节

政 策

要建立低碳型社会，需要在不影响人们生活水平逐步改善的前提下，采取各种政策实现较低化石能源增长或者减少化石能源消耗以支持经济社会发展。因此，首先，需要调整经济生产方式，控制或者限制高耗能行业的发展，并主要满足国内需求，甚至可能进口高耗能产品，促进低能耗、高附加值行业发展，实现国内经济发展模式的转变；其次，需要建立低碳个人生活和消费方式。选择合理的生活方式和消费方式对减少能源需求的贡献度一直保持在1/3以上，特别是工业化、城市化加速过程中，选择合理的生产方式和消费方式作用更为明显，比如低碳居住方式和低碳个人出行方式；再次，需要建立低碳公共服务体系。通过优化城市规划，减少不必要的客运交通需求，建立低碳公共客运交通体系和低碳公共建筑和服务体系。通过优化产业布局，减少不必要货运交通运输需求，优化货运交通结构，鼓励低能耗的货运交通方式，减少交通运输用能；最后，建立低碳能源供应系统，提高能源利用和转化效率，大力发展低碳能源技术，促进水电、风电、太阳能和生物质等可再生能源的快速发展。

一、可再生能源发展政策
必须与常规能源系统有机结合 >>>

〔1〕各种能源技术相互影响，必须共同开发和统一部署

在低碳能源系统中，能源供应将更加多元化。这将比现在的能源系统更需要相互协调，这意味着新的能源系统内部要相互结合、更复杂，并在更大程度上依靠分布式发电和供应机制。这需要提高效率，降低系统成本，采用更多类型的技术和燃料。然而成功的关键取决于各能源供应系统的整体运作，而不只是依赖于单项技术。政策制定部门将可能面临的最重要的挑战是从供给主导移向能源系统集成。能源市场中利益相关者的角色将发生改变。当前的能源消费者将通过利用太阳能光伏或余热回收进行分布式发电变为能源生产者。消费者也将通过需求及能量存储为电力系统的运行做出贡献。

〔2〕需要投资更坚强、更智能的基础设施

高效的低碳能源系统要求投资发电设施之外的基础设施。在一些重要的区域存在入网瓶颈，这会威胁和限制低碳技术在未来的扩张。系统运行也需要更加智能化，更好地利用现有供暖技术，到2049年时可以把供暖对峰值电力的需求减少25%，这会降低对于昂贵的高峰发电容量的需求。更稳定、更智能的电网能够满足更大程度的需求，实现电力系统更高效的运行。

〔3〕低碳电力是可持续能源系统的核心

低碳电力具有超越电力工业、遍及整个系统的功效，可实现工业、交通和建筑行业的深度二氧化碳减排。通过推广低碳技术到2049年把每度电的排放减少80%，可再生能源技术在这方面可发挥关键作用。低碳发电在许多市场已经具备竞争力，在未来几年其所占比例还会不断增加。在电网中并入更高份额的波动性电力，如风电和太阳能光伏，是有可能的。在2049年，根据具体地区情况的不同，波动性电力在总电力容量中的占比会达到20%~60%。

【4】 发挥能效潜力

能效的重要性值得强调。从长期来看，能效几乎总是具成本效益的，可以帮助减少排放和加强能源安全。到2049年，能源强度（单位GDP的能源投入）减少2/3，提高能效将会有助于该目标的实现；每年的能源强度改善必须翻番，从过去40年的每年1.2%增加到未来四十年的每年2.4%。有必要采用更严格的性能标准和规范，特别是在建筑行业和交通行业。

二、可再生能源与化石能源的平衡发展

【1】 减少煤炭使用和提高煤电效率是重要的第一步

要到2049年时把二氧化碳排放减半，煤炭需求与2010年相比需求下降45%。在此背景下，当前电力用煤的增加是能源和气候变化关系中影响最大的问题。考虑到许多地区对于煤炭的依赖，煤电将依然是主导。因此，在扩大可再生能源的替代作用之外，还要更进一步提高现有电厂和新建电厂的效率。改进电厂效率潜力巨大，以更高蒸气温度运行的电厂能够把来自电厂的二氧化碳排放减少到每度电670克左右。

【2】 在未来几十年，能源系统中天然气和石油依然发挥重要作用

随着减排目标收紧，天然气的份额将在开始时增加，特别是在基本负荷电厂。天然气会取代煤电增长和部分核能增长。2030年以后，随着减排的深化，天然气发电在与波动性可再生能源方面发挥更重要的作用，并作为高峰负荷以平衡电力系统产生和需求的波动。到2049年，在所有行业中天然气都依然是一种重要的燃料。2049年天然气需求的绝对量仍然比2010年高出10%。目前基础设施的建设应充分考虑技术的灵活性，要在未来改用低碳燃料和低碳技术时能够很容易地实现。石油开采有与天然气相同的技术革命，到2049年石油使用会下降超过50%，但石油将仍然是重要的交通能源载体和工业原料。

【3】 长期而言，二氧化碳捕集和封存是关键技术措施

二氧化碳捕集和封存技术是目前唯一能够让工业部门（例如钢铁、水泥和天然气加工等行业）实现深度减排目标的技术。放弃二氧化碳捕集和封存技术将显著地增加实现。

如果没有二氧化碳捕集和封存技术，要实现电力行业的额外投资需求将会再增加40%。虽然封存的问题仍然有待解决，但一些二氧化碳捕集技术如今已经可以进行商业化利用，而且多数可应用于不同行业。虽然大多数仍然是资本密集型的昂贵技术，但仍可以与其他的低碳方案竞争。

三、发挥政策激励机制，促进高效低碳技术的转变

【1】强有力的政府政策行动能够促进关键技术广泛使用

实现低碳未来的主要障碍是，转变能源系统相关的成本和效益，在时间上、在不同行业和不同区域之间分配不平等。政府间需要加强有力的合作，平衡分配实现建设低碳未来的成本和效益。政府应鼓励建立可再生清洁能源技术发展目标，增强国际合作。政府必须抓住技术潜力带来的机会，建立适当的框架，鼓励技术开发和推广，考虑所有参与方的利益诉求。更广泛的确保不同技术的组合效益能够最大化。

【2】仅靠政府还不能实现这一转型——还需要针对消费者、企业和投资者的激励措施

政府需要制定严格、可信的清洁能源目标。支撑实现这些目标的政策必须具透明度、可预测的，以便充分解决和缓解新技术相关的财务风险，制定针对此类技术投资者风险的强有力的政策和市场运行机制是至关重要的。临时的过渡性经济激励措施可以帮助建立市场、吸引投资和促进推广。如果与其他措施相结合，它们将会更加有效地克服非经济障碍，促进社会接受新的基础设施，推动其优先发展。

【3】积极的政策行动是进步的催化剂

一些可再生能源技术的成功为此提供了例证，新型和新兴技术能够打入并成功在市场中竞争。在过去十年中，太阳能光伏行业年均增长42%；陆上风能年均增长27%。由于对早期研发和市场推广的持续战略性政策支持，这些技术已经发展到私营部门，已达到可以发挥更大作用的阶段，使得补贴可以相应缩减。政策制定部门在对未来能源政策进行分析时，必须参考这些例子以及从其他技术的失败中汲取教训。

【4】政策激励开发新型突破性技术，对研发和示范提供战略性、实质性支持

到2049年，新型技术可能不足以在更远的将来实现零排放所需的减排力度。政策制定部门需要考虑，对突破性技术提供可能的支持，并扩大电力和氢能的长期使用，其目的是帮助和限制过度依赖生物质来实现零排放。

第二节
建 议

一、从国家战略高度积极应对气候变化

与发达国家相比,我国基础设施薄弱,低碳发展道路充满艰难。要根据我国社会经济现状对发展内容和发展方式进行调整,力争在最大程度上避免形成高耗能的生产方式和生活方式,陷入碳排放的"路径依赖"和"锁定效应"。我国必须要将工业化、城市化、国际化、市场化过程的调控与低碳发展紧密结合起来,努力形成节约能源资源的产业结构、发展方式、消费模式。把目前提出的建设生态文明、建设资源节约型、环境友好型国家的目标与未来的"低碳发展"结合起来,从国家战略的高度把应对气候变化作为提升我国国际竞争力、保证经济社会可持续发展的重要抓手。

走高效能源利用、低碳能源品种、少排温室气体的工业化、城市化、国际化道路,离不开政府的领导和调控。

1.建议在中央和省级政府建立高级别的、强有力的低碳发展领导机构。

2.建议在时机成熟时,实施温室气体减排任务的分解和考核。

3.建议加强政府对低碳发展的统筹能力,形成多个政府部门分工协作、共同推进的格局。

4.强化温室气体排放信息统计的基础性工作,为应对气候变化奠定定量分析基础。

5.可将我国低碳发展道路纳入到国家的中长期发展规划。建议按照近期、中期、远期分别制定低碳发展目标,明确发展目标、途径和标志性产出,明确一系列国家重点支持的优先领域和重大工程,为低碳发展提供指导。

二、用低碳理念指导社会发展

未来50年是我国工业化、城市化、市场化、国际化的快速发展期，能源消费将急剧增长。能否把握好工业化、城市化、市场化和国际化的方向与进程，将对我国走低碳发展道路带来重要影响。

政府要按照低碳发展的理念，调整工业化、城市化、市场化、国际化改革的方向和进程，从单纯追求高速经济发展，向统筹协调经济发展与资源消耗、温室气体排放转变；从重点依靠工业拉动经济增长，向讲求工业发展与服务业协调发展转变，用新型工业化理念指导我国实现低碳型的工业化过程，强调升级传统产业、扩大高新技术产业、发展生产性服务业，严格控制高耗能工业的盲目发展；从构建"世界制造中心"，向打造"世界设计中心""世界营销中心"和"世界服务中心"转变。在汽车、住宅的市场化进程中，充分考虑市场化改革引发居民消费迅速扩张等带来的资源环境后果，合理调控居民消费升级，在能源工业的市场化进程中，牢牢把握能源资源稀缺性这一基本国情，合理把握市场化进程的方向和进程。

（1）建议从调控消费增长、普及高效先进技术和服务、提高终端用能设备效率、建设高效低碳能源工业四个途径做起。

（2）抓住2020年前我国快速成长的关键阶段，尽早培育低碳生产方式和生活方式。合理规划大城市、中等城市和小城市的匹配发展，合理规划城市内部功能区的配置，避免因城市规划不合理导致的能源浪费。特大城市和大型城市要鼓励发展紧凑型住宅，并因地制宜制定城市人均居住面积控制指标，建议限制人均住宅使用面积控制在40平方米左右。城市地区要加快快速公交系统、轻轨、地铁建设，合理规划公交线路和公交换乘枢纽，鼓励市民乘公交出行，对部分特大城市的中心区要适当采取私家车辆准入控制措施，使私家车出行平均距离调控到8000千米以内。

（3）加强二氧化碳减排工作重点的重视程度，积极实施二氧化碳减排重点工程。

三、多元化能源体系打造低碳经济

我国的能源资源禀赋和能源需求增长的需求,决定我国能源发展必须要走多元化的道路。任何一个能源品种都不可能单独支撑我国长期的能源需求。我国必须尽快从目前的"以煤为主",向煤炭、油气、新能源过渡,在一次能源供应结构中各占1/3的多元化目标迈进。

(1)建议对煤炭消费制定越来越严格的控制性措施,否则资源不能支撑、安全无法保障、环境难以承受。

(2)建议顺应石油、天然气消费增长的客观需求,进一步拓宽进口渠道、完善油气战略储备体系、制定油气供应安全应急预案。

(3)坚定不移地推进核能、风电、光伏发电等新能源、可再生能源加快发展,努力完善技术、降低成本,争取早日实现商业化大规模发展。

(4)重视液体替代燃料的开发,将其作为21世纪国家能源战略不可或缺的组成部分。

(5)还要重视新能源与传统能源"接轨"的环节,加大对"智能电网"、车用新能源供应站等新技术的科技攻关力度,使新能源与传统能源供应体系能更好地融合在一起。

四、建立有利于温室气体减排的市场经济体系

　　温室气体减排是典型的经济外部性问题，必须要通过市场规则的调整实现外部成本的内部化。政府必须要在内部化的过程中发挥主导力量。低碳资金的筹集是政府的一项重要任务。低碳发展虽然由政府主导，但企业是主体，必须要通过市场经济规则的合理设计充分调动企业走低碳发展道路的积极性。第一，建议加快资源性产品价格和矿产资源产权制度改革，建立符合低碳发展要求的价格信号，既要发挥市场配置资源的基础性作用，又要将外部成本内部化，有利于温室气体减排；第二，建议加快完善经济激励约束政策，建立完善有利于能源资源节约的财政、税收政策，形成促进节能降耗的长效机制；第三，建议在若干积极性高、愿望强烈、而且有一定财政基础的地区，率先尝试低碳发展的市场体系建设。建立低碳发展特区，开展低碳城市示范、低碳工业园示范、低碳农村示范和试点，为全国建立有利于温室气体减排的市场经济体系奠定基础。

五、充分调动全民参与积极性

随着碳交易市场规模的扩大，碳货币化程度会越来越高，碳排放权将进一步衍生为具有投资价值和流动性的金融资产。目前我国碳资本与碳金融的发展滞后，不仅缺乏成熟的碳交易制度、碳交易场所和碳交易平台，更没有碳掉期交易、碳证券、碳期货、碳基金等碳金融衍生品的金融创新以及科学合理的利益补偿机制。这使我国面临着全球碳金融及其定价权缺失带来的严峻挑战，在一定程度上制约国防工业在内的有关产业的低碳经济转型。因此，建立和完善碳交易制度，使国防工业在碳交易中获得必要的合理收益，也有助于推动国防工业低碳经济转型。

（1）创建能够树立对低碳能源技术长期发展潜力信心的投资环境，是实现产业转型的关键。在投资界建立必要的信誉，需要制定由严格的、可预见的政策支持的共同目标。

（2）为低碳能源技术提供一个公平竞争的舞台。政府应承诺、跟踪和推进旨在恰当反映能源生产和消费真实成本的行动。其核心目标是在确保所有公民都能够负担能源的同时，对碳排放进行定价并逐步取消低效的化石燃料补贴。

（3）加大力度，释放能效潜力。国际能源署已经提出25条能效建议，帮助政府实现各个耗能行业能效提升的全面潜力。承诺落实这些建议将为采取行动奠定良好的基础，并能够加快取得成效。

（4）加快能源创新和公共研究、开发与示范。政府应制定和落实战略能源研究计划，并配套加强持续的财政支持。此外，政府应考虑开展联合研发和示范工作，以在早期创新阶段统筹行动、避免重复、改善技术性能和减少技术成本，包括分享从创新研发和示范模型中汲取的教训。